SYSTEMATIC IMPROVEMENT OF CRIMINAL DEFENSE SKILLS

刑辩技能体系化提升

流程、任务、模板及难点解析

郭彦卫 / 著

法律出版社 LAW PRESS·CHINA
——— 北京 ———

图书在版编目（CIP）数据

刑辩技能体系化提升：流程、任务、模板及难点解析／郭彦卫著． -- 北京：法律出版社，2024． -- ISBN 978-7-5197-9259-6

Ⅰ．D925.215.04

中国国家版本馆 CIP 数据核字第 2024D707P6 号

刑辩技能体系化提升：流程、任务、模板及难点解析 XINGBIAN JINENG TIXIHUA TISHENG：LIUCHENG、RENWU、MUBAN JI NANDIAN JIEXI	郭彦卫　著	策划编辑　朱海波　杨雨晴 责任编辑　朱海波 装帧设计　汪奇峰

出版发行　法律出版社	开本　710 毫米×1000 毫米　1/16
编辑统筹　法律应用出版分社	印张　38　　字数　600 千
责任校对　蒋　橙	版本　2024 年 10 月第 1 版
责任印制　刘晓伟	印次　2024 年 10 月第 1 次印刷
经　　销　新华书店	印刷　北京盛通印刷股份有限公司

地址：北京市丰台区莲花池西里 7 号(100073)

网址：www.lawpress.com.cn　　　　　　　　　销售电话：010-83938349

投稿邮箱：info@lawpress.com.cn　　　　　　　客服电话：010-83938350

举报盗版邮箱：jbwq@lawpress.com.cn　　　　　咨询电话：010-63939796

版权所有·侵权必究

书号：ISBN 978-7-5197-9259-6　　　　　　　　定价：128.00 元

凡购买本社图书，如有印装错误，我社负责退换。电话：010-83938349

序　言

刑事辩护是一门精细的技艺，不仅需要跨越部门法学，甚至需要跨学科的知识和宏大的视野，也需要投身于具体实践之中，将每一个案件的细节做到极致，穷尽每一个救济程序。惟其如此，才能最大限度地维护委托人的权益。

新中国的刑事辩护从起步至今，已经经历了四十多年的风雨历程。虽然起步较晚，但可谓发展迅速，尤其是最近二十几年，随着刑事诉讼法的修改与完善，辩护律师权利得到了进一步的扩张，律师可以以辩护人的身份提前介入侦查阶段，会见难、阅卷难等问题也得到了基本的解决。可以说刑事诉讼法修改的历史，就是辩护权不断扩张的历史。在这个背景之下，加上刑事辩护本身就带着为无罪者伸张正义的光环，越来越多的年轻法律人怀揣着公平正义的法治理想投入到了刑辩事业之中。

但我们应当看到，虽然刑事辩护是一项正义的事业，然而，前进的道路是坎坷的。在目前我国的司法体制之下，控辩双方还难以完全实现实质的对等。在公、检、法三机关之间流水作业式的办案模式之下，律师也面临着难以有效说服法官采纳自己辩护意见的困境。此外，部分律师还存在办案不规范，缺乏自我保护意识等问题，从而使自己陷入违规甚至刑事犯罪的风险。

针对这些问题，律师界已经作出了诸多富有成效的努力，尤其是很多实务书籍的出版，在很大程度上有助于改善这一现象，比如，侧重类案实体性分析的《常见刑事案件辩护要点》（娄秋琴律师）；侧重某个具体的诉讼程序的《庭前会议指引》（徐昕律师）；侧重辩护经验理论总结的《刑事辩护的艺术》（陈瑞华教授），但是，我们也必须看到，目前坊间有关刑事诉讼全流程办案指引的实务书籍相对来说还是有所欠缺。

本书最大的贡献在于通过对辩护实务工作的总结，为律师办案提供了一整套的操作流程和模板，给希望从事刑事辩护的律师朋友提供了行动指南，可以帮助他们少走一些弯路。

本书名为《刑辩技能体系化提升：流程、任务、模板及难点解析》，作者主要从两个方面展开：一个是从立案侦查阶段到审判阶段，律师在办案过程中可以遵循的步骤和方法；另一个是在具体的诉讼程序中，为律师给公安司法机关提交法律文书提供可参考的模板。作者将律师工作按照流程分为 230 个任务，并根据完成好每一项任务所需要的法律文书，设计了 100 份指引或模板，为律师办案提供了行动指南。通读全书，并无晦涩难懂的专业术语，更多的是作者以一个过来人的身份，为年轻后辈提供的建议与指导。

作者在展开论述的时候，在每一个程序、步骤、律师所享有的权利之后都列明了相应的法律依据，做到办案于法有据，方便律师在提出自己主张的时候进行查找。

第一章为"刑事律师执业风险防范"，作者系统分析了刑辩律师在办理案件过程中，从接案、会见到开庭可能存在的风险以及风险防范的对策。刑辩本身就是高风险的活动，律师在维护委托人权利的同时，首先要保护自身的安全，这对于很多刚从事这个领域的年轻律师而言，是比较欠缺的。作者以此作为第一章，也足以证明律师的风险防范是开展辩护活动的前提。

第二、三、四、五章分别为逮捕前、逮捕后、审查起诉阶段以及审判阶段的实务指引，这一部分是律师办理案件的核心内容。如何说服公安机关撤销案件、检察院不批准逮捕、法院作出无罪或从轻判决，都离不开辩护律师的努力。律师所需要掌握的除了基本的办案流程和注意事项，最重要的是沟通能力。这种沟通既包括同犯罪嫌疑人、被告人的沟通，也包括同公安机关、检察院、法院的沟通。如何进行有效的沟通，作者对此提供了一些较为可行的路径。

第七章是关于认罪认罚从宽制度下辩护律师的行动指引，作者首先对该制度存在的争议以及一些基本概念进行了解释，并就该制度下辩护的策略展开了叙述。原先在被告人不认罪的案件中，控辩双方是一种积极的对抗关系，在认罪认罚程序中，由于犯罪嫌疑人、被告人认罪，对抗的前提已经不复存在，更多的是控辩双方的协商与合作关系。因此，在这类案件中，辩护律师需要转变策略，才能更好地维护委托人的利益。

第八、九章是关于庭审中发问和质证的行动指引,发问和质证都是查明案件事实的关键程序,发问和质证的效果直接影响判决的结果是否对委托人有利,但在以往的刑事庭审中,由于流于形式、证人不出庭作证等因素,辩护律师容易忽视对发问技巧的培养。为此,作者对发问和质证的程序如何展开以及注意事项进行了较为全面的介绍,具有很强的指导意义。

对刑事辩护从立案到审判的程序进行梳理并对辩护经验进行总结,是一项非常需要时间和耐心的工作,也是一件非常有意义的事。作者所提供的办案步骤和方法不仅包括法律内的操作指南,也包括法律外甚至是情理之上的处理技巧。刑事辩护的最高境界不仅是行使依法享有的所有权利,还要在法律允许的情况下,通过沟通等技巧最大限度地维护好委托人的利益。

我与郭主任相识多年,他对刑事辩护事业的热爱和对刑事辩护实务的深刻洞察,经常让我感动和惊艳。得以提前拜读这本精彩的实务著作,并推荐给各位读者朋友,也是本人的荣幸。相信作者对刑事辩护精细化的不懈努力,不仅为律师朋友从事辩护业务提供了行动指南,也有助于法学初学者了解司法实务,从而进一步推动我国刑事辩护实务工作的规范化进程。

加油吧,刑辩人!

是为序。

陈虎(陈少文)

中南财经政法大学法学院教授

再版前言

《刑事辩护全流程实务指引与文书模板》2021年出版以来,承蒙广大律师同人和法律人士的厚爱,多次印刷,再次向大家表示感谢,这也是我对其进行修订的动力。

任何一个行业的技能,学会容易学精难,刑事辩护也不例外。本书的宗旨就是为初学者提供一套流程和模板,并提炼出一些能普遍适用的技能和规范。按照这套流程和模板能基本完成刑事辩护的任务。因此,建议阅读本书时先看任务流程表,了解在什么时间节点完成什么工作,再看文书指引或模板了解怎么做,最后看正文的理论讲解,全面理解如何能做好。

要想达到更高的水平,成为大律师、大咖,需要多办案件多历练。所谓:"兵无常势、水无常形。"刑事辩护的技能也一样,达到一定的水平才能抛开这些套路、模板。但是,在通往大律师、大咖的路上按套路多练习是必由之路。正如习武者,只有按规范、套路苦练基本功,才能在实战中游刃有余。

为了突出实用性,本书的理论讲解和几个核心专题都是从实务角度出发,将我的经验提炼为普遍可适用的方法、技巧。本次修订增加了一个专题即第十章,将几个小案例按照时间顺序,对程序辩护中可能遇到的一些痛点做了专题总结。

同时,为了节省篇幅,删除了递交办案单位的律师事务所函、委托书的文书样式,因为它太简单,每个律所也都有。删除了一些纯理论性的文字,如第七章认罪认罚制度的主要内容、第九章每一种证据的概念。把第六章中的侦查阶段的文书写作与辩护词、辩护意见的写作进行了整合。

此外,为更完善、准确地体现书稿的内容,本次修订后对书名进行调整。

限于水平和能力有限,一些观点不一定恰当,甚至可能有错误或者是谬误,请大家批评指正,再次表示感谢。

郭彦卫

2024 年 8 月

第一版前言

刑事辩护是律师最古老、最传统,又最具生命力的一项业务,被誉为皇冠上最璀璨的明珠。但也有人认为刑事辩护业务是低端业务,没有技术含量,跟着程序走就可以了,这是个别律师不精研业务,混程序的敷衍。事实上,刑事辩护业务是关系到人的生命与自由,具有高难度的业务。要求律师具有很高的业务素质,是一门有技术壁垒的专业业务。

从事刑事辩护的律师,要求熟悉刑事实体法,还要熟悉刑事诉讼法,同时还要有民商法的基础。要想做好刑事业务,对案件涉及的其他相关行业也要熟悉。从没有一个专业像这个专业一样,理论与实践联系得如此紧密;从没有一个专业像这个专业一样对知识要求得如此广博,同时对案件涉及的具体问题又要求相当精深;知识更新的速度更是其他专业望其项背,以至于有些律师如果短暂地停止执业一段时间后,再回到岗位都是一个艰难的抉择。在我所了解的其他专业里,一个大学毕业生,参加工作后能用到所学的知识仅为所学的 N 分之一;而法学专业的学生毕业后从事律师工作,所用到的知识却是毕业前在学校学到知识的 N 倍。

我国目前的法学教育体系,没有关于律师从业技能的培训。法科生在学校学的都是理论。毕业后从事律师工作,也没有系统的执业技能培训,都是师父带徒弟或者是自己琢磨。尤其在刑事辩护业务方面,尚没有一门"辩护学"的学科。导致从事刑事辩护业务的律师由于没有系统的培训,刚开始要么胆子太小,无所作为;要么无知无畏,产生执业风险。

那么,一起刑事案件,辩护律师要做多少工作,走多少个流程,完成多少项任务,每项任务的完成标准是什么,如何才算合格地完成任务,法律意见、辩护意见如何写、写到几个要点才算合格,如何会见、如何与办案机关沟通、如何参加庭审等。

有没有这样一个流程化的路径,标明律师要完成多少项任务、如何去完成的操作指引、法律文书的写作模板,年轻律师按照这样的一个流程和指引基本能办理好刑事案件,掌握刑事案件的基本技能呢?本书就试图解决这个问题。

本书为刑辩初学者、入门者和不以刑辩业务为主的全能型律师提供一套刑辩业务导航式的流程与模板。使用本流程和模板能快速、全面、不遗漏地完成刑事辩护工作,掌握刑事辩护的基本技能。本书将刑事案件从立案到一审结束,把律师的工作按流程分解为230个任务,列明了任务的内容、目的和要求。在完成这230个任务过程中,要形成185份法律文书或工作文书;针对每项任务如何做好、文书如何写好,设计了100份指引或模板(注意:本流程为一般性全程指引,不是每案必需,根据个案不同选择使用)。本书从接案到结案,以三个阶段按时间为序,系统梳理了刑辩律师执业风险防范及全部工作重要节点。同时,我们深知刑事辩护无论从理论还是从实践都是一个有深度、有难度的专业,本书将几个核心难点做了专题论述。

1. 侦查阶段最值得、最该花大力气做的工作是将嫌疑人被羁押的强制措施变更为非羁押,如何有理有据地沟通协商、交涉,辩护意见怎么写,本书设计了"侦查阶段辩护意见的写作"专题。

2. 审查起诉阶段,目前全国大力推行认罪认罚从宽制度,律师如何准确理解和适用,如何最大限度地协商量刑,本书设计了"认罪认罚从宽制度"专题,包含出台的背景、主要内容、试行一段时间出现的问题以及作者的思考等内容。

3. 庭审向来是律师的终极战场,庭审实质化改革为律师提供了展示能力的舞台,对于不认罪的案件,控辩双方必然是全力厮杀。而法庭调查阶段的发问和质证,是交火最激烈的焦点。发问和质证发挥好了,辩论的目的也就水到渠成地实现了。发问和质证就可能基本决定了庭审的结果。因此,本书设计了"庭审发问"和"证据的审查与质证"两个专题。

本书的特点在于,可以直接应用于刑事辩护业务中。很多情况下,我们学习了一本书,学习了一套课程,时间长了又都忘了,都还给了老师。本书的流程和模板以及任务分解就像刑辩业务的导航一样,做业务时可以直接使用。

本书适用于年轻律师、不以刑辩业务为主的律师,因为它可以直接使用,按照流程和模板基本上能达到要求,不用自己再去摸索,能掌握刑事辩护的基本技能。

也适用带团队的主任,有流程、有标准、有模板,交给团队直接使用。同时可用于法科生律师实践课程的教材,为学生全景式了解刑事辩护工作、为即将从事律师工作奠定良好的基础。当前一方面法科生找工作困难,而另一方面律所招不到优秀的实习生,究其原因在于法科生在学校没有上过律师执业技能培训课。如果法科生在走向工作岗位前进行了执业技能培训,掌握了初步的基本技能,律所还是愿意接收的。本书是一部系统的理论与实务操作结合、第一部全流程文书写作指引和模板的刑事辩护基本技能的培训教材。

本书分理论讲解、任务流程分解表和文书写作指引模板。读者要将三部分结合起来,写法律文书时可以直接按照操作指引和模板式样撰写,更深层次地学习需要结合理论部分。文书模板后期会持续更新完善。

最后,本书提供的是一套基本流程、基本技能,给大家提供一个基本路径和方法。要想做好刑事辩护业务需要长期积累和实践,需要无数次地从理论到实践,再从实践到理论的循环往复,才能真正提高刑辩技能,做好刑事辩护业务。还有,刑事辩护要有敬畏之心——对法律的敬畏,对生命与自由的敬畏,因此我们要用心去办案,因为案件不单改变他/她的人生,对他一家人的命运都可能产生重大影响。真正的高手是抛弃所有规则,但在成为大师前,按套路先临摹是必由之路。鉴于作者水平有限,错误和疏漏之处在所难免,欢迎提出宝贵意见,以利于再版更正提高。

书山有路,学海无涯,愿本书成为您刑辩人生的垫脚石。

让我们做一个有态度、有温度、有技术、有高度的辩护人!

目 录
CONTENTS

第一章 chapter 1　刑事律师执业风险防范

第一节｜刑事律师执业风险防范总论 / 003

一、刑事律师常见的法律风险 / 004

二、律师在办理民事案件过程中，也可能涉及刑事风险 / 011

三、律师的人身风险 / 011

四、刑事律师执业风险的来源 / 012

五、刑事律师执业风险产生的原因 / 013

(一)法治理念落后 / 013

(二)法条表述的模糊性 / 013

(三)对律师权利的保障不够 / 013

(四)司法体制仍存在一定不足 / 014

(五)律师自身问题 / 014

六、刑辩律师执业风险防范对策 / 015

(一)不断学习，时刻保持行业先进性 / 015

(二)要有底线意识 / 015

(三)摆正身份，处理好多方关系 / 015

(四)强化办案质量意识 / 016

(五)克服麻痹大意、侥幸的心理 / 016

(六)不要以非法手段向公安、检察、审判人员了解案情，不得误导当事人 / 017

(七)不得通过公、检、法办案人员拉案源业务 / 017

(八)不得向办案人员行贿、请客送礼 / 018

(九)律师不得向司法机关或有关部门提供虚假资料 / 018

(十)辩护律师在受委托的权限内维护委托人的合法权益，不得超越代理权 / 018

(十一)出具法律意见书,应当把握事实 / 018

(十二)重大疑难敏感的群体性案件,向律师协会报告 / 018

第二节 | 刑事律师在接案过程中的风险防范 / 019

一、刑事律师与委托人初次接触、询问案情的风险防范 / 019

(一)初次接触的方式和执业形象 / 019

(二)了解案情时需注意的问题 / 019

(三)明确委托人的目的、要求和心理预期 / 020

二、刑事律师接受委托时的风险防范 / 020

三、刑事律师处理与委托人关系的风险防范 / 021

第三节 | 阅卷、会见及调查取证的风险防范 / 023

一、阅卷风险防范 / 023

二、会见的风险防范 / 023

三、刑事辩护律师在调查取证过程中的风险防范 / 025

第四节 | 刑事律师在审判阶段的风险防范 / 030

一、审判阶段的风险防范 / 030

二、其他方面的风险防范提示 / 031

第二章 chapter 2　侦查阶段(上)
——捕前辩护

第一节 | 概述 / 037

一、侦查阶段案件的特点 / 037

二、捕前阶段工作流程和任务清单(详见书后附表和文书模板) / 038

(一)检索 / 038

(二)会见 / 038

(三)沟通 / 039

(四)提交不提请逮捕的辩护意见 / 039

三、捕前辩护的注意事项与策略 / 039

(一)审查案件管辖权 / 039

(二) 立案不当的,要求撤销案件、申请检察机关立案监督 / 042

(三) 申诉、控告与非法证据排除,维护嫌疑人的诉讼权利 / 043

(四) 轻微刑事案件,促使嫌疑人与被害人和解 / 043

第二节 | 会见在押的犯罪嫌疑人、被告人 / 045

一、接受委托后尽早会见 / 045

二、律师会见的目的、工作内容、注意事项与技巧 / 045

三、会见前的准备工作 / 047

四、会见过程中可能遇到的情况及应对措施 / 048

五、做好会见笔录 / 048

六、与会见相关的其他问题 / 051

第三节 | 与办案机关有效沟通 / 058

一、及时告知侦查机关 / 059

(一) 辩护律师将接受委托的情况告知侦查机关是义务 / 059

(二) 及时通知表示尊重 / 059

(三) 辩护律师可以通过口头或书面等方式将其接受委托的情况告知侦查机关 / 060

二、递交委托手续 / 060

三、了解涉嫌罪名和案件有关情况 / 061

四、与办案单位沟通的方法、技巧与要点 / 062

(一) 取得联系、递交委托手续的注意事项 / 062

(二) 如何了解嫌疑人涉嫌的罪名和案件有关情况 / 063

(三) 与办案人员沟通注意事项 / 063

(四) 捕前、捕中、捕后与办案单位沟通要点 / 064

第四节 | 不提请逮捕辩护意见 / 066

一、提交不提请批准逮捕辩护意见注意事项 / 067

二、制作不提请逮捕辩护意见的思路 / 068

第三章 侦查阶段（下）
——捕中和捕后辩护

第一节 │ 捕中辩护 / 073
一、与检察机关沟通并提出辩护意见的必要性 / 073

二、捕中阶段工作流程和任务清单(详见书后附表和文书模板) / 076

三、了解检察机关审查逮捕的工作流程 / 077

四、撰写《不批准逮捕辩护意见》 / 079

五、与检察官沟通，提交辩护意见 / 081

六、正确认识"捕诉合一"对刑事辩护的影响 / 081

第二节 │ 捕后辩护 / 084
一、捕后阶段律师的工作流程与任务清单 / 084

(一)会见 / 084

(二)调查取证和申请侦查机关调取证据 / 085

(三)申请变更强制措施 / 085

(四)和解、调解 / 085

(五)现场走访 / 085

(六)权利维护 / 085

(七)犯罪嫌疑人认罪认罚的情况 / 085

(八)分析论证 / 086

(九)侦查羁押期限的延长和重点时间节点的盯防 / 086

(十)总结复盘 / 086

二、捕后影响案件走向的几种情形 / 086

三、捕后辩点 / 088

四、捕后辩护策略 / 088

第三节 │ 变更强制措施 / 089
一、申请取保候审 / 089

(一)取保候审的程序 / 090

(二)撰写《取保候审申请书》及附加证据时应注意的事项 / 091

二、变更强制措施的新路径 / 091

第四节 | 调查取证和犯罪嫌疑人权利的维护 / 093

　　一、调查取证 / 093

　　二、犯罪嫌疑人权利的维护 / 094

第四章 chapter 4　审查起诉阶段的辩护工作

第一节 | 理念的更新 / 099

　　一、审查起诉阶段各方主体的角色定位 / 100

　　二、审查起诉阶段,检察机关或检察官的地位中立 / 100

　　三、审查起诉阶段是侦查机关与辩护人、犯罪嫌疑人的对抗 / 101

　　四、制作阅卷笔录 / 102

　　五、审查起诉阶段辩护人的策略 / 106

第二节 | 审查起诉阶段律师的工作 / 108

　　一、会见犯罪嫌疑人 / 108

　　(一)初次会见犯罪嫌疑人 / 108

　　(二)充分会见,挖掘线索和信息,取得犯罪嫌疑人的积极配合 / 109

　　二、获取起诉意见书、查阅、复制案件材料 / 111

　　三、阅卷、制作阅卷笔录 / 111

　　(一)如何阅卷 / 112

　　(二)如何作出高质量阅卷笔录 / 112

　　四、审查起诉意见书,做好涉案法律法规、案例的查询检索 / 115

　　五、审查证据材料和程序材料 / 117

　　(一)厘清几个问题 / 117

　　(二)审查证据材料 / 118

　　六、会见犯罪嫌疑人核实证据材料和程序问题 / 121

　　七、调查或申请司法机关调查证据 / 122

　　八、制定辩护方案 / 124

　　九、依据辩护方案开展辩护工作 / 125

　　十、申请检察官主持达成赔偿和解协议 / 127

十一、认罪认罚从宽制度的适用 / 127

十二、与办案单位的沟通、与委托人的沟通，变更强制措施的羁押必要性审查申请，排除非法证据申请，权利的维护，分析和总结，重点时间节点盯防，按照工作流程任务清单和相应的模板进行（略）/ 128

第五章 chapter 5 审判阶段的辩护

第一节 | 庭审前的准备工作 / 131

一、准备事项 / 131

二、制作质证提纲 / 132

三、制作发问提纲 / 133

四、准备辩护意见 / 134

第二节 | 庭前会议的辩护工作 / 135

一、庭前会议的启动程序 / 135

二、庭前会议解决的问题 / 136

三、律师的辩护工作 / 137

四、被告人是否参加庭前会议 / 138

五、关于证据开示 / 139

六、辩护人通过庭前会议要达到的目的和意义 / 139

第三节 | 庭前会见辅导工作 / 141

一、庭前会见辅导的作用和意义 / 141

二、庭前会见辅导的规范 / 141

三、庭前会见辅导的注意事项 / 141

四、庭前会见辅导的内容 / 141

第四节 | 庭审发问与当庭对质 / 145

一、庭审发问的注意事项与发问技巧 / 145

二、庭中对质 / 150

第五节 | 庭审质证 / 152

一、质证时的注意事项 / 152

二、如何发表质证意见 / 153

（一）围绕证据"三性""两力"及证明标准发表质证意见 / 153

（二）质证的顺序 / 154

（三）质证意见的具体表述句式 / 154

（四）公诉人举证时的辩护工作 / 157

（五）被告人发表意见时的辩护工作 / 157

三、辩护人举证注意事项 / 158

第六节 | 法庭辩论 / 159

一、公诉人发表公诉意见时辩护人准备工作 / 160

二、被告人发表意见时辩护人准备工作 / 161

三、同案被告人及其辩护人发表意见时的辩护工作 / 161

四、发表第一轮辩论意见 / 162

五、发表第二轮辩论意见 / 163

第七节 | 庭后工作 / 165

一、根据开庭情况撰写并提交辩护词 / 165

二、庭后关怀 / 165

（一）辅导当事人到监狱服刑应当遵守的行为规范 / 166

（二）辅导监狱考核计分情况 / 166

（三）假释、减刑的相关规定 / 167

（四）减刑、假释的程序 / 169

（五）暂予监外执行 / 171

第六章 chapter 6　辩护文书的写作

第一节 | 申请类辩护文书 / 175

一、申请书的特点 / 175

二、申请书的写法 / 175

第二节 | 侦查阶段辩护意见的写作 / 177

一、必须坚持法律思维 / 177

二、坚持以事实为依据,围绕犯罪构成论述 / 181

三、侦查阶段辩护意见的体例 / 185

四、撰写辩护意见的角度和定位 / 186

五、熟悉和了解办案人员的心理和批捕程序 / 186

六、正文部分的逻辑顺序、结构安排与证据审查 / 187

第三节 | 辩护词和辩护意见的写作 / 190

一、总体要求 / 190

二、内容结构 / 190

(一)首部 / 190

(二)正文部分 / 192

(三)结尾部分 / 192

三、正文论证的方法 / 192

四、正文的逻辑结构和层次 / 194

(一)逻辑结构和层次 / 194

(二)标题的表述方法 / 194

五、其他方面 / 195

(一)篇幅长短 / 195

(二)美观表达,提高效果 / 196

第七章 chapter 7 认罪认罚从宽制度的适用

第一节 | 认罪认罚从宽制度的发展 / 199

一、域外辩诉交易 / 199

二、我国认罪认罚从宽制度的发展 / 199

第二节 | 认罪认罚案件的辩护工作 / 202

一、认罪认罚是辩护方案的一种 / 202

二、侦查阶段的辩护工作 / 202

三、审查起诉阶段的辩护工作 / 203

四、审判阶段的辩护工作 / 204

第三节 | 辩诉交易与认罪认罚从宽制度的区别与思考 / 206

一、辩诉交易产生的充足条件 / 206

二、协议是否能实质性撤回 / 208

三、检察官的起诉裁量权与诉辩交易的空间 / 209

四、证据开示制度与被追诉人的阅卷权 / 209

五、被告人有罪答辩与"沉默权" / 210

第四节 | 认罪认罚从宽制度下辩护的策略 / 211

一、全面认识，正确定位辩护人角色 / 211

二、认罪认罚从宽制度对律师业务的影响 / 211

三、对律师辩护有影响的具体规定 / 212

第八章 chapter 8　庭审发问

第一节 | 庭审发问概述 / 217

一、庭审开局　发问制胜 / 217

二、交叉询问 / 218

三、诱导性询问 / 221

(一)诱导性询问的概念 / 221

(二)诱导性询问的作用 / 221

(三)诱导性询问规则 / 222

(四)诱导性询问在我国的现状与实践 / 223

第二节 | 我国庭审发问实务 / 227

一、全面认识发问 / 227

二、发问的特点 / 229

(一)庭审发问程序特点 / 229

(二)发问本身的技术特点 / 230

三、发问的目标 / 233

(一)对证人的发问 / 233

(二)对证言的发问 / 234

四、发问的方法 / 234

(一)直接询问(主询问) / 234

(二)交叉询问 / 236

五、撰写发问提纲和问题清单 / 237

(一)设计问题的要求 / 237

(二)问题设计应考虑的因素 / 237

(三)前期调查 / 238

(四)庭审发问提纲的形成过程 / 238

(五)设计问题的形式 / 238

六、发问辅导 / 239

七、对被告人发问 / 241

八、对对方证人发问 / 244

九、对警察证人发问 / 249

十、对鉴定人、有专门知识的人发问 / 251

十一、庭审发问过程中的反对或异议 / 252

第九章 chapter 9 证据的审查与质证

第一节 | 刑事证据实务中的若干问题 / 257

一、关于证据的属性 / 257

二、证据能力和证明力 / 258

三、我国法庭采纳、认定证据的标准 / 259

四、为什么法庭质证说"真实性"而不说"客观性" / 260

五、辩护人如何发表质证意见 / 261

六、主观性证据与客观性证据 / 261

七、证据形成完整的证据链条的说法是否正确 / 263

八、证据体系的破与立 / 264

第二节 | 证明标准 / 266

一、证明标准 / 266

二、如何准确理解证明标准 / 267

三、定罪量刑坚守司法理念 / 271

第三节 | 证据规则的运用 / 273

一、最佳证据规则 / 273

二、实物证据的鉴真规则 / 274

三、意见证据规则 / 276

四、证言印证规则 / 277

五、口供印证规则 / 278

六、瑕疵证据规则 / 279

(一)瑕疵证据规则 / 279

(二)瑕疵证据与非法证据的区分 / 280

(三)瑕疵证据与不得采信证据 / 281

(四)瑕疵证据与证据合法性的关系 / 281

第四节 | 证据的审查判断 / 282

一、证据审查的步骤 / 282

二、证据的"三性"审查 / 282

(一)关联性审查 / 282

(二)合法性审查 / 283

(三)客观性审查 / 285

三、综合运用多种方法审查 / 285

四、审查方法要有所侧重 / 287

第五节 | 物证、书证的审查与质证 / 288

一、对物证、书证的审查 / 288

(一)审查物证、书证是否为原物、原件 / 288

(二)审查物证、书证复制品的制作是否合法 / 289

(三)审查物证、书证是否经过辨认、鉴定 / 290

(四)审查物证、书证的收集程序、方式是否合法 / 290

(五)审查物证、书证在来源、提取、收集、保管及鉴定过程中的物证保证链条是否完备,
以及是否受到破坏或者改变 / 291

(六)审查物证、书证是否与案件事实有关联性 / 291

(七)审查与案件有关联的物证、书证是否被全面收集 / 292

(八)审查物证、书证形成的时间 / 292

(九)注重审查对物证、书证内容的解读是否准确 / 292

二、对物证、书证的质证 / 293

(一)对物证、书证证据不足的质证 / 293

(二)对不能作为定案根据的物证、书证的质证 / 293

(三)对瑕疵物证、书证的质证 / 294

第六节 | 被告人供述和辩解的审查与质证 / 296

一、言词证据 / 296

二、对被告人供述和辩解的审查 / 297

(一)审查整个讯问过程是否合法 / 297

(二)审查讯问笔录的制作是否合法 / 299

(三)审查对特殊犯罪嫌疑人的讯问是否符合法律的特别规定 / 300

(四)审查被告人供述的取得是否存在刑讯逼供等违法情形 / 300

(五)对被告人供述和辩解的客观、真实性进行审查 / 302

三、审查嫌疑人、被告人讯问笔录的步骤与方法 / 303

(一)对标题的审查 / 303

(二)对笔录正文的审查 / 304

四、对不能作为定案根据的被告人供述的质证 / 305

(一)采用刑讯逼供等非法手段获取的被告人供述不能作为定案根据 / 305

(二)其他程序违法取得的被告人供述不能作为定案根据 / 305

五、对有瑕疵的被告人供述的质证 / 306

第七节 | 对证人证言、被害人陈述的审查与质证 / 307

一、对证人证言、被害人陈述的审查 / 307

(一)证人证言 / 307

(二)对证人证言的审查 / 307

(三)被害人陈述 / 310

(四)对被害人陈述的审查 / 311

二、对证人证言、被害人陈述的质证 / 311

第八节 | 勘验、检查笔录,辨认笔录的审查与质证 / 313

一、现场勘验、检查 / 313

二、对勘验、检查笔录的审查 / 314

三、对勘验、检查笔录的质证 / 318

四、对辨认活动及辨认笔录的审查、质证 / 319

五、对侦查实验笔录的审查、质证 / 322

(一)侦查实验 / 322

(二)对侦查实验笔录的审查、质证 / 323

第九节 │ 视听资料、电子数据的审查与质证 / 324

一、视听资料的特征 / 324

二、对视听资料的审查与质证 / 324

三、对电子数据的审查与质证 / 327

(一)审查电子数据的真实性 / 328

(二)审查电子数据的完整性 / 328

(三)审查电子数据的合法性 / 328

(四)审查电子数据产生的原因、来源 / 329

(五)审查扣押的电子数据是否符合规定 / 329

(六)审查是否采取了保护电子数据完整性的方法 / 330

(七)审查封存扣押原始存储介质是否符合要求 / 330

(八)审查现场提取电子数据是否符合相关要求 / 331

(九)审查网络在线提取电子数据是否符合规定 / 332

(十)审查冻结电子数据 / 334

(十一)审查调取电子数据是否合法 / 334

(十二)审查电子数据检查 / 335

(十三)审查电子数据侦查实验 / 336

(十四)审查电子数据委托检验与鉴定是否符合要求 / 336

(十五)电子数据的质证 / 337

第十节 │ 鉴定意见的审查与质证 / 338

一、鉴定意见的特点 / 338

二、司法鉴定的分类 / 339

三、对鉴定意见的审查与质证 / 343

(一)审查鉴定意见与案件待证事实有无关联 / 344

(二)对鉴定意见文书形式要件的审查 / 344

(三)对鉴定主体的审查与质证 / 345

(四)对鉴定材料的审查 / 347

(五)对鉴定依据的审查 / 348

(六)对鉴定方法的审查 / 348

(七)对鉴定设备的审查 / 348

(八)审查鉴定意见是否明确 / 348

(九)鉴定意见告知程序的审查 / 348

(十)对鉴定意见与其他证据之间是否存在矛盾的审查 / 348

(十一)要求鉴定人出庭接受质证 / 349

(十二)必要时依法申请重新鉴定、补充鉴定 / 349

(十三)对鉴定意见的质证 / 349

第十一节 技术调查、技术侦查证据材料的审查与质证 / 350

一、审查技术调查、侦查措施的合法性 / 350

二、审查技术调查、侦查措施证据材料的客观性 / 351

三、审查技术调查、侦查措施证据材料的关联性 / 351

四、对技术调查、侦查措施证据材料的质证 / 352

第十章 chapter 10 程序辩护的几个痛点问题

一、违反公安机关内部机构管辖分工是否违法 / 355

二、指定居所监视居住 / 357

三、关于分案和并案 / 359

四、另案处理的同案犯供述能否作为指控被告人的证据 / 360

五、审判阶段发现侦查人员属于应当回避的情形 / 361

六、关于律师查阅、复制讯问录音录像 / 361

(一)讯问犯罪嫌疑人录音录像制度的确立 / 361

(二)讯问录音录像的证据属性 / 363

(三)律师复制讯问录音录像的障碍 / 364

(四)《刑事诉讼法解释》第54条的影响 / 368

(五)辩护律师到底能不能复制讯问录音录像 / 369

(六)律师调取讯问录音录像的策略 / 369

(七)讯问应当录音录像而没有录音录像或控方拒不提供的后果 / 370

七、关于价格认定结论书 / 370

(一)关于价格认定的体制、法律规定的渊源 / 371

(二)对《价格认定结论书》的质证 / 376

(三)上述【案例2】对《价格认定结论书》的质证意见(节录) / 377

八、关于律师查阅、复制庭审录音录像 / 379

附录一 辩护工作法律文书

M1. 法律法规检索报告 / 383

M2. 会见申请书(两类案件用) / 386

M3. 侦查阶段第一次会见提纲、会见指引 / 387

M4. 侦查阶段第一次会见笔录(注解版) / 391

M5. 侦查阶段权利义务告知书 / 405

M6. 与办案单位沟通提纲(侦) / 408

M7. 与办案人沟通记录(侦) / 409

M8. 与委托人沟通提纲 / 412

M9. 与委托人沟通记录 / 413

M10. 不提请逮捕辩护意见 / 415

M11. 报捕前会见指引 / 417

M12. 报捕前会见笔录 / 418

M13. 捕中会见提纲与指引 / 420

M14. 捕中会见笔录 / 422

M15. 不批准逮捕辩护意见 / 424

M16. 捕后会见提纲 / 426

M17. 捕后会见笔录 / 428

M18. 侦查阶段辩护意见/撤销案件辩护意见 / 430

M19. 延长羁押会见提纲 / 431

M20. 延长羁押会见笔录 / 432

M21. 收集、调取证据申请书 / 434

M22. 证人调查笔录 / 435

M23. 证人权利义务告知书 / 437

M24. 调取证据笔录 / 438

M25. 证据材料接收清单 / 439

M26. 鉴定/勘验/检查/提取/侦查实验申请书 / 440

M27. 补充/重新鉴定申请书 / 441

M28. 证据材料提交清单 / 442

M29. 主持刑事和解/调解申请书 / 443

M30. 刑事和解/调解协议 / 444

M31. 刑事谅解书 / 445

M32. 取保候审申请书 / 446

M33. 羁押必要性审查申请书 / 448

M34. 申诉书 / 450

M35. 控告书 / 451

M36. 立案监督申请书 / 452

M37. 管辖权异议申请书 / 453

M38. 回避申请书 / 454

M39. 集体讨论记录 / 455

M40. 认罪认罚谈话笔录 / 456

M41. 办案日志 / 458

M42. 办案小结/结案报告 / 459

M43. 审查起诉阶段第一次会见提纲与指引 / 460

M44. 审查起诉阶段第一次会见笔录 / 462

M45. 审查起诉阶段诉讼权利义务告知书 / 464

M46. 会见提纲（核实证据）/ 468

M47. 会见笔录（核实证据）/ 469

M48. 会见提纲（沟通辩护方案）/ 471

M49. 会见笔录（沟通辩护方案）/ 473

M50. 会见提纲（退补重报后）/ 475

M51. 会见笔录(退补重报后) / 476

M52. 诉讼证据材料完整性检验表 / 478

M53. 诉讼证据材料归类对照表 / 479

M54. 证据审查/质证意见表 / 480

M55. 犯罪客观方面要件审查清单指引表 / 481

M56. 犯罪客体要件审查清单指引表 / 483

M57. 犯罪主观方面要件审查清单指引表 / 485

M58. 犯罪主体要件审查清单指引表 / 487

M59. 量刑情节审查清单指引表 / 489

M60. 阅卷笔录格式和结构模板 / 491

M61. 与办案单位沟通提纲(检) / 493

M62. 与办案人沟通记录(检) / 494

M63. 调取无罪/罪轻证据材料申请书 / 496

M64. 调查取证申请书(向被害方) / 497

M65. 非法证据排除申请书 / 498

M66. 非法证据排除指引表 / 499

M67. 审查起诉阶段辩护意见 / 502

M68. 认罪认罚会见指引 / 503

M69. 认罪认罚谈话笔录 / 504

M70. 审判阶段权利义务告知书 / 506

M71. 审判阶段第一次会见提纲与指引 / 508

M72. 审判阶段第一次会见笔录 / 510

M73. 会见提纲(核实证据) / 512

M74. 审判阶段会见笔录(核实证据) / 513

M75. 会见提纲(沟通辩护方案) / 515

M76. 会见笔录(沟通辩护方案) / 517

M77. 起诉书审查指引 / 519

M78. 与办案单位沟通提纲(法) / 521

M79. 与办案人沟通记录(法) / 522

M80. 通知出庭申请书 / 524

M81. 出庭申请书(专家证人) / 525

M82. 会见提纲（庭前会议辅导）／526

M83. 会见笔录（庭前会议辅导）／527

M84. 召开庭前会议申请书／530

M85. 庭前会议准备事项清单／531

M86. 被告人参加庭前会议申请书／532

M87. 对出庭人员名单异议书／533

M88. 不公开／延期／中止审理申请书／534

M89. 侦查人员出庭申请书／535

M90. 庭前会议记录／536

M91. 会见提纲（庭前辅导）／538

M92. 会见笔录（庭前辅导）／540

M93. 庭审流程及注意事项／542

M94. 辩护思路确定表／544

M95. 发问清单／545

M96. 庭审情况记录／546

M97. 会见提纲（庭后）／553

M98. 会见笔录（庭后）／554

M99. 会见提纲（宣判后）／556

M100. 会见笔录（宣判后）／557

附录二　工作流程和任务清单

刑事辩护工作流程和任务清单——侦查阶段／561

刑事辩护工作流程和任务清单——审查起诉阶段／569

刑事辩护工作流程和任务清单——审判阶段／575

第一章 刑事律师执业风险防范

第一节

刑事律师执业风险防范总论

刑事律师执业风险,主要是指律师在办理刑事案件中,因执业行为不当而可能面临的法律后果和责任。律师的很多业务都有风险,但是刑事风险是律师执业风险中最主要的风险,也是法律责任最严重的一种风险。

律师执业风险防范是一个永恒的问题,新执业的律师要给予充分的重视,执业有一定年限的律师也要警钟长鸣,否则,一旦出现问题,后果将是灾难性的。律师执业有风险,刑辩律师尤甚!律师界流传的说法是这样的:如果你爱一个人,就送他去做刑辩律师;如果你恨一个人,也送他去做刑辩律师。还有一个说法是:如果你要做法律工作,千万别当律师;如果你要当律师,千万别办刑事案件;如果你要办刑事案件,千万别取证;如果你要取证,千万别取证人证言;如果这一切你都做不到,你就自己到看守所报到。这些说法虽然有些夸张,但在一定程度上反映出做刑事律师风险确实是比较高的。

律师是利用专业知识和技能来维护当事人的合法权益的职业,但有时也面临受到追诉的风险,这是值得反思的问题。不可回避的是:我国目前刑事司法环境仍需改进,律师在会见、阅卷、调查、一审、二审以及死刑核准程序中,在和侦查、公诉、审判人员的交涉沟通的过程中,需要时刻绷紧依规守矩的弦,稍有不慎,就很容易遭遇巨大的执业风险。常有一些律师缺乏风险意识,徒有一身勇气,而忽视了自我保护的意识和智慧。所以,律师执业风险的发生与司法环境和司法体制有一定关系,但更离不开律师自身不谨慎的因素。

刑事辩护(以下简称刑辩)被誉为律师业务中皇冠上的明珠,是最具有挑战性的、能展示律师风采的高难度业务,可以说每个律师心中都有一个刑辩梦。其实所有的风险,只要我们充分做好风险防范措施,就可以避免。

一、刑事律师常见的法律风险

刑辩律师法律风险包括刑事责任、行政处罚和经济损失。其中刑事责任最为严厉,我们主要讨论刑事责任。

1. 伪证罪

伪证罪俗称是一柄悬在律师头上的"达摩克里斯之剑"。从总体情况来看,实践中存在一些公权力机关对律师的打压迫害的情况,同时也有少数律师本人不谨慎甚至故意犯罪的问题。

【法条链接】

《刑法》第三百零六条第一款 【辩护人、诉讼代理人毁灭证据、伪造证据、妨害作证罪】在刑事诉讼中,辩护人、诉讼代理人毁灭、伪造证据,帮助当事人毁灭、伪造证据,威胁、引诱证人违背事实改变证言或者作伪证的,处三年以下有期徒刑或者拘役;情节严重的,处三年以上七年以下有期徒刑。

《刑法》第三百零七条第一款、第二款 【妨害作证罪;帮助毁灭、伪造证据罪】以暴力、威胁、贿买等方法阻止证人作证或者指使他人作伪证的,处三年以下有期徒刑或者拘役;情节严重的,处三年以上七年以下有期徒刑。

帮助当事人毁灭、伪造证据,情节严重的,处三年以下有期徒刑或者拘役。

关于伪证罪有很多案例。

【案例1】北京女律师薛某因伪证罪被判刑。[①]

北京市康某律师事务所律师薛某为了帮助自己的当事人洗脱强奸的罪名,引诱被害幼女出具假证言,还提议被告人家属伪造身份证。因涉嫌辩护人伪造证据罪被北京市海淀区人民法院判处有期徒刑1年零6个月。

2006年11月17日,北京市康某律师事务所的律师为了使涉嫌强奸罪的犯罪嫌疑人陈某成(已判决)逃避法律制裁,在海淀区看守所外引诱被害人辛某书写了其与陈某成互不知道对方年龄的虚假材料,并将该虚假材料递交给陈某成案件的承办民警。后在律师薛某的提议下,陈某成的继父陈九某和其弟陈某伪造了辛某案发时年龄超过14周岁的身份证,由律师薛某递交给陈某成案件的承办检察官。

---

① 中国法院网,https://www.chinacourt.org/article/detail/2008/03/id/291536.shtml。

因被害人是否满 14 岁,和陈某成是否知道被害人的真实年龄直接关系到其是否犯罪。检察机关将案件重新交给警方进行调查。民警找到当事人进行核实,对身份证进行鉴定,查出身份证是假的,不是被害人家属提供,于是递交身份证的陈九某被锁定为伪造证据的嫌疑人。2007 年 3 月 7 日,被告人陈九某被抓获归案;同年 3 月 9 日,律师薛某被抓获。

检察机关认为,被告人薛某作为辩护人,伪造证据、引诱证人违背事实改变证言,其行为已构成辩护人伪造证据罪;被告人陈九某帮助当事人伪造证据,其行为构成帮助伪造证据罪,故提请法院依法判处。经法院审理,以律师薛某犯"辩护人伪造证据罪",判处有期徒刑 1 年零 6 个月。

【案例 2】张某中律师因涉嫌帮助北京某银行行长制造伪证被判刑 2 年。[①]

2002 年 5 月 3 日,张某中在北京首都机场因涉嫌辩护人伪造证据罪被北京市公安局刑事拘留,当时张某中担任华夏银行前行长段某兴涉嫌受贿罪一案的一审辩护律师。同年 6 月 7 日,经北京市人民检察院第一分院批准,张某中被正式逮捕,《京华时报》披露,张某中在北京市商业银行中关村支行前行长霍某案中担任辩护人期间涉嫌伪造证据。

自 1998 年 6 月 3 日起,张某中受霍某亲属委托,担任霍某的辩护律师。他在为霍某辩护期间,使用由霍某在羁押期间签署的、形成倒签日期为被羁押前的《授权委托书》,与香港富国国际控股有限公司董事李某国签订《转委托书》,将霍某处理大连奔德国际金融中心项目的授权委托转给李某国,企图以此减轻霍某的刑事责任。后来,香港富国国际控股有限公司利用张某中提供的《授权委托书》《转委托书》,骗取大连奔德国际金融中心有限公司 70% 的股份和大连奔德新世界酒店有限公司 65% 的股份,致使北京市商业银行的债权失控。

2003 年 12 月 9 日,北京市第一中级人民法院一审认定张某中帮助伪造证据罪成立,判处其有期徒刑 2 年。张某中不服一审判决,他认为检方指控他犯帮助伪造证据罪的证据不足、事实不清。张某中提出上诉后,北京市高级人民法院最终驳回了他的上诉请求。

---

① 中国法院网,https://www.chinacourt.org/article/detail/2003/12/id/95276.shtml。

2. 行贿罪和介绍贿赂罪

无论是民事案件还是刑事案件,当事人为了胜诉有时会要求律师向法官行贿或者要求律师指导当事人向法官行贿,如果律师迎合了当事人的某些不当需求,就可能涉嫌行贿罪或介绍贿赂罪。

【案例】河北省高级法院委托保定市中级人民法院对石家庄律师孙某介绍贿赂罪作出判决,判处有期徒刑1年,缓刑2年。[①]

类似的案例在律师当中是高发的类型。有许多当事人家属找律师就是要利用律师的关系,有的律师可能会直接参与向法官的行贿。一个法官倒下一批律师也跟着倒下,如青岛中级人民法院副院长受贿案牵扯出32名律师,海南省高级人民法院张某慧案更是刷新了纪录,震惊国人。有时候当事人需要律师跟法官疏通关系,很多律师觉得不好拒绝。有的律师虽然不直接参与行贿,但他对当事人家属进行一些指导,也会涉嫌介绍贿赂罪。比如有的当事人请教律师,怎么样去给法官送礼、送什么、送多少等;有的律师甚至告诉当事人,法官住在什么地方、有什么爱好等。还有律师与当事人进行一些不当的沟通,如果案发了,当事人的家属供出来,律师也要受到法律的追究。随着司法环境的变化,律师在办案当中,无论是直接地向法官行贿,还是间接地介绍当事人向法官行贿,都有可能涉嫌触犯法律。在这个问题上一定不要触碰底线。

3. 诈骗罪

律师涉嫌诈骗罪的特点是在案件办理过程中,律师收了当事人财物去贿赂法官等司法人员,此时如没有去贿赂,就涉嫌诈骗;如去贿赂了,就涉嫌行贿。

在办案过程中,为了获取较高的代理费,或是赢得当事人的信赖,有的律师会满足当事人的一些不当要求,也为律师埋下了风险,比如律师承诺"捞人"。有的律师在与当事人签订协议的时候夸下海口,作出一些不现实的承诺。当案件达不到当事人的要求的时候,有的当事人就会认为:"你当时骗我了,我是在你的欺骗下支付了高额的费用。"因此,律师在和当事人办理委托手续时,包括在办理手续以后,在和当事人交流当中,要注意分寸,一定要用法言法语,不能夸海口,不能许诺。有的当事人很聪明,每次谈话都有录音,当没有达到他的目的的时候,轻则退费,重

[①] 搜狐网,http://news.sohu.com/20060301/n242071185.shtml。

则投诉。

【案例1】马某东诈骗案,该案当年轰动全国,虽然该案有些人认为无罪,全国律协、司法部也派员前去监督,但至今没有翻案,应引起我们重视,限于篇幅,可自行百度查阅。①

【案例2】律师证未年检私自收案被判诈骗罪。

一审:华县法院(2014)华刑初字第00023号刑事判决书(2014年5月28日);

二审:渭南市中级人民法院(2014)渭中法刑一终字第00048号刑事裁定书(2014年9月11日)。

裁判要点

被告人刘某某虽然持有律师执业证,但因其未参加年度考核并离开了律师事务所,后继续利用该律师事务所执业律师身份代理案件,且私刻律师事务所印章向被害人隐瞒真相,以非法占有为目的,骗取被害人代理费的行为,符合诈骗罪的构成要件。

基本案情

略,可自行查阅裁判文书网。

裁判结果

华县人民法院依照《刑法》第266条之规定,判决被告人刘某某犯诈骗罪,判处有期徒刑2年零6个月,并处罚金2万元。

一审宣判后,被告人刘某某认为自己的行为不构成诈骗罪,向渭南市中级人民法院提起上诉。

渭南市中级人民法院经审理后认为:原审判决定罪准确,审判程序合法,判处适当。依照《刑事诉讼法》(2012年版)第225条第1款第1项之规定,裁定:驳回上诉,维持原判。

案例注解

《律师法》第2条第1款规定:"本法所称的律师,是指依法取得律师执业证书,接受委托或者指定,为当事人提供法律服务的执业人员。"第13条规

---

① 《马某东"百万诈骗案"震动律师界》,载 http://www.mzyfz.com/news/times/a/20071013/110405.shtml。

定:"没有取得律师执业证书的人员,不得以律师名义从事法律服务业务;除法律另有规定外,不得从事诉讼代理或者辩护业务。"本案被告人刘某某虽然取得了执业律师证书,并于2011年9月在陕西耿某律师事务所执业,但其未参加2012年律师年度考核,不能再以陕西耿某律师事务所律师的名义执业。被告人刘某某在不具有律师身份的情况下,以律师名义代理案件或进行法律咨询,都是违法行为,其行为已超出了《律师法》的调整范围。在两名被害人咨询刘某某时,刘某某在失去其律师身份的情况下,隐瞒真相,以律师身份承接案件,在没有完全了解案情的情况下,向两位被害人承诺"可以将案件在公安机关'消化'",取得被害人的信任。在收取被害人15,000元的代理费后,向被害人出具收条,作出保证。其收条中"如若不能成功办理,如数退还"的承诺是双方约定在检察机关批准逮捕之前,被告人如果不能将案件"消化",如数退费。被告人在取得被害人的信任后,利用被害人的迫切心理,再次虚构"事情能进展了",让被害人汇款3万元,并在被害人汇款后,立即将钱取走。被害人在得知亲属已被批准逮捕,要求被告人退款时,被告人采取哄骗的手段拖延、搪塞。同时从公安机关搜查出被告人私刻的陕西耿某律师事务所印章及盖有"陕西耿某律师事务所"印章的律师事务所函、委托协议书、授权委托书来看,虽然目前没有证据证明刘某某私刻他人律师事务所公章从事过非法活动,但对于曾从事律师工作的被告人来说,不可能不知道私刻他人公章的违法性和所要承担的法律后果。由此可见,被告人具有非法占有的目的,客观方面向被害人隐瞒真相,以此欺骗被害人,让其交出财物。被告人刘某某的行为符合诈骗罪的构成要件,应当以诈骗罪定罪处罚。

(判处书出处:渭南市中级人民法院)

律师证年检事件始末

2014年3月因企业年检制度取消,律师界引起了一场关于取消律师年检制度的争论。

2014年7月,17名律师就律师年检制度联合向司法部提起行政复议。

2014年9月,陕西某律师因律师证未年检收取代理费被法院判处诈骗罪。

2015年6月,中华全国律师协会关于答复民政部有关问题的函明确答复,不交纳会费仍然可以执业。

2016年4月,北京悟某律师事务所的程某律师在代理一起刑事案件时,因律师证未年检被传唤长达七小时。①

执业警示

笔者认为,该案被判有罪,不单单是律师证未年检的问题,主要的原因在于被告人有私刻律师事务所公章和向当事人虚假承诺的行为。

关于律师犯诈骗罪的还有北京市第一中级人民法院刑事裁定书(2014)一中刑终字第2309号宋某诈骗罪判处有期徒刑13年。

该案在北京律师协会的网站上公开。宋某夫妻二人开了一家律师事务所,因一起刑事案件,承诺"捞人",失败后又不退钱。他这个本应是可以避免的,只是因为太没有防范意识了。

通观律师被判诈骗的案件,翻案成功的极少。这几个案例共同的特点是收费没有开具律师事务所正式票据,如果当时开了票据,可能情况要好得多。

4. 泄露国家秘密罪

【案例】于某故意泄露国家秘密案刑事判决书。②

起诉书指控:2000年8月21日,被告人于某与助理律师卢某(另案处理)共同担任马某1贪污案的一审辩护人。当晚,朱某、马某2、马某3详细翻看了复印的案卷材料,对有关证人逐一进行寻找和联系,并做了工作。由于于某故意泄露了国家秘密,马某1贪污案开庭审理时,有关证人作了虚假证明,扰乱了正常的诉讼活动,造成马某1贪污案两次延期审理的严重后果。检察机关认为,被告人于某的行为已触犯《刑法》第398条的规定,构成了故意泄露国家秘密罪。沁阳市人民法院一审判决罪名成立。2002年5月23日二审法院撤销沁阳市人民法院的一审刑事判决,改判无罪。

该案虽然最终判决无罪,但是律师经历了2年多的刑事追诉,对人身和心理造成极大的损害。

---

① 《因律师证未年检　河北法官报警抓北京"假律师"》,载财新网,http://china.caixin.com/2016-04-14/100931979.html。

② 河南省沁阳市人民检察院诉于某故意泄露国家秘密案(最高人民法院公报2004年02期)。

5. 包庇罪

【案例】①

本案获刑的律师,恰恰忽视了律师执业操作规范:收受同案犯支付的律师代理费,而非委托人(当事人近亲属)交的律师代理费;无原则地应没到案主犯的要求为当事人上账,而非根据委托人的要求为当事人上账;暗示当事人作不如实供述。最终该律师也为自己忽视操作规范、忽视执业风险的行为付出了惨痛的代价。8万元的律师费葬送了自由,一辈子的执业资格也失去了,孰轻孰重,一目了然。同时这也给律师这个行业带来负面的影响。

法院认为上诉人车某某无视国家法律,明知凌某某是李某某等人故意伤害朱某一案的幕后指使犯罪嫌疑人,为使凌某某逃避法律追究,而利用其律师身份接受凌某某提供的资金担任李某某的辩护人,在多次会见李某某时积极使用暗示、利诱等方式诱导李某某作出虚假供述,掩盖凌某某涉嫌故意伤害犯罪的事实,给司法机关依法查明案件事实制造了阻碍,影响了司法机关正常的刑事诉讼活动,其行为已构成包庇罪,依法应予以刑罚。

除以上列举的情形外,还有个别刑辩律师曾因逃税罪、诽谤罪、诬告陷害罪、敲诈勒索罪、玩忽职守罪、妨害公务罪等罪名入狱的。有时虽然没有被追究刑事责任,但是受到行政处罚或纪律处分的不在少数;有时虽然不构成犯罪,但会受到行政处罚或纪律处分,甚至被吊销律师执业执照。如:

2013年11月28日和12月2日,北京律协向李某某等人强奸案中7名相关辩护及代理律师正式发出立案通知。经审查,于2014年1月13日和1月29日分别对该7名律师作出了处理决定。其中,对周某丽(泄露当事人隐私、不当披露案件信息、严重损害律师职业形象)、雷某军(贬损同行、有悖律师职业道德、严重损害律师职业形象)、李某珂(不当披露案件信息、为争揽业务向委托人作虚假承诺)律师给予公开谴责的行业纪律处分,对兰某、陈某、王某3名律师分别给予训诫、通报批评的行业纪律处分,对陈某西律师发出《规范执业建议书》。

---

① 广东省茂名市中级人民法院刑事裁定书,(2013)茂中法刑一终字第25号。

二、律师在办理民事案件过程中,也可能涉及刑事风险

【案例1】云南刘某斌律师伪证案。[①]

限于篇幅此处省略,可以自行查阅。

【案例2】新人律师伪造证据被重判3年半。[②]

某离婚案一开庭,陈某东的老婆大吃一惊,登记在她和陈某东名下的东海水景城房子竟然被查封了,准备拍卖用于偿还陈某东欠沈某明的80多万元债款。这一切她丝毫不知情,于是报了警。

警方介入后查清是何某强律师帮陈某东父子出主意,请沈某明持伪造的借条来起诉陈某东,以转移财产。何某强律师说,他刚入行不久,业务量很少,妻子没有工作,还有孩子需要抚养。当陈某东父子找到他之后,他根本没考虑那么多,5000元的律师费在签订委托代理合同时交到所里。他考了3次才通过司法考试,2008年7月取得律师执照,案发时独立执业才1年多。他非常珍惜这份职业。

这起案件的当事人当年被判伪造证据罪,现在可能会判作虚假诉讼罪。

三、律师的人身风险

除被违法羁押外,刑辩律师因执业遭受其他情况也会发生,如受恐吓、被伤害甚至被杀害。当事人的要求未得到满足时,有时会把不满和怨恨发泄到律师身上,要求退费、赔偿,甚至对律师进行报复性伤害。

在刑事案件中,部分被害人和部分群众对律师工作存在不正确的认识,有时控制不了情绪也会伤害律师。有时在民事案件中,当事人不懂法律,败诉后责怪律师,甚至伤害律师。

曾经从事打假的律师经常遭遇人身危险。

[①] 《律师刘某斌"伪证案"宣判 他5年后终于洗清了冤屈》,载人民网,http://yn.people.com.cn/gb/various/n/2015/0318/c228582-24192539.html。

[②] 《新人律师伪造证据被重判3年半 成功律师揭秘行业内幕》,载浙江在线,http://zjnews.zjol.com.cn/system/2010/06/04/016662101.shtml。

【案例】黄某荣案。[①]

黄某荣,安徽人,39 岁,曾从事律师工作,2003 年 12 月 13 日下午,黄某荣坐在车内用望远镜和照相机对紫禁城国医馆进行监视拍照,被该馆业务经理杨某利发现并报告给赵某。随后,杨某利从店里叫出六七名男子将黄某荣围住,一番拳脚后将其拖进后院。

在黄某荣身上,他们搜出详细记录着赵某等人行动的纸条。赵某"怀疑对方想绑架自己",于是几人抄起钢管、扫把和木板,暴打黄某荣。20 分钟后,黄某荣失去知觉。见黄某荣已经死亡,杨某利命令几名员工将其抛尸到北京医院附近。

四、刑事律师执业风险的来源

1. 风险来自公权力部门

有时个别公权力部门的公职人员对律师存在歧视和偏见,将其执法行为与律师的执业行为对立起来,认为律师是在找麻烦,对律师故意推诿刁难、打击报复,甚至采取极端措施。

由于双方力量悬殊,律师的权利得不到保障,公安机关滥用立案权、检察机关滥用公诉权、法院滥用定罪权的情况有时会发生。

2. 风险来自当事人及其亲属

西方国家有句谚语:"律师最大的敌人是当事人。"在中国除当事人外,还包括当事人亲属。如 2009 年 12 月 10 日,龚某模检举李某,称李某以"挤眼方式"教唆他编造"被刑讯逼供"的虚假口供。[②]

当事人及家属对律师工作内容不理解,对承办律师期望值过高,将诉讼结果作为评判律师服务的唯一标准,以能不能"捞人",能不能轻判,作为判断律师工作的唯一标准。有时律师不恰当的承诺,也是风险来源之一。年轻律师因为案源较少,急于接单往往会作出不恰当的承诺,为以后一旦案件不顺利埋下定时炸弹。

还有些当事人或其亲属制造并向律师提供虚假证据,之后将法律责任推到律

[①] 《私人侦探跟踪偷拍被打死》,载京华时报,http://news.sina.com.cn/s/2003-12-30/07571466157s.shtml。
[②] 重庆市第一中级人民法院刑事判决书,(2010)渝一中法刑终字第 13 号。

师身上,或以高额的律师费用引诱律师铤而走险。在这种违背客观事实的情势下,不能满足当事人及其亲属要求或违法满足其要求的律师很可能遭遇执业风险。

3. 风险还来自律师自身

律师对业务不熟练、疏忽大意,甚至过于善良都会给自己埋下危险的种子。刑事辩护是一门有很高的技术壁垒的技术活,有的"万金油"律师采取搂草打兔子的态度,平时对刑事辩护技术重视不够,容易出风险。

如某强奸案中,律师与当事人家属一起找被害人做工作,被害人当面写材料说不是强奸,后来被检察院询问时又改口说是律师写好材料让她签的字,结果律师被判刑2年零6个月。

五、刑事律师执业风险产生的原因

(一)法治理念落后

在部分基层司法机关的办案人员中,"有罪推定"的逻辑思维影响仍发挥着作用,部分办案人员对律师制度设置的意义和定位不了解。

(二)法条表述的模糊性

例如,《刑法》第306条妨害作证罪的罪状模糊,实践中有时存在被公安司法机关滥用之危险。何为"引诱"?对证人不同的问话方式,不同的语调,不同身份的人问话,得到的回答完全不同,如何界定?何为违背事实、改变证言?该罪是行为犯还是结果犯?这些问题都没有清晰的界定。

再如,《刑法》第398条泄露国家秘密罪,案卷材料是不是国家秘密?

这些刑法分则罪名规定模糊,给律师的执业行为定性留下危险的空间。

(三)对律师权利的保障不够

我国《律师法》赋予律师的权利缺少有力保障,对执业保障的规定有些还难以进入司法运作层面,对刑辩律师权利保障明显不足,难以给律师的执业安全提供有效法律支持和保障。

虽然《刑事诉讼法》解决了部分律师会见难、阅卷难的问题,但在律师调查难方面还存在诸多障碍和风险。如果法律没有赋予救济手段,无救济则无权利,纸上写的权利越多,律师能做的事越多,执业风险就越高。

(四)司法体制仍存在一定不足

1. 公、检、法等机关与律师在刑事案件中的地位不对等,公、检、法在工作中仍会有更多的配合或者联络,法官在审判案件的过程中倾向公诉方的观点和主张的现象仍然存在,律师处于相对弱势的地位。

2. 选择性执法仍然存在。选择性执法是法制实践中客观存在的一种不正当现象。所以刑辩律师须时刻警醒,不要因为有人做了某些事,就认为是正确的,从而放松了对自己的要求,如行贿法官、在看守所给嫌疑人送东西等。

3. 个别公、检、法人员在观念上将律师视为外人。他们认为自己一方是执法者,有居高临下的优越感,律师一方只是社会工作者,是被管理的。有的公、检、法人员还习惯把律师和当事人等同。

4. 公、检、法在利益上和律师有一定的冲突。公、检、法办案人员每年进行业绩考核,律师的成功辩护可能意味着公、检、法一方被错案追究。公安检察机关破案立功的嘉奖制度使案件没进法院可能就已经定性,导致在独立审判实践中受到影响。

(五)律师自身问题

1. 缺乏风险意识,放松对职业道德的培养。转型期的中国,刑辩律师的执业环境具有相当的复杂性,如果对这一点没有深刻的认识,不能从全局考虑问题,就容易迷失方向。

2. 为利益铤而走险,触碰法律底线。律师行业竞争激烈,年轻律师生存艰难,有的律师为了能接到案子或者获取高收益,不能抵制金钱诱惑,为了眼前利益不惜冲击法律底线,以致最终引火烧身。

3. 未能准确定位律师在刑事辩护中的角色。部分刑辩律师或与当事人混成一伍,或与被害人极端对抗,或与国家公权力机构关系紧张,均为执业安全埋下隐患。

4. 缺乏执业智慧和技巧。由于缺少专业、系统的技能培训,又存在迫于生计、没有时间等原因导致没有加强学习与提升,因此缺乏执业智慧和技巧,无法应对复杂社会。

六、刑辩律师执业风险防范对策

（一）不断学习，时刻保持行业先进性

要了解律师行业内部的成文、不成文的规定、规矩，现实中的一些具体问题处理思路与方法，如何变通等。

世事洞明皆学问，人情练达即文章。某种事情在现实中是如何处理的，如何变通的等要心中有数。比如，家属看卷的问题、看守所送东西的问题、核实证据材料的问题等。

经常了解学习最近的立法动向、政策风向标、学术进展，掌握最新的刑事政策、法律法规的修订情况、最新权威书籍的出版等。

（二）要有底线意识

强化依法执业意识，严格遵守执业规范，养成良好的职业道德和执业习惯。时刻保持警惕性，哪些事能做、做到什么程度，哪些事不能做一定要清楚。著名刑辩大律师钱列阳说过："做一个刑事案子，你可以不知道怎么做，但是你一定要知道不能够做什么。"

（三）摆正身份，处理好多方关系

1. 正确处理与当事人、家属的关系

首先，当事人自己是否认罪。如果当事人坚持不认罪，律师通过阅卷和调查研究，认为其构成犯罪时怎么处理；如果当事人因各种原因承认犯罪，而证据无法达到证明标准时，又怎么处理。其次，当事人是否信任律师，是否跟律师说真话，如果当事人跟律师隐瞒真相，该如何处理；当事人、家属问律师是否与办案单位有关系，希望律师找关系时怎么办；当事人、家属的期望值达不到时会如何，他们要求律师频繁地会见、要求传递不恰当的信息甚至是串供的信息怎么办。律师一定要把握讲话尺度，切不可作出无法实现的承诺。是否做无罪辩护由当事人作决定，要跟当事人解释清楚法律规定与利害关系，律师的独立辩护权不能滥用。针对当事人和家属的期望值，要解释清楚，给出一个合理的预期，避免其有过高的期望值，与现实差距过大。对于违法无理的要求，律师要明确拒绝，但要注意方式方法，不要和当事人、家属产生过激的矛盾。要引导当事人信赖律师，引导他讲实话，讲真话；当事人及家属问是否和办案单位有关系，要注意，切不可违规回答，可以通过回答与办案单位是工作关系等方式,避免为将来埋下隐患。

2. 正确处理与被害人及其家属的关系

有些案件,尤其是暴力犯罪的案件,被害人及家属正沉浸在痛苦之中,辩护律师在开庭时切不可言辞过于激烈,并且发言之前应首先代表被告人对被害人表示歉意,以缓和气氛,更不要直接与被害人及家属争辩。

3. 正确处理与证人的关系

律师引导证人说实话,讲事实,叙述事实经过,不能直接告诉证人应当怎样说。避免触犯《刑法》第306条的伪证罪。

(四)强化办案质量意识

加强质量管理,预防或减少办案过程中可能发生的失误。

《刑事诉讼法》规定了律师在侦查阶段是辩护人,可以向办案单位提出法律意见,在报捕时可以向检察机关提出不予逮捕意见,法律规定如律师有意见,检察机关应当听取,如果有书面材料的,应当附卷。捕后还可以作羁押必要性审查申请工作,同时取保候审在各个阶段都可以申请等。该做的工作一定要做,不要图省事,让当事人觉得律师懒,没有做工作。

(五)克服麻痹大意、侥幸的心理

高度注意容易产生执业风险的环境,如在调查取证、会见被告人的过程中要有防控意识。一般来说,会见、调查的时候,要两名律师同时在场,有时候要录音、录像,说话要慎重。调查中最关键的问题是问话方式,要避免诱导式发问,更不能向被调查人施加压力,要尽量正面提问。

在会见过程中要注意的方面有:

第一,只要是敏感性的案件,就尽量两名律师参与会见。

第二,会见过程要全程做笔录,让被告人签字。

第三,会见过程中一定要谨言慎行,不说容易使自己陷入麻烦的话语。比如不要直接问"你要不要翻供?""有没有受到刑讯逼供?"等。

应该以告知权利的方式询问,如:"你有权作自我辩护,如果受到违法的程序对待你有权提出申诉控告,你需要做什么吗?"询问笔录被告人一定要看清楚再签字,对于记录错误的有权要求修改,对不知道的事情可以直接回答不知道等,每一步都要规范,要到位。律师的安全在于规范,表面看起来这些规范很机械、教条,但是很安全。

调查取证时应注意,能不调查控方证人时尽量不调查。有疑点的,开庭前把疑点写出来,要求法庭传唤证人出庭作证。

对于家属看卷问题,可以试着把阅卷问题变成合同问题,把和当事人的关系合同化。把不让被告人和家属看卷这样容易在将来引起争议的问题都事先写在委托协议里。实践中大量发生的案例说明,律师的职业风险很大一部分是来自自己的委托人和当事人。另外,在一些敏感性案件上要慎重,对待重大敏感案件应该有3种意识:

第一,要有团队意识。建议重大案件由两名律师外加一名顾问共同处理,可以成立小组,对重大问题进行研讨,还可以增加有专门知识的人,为鉴定意见等专业问题提供意见。

第二,一定要向资深律师请教,特别是请教重大案件中的风险。

第三,注重审判环节辩护。法庭审判阶段的辩护永远是最安全的辩护。尽量利用好法庭审判阶段,在审判阶段说服法官,把庭审效果发挥得淋漓尽致。

(六)不要以非法手段向公安、检察、审判人员了解案情,不得误导当事人

可以在委托协议中特别约定,乙方(律师)未以任何明示或暗示的形式说明与承办单位有任何工作以外的联系,没有任何明示或暗示案件结果、承诺。

(七)不得通过公、检、法办案人员拉案源业务

律师不能通过公、检、法的办案人员拉案源业务,律师与办案人员的职责存在一定的对立性:办案人员行使的是公权力,行使控诉和审判职能;律师是私权力的代表,努力使被告人获得无罪或罪轻的结果。如果律师通过办案人员取得业务,无法保证各自的独立性,违反执业纪律,那么有可能导致被吊销律师执业证书,甚至承担刑事责任。

【案例】北京市司法局行政处罚决定书（2004）1号　翟某俊　北京某盛律师事务所律师。①

（八）不得向办案人员行贿、请客送礼

律师和当事人家属不得向办案人员行贿、请客送礼。如律师拿了当事人的钱送给办案人员，是行贿；如没有送，就是诈骗。所以此种情况应当坚决杜绝。

（九）律师不得向司法机关或有关部门提供虚假资料

律师不得提供也不得协助当事人提供明知是虚假的资料。提供虚假材料，轻则纪律处分，重则构成犯罪，要避免伪证罪。

（十）辩护律师在受委托的权限内维护委托人的合法权益，不得超越代理权

无论是刑事案件还是民事案件，律师只能在委托人授权的范围内行事，不得越权处理当事人的事务；维护的是当事人的合法权益，而不是当事人认为的权益。

（十一）出具法律意见书，应当把握事实

在侦查阶段、审查批捕阶段，律师提交法律意见，依据的基本事实要核实清楚，法律意见书是建立在事实的基础上作出的，一旦事实靠不住，法律意见也只是无源之水、无本之木。

（十二）重大疑难敏感的群体性案件，向律师协会报告

目前，各地律师协会对此都有要求，承办这类案件要按规定向律师协会报告，出现意外问题可以向律师协会寻求帮助。

---

① http://sfj.beijing.gov.cn/sfj/zwgk/cxjl79/497749/index.html。

第二节

刑事律师在接案过程中的风险防范

一、刑事律师与委托人初次接触、询问案情的风险防范

（一）初次接触的方式和执业形象

一般来说，到律师事务所咨询的人大致有三种情况：第一种情况是第一次见律师的人，这种情况相对比较简单，律师讲清楚法律规定，咨询人对律师比较信任，也较容易接受委托；第二种情况是咨询人已经见过多个律师，通过考察律师的专业性，在多个律师中进行选择，判断是否符合他心中的预期，与他心里的律师形象对比，看哪一位律师更能打动他，这需要我们平时的专业积累；第三种情况是让律师替其"找关系"、摆平事情的人，这种人往往出手很大方，律师费多少钱都行，只要结果。根据不同的人我们要用不同的方式来应对，尤其是第三种情况，这些人往往带着一定的目的性，基于各种原因聘请律师，其心理状态极其复杂。对于此类委托人务必谨慎，在这种情况下刑事律师非常容易面临风险。委托人给出的金钱诱惑等可能对刑事律师产生很大影响，甚至导致律师走上违法犯罪的道路。

不管遇到什么样的客户，刑事律师在接案和办案过程中始终要坚守职业纪律与执业规范，切不可因小利断送自己的职业生涯。

与委托人初次洽谈的地点，最好选择律师事务所。律师专业的执业形象、规范的执业环境，是委托人对该律所是否规范、该律师是否具备充分的专业素质的初步认定，对是否成功接受委托很重要。

（二）了解案情时需注意的问题

1. 委托人的真实身份

前面我们说过，当事人即是律师的衣食父母。与委托人沟通贯穿刑事辩护业务始终。刑辩律师应当正确处理与当事人及委托人之间的关系，应意识到委托人

并不等同于犯罪嫌疑人、被告人,既要与其保持适当距离,又要与其保持融洽的关系,这是刑事律师避免执业风险的重要方面。

在沟通谈话过程中要注意来访当事人的身份,不能想当然地认为来访的当事人就能够全权代表被告人。委托人与嫌疑人是什么关系,是否具有委托权限,来访的真实目的是什么要弄清楚。

2.陪同人的真实身份

与委托人一并前来的陪同人员的身份很复杂,可能是近亲属,可能是为该案支付咨询费用的人,可能是与本案被告人有着特殊关系的人,如果是共同犯罪或者单位犯罪的人甚至可能是该案的同案犯。这种人往往以为别人的利益的名义,问一些与案件有关的其他问题,对此,应当注意回答问题时的全面性。

3.案件相关背景的了解

有些案件背景很复杂,了解案件的背景后,与本案无关的事情一般不要参与,背景了解即可。对于调查取证,要注意客观证据可以调查取证,主观证据取证要慎重,后面详细论述。

(三)明确委托人的目的、要求和心理预期

刑事律师应当明确委托人想要的是某种结果,而我们服务的是过程,不能承诺过程的结果,要跟当事人讲清楚,我们能提供哪些服务,在这个过程中,我们要做哪些工作。我们不能保证案件的结果,但可以保证我们的辩护是专业的,并且是尽职尽责的,至于结果得看具体情况。

二、刑事律师接受委托时的风险防范

1.刑事律师在接受当事人或其家属的委托时,应当向委托人阐明律师正常办案的流程和辩护或代理职责,预先告知诉讼风险,不得作出与法律规定或者职业道德、执业纪律相违背的解释、提示。

2.律师不得为建立委托关系而夸大其词误导委托人,不得向委托人作虚假承诺;接受委托后,也不得违背事实和法律规定向委托人作虚假承诺。严格禁止律师为了承揽案件或者提高收费而向委托人作出"包胜诉、包放人、包无罪"的承诺,也严格禁止律师向委托人提出"捞人"的承诺或者答应委托人所提出的"捞人"的要求。

3. 律师在辩护或代理案件之前及办理业务过程中，不得向委托人夸耀或者宣称自己与司法机关有关人员具有亲朋、同学、师生等关系，不得利用这种关系影响案件的办理。

4. 与委托人签订委托协议时，委托事项应当明确具体，特别注意明确授权内容、委托期限及诉讼阶段，避免出现歧义。当事人、法定代理人委托他人代为诉讼，必须向人民法院提交由委托人签名或盖章的授权委托书。授权委托书是授予辩护权、代理权的凭证，其真实与否，直接关系到辩护权、代理权的有无和大小。

5. 律师不得以个人名义私自接受委托，不得私自收取费用。根据律师收费管理的法规、规章和本律师事务所收费程序规则，律师事务所向委托人收取律师服务费的，应当及时向委托人开具合法票据。

严禁律师个人私自收费，严禁律师以个人名义出具收条。不得以"搞关系"为名向当事人索要钱物。

6. 律师在与委托人洽谈收费时应当合理、客观，既不得恶性竞争、压价收费，也不得漫天要价。办理刑事案件一律不得签订风险服务合同，禁止律师进行"风险代理"或"风险收费"。

三、刑事律师处理与委托人关系的风险防范

1. 律师在办理辩护或代理委托事项过程中，不能接受或迁就委托人各种形式的违法或不当要求。

2. 律师应注意加强与当事人的沟通，避免因沟通不畅，造成当事人误解或曲解本意。律师应注意尽量制作必要的工作记录，对重要谈话应制作谈话笔录存档备查。

3. 律师在执业过程中，为防范因不慎丢失委托人的重要证据而引发纠纷，应特别注意尽可能只保留证据复印件，必须保留证据原件的，应妥善保管。在可行的情况下，应当及时将证据原件交还当事人保管。

4. 办理刑事代理业务时，为避免律师与当事人之间因代领法律文书、未及时交接或保管不善而导致纠纷，律师应特别注意在履行代理职务的不同阶段，及时与当

事人办理相关法律文书交接手续，并应做到手续齐备。

委托人与律师之间所签订的特别授权委托书中往往有代签、代领法律文书的情形，如果律师未及时交接，或因保管不善导致遗失，会产生极其严重的法律后果，如不能按时出庭、超过上诉时效等，因此律师在办案过程中应予以充分注意。

5. 律师不得假借办案人员名义或者以联络、酬谢办案人员为由，向当事人索取财物或者谋取其他利益。

6. 律师不得违反律师服务收费管理规定或者收费合同约定，向委托人索要规定或者约定之外的费用和财物。

7. 律师不得在同一案件中，为双方当事人或者与委托人有利益冲突的第三人担任代理人或者辩护人。

律师不得在两起或者两起以上有利害关系的案件中，分别为有利益冲突的当事人担任代理人、辩护人。

8. 律师在担任法律顾问期间，不得为顾问单位的对方当事人或者其他与顾问单位有利益冲突的当事人担任代理人、辩护人。

9. 律师不得在与委托人解除委托关系后在同一案件中担任有利益冲突的他方当事人的代理人。

10. 律师在未征得委托人同意的情况下，不得接受对方当事人办理其他法律事务的委托，但办结委托事项后除外。

11. 律师对于当事人提供的重要资料、证据应当妥当保管，若有遗失并给当事人造成损失的，应当承担赔偿责任。

第三节

阅卷、会见及调查取证的风险防范

一、阅卷风险防范

《刑事诉讼法》第40条规定，辩护律师自人民检察院对案件审查起诉之日起，可以查阅、摘抄、复制本案的案卷材料。其他辩护人经人民法院、人民检察院许可，也可以查阅、摘抄、复制上述材料。

《刑事诉讼法》第41条规定，辩护人认为在侦查、审查起诉期间公安机关、人民检察院收集的证明犯罪嫌疑人、被告人无罪或者罪轻的证据材料未提交的，有权申请人民检察院、人民法院调取。第42条规定，辩护人收集的有关犯罪嫌疑人不在犯罪现场、未达到刑事责任年龄、属于依法不负刑事责任的精神病人的证据，应当及时告知公安机关、人民检察院。

在审查起诉阶段律师可以查阅侦查卷，包括有罪证据和无罪证据。对于发现无罪或罪轻的证据没有在案卷中出现的，可以申请法院、检察院调取。

在此阶段的风险防范主要包括：(1)律师查阅、摘抄、复制的卷宗应该保密和妥善保管。(2)对卷案材料不得伪造、编造、断章取义，要全面客观地审查判断和研究。(3)委托人(非嫌疑人、被告人本人)要求看卷宗的，在案件开庭前绝对不能让其查阅、摘抄、复制案卷材料。开庭后复印、摘抄的，也应仅限于客观证据，并做好相关记录和清单，以便日后查证(避免委托人可能更改相关材料用作其他目的)。(4)案外人要求查阅、复制的，应当拒绝。

二、会见的风险防范

1.《律师法》第33条规定了律师可以凭"三证"会见，《刑事诉讼法》也确立了持"三证"无障碍会见的制度。根据《刑事诉讼法》的规定，律师会见中可以了解案件情况,所以会见时可以讨论案情;自案件移送审查起诉之日起可以向嫌疑人核实证据,所以律师可以把证据向嫌疑人出示;会见过程中不得被监听,保障了会见的秘密性。

实践中,个别的看守所要求律师会见时必须有两名律师,要求必须有委托人与被会见人亲属的证明,有时还会提出其他要求,如要求司法局确认律所的公章等,我们要区分情况地进行合理的交涉与要求,可以适当地配合。但是对于一些敏感性的案子、大案、要案,最好两名律师去会见。危害国家安全犯罪、恐怖活动犯罪的案件需要侦查机关的批准,侦查机关可能派人陪同,在会见的过程中,建议不要与陪同人员发生过激的冲突。

虽然法律规定会见过程中不受监听,但是律师还是在看守所的视线范围内进行会见。如果羁押机关非法干预律师,律师要通过正规的方式去反映。

对于有非法干预律师正常会见履行辩护工作的情况,利用好《刑事诉讼法》第49条的规定:辩护人、诉讼代理人认为公安机关、人民检察院、人民法院及其工作人员阻碍其依法行使诉讼权利的,有权向同级或者上一级人民检察院申诉或者控告。人民检察院对申诉或者控告应当及时进行审查,情况属实的,通知有关机关予以纠正。第117条规定,当事人和辩护人、诉讼代理人、利害关系人对于司法机关及其工作人员有下列行为之一的,有权向该机关申诉或者控告:(1)采取强制措施法定期限届满,不予以释放、解除或者变更的;(2)应当退还取保候审保证金不退还的;(3)对与案件无关的财物采取查封、扣押、冻结措施的;(4)应当解除查封、扣押、冻结不解除的;(5)贪污、挪用、私分、调换、违反规定使用查封、扣押、冻结的财物的。受理申诉或者控告的机关应当及时处理。对处理不服的,可以向同级人民检察院申诉;人民检察院直接受理的案件,可以向上一级人民检察院申诉。人民检察院对申诉应当及时进行审查,情况属实的,通知有关机关予以纠正。通过正当的方式提出申诉和控告,还可以向当地的人大、政法委等反映。

2. 律师不得违反相关行为准则和看守所的相关规范,不得传递信件、物品、通信工具。

例如,在上海市宝山区人民法院(2014)1421号刑事案件中,律师张某某于2013年8月至9月,在担任贩卖毒品罪嫌疑人陈甲、信用卡诈骗罪嫌疑人吴甲的辩护律师期间,接受吴甲之姐吴乙的委托,以缓解陈甲、吴甲的毒瘾为由,利用律师会见之机,先后9次将政府管制的含有美沙酮成分的液体,从闸北区带至宝山区看守所会见室内给在押的陈甲、吴甲服用,被判处有期徒刑10个月。此外,还有律师给嫌疑人带书看,结果书里面有暗号,直接干预到了侦查的案例。给嫌疑人提供物品包括钱等,一般要让其家属通过看守所工作人员等正常途径,不要通过律师传递物品。

3. 会见时,律师应当询问、了解涉嫌的罪名、案情,正面解答法律咨询。不得诱导、教唆、暗示嫌疑人翻供,或故意做虚假供述。

4. 发现嫌疑人的陈述与侦查机关记录的口供不一致时,应首先问明嫌疑人回答的问题和被讯问时的回答是否一致,如不一致原因是什么。嫌疑人常会说,侦查机关未记录他的回答,这时律师应该问清为何未记录。嫌疑人可能会说他的回答和办案人员记录下来的不一致。此时,律师应该衡量是否根据《刑事诉讼法》,形成书面意见向侦查机关提交。

在审查起诉阶段和审判阶段,发现嫌疑人所做口供与会见时陈述不一致的,要问明原因并详细做好记录,确定是否申请启动非法证据排除程序。《刑事诉讼法》规定,在审查起诉阶段,检察机关应当将辩护人的书面意见附卷。

会见时,不能告诉嫌疑人同案犯的到案情况。因为案件在没有侦破前是国家秘密,律师没有权利告诉这一情况,这可能引起嫌疑人的翻供。

对于重大、复杂、敏感的案件,嫌疑人(同案犯)前后口供不一致的案件或者争议很大的案件最好由两名律师会见。每次会见应做好详细笔录并妥善保管(可能的情况下做好录音)。笔录应向当事人宣读、补正,由嫌疑人记下"以上笔录经本人核实无误"并签字。

5. 会见后,当被告人家属、亲友询问会见情况时,可以适当告知会见的大致情况及主要案情,但不得将尚未公开的有关案情告知其家属、亲友;也可以转告犯罪嫌疑人、被告人的问候、生活需要,但不得明示或暗示委托人要去"拉关系"、请客送礼甚至行贿。

三、刑事辩护律师在调查取证过程中的风险防范

1. 辩护律师调查取证权的基本含义

法律赋予辩护律师调查取证权,使其在行使辩护权时能够充分收集有利于犯

罪嫌疑人、被告人的证据，及时了解案件情况，维护犯罪嫌疑人、被告人的诉讼权利和其他的合法权益。调查取证权作为法律赋予辩护律师的一项基本性权利，是律师的核心权利之一。

广义上的辩护律师调查取证权，是指辩护律师向有关单位、个人进行调查，收集有利于犯罪嫌疑人和被告人的证据的权利，包括阅卷权、摘抄权、复制权，同在押犯罪嫌疑人或被告人的会见权与通信权、取证权。也就是说，律师会见权、阅卷权都属于广义上的律师调查取证权。但显然严格意义上的律师调查取证权是与会见权、阅卷权等有区别的。

狭义上的辩护律师调查取证权，即根据我国《刑事诉讼法》相关规定，是指辩护律师在刑事诉讼中，向有关单位或个人（包括证人、被害人、被害人的近亲属、被害人提供的证人）进行调查，了解案件情况，收集与案件有关的各种证据材料的权利，其目的在于证明犯罪嫌疑人、被告人无罪、罪轻或者减轻、免除其刑事责任，维护其合法权益。

2. 调查取证的方式

根据法律规定，辩护律师调查取证的方式有两种，一是自行调查取证，二是申请调查取证。

（1）根据《刑事诉讼法》，律师接受犯罪嫌疑人、被告人的委托或者公安机关、检察院、法院指定之后，为了维护犯罪嫌疑人、被告人的合法权益，辩护律师经证人或者其他单位和个人同意，可以自行向他们收集与案件有关的证据材料。自行调查获取证据，应当包括询问有关证人、调查有关单位档案或文件，查阅有关规章制度，咨询相关领域的技术专家意见等方式。

（2）当自行调查无法取得证据或者自行调查取证难度较大不易取证时，律师可以申请人民检察院、人民法院收集、调取其所需要的证据，以及在审判阶段申请人民法院通知证人出庭作证，此即律师的申请调查取证权。

律师的申请调查取证权是律师自行调查取证权的延伸，是依靠国家公权力来实现的带有强制性的调查取证活动。当律师提出申请调查取证的证据有收集的必要时，人民法院、人民检察院应当调取收集。同样地，当律师提出必要的证人出庭作证的申请时，人民法院也应当通知证人出庭作证。

3. 律师调查取证权存在的问题

我国法律对律师的调查取证权设置总体上是一种限制性权利。目前,法律规定的律师调查取证权是不完整的,是一种受到了限制和没有充分保障和救济的权利,在某些案件中,律师调查取证权甚至流于形式,有名无实。

(1)律师的自行调查取证权受到限制

《刑事诉讼法》第43条简略地规定了律师从侦查阶段起享有自行调查取证权,但没有规定必要的程序和手段来落实这种权利,律师调查取证权受到了一定的限制。律师能否取得其所需要调取的材料或者证言,取决于有关单位或个人是否同意。同时,辩护律师自行向被害人或者其近亲属、被害人提供证人调查取证时,其权利受到双重限制,不仅需被调查人的同意,而且必须经过人民检察院或人民法院的许可,否则律师就不能针对有关证人进行调查取证。

值得一提的是,《刑事诉讼法》第62条规定,"凡是知道案件情况的人,都有作证的义务",使得证人作证成为法律明确的义务。为了弄清案情,一切了解案件情况的证人都不得以任何理由和借口拒绝提供证言,都必须作证。但是实践中证人作证的义务更多的是针对追诉机关而言,证人作证的义务对于律师来讲,缺少一定的法律效力和强制力,律师一般难以根据此条法律规定要求相关证人作出相应证言。

(2)律师的申请调查取证权缺乏程序保障

法律规定辩护律师可以申请人民检察院、人民法院收集、调取证据,或者申请人民法院通知证人出庭作证。该规定实际上是法律赋予了辩护律师的申请调查取证权。当律师认为有证据可以证明犯罪嫌疑人、被告人无罪、罪轻,可以减轻或者免除刑事责任却难以自行收集时,可以申请人民检察院、人民法院调查取证,能够促使被追诉一方获得有利于己的材料,以平衡控辩双方的力量。

但是《刑事诉讼法》中规定的律师申请调查取证权只是简单、笼统地赋予了律师这种权利,没有相应的制度和措施对其进行保障和救济,在实践中律师申请调查取证很容易被限制。只有当检察院、法院认为确有必要调查律师申请的证据或者通知律师所申请的证人出庭作证时,律师此项权利才能得以实现。《刑事诉讼法》对此项权利的实现条件并无明确规范,缺乏实质性的约束力,律师申请调查取证权缺乏有效的保障和救济。

(3)《刑法》第306条约束了律师调查取证

我国《刑法》在第306条规定了辩护人、诉讼代理人毁灭证据、伪造证据、妨害作证罪,该罪名使得辩护律师的调查取证权在受到诸多限制之外,进一步陷入困境。

实践中,部分公安、司法机关人员对《刑法》中关于辩护人毁灭证据、伪造证据、妨害作证罪的规定缺乏正确的理解,对于辩护律师在调查取证中正确履行职责与制造伪证的界限不清晰,使得律师随时面临执业风险。

4.刑事律师如何在调查取证过程中防范风险

第一,作为新律师,一般情况不参与调查取证,尤其是向有关证人进行调查取证。如果确实有调查取证必要的,要有限度地进行,如被动地接收委托人的证据。在侦查阶段尽量不要去调查言词证据,但对于客观的证据如有关犯罪嫌疑人不在犯罪现场、未达到刑事责任年龄、属于依法不负刑事责任的精神病人的特定3类证据,可以有限度地调取。如果确实有调查必要,应该要求委托人先自行去收集证据,也可以让当事人向检察院、公安机关去提交证据线索。

第二,律师要对证据进行风险评估。如果确有调查必要,就进行调查;无必要的就不调查。现在有两种律师,一种是大胆去调查的,另一种是"谈虎色变"的。笔者认为刑辩律师要敢取、巧取,也要智取。言词证据等主观性较大的证据要慎重,客观证据要大胆地去取证。

第三,从证据的效力和经验出发,以下4类人,证明力低、风险高,一般不要调查取证:

(1)受贿案件的行贿人;

(2)证言不明确、有反复而追诉机关多次向其取证的证人,一旦法院采纳其与律师相左的证言,律师就可能面临引诱作伪证的风险;

(3)证言属于孤证的证人(可能翻供);

(4)案件处理结果与之有直接利害关系的人。

第四,证人确有调查必要的,除了自行调查,最好申请检察院、法院调查。对于侦查机关多次向其取证的证人,其证言明确无反复的证人,最好也不要去调查。对其证言有异议且关系重大的,向法院申请证人出庭作证,通过庭审发问的方式问出矛盾,问出真相。

第五，在调查取证时，不得威胁、引诱、收买、唆使证人作伪证或者有其他干扰司法人员诉讼活动的行为，不得隐匿、毁灭、伪造或者帮助隐匿、毁灭、伪造证据。

第六，如有证据必须自行调查，必须做到合法、客观、全面，注意方法，且要非常小心。在操作上要注意：

（1）只要条件许可尽量由两名律师进行调查，对于重大、复杂、敏感、定性争议较大的案件必须两名律师进行，这样是为了防范风险，也是为了方便，同时符合律协的《律师办理刑事案件规范》。

（2）要禁止证人以外的无关人员在场，更不能有被告人的家属、亲友在场陪同取证。其他的在场人员可能影响证言的客观性，尤其是被告人家属、亲友在场时。要留意被回避的人是否听得见，看得见，保证他们不干扰律师的调查。在自行调查时应向证人单独取证，不得向几个证人同时取证。

（3）向未成年人取证的时候应当要求监护人在场，且在做完笔录后要求监护人签字确认：我是××的监护人，今天所有的调查我自始至终都在场，××说的情况与××律师记录的调查笔录是一致的。

（4）强调作伪证的法律后果，询问不能用简单粗糙的问题，提问不能模棱两可，问题也不能有主观引导。有的律所调查笔录有格式文本，就可能规避上述的风险。有些律师有在公、检、法的工作经验，其口气和态度可能带有审问式，这是不应该的。询问证人的，可以参考交叉询问，在询问前就设定要调查的目的。

（5）笔录要字迹清楚，修改之处要证人签字或捺手印，在形成调查笔录后要让证人看或者宣读笔录，最后签字确认。

（6）重大、复杂、疑难案件建议做到全程录音录像，或者进行公证，或者让证人自行书写。比如电子邮件的提取最好进行公证，有的调查可以请当地居委会、村委会见证，或者要求证人亲笔写一份申请，能和律师的笔录相印证是最好的。

第七，为了申请司法机关同意调取证据，可以指出证据的矛盾，讲明调查的道理和不调查的后果，若遭拒要坚持自己的观点。书面证据来源合法的要大胆取证，言词证据要小心取证。

第四节

刑事律师在审判阶段的风险防范

一、审判阶段的风险防范

1. 受委托律师接到人民法院开庭通知后应当按时出庭参加诉讼活动。因下列情形之一不能出庭的,应及时与法院联系,申请延期开庭:

(1)律师收到两起案件的同时开庭的开庭通知,只能按时参加其中之一的;

(2)庭审前律师发现重大证据线索、非法证据需要排除或需要进一步调查取证或申请新的证人出庭作证的;

(3)由于客观原因律师无法按时出庭的,如身体情况不允许。

2. 律师申请延期开庭,未获批准,又确定不能出庭的,应当与委托人协商,妥善解决。

3. 辩护律师若需要法庭通知证人出庭作证或者鉴定人出庭的,应当注意对《刑事诉讼法》的理解,及时在开庭前提供出庭作证证人的身份、住址、通信处和明确的证人、鉴定人名单。很多律师当时想到了,但等到开庭时才交申请书是不行的。同时申请书还要注明证人出庭的特别事项,如对于警察证人要更慎重地向法庭提出申请。同理,辩护律师若有自行调查取证的证据需要提交法庭以便在庭审中质证的,宜在开庭前提供给法庭;应提交而未提交的,可能引起证言不被采信或者败诉。申请有专门知识的人出庭更应该提前申请并注明其专业方向。

4. 庭审中,公诉人向被告人提出威逼性、诱导性或与本案无关的问题,辩护律师有权提出反对意见。法庭驳回反对意见的,辩护律师应当尊重法庭的决定。这种问题比较普遍,很多辩护人在公诉人提出上述种类问题的时候选择沉默是不恰当的,辩护律师应当向法庭提出反对意见。

5. 公诉人对律师的发问提出反对意见的,律师可以进行争辩。法庭支持公诉人反对意见的,律师应当尊重法庭的决定,改变发问内容或方式。律师应该用法官的思维、语言、观点去进行庭审,而非去对抗法院。辩护人一味地反对,可能引起公诉方的不满。

6.法庭辩论中,律师辩护应向法庭陈述自己的意见和观点,以期得到采纳,不应以旁听人员为发言对象进行宣讲式的辩论,哗众取宠。

7.律师发表辩护意见应当以理服人,尊重法庭,尊重对方,不得讽刺、挖苦、谩骂、嘲笑他人,不得对公诉人进行人身攻击。

8.一审宣判后,辩护律师有权及时获得判决书。律师收到判决书后,要注意上诉期限,在上诉期间内应及时会见被告人,听取其对判决书内容的意见及是否上诉的决定,并给予法律帮助和提出建议。

对一审判决有意见的,辩护律师不得强行主张上诉、一味地鼓动被告人上诉或替被告人做主进行上诉。辩护律师应当帮助被告人分析上诉的利弊,是否上诉由被告人决定。有的律师为了赚取二审的代理费而鼓动被告人上诉是不道德的。

9.二审辩护律师接受委托后,应立即与法官取得联系,进行阅卷、会见被告人或者开展调查取证工作,并且及时向法庭提交书面辩护意见或者提供新的证据。

10.律师认为一审判决事实不清、证据不足或者存在其他应当开庭事由的,应当要求二审法院开庭审理。但是,在二审法庭没有明确答复是否开庭审理之前,辩护律师宜及时提交书面辩护意见或者新的证据,不宜被动地等候法庭的通知。

二、其他方面的风险防范提示

1.律师向侦查机关了解犯罪嫌疑人涉嫌的罪名及会见犯罪嫌疑人后,如果认为被羁押的犯罪嫌疑人符合法律规定的取保候审条件,可以主动为其申请取保候审。同理,辩护律师认为被羁押的被告人符合取保候审条件的,也可以主动向检察机关或人民法院提出取保候审申请。在押的犯罪嫌疑人、被告人及其法定代理人、近亲属要求为犯罪嫌疑人、被告人申请取保候审,承办律师认为符合取保候审条件的,可以为其申请取保候审,也可以协助其直接向承办案件的公安机关、检察机关或人民法院申请取保候审。

申请取保候审的过程中,律师不得为犯罪嫌疑人、被告人作保证人,也不得为其提供财产担保。

2. 律师担任自诉案件原告人的代理人或者附带民事诉讼原告人的代理人,应当指导、协助委托人收集证据,开展调查取证,申请鉴定。

代理律师应当注意并告知委托人,经人民法院两次传唤或通知无正当理由拒不到庭,或者未经法庭许可中途退庭,将导致自动撤诉的后果。

3. 对于当事人自行收集的证据材料应按下列方式提交给办案机关:

(1)一般情况下应避免由律师直接去核实当事人自行收集的证据。由当事人自行提交,让公安机关收集证据。

(2)如果是犯罪嫌疑人、被告人及其亲属自行收集的证据,可告知犯罪嫌疑人、被告人及其亲属直接向办案机关提交。

(3)对于要求律师提交的,应由证据材料的提供人在证据材料上逐页签署系其提交,并签名、捺手印。

4. 对于辩护律师在与犯罪嫌疑人、被告人接触过程中发现其存有未被司法机关掌握的其他罪行,建议按如下方式处理:

(1)可劝导犯罪嫌疑人、被告人向司法机关自首或坦白交代,并告知自首或坦白交代的法律后果。

(2)如果犯罪嫌疑人、被告人不愿意向司法机关自首或坦白交代,继续隐瞒罪行,或者提出其他不合法、不合理要求,致律师无法正常履行职务的,律师可以按照《律师法》第32条的规定拒绝辩护。

(3)对于一些比较特殊的案件,如犯罪嫌疑人、被告人有可能继续犯罪的,律师一旦知悉了犯罪嫌疑人、被告人罪行,就应及时通过律师协会等相关部门在尽量不违背律师职业道德的情况下进行协调处理。

(4)对于委托人或者其他人准备或者正在实施的危害国家安全、公共安全以及其他严重危害他人人身、财产安全的犯罪事实和信息应当立即检举揭发。

5. 对于案件背景复杂或者双方利害冲突明显的案件(如故意杀人、故意伤害案,聚众斗殴形成的故意伤害案,劳动纠纷特别是"欠薪"引发的刑事案件,恶性的交通肇事案,医疗责任事故案等)及各种群体性的案件,律师在提供法律服务、维护当事人合法权益、维护社会和谐稳定的同时,一定要重视自身人身安全防范。

律师在从事上述案件的辩护或代理活动时,必须注意职业素养,避免挑起矛盾或激化矛盾,也避免各种可能引发冲突的过激或有歧义或可能导致对方敏感反应的言谈举止(包括法庭上的言论),以免人身安全受到损害(如遭到围攻、恐吓、辱骂、殴打等)。

6.律师在受理群体性、敏感性案件时,应按照司法行政机关或律师协会的有关规定,履行报告备案义务。

律师在依法执业过程中,如发生人身侵害或财产损失事件,应立即向公安机关报案,同时向所属律师事务所及律师协会、司法行政机关报告。

第二章 侦查阶段（上）
——捕前辩护

第一节

概　述

一、侦查阶段案件的特点

　　侦查阶段作为刑事案件的一个起始阶段,是指侦查机关或者侦查部门,从立案之日起至案件侦查终结移送审查起诉前的刑事诉讼程序。依据办案机关的不同,对刑事案件侦查阶段可以分为公安机关作为侦查机关的侦查阶段,人民检察院的侦查部门办理自侦案件的侦查阶段,国家安全机关作为侦查机关的侦查阶段,以及其他机关作为侦查机关的侦查阶段。

　　根据相关法律规定、司法解释以及司法实践,侦查阶段具有以下特点:

　　1. 侦查阶段是相对封闭的诉讼过程,相关案件证据材料多处于保密状态。对于律师来说,表现在向办案机关和办案人员了解案情的渠道非常有限;办案人员对律师可能有提防和抵触的情绪,不会知无不言、言无不尽。同时,《刑事诉讼法》明确规定不能阅卷,到审查起诉阶段律师才可以作为辩护人阅卷。

　　2. 与案件相关的证据材料处于不断查证、不断丰富、不断完善的动态变化的过程。在这个过程中时隔一两天,案件的走向或案件的证据材料的指向就可能会有非常大的变化,侦查阶段更多地处于深挖扩线的过程。

　　3. 由于辩护律师在侦查阶段无阅卷权,辩护律师与侦查机关一般存在严重的信息不对称性,给律师提供有效辩护带来了极大障碍。由于信息不对称没有足够多的案件信息或者未充分掌握证据材料,在这个阶段辩护,辩点切入难度相对较大。

　　4. 由于辩护律师在侦查阶段获取案件有效信息的渠道十分有限,实践中,律师多数情况下通过犯罪嫌疑人及其亲友以及知情人获取案件的信息。有时部分有影响的案件新闻媒体会争相报道,但是新闻媒体的报道往往带有很大的倾向性或者会先入为主。对新闻媒体关于案件信息的报道,律师必须理性对待。获取案件信息的有限性,导致获取的案件信息不完善甚至是错误的。

根据侦查阶段的特点,将辩护律师的工作细分为3个阶段,即办案单位经侦查,初步查清涉嫌犯罪的基本事实并向检察院捕诉部门提请逮捕,这个阶段是捕前阶段;检察院审查批准作出批准或不批准的决定,是捕中阶段;批捕或不批捕决定作出以后至移送检察院审查起诉期间,是捕后阶段。把侦查阶段细分为捕前、捕中和捕后3个阶段,是要进行精细化的有效辩护,把辩护工作尽可能地细化。

由于刑事案件在捕前属于侦查初期,案件脉络框架基本形成但尚未最终定型;证据材料处于不断查证、不断丰富、不断完善的动态变化过程中,尚未固定;事实待查证、疑点待排除;律师无阅卷权,获取案件信息渠道十分有限。相较于侦查机关而言,律师获取的信息严重不对称,有时通过犯罪嫌疑人及其亲友、知情人、新闻媒体等渠道获得信息,往往是片面的、不完整的,甚至是错误的。因此,在这个阶段律师基本上不调查取证,但如果确有一些能够证明当事人无罪或罪轻的客观证据(注意是客观证据,并非言词证据),辩护律师应及时取证。此时要注意:除《刑事诉讼法》第42条明确规定的有关犯罪嫌疑人不在犯罪现场、未达到刑事责任年龄、属于依法不负刑事责任的精神病人的3类证据应及时告知办案单位外,其他证据是否提交要非常地慎重,也就是及时取证、谨慎提交。

二、捕前阶段工作流程和任务清单(详见书后附表和文书模板)

(一)检索

1.检索工作要穷尽所有法律法规、案例、观点。

法律法规包括法律、法规、司法解释、技术规范、指导文件、立法背景等;案例包括指导案例、公报案例、一般案例(本地案例、外地案例);观点包括专家意见、学术观点、专家评论、媒体报道及其他方面的意见。

2.检索工作要形成法律法规检索报告,检索报告在结案前应持续补充完善。检索报告的样式可参考书后所附的模板《M1.法律法规检索报告》。

(二)会见

1.第一次会见嫌疑人的工作内容:告知委托事宜、了解涉案信息、反馈家属问候、告知下一步工作计划、听取其本人意见及其他事项。

2.会见前的准备工作包括预约、准备手续、打印检索报告、准备会见提纲、笔录模板、权利义务告知书等。如果是"两类案件"还需要准备会见申请书。

3.会见嫌疑人要记录会见笔录。

4.上述工作形成法律文书,可参考的模板有《M2.会见申请书(两类案件用)》《M3.侦查阶段第一次会见提纲、会见指引》《M4.侦查阶段第一次会见笔录(注解版)》《M5.侦查阶段权利义务告知书》。

(三)沟通

沟通的内容包括解涉嫌罪名、强制措施、已查明的主要事实、羁押、量刑、案情进展等案件信息。

与办案单位沟通的准备工作包括确定主办人、预约时间、准备手续、沟通提纲、提交手续、与主办人沟通后整理沟通工作记录。

上述工作的书面材料可参考的模板有《M6.与办案单位沟通提纲(侦)》《M7.与办案人沟通记录(侦)》。

(四)提交不提请逮捕的辩护意见

1.对于可能无罪的、无逮捕必要的、故意伤害达成和解的、交通肇事事故已经赔偿的、未成年人犯罪等要提交不提请逮捕的辩护意见。

2.首先撰写不提请逮捕辩护意见,然后会见嫌疑人(第二次会见)沟通意见,再预约承办人,提交并当面沟通意见。提交后要跟踪办案单位处理意见,必要时可能与法制部门、领导沟通处理意见。

3.上述工作形成文书,可参考的模板有《M10.不提请逮捕辩护意见》《M11.报捕前会见指引》《M12.报捕前会见笔录》。

三、捕前辩护的注意事项与策略

(一)审查案件管辖权

1.审查侦查机关是否对本案拥有主管的侦查权利。

根据《刑事诉讼法》及相关规定,危害国家安全犯罪的侦查主管机关是国家安全机关;军队内部发生的刑事案件刑事侦查权,由军队保卫部门行使;对罪犯在监狱内犯罪的案件由监狱进行侦查；人民检察院在对诉讼活动实行法律监督过程中发现的司法工作人员利用职权实施的非法拘禁、刑讯逼供、非法搜查等侵犯公民权利、损害司法公正的犯罪，可以由人民检察院立案侦查；对于公安机关管辖的国家机关工作人员利用职权实施的重大犯罪案件，需要由人民检察院直接受理的时候，经省级以上人民检察院决定，可以由人民检察院立案侦查。除此之外的刑事案件由公安机关侦查。

2. 审查侦查机关是否对本案拥有地域、职权的侦查权利。包括：

（1）属地管辖

刑事案件由犯罪地的公安机关管辖；如果由犯罪嫌疑人居住地的公安机关管辖更为适宜的，可以由犯罪嫌疑人居住地的公安机关管辖；几个公安机关都有权管辖的刑事案件，由最初受理的公安机关管辖；除犯罪地、犯罪嫌疑人居住地外，其他地方公安机关不得对犯罪案件立案侦查。对于公民扭送、报案、控告、举报或者犯罪嫌疑人自首的，都应当立即接受，经审查认为有犯罪事实的，移送有管辖权的公安机关处理。

（2）级别管辖

县级公安机关负责侦查发生在本辖区内的刑事案件；地（市）级以上公安机关负责重大涉外犯罪、重大经济犯罪、重大集团犯罪和下级公安机关侦破有困难的重大刑事案件的侦查；下级公安机关认为案情重大、复杂，需要由上级公安机关侦查的案件，可以请求移送上级公安机关侦查；上级公安机关认为有必要的，可以直接立案侦查或者组织、指挥参与侦查下级公安机关管辖的犯罪案件。

（3）专门管辖

注意以下侦查机关的管辖范围，如铁路公安机关管辖范围、交通公安机关管辖范围、民航公安机关管辖范围、森林公安机关管辖范围、海关缉私部门管辖范围。（以上公安机关根据改革的要求有的已经或正在划归省一级的公安机关合并，有的虽然合并且改变了名称，但仍然是一个独立部门，管辖的职责和分工不变。）

（4）指定管辖、协商管辖和对管辖异议的处理

指定管辖是对管辖有争议和有特殊情况时由共同上级公安机关指定管辖；协商管辖是指管辖不明的案件可以协商管辖，协商不成则指定管辖；对管辖有异议的可以向立案的公安机关申诉。

(5)交叉案件的管辖

注意公安机关与人民检察院互涉案件的管辖和地方与军队互涉案件的管辖。

(6)几种常见案件的管辖

轻伤(含)以下的伤害案件由公安派出所管辖;重伤及因伤害致人死亡的案件由公安机关刑事侦查部门管辖;伤情不明、难以确定管辖的,由最先受理的部门先行办理,待伤情鉴定后,按上述规定移交主管部门办理;被害人有证据证明的故意伤害(轻伤)案件应当告知被害人可以直接向人民法院起诉;如果被害人要求公安机关处理的,公安机关应当受理。

人民法院直接受理的故意伤害(轻伤)案件,因证据不足移送公安机关侦查的,公安机关应当受理。

经济犯罪案件的犯罪嫌疑人居住地,是指其户籍所在地和经常居住地。户籍所在地与经常居住地不一致的,由经常居住地的公安机关管辖。

假币犯罪案件的犯罪嫌疑人居住地,还包括其临时居住地、假币犯罪案件的犯罪地,包括犯罪预谋地、行为发生地、运输假币的途经地。

毒品案件比较特殊,其犯罪预谋地,毒资筹集地,交易进行地,运输途经地,毒品生产地,毒资、毒赃和毒品的藏匿地、转移地,走私或者贩运毒品的目的地以及犯罪嫌疑人被抓获地等都有管辖权,俗称"沾边就管"。查获地公安机关对怀孕、哺乳期妇女走私、贩卖、运输毒品案件,认为移交居住地公安机关管辖更有利于采取强制措施和查清犯罪事实的,可以报请共同的上级公安机关批准,移送犯罪嫌疑人居住地公安机关办理,查获地公安机关应当继续配合。毒品犯罪案件犯罪嫌疑人居住地包括其经常居住地、户籍所在地及临时居住地。

(7)派出所办理的案件

案件管辖权的判断,首先要判断侦查管辖,主要依据是《公安机关执法细则》。

派出所管辖的案件范围,在执法细则13-0.8中有明确规定。派出所办理辖区内发生的因果关系明显、案情简单、无须专业侦查手段和跨县、市进行侦查的下列刑事案件:

①犯罪嫌疑人被派出所民警当场抓获的;

②犯罪嫌疑人到派出所投案自首的;

③群众将犯罪嫌疑人扭送派出所的;

④派出所民警获取线索可直接破案的；

⑤其他案情简单、派出所有能力侦办的刑事案件。

派出所在办理上述5类案件过程中，发现需要开展专门侦查工作的线索，应当及时将案件移交刑侦部门或其他专业部门办理。

派出所不办理发生在辖区内的下列刑事案件：

①故意杀人案；

②故意伤害致人重伤或者死亡案；

③强奸案；

④抢劫案；

⑤绑架案；

⑥贩卖毒品案；

⑦放火案；

⑧爆炸案；

⑨投放危险物质案；

⑩入室盗窃、盗窃汽车以及有系列作案、团伙作案和跨地区作案可能和其他需要开展专门侦查的盗窃案件；

⑪其他案情复杂、需要专业侦查手段侦办的刑事案件。

【提示】刑事案件的管辖从大类分，可分为侦查管辖和审判管辖。2020年9月1日公安部关于印发《公安部刑事案件管辖分工规定》（公通字〔2020〕9号）通知规定，结合国家监察体制改革、公安机关机构改革、公安部内设机构改革情况，从加强对刑事案件发案形势、发案规律、打防策略研究和组织、指导、监督地方公安机关办理刑事案件的实际需要出发，公安部对各有关业务部门刑事案件管辖分工进行了调整，修订了《公安部刑事案件管辖分工规定》。《公安部刑事案件管辖分工规定》（1998年11月23日）、《公安部刑事案件管辖分工补充规定》（2008年2月19日）、《公安部刑事案件管辖分工补充规定（二）》（2012年2月20日）、《公安部刑事案件管辖分工补充规定（三）》（2015年12月17日）同时废止。

（二）立案不当的，要求撤销案件、申请检察机关立案监督

中华全国律师协会《律师办理刑事案件规范》第67条规定，辩护律师应当对案件管辖的合法性进行审查，发现侦查机关管辖违反法律规定的，应当以书面方式向

侦查机关提出异议。

实务中,侦查机关有时应当立案的不立案,不应当立案的却强行立案,甚至违法插手经济纠纷。除此之外,还可能有对案件标准把握不清或对事实性质认识的偏差等情况。《人民检察院刑事诉讼规则》第558条规定:"人民检察院负责控告申诉检察的部门受理对公安机关应当立案而不立案或者不应当立案而立案的控告、申诉,应当根据事实、法律进行审查。认为需要公安机关说明不立案或者立案理由的,应当及时将案件移送负责捕诉的部门办理……"第559条第2款规定:"对于有证据证明公安机关可能存在违法动用刑事手段插手民事、经济纠纷,或者利用立案实施报复陷害、敲诈勒索以及谋取其他非法利益等违法立案情形,尚未提请批准逮捕或者移送起诉的,人民检察院应当要求公安机关书面说明立案理由。"

辩护律师如发现案件属于不应当立案而立案的,可以根据以上规定向检察机关申请立案监督。

(三)申诉、控告与非法证据排除,维护嫌疑人的诉讼权利

中华全国律师协会《律师办理刑事案件规范》第69条规定,辩护律师对于侦查机关及其工作人员有下列行为的,可以向该机关申诉或者控告:(1)采取强制措施法定期限届满,不予以解除、变更强制措施或者释放犯罪嫌疑人的;(2)应当退还取保候审保证金不予退还的;(3)对与案件无关的财物采取查封、扣押、冻结措施的;(4)应当解除查封、扣押、冻结不予解除的;(5)贪污、挪用、私分、调换或其他违反规定使用查封、扣押、冻结财物的。

辩护律师可以要求受理申诉或者控告的侦查机关及时处理,对不及时处理或对处理结果不服的,可以向同级人民检察院申诉;人民检察院直接受理的案件,可以向上一级人民检察院申诉。

在捕前阶段,在口供形成的关键时期,若辩护律师发现办案人员违法办案如取证程序、取证主体不当等,甚至是刑讯逼供行为,可以提出法律意见,也可以根据《刑事诉讼法》第38条的规定,代为申诉、控告。如果需要排除非法证据的,根据《刑事诉讼法》第56条的规定,可以提出排除非法证据的申请。

(四)轻微刑事案件,促使嫌疑人与被害人和解

有些不特别严重的犯罪,如轻伤害案件、轻微的财产型犯罪、故意毁坏财物刚

达到立案标准的,要努力引导嫌疑人与被害人双方达成和解,说服被害人放弃对嫌疑人要求承担刑事责任的追究,至少是对嫌疑人进行谅解。办案人员十分愿意主持和解工作,要充分利用有利条件,促使双方签署和解协议。最直接的结果很可能会是案件和解,至少对变更强制措施起到重要的作用,为嫌疑人尽早走出羁押场所创造前提条件。另外,受害人一方及时得到了经济补偿,对社会稳定也是有利的,是一种公平的体现。

第二节

会见在押的犯罪嫌疑人、被告人

一、接受委托后尽早会见

犯罪嫌疑人被羁押后,见不到亲人和朋友,面对的只有办案人员的讯问,心理上是恐惧的、忐忑的,没有人能从容面对国家公权力机关,此时他们处于内心最脆弱的阶段。不利的、不全面的、不准确的供述和笔录往往就在此时形成。因此,律师的会见对其是一种有力的支撑。所以律师应当第一时间进行会见。

会见时律师要向犯罪嫌疑人介绍刑事诉讼程序,告知其享有的诉讼权利、义务,权利行使方式及放弃权利和违反法定义务可能产生的后果,解答有关强制措施的法律咨询、有关讯问的法律咨询、涉案罪名的有关法律规定与证据规定等法律咨询,了解相关案情,传递家人的问候,并做好会见笔录。

律师会见被取保候审、监视居住以及未被采取刑事强制措施的犯罪嫌疑人,不需要经过批准,可与犯罪嫌疑人自行确定会见的时间。因此,我们只讨论会见被羁押的犯罪嫌疑人。根据《刑事诉讼法》第39条和中华全国律师协会《律师办理刑事案件规范》第18条的规定,辩护律师会见在押犯罪嫌疑人、被告人,应当向看守所出示律师执业证书、委托书和律师事务所证明或者法律援助公函,称为持"三证"会见。

二、律师会见的目的、工作内容、注意事项与技巧

侦查阶段会见的目的,包括以下几个方面:建立信任,确认授权,确认委托合同,犯罪嫌疑人出具有其签名的授权委托书,为辩护收集素材,为无罪、罪轻、减轻、免除处罚收集理由和材料,告知当事人律师的作用和权利。

会见的工作内容除与犯罪嫌疑人建立信任关系、确认授权外,最主要的是了解

案件具体情况和详细过程,为其提供法律帮助,传达家人、亲人的问候,表达人文关怀,进行心理疏导。

侦查阶段会见,应注意如下事项:

1. 第一次会见要谋求与嫌疑人建立信任关系。可以先转达家属的关怀,转述嫌疑人家属情况;也可借案外话题拉近与犯罪嫌疑人的心理距离,初步建立起犯罪嫌疑人对律师的信任,为后续工作的开展创造有利条件。

2. 在会见过程中,应表现出对委托人与嫌疑人的尊重及双方地位的平等性,可以通过称呼、语气来表达,个案的嫌疑人不同,会见时所使用的语气、语言表达方式各不相同。

3. 告知犯罪嫌疑人律师在侦查阶段的工作内容、所做工作的作用。

4. 询问犯罪嫌疑人办案机关提审的次数与所讯问的内容。如犯罪嫌疑人忘记,请其留意记录,包括提审时间、办案人数、所问问题等相关事项。

5. 尊重、保护犯罪嫌疑人隐私权。涉及隐私问题询问点到即可,无须刨根问底。

6. 为家属传递信息,要进行甄别,不能传递的信息要和当事人明示。

7. 与案件无关的谈话内容不记入笔录,有关的笔录要如实记录并要求当事人签字。嫌疑人说明的未向办案人员交代的情况要予以关注,谨慎记录。了解是否存在无罪、罪轻或者从轻、减轻、免除刑事责任情形。

8. 应根据实际办案需要进行会见,不是为了会见而会见。在接受委托时应将以上内容告知家属。遇到家属要律师经常会见的情况,要和家属进行沟通。

9. 律师会见能起到对犯罪嫌疑人进行心理辅导的作用,但这不是主要内容。

10. 向当事人解释有关定罪量刑的法律规定,达到定罪标准的,则有罪;达不到定罪标准的,则无罪。解释涉嫌罪名的犯罪构成要件;结合案情分析嫌疑人是否构成涉嫌罪名;结合案情介绍与之相关罪名的犯罪构成,介绍区别。律师可以解释法律关于定罪与量刑的相关规定,但不得教导当事人在讯问时如何陈述。

11. 如犯罪嫌疑人向律师提出违法违规要求,应拒绝,且尽可能通过有技巧的方式加以拒绝。

12. 第一次会见多准备几份授权委托书,请犯罪嫌疑人签署。

13. 应注意个案差异,每次会见的内容要相应地进行调整,杜绝生搬硬套。

14. 应根据涉案当事人的教育经历、社会地位设定不同的交谈策略,与其形成有效沟通。

15. 会见笔录中记载的对当事人有利和不利的内容,需要提交笔录时,应对其加以甄别。有特殊用途的内容,如律师出具的相关法律文书需附会见笔录的,应将相关内容单独制作笔录;如嫌疑人想翻供,建议记入笔录,律师告知风险和后果,由其自行决定,更不能提示当事人翻供。

16. 会见时间从当事人进入会见室起算,会见地点具体写明第几会见室,如有记录人,则要填写记录人姓名。

三、会见前的准备工作

律师在会见前应当作一些必要的准备工作,如确认羁押看守所的位置、路径及交通方式,是否需要预约会见时间,查询当地看守所有无特殊要求,准备好会见所需要的资料与物品,预测可能出现的情况,有充分的思想准备,制定好相应的、切实可行的应对策略以期达到最好的会见效果。

1. 了解被会见人的背景资料

通过其家属、同事、朋友了解被会见人的生活、工作阅历、知识文化水平,羁押前的身份、地位,个人的兴趣、性格、爱好,人际关系等,以便对当事人有一个全面的认识。

2. 重温当事人涉嫌罪名的法律法规、司法解释等相关规定

辩护律师对于自己当事人涉嫌罪名的相关法律和司法解释要比较熟悉,对于涉及立案、量刑的数量、数额等问题要准确掌握。查询近期有无出台新的法律规定及有关司法解释,及时掌握新法规、学习新知识,这样在会见时才能有的放矢、把握重点。

3. 认真做好会见提纲

根据犯罪构成把涉案罪名的一些关键点列出来,会见时着重了解清楚。有的律师到了看守所才将自己的询问题目逐一记录,甚至有的律师一边思考问题一边提问一边记录,没有会见提纲。这样不仅自己条理不够清晰,还常常会遗忘很多细节和关键的问题,既耽误了会见的宝贵时间,又无法达到预期的会见效果。所以,

律师会见前还应当将一些格式化的问题先行记录,将涉案罪名从《刑法》的规定及相关的司法解释中预先摘抄出来,列出重点了解的问题。会见前做好完善的会见提纲可以提高会见的效率、节省会见的时间,深入地了解案件,发挥会见的主导性。

年轻刑辩律师最好常备会见工具包,备齐如下材料:会见手续(律师执业证、所函、授权委托书);印泥、笔、白纸、手表;《刑法一本通》《刑事诉讼法一本通》等工具图书;会见笔录模板(内含相关罪名、相关法律规范、犯罪构成要件等)。

四、会见过程中可能遇到的情况及应对措施

1. 第一次会见遭被会见人拒绝

在第一次会见时,嫌疑人可能基于各种各样的原因拒绝律师辩护。如遭受拒绝,则应与被会见人进行沟通,了解其拒绝律师辩护的原因,说明嫌疑人的辩护权的内容及功能、向其分享同类成功案例等。

2. 被会见人要求传递纸条、带消息出来

不得为被会见人传递任何物品,可先阅读纸条的内容,再对其内容加以甄别,将能够带出的消息带出,不能带出的消息则不要带出。

3. 在第一次会见时,被会见人不愿意跟律师说真话

对此,律师要有心理准备,被会见人在第一次会见时不讲真话很正常,可在第二次、第三次会见时进一步沟通。如果还是不讲真话,则应向其讲明,律师只能做程序辩护、基于控方的证据提出辩护意见,也就是从律师职业伦理的角度,对当事人做最大利益的辩护。

4. 判断被会见人是否受到刑讯逼供

辩护人需要积累较多的办案经验,才能判断被会见人是否遭受刑讯逼供。律师应重点观察当事人的胳膊、手腕,留意其表情、精神状态、坐姿等,据此判断当事人是否曾遭受刑讯逼供。

五、做好会见笔录

中华全国律师协会《律师办理刑事案件规范》第 21 条规定,辩护律师会见犯罪嫌疑人、被告人时,应当事先准备会见提纲,认真听取犯罪嫌疑人、被告人的陈述和

辩解,发现、核实案件事实和证据材料中的矛盾和疑点。

第22条规定,辩护律师会见犯罪嫌疑人、被告人时应当重点向其了解下列情况:犯罪嫌疑人、被告人的个人信息等基本情况;犯罪嫌疑人、被告人是否实施或参与所涉嫌的犯罪;犯罪嫌疑人、被告人对侦查机关侦查的事实和罪名是否有异议,对起诉意见书、起诉书认定其涉嫌或指控的事实和罪名是否有异议;犯罪嫌疑人、被告人无罪、罪轻的辩解;犯罪嫌疑人、被告人有无自首、立功、退赃、赔偿等从轻、减轻或免予处罚的量刑情节;犯罪嫌疑人、被告人有无犯罪预备、犯罪中止、犯罪未遂等犯罪形态;立案、管辖是否符合法律规定;采取强制措施的法律手续是否完备、程序是否合法;是否存在刑讯逼供等非法取证的情况,以及其他侵犯人身权利和诉讼权利的情况;犯罪嫌疑人、被告人及其亲属的财物被查封、扣押、冻结的情况;侦查机关收集的供述和辩解与律师会见时的陈述是否一致,有无反复以及出现反复的原因;其他需要了解的与案件有关的情况。

第23条规定,辩护律师会见时应当向犯罪嫌疑人、被告人介绍刑事诉讼程序;告知其在刑事诉讼程序中的权利、义务;告知犯罪嫌疑人、被告人权利行使方式及放弃权利和违反法定义务可能产生的后果。

第24条规定,辩护律师会见时应当与犯罪嫌疑人、被告人就相应阶段的辩护方案、辩护意见进行沟通。

根据上述规定,会见笔录应大体包括如下几个方面。

会见笔录内容与结构

(一)总述

1. 会见的基本情况,包括时间、地点、会见人、被会见人、涉嫌罪名等。

2. 会见人自我介绍,包括介绍自己所属的律所、自己的律师身份,说明是受何人委托,并向被会见人出示委托书,要求当事人签字确认。

3. 说明自己作为辩护人,享有相应的辩护权利。

4. 了解案情。可先从案外话题入手,先放松被会见人的心情,再逐渐向案情靠拢。

(二)分述

1. 询问被会见人的基本情况,包括:

(1)姓名、出生年月等。询问出生年月时,应确定是公历还是农历,并应确定实际年龄和身份证年龄是否一致。如得知被会见人未达到相应的刑事责任年龄，则应采取相应措施。

(2) 身体健康状况。询问其身体健康状况的目的在于为变更强制措施为不予羁押，改为取保候审、监视居住做准备，并了解是否需要做精神鉴定，如被会见人为女性，则要了解其是否怀孕。

(3) 了解其所属党派、是否为人大代表。

(4) 了解其家庭情况。包括家庭是否有需要抚养的婴儿、是否有不能自理的家人且被会见人是其唯一抚养人。

(5) 了解其是否为初犯、社会阅历、受教育程度、对国家和社会的贡献。

(6) 了解其与同监室人相处如何、是否受伤。

2. 询问其关于实施犯罪的情况：

(1) 询问其是否实施或参与了被指控的犯罪；

(2) 询问其对侦查机关侦查的事实和罪名是否有异议；

(3) 询问其有哪些无罪、罪轻的辩解理由。

3. 了解办案机关立案和管辖的情况。

4. 了解被抓获的具体情况，告知权利保障问题：

(1) 了解其被抓获的时间地点，为解除强制措施做准备。

(2) 是自动投案还是被抓获，是否有自首情节。

(3) 询问什么时间被刑拘、被逮捕，是否有超期羁押的情形。

(4) 了解被送进看守所的时间、看守所是否扣押物品、是否开具扣押物品清单。

(5) 告知当事人享有的诉讼权利、权利行使方式及放弃权利和违反法定义务可能产生的后果。比如案件回避、不得强迫自证其罪、申请非法证据排除、要求及时书写供述、有权拒绝签名不予补充改正笔录、有权质询用于证据的鉴定意见、申请重新鉴定、申请变更或解除强制措施等。

(6) 确认有无打骂、恐吓、威胁的情况，办案机关有无非法取证的情况。如有，则确认时间、地点、办案人员，并提供相应的证据线索，以便申请非法证据排除，并向住所检察部门反映情况。

5. 了解具体案情及讯问情况，包括罪名、事件发生经过、事后有什么行为、是否存在同案犯、是否存在单位犯罪的情况、实施行为的手段与目的、是否有其他情况发生。

6.了解案件证据及办案机关程序的合法性,包括:

(1)除了供述,有无其他证明涉案行为是被会见人所为的证据?

(2)被羁押看守所后被会见人有无离开?如有,则是哪些人将其带离?带到什么地方?

(3)有无被会见人在场的情况下,侦查机关对相关人员进行人身搜查,并让其辨认?

(4)有无签署相关笔录?

(5)由几名侦查人员提审?有无告知权利义务?有无提供翻译?未成年人是否有监护人不在场进行讯问的情形?

(6)采取强制措施的法律手续是否完备?程序是否合法?

7.了解无罪、罪轻或免除处罚的情节,包括有无退赔?有无刑事和解?有无谅解书?有无立功?有无其他有利于国家和社会的表现?

8.与当事人沟通律师的法律服务方案。对当事人进行案情分析,并在此基础上设计初步的服务方案,包括递交取保候审申请书、提交不提请批捕辩护意见、提交羁押必要性审查申请、向办案机关跟进案件办理情况等。

9.向当事人核实笔录,每一页签名,手写"以上内容与本人所述一致",最后注明年月日。

六、与会见相关的其他问题

2018年《刑事诉讼法》实施以来,辩护律师在办理刑事案件时,会见在押犯罪嫌疑人、被告人的状况有了明显改善,持"三证"会见基本得到落实。但仍然有极个别的政策执行者在个案中违反规定,妨碍律师正常履行职务。

比如,超越《刑事诉讼法》的规定要求律师提交"三证"以外的文件。有的看守所要求律师提交委托人与犯罪嫌疑人系亲属关系的证明,笔者认为是不正确的。首先,《刑事诉讼法》第39条明确规定律师会见是凭"三证",即律师执业证书、律师事务所证明和委托书或者法律援助公函,因此看守所或公安机关不能违反上位法的规定,创设要求律师提交其他文件的义务。看守所或公安机关认为委托人与犯罪嫌疑人亲属关系不实的,后果由律师自己承担。其次,《刑事诉讼法》第33条规定,犯罪嫌疑人除近亲属之外,亲友也可以做辩护人,那么亲友代为委托辩护人也应当可以,有没有亲属关系的证明就无关要紧。再者没有适格委托人的委托,律师不可能自己造出一个虚拟委托人,因为没有人付律师费,律师不可能免费辩护,除非法律援助机构指派。看守所要求律师提供委托人与嫌疑人近亲属关系证明这一做法虽然不正确,但是有时为了效率,律师在不影响会见的情况下也不必过于坚持。

诉讼程序"过渡期"的会见问题,一审判决书送达后,看守所认为一审律师能会见,二审委托的律师在上诉期满之后才可以会见,笔者认为也是不正确的。律师会见时携带笔记本电脑作会见笔录,有的看守所不允许,也是不正确的。

律师会见时录音、录像、拍照的问题,中华全国律师协会原《律师办理刑事案件规范》第31条第2款规定:"律师会见犯罪嫌疑人,可以进行录音、录像、拍照等,但事前应征得犯罪嫌疑人同意。"但是新修订的《律师办理刑事案件规范》删除了该规定,在这个问题上有待进一步思考。目前,有的地方规定可以录音、录像和拍照,而有的地方规定不可以。《北京市关于依法保障律师执业权利实施细则》第14条第2款规定,辩护律师会见犯罪嫌疑人、被告人时可以使用电脑等电子办公设备。辩护律师因依法履行辩护职责,需要使用录音、录像设备记录会见在押犯罪嫌疑人、被告人情况的,应当经看守所和犯罪嫌疑人、被告人同意。律师不得违反规定,披露、散布相关录音、录像资料。深圳《关于律师会见在押犯罪嫌疑人、被告人若干问题的规定》第23条规定,未经市六机关侦查机关、看守所和在押犯罪嫌疑人、被告人的同意,律师会见在押犯罪嫌疑人、被告人时不得进行录音、录像、拍照。律师进入监管区域前应当根据规定将手机、照相机等影音通讯工具交看守所统一保管存放。《上海市公安局监所管理总队、上海市律师协会关于进一步保障辩护律师会见权的通知》中规定,律师会见时,不得带入手机、笔记本电脑等含有录音、录像功能的设备。《上海市公安局、上海市司法局关于提讯、会见看守所在押犯罪嫌疑人、被告人、罪犯的若干规定》第3条第1款规定,未经批准,严禁办案人员、律师将手机、录音笔、照相机、摄像机、笔记本电脑等具有通讯、录音、摄影、摄像功能的设备带入讯问、会见室。《江西省公安机关接待处理律师会见在押犯罪嫌疑人被告人申请暂行规定》第7条规定,律师会见时,应当遵守看守所关于会见的规定。不得携领犯罪嫌疑人、被告人的家属或其他人员参加会见,不得为犯罪嫌疑人、被告人传递信件、钱物以及其他看守所所禁止的物品。不得将电脑、通讯工具等提供给在押犯罪嫌疑人、被告人使用。不得拍照或摄录在押犯罪嫌疑人、被告人的音像。公安部监管局《关于法律援助人员会见在押犯罪嫌疑人被告人时是否可以使用电脑等电子设备的批复》(公监管〔2015〕第290号)也不允许录音、录像和拍照。

从上述行业规范、地方文件、部委批复可以看出,各地、各部门对于律师在会见在押犯罪嫌疑人、被告人时能否使用电脑、手机,能否对嫌疑人、被告人进行录音、录像、拍照存在不同的认识,分歧较大,因此亟待"两高三部"出台权威的文件进行明确。

但是,《刑事诉讼法》、相关司法解释及其他法律、行政法规并未禁止律师会见时录音、录像和拍照。律师会见犯罪嫌疑人、被告人是否进行记载,记载哪些内容以及选择何种方式进行记载,原则上属于辩护律师自主决定的事项,可以由辩护律师根据习惯、案件的需要等自由决定。现代科学技术的发展为律师快速、准确、直观地记载会见过程提供了很多可供选择的工具和方式,辩护律师可以视具体情况自由选择记载的方式。允许录音、录像和拍照,在辩护律师制作会见笔录让犯罪嫌疑人、被告人签字确认时,既可以再次确认辩护律师的记载是否完整、准确地反映了犯罪嫌疑人、被告人的真实意思,又可以在辩护律师与犯罪嫌疑人、被告人就会见中的有关事项发生争执时作为客观性的证据。允许辩护律师在会见时进行录音、录像,既可以节省辩护律师对会见过程进行书面记载的时间,又有利于辩护律师对会见中获得的有利于被告人的证据及时、准确地加以固定;会见笔录和录音、录像,都是对会见过程的记载方式,两者的不同只是记载方式的不同,没有什么本质的区别。既然制作会见笔录不必征得办案机关和看守所同意,那么进行录音、录像也不应征得办案机关和看守所同意。重要的是,这些内容是律师与被告人之间的个人交流,第三方无权干涉;警察、检察官与法官制作讯问笔录或者对讯问过程进行录音、录像、拍照无须征得看守所同意。在没有任何正当理由的情况下,要求辩护律师对会见过程进行录音、录像要征得办案机关和看守所同意,未免不妥;如律师有滥用会见笔录、录音、录像、拍照所得的材料的行为,可以通过职业惩戒、追究法律责任的形式加以威慑,不能因噎废食而禁止所有的录音、录像、拍照。

在目前情况下,律师会见时要录音、录像和拍照,建议还是与看守所沟通一下,不宜过于激烈地对抗,可以向律师协会反映,由律师协会出面与看守所沟通,避免一些不必要的麻烦。

《刑事诉讼法》第39条第3款规定:"危害国家安全犯罪、恐怖活动犯罪案件,在侦查期间辩护律师会见在押的犯罪嫌疑人,应当经侦查机关许可。上述案件,侦查机关应当事先通知看守所。"实践中,上述"两类案件"有时被侦查机关作扩大解释,成为限制律师会见的借口。

根据《刑事诉讼法》第39条关于律师会见的规定,辩护律师要求会见,要根据案件的不同情况区别对待:

1. 普通刑事案件。辩护律师会见普通刑事案件犯罪嫌疑人既不需要侦查机关批准许可,也无须向侦查机关申请会见,可以直接持授权委托书、律师事务所会见介绍信和律师执业证到看守所会见在押的犯罪嫌疑人。《公安机关办理刑事案件程序规定》第53条规定,辩护律师要求会见在押的犯罪嫌疑人,看守所应当在查验其律师执业证书、律师事务所证明和委托书或者法律援助公函后,在48小时以内安排律师会见到犯罪嫌疑人,同时通知办案部门。

2. "两类案件"。根据《刑事诉讼法》第39条第3款的规定,这里的"两类案件"是指危害国家安全犯罪、恐怖活动犯罪。

关于危害国家安全犯罪案件、恐怖活动犯罪案件,根据《公安机关办理刑事案件程序规定》第52条第2款和第3款的规定,辩护律师在侦查期间要求会见第1款规定案件的在押或者被监视居住的犯罪嫌疑人,应当向办案部门提出申请。对辩护律师提出的会见申请,办案部门应当在收到申请后3日以内,报经县级以上公安机关负责人批准,作出许可或者不许可的决定,书面通知辩护律师,并及时通知看守所或者执行监视居住的部门。除有碍侦查或者可能泄露国家秘密的情形外,应当作出许可的决定。

辩护律师在接受"两类案件"的委托后,应当及时申请会见犯罪嫌疑人,向侦查机关递交会见申请书,等待侦查机关的审批意见。针对某些特殊案件,视当事人的需求情况,可能需要辩护律师多次申请会见。侦查机关不许可会见的,应当书面通知辩护律师,并说明理由。有碍侦查或者可能泄露国家秘密的情形消失后,侦查机关应当许可会见。

根据《刑事诉讼法》第38条的规定,辩护律师在侦查期间可以向侦查机关了解犯罪嫌疑人涉嫌的罪名和案件有关情况,根据最高人民法院、最高人民检察院、公安部等《关于实施刑事诉讼法若干问题的规定》第 6 条,辩护律师在侦查期间可以向侦查机关了解犯罪嫌疑人涉嫌的罪名及当时已查明的该罪的主要事实。2020 年修订的《公安机关办理刑事案件程序规定》第 50 条规定,辩护律师向公安机关了解案件有关情况的,公安机关应当依法将犯罪嫌疑人涉嫌的罪名以及当时已查明的该罪的主要事实,犯罪嫌疑人被采取、变更、解除强制措施,延长侦查羁押期限等案件有关情况,告知接受委托或者指派的辩护律师,并记录在案。据此,律师可以要求侦查机关告知已查明的该罪的主要事实。现实中,侦查机关有时既不让会见,也不向辩护律师说明理由。这就需要律师坚持不懈地提出要求,坚持、坚持再坚持,进行多次沟通,必要时向有关部门投诉等。依据《人民检察院刑事诉讼规则》第 57 条的规定,可以向同级或者上一级人民检察院申诉或者控告,控告检察部门应当接受并依法办理,相关办案部门应当予以配合。

德国著名法学家耶林说过:"斗争是法的生命,为权利而斗争是每个人对自己的义务,主张权利是每个人对社会的义务。"律师在遇到会见难的问题时,要据理力争,向律师协会、司法行政机关各级人大、政法委反映,争取律师的合法权利。

2015 年 9 月 16 日,最高人民法院、最高人民检察院、公安部、国家安全部、司法部联合印发了《关于依法保障律师执业权利的规定》(以下简称《保障律师执业权利规定》)。《保障律师执业权利规定》强调,人民法院、人民检察院、公安机关、国家安全机关、司法行政机关应当尊重律师,健全律师执业权利保障制度,依照有关法律规定,在各自职责范围内依法保障律师会见等方面的执业权利。具体规定如下:

第七条　辩护律师到看守所会见在押的犯罪嫌疑人、被告人,看守所在查验律师执业证书、律师事务所证明和委托书或者法律援助公函后,应当及时安排会见。能当时安排的,应当当时安排;不能当时安排的,看守所应当向辩护律师说明情况,并保证辩护律师在四十八小时以内会见到在押的犯罪嫌疑人、被告人。

看守所安排会见不得附加其他条件或者变相要求辩护律师提交法律规定以外的其他文件、材料,不得以未收到办案机关通知为由拒绝安排辩护律师会见。

看守所应当设立会见预约平台,采取网上预约、电话预约等方式为辩护律师会见提供便利,但不得以未预约会见为由拒绝安排辩护律师会见。

辩护律师会见在押的犯罪嫌疑人、被告人时,看守所应当采取必要措施,保障会见顺利和安全进行。律师会见在押的犯罪嫌疑人、被告人的,看守所应当保障律师履行辩护职责需要的时间和次数,并与看守所工作安排和办案机关侦查工作相协调。辩护律师会见犯罪嫌疑人、被告人时不被监听,办案机关不得派员在场。在律师会见室不足的情况下,看守所经辩护律师书面同意,可以安排在讯问室会见,但应当关闭录音、监听设备。犯罪嫌疑人、被告人委托两名律师担任辩护人的,两名辩护律师可以共同会见,也可以单独会见。辩护律师可以带一名律师助理协助会见。助理人员随同辩护律师参加会见的,应当出示律师事务所证明和律师执业证书或申请律师执业人员实习证。办案机关应当核实律师助理的身份。

第八条　在押的犯罪嫌疑人、被告人提出解除委托关系的,办案机关应当要求其出具或签署书面文件,并在三日以内转交受委托的律师或者律师事务所。辩护律师可以要求会见在押的犯罪嫌疑人、被告人,当面向其确认解除委托关系,看守所应当安排会见;但犯罪嫌疑人、被告人书面拒绝会见的,看守所应当将有关书面材料转交辩护律师,不予安排会见。

在押的犯罪嫌疑人、被告人的监护人、近亲属解除代为委托辩护律师关系的,经犯罪嫌疑人、被告人同意,看守所应当允许新代为委托的辩护律师会见,由犯罪嫌疑人、被告人确认新的委托关系;犯罪嫌疑人、被告人不同意解除原辩护律师的委托关系的,看守所应当终止新代为委托的辩护律师会见。

第九条　辩护律师在侦查期间要求会见危害国家安全犯罪、恐怖活动犯罪、特别重大贿赂犯罪案件在押的犯罪嫌疑人的,应当向侦查机关提出申请。侦查机关应当依法及时审查辩护律师提出的会见申请,在三日以内将是否许可的决定书面答复辩护律师,并明确告知负责与辩护律师联系的部门及工作人员的联系方式。对许可会见的,应当向辩护律师出具许可决定文书;因有碍侦查或者可能泄露国家秘密而不许可会见的,应当向辩护律师说明理由。有碍侦查或者可能泄露国家秘密的情形消失后,应当许可会见,并及时通知看守所和辩护律师。对特别重大贿赂案件在侦查终结前,侦查机关应当许可辩护律师至少会见一次犯罪嫌疑人。

侦查机关不得随意解释和扩大前款所述三类案件的范围,限制律师会见。

第十条　自案件移送审查起诉之日起,辩护律师会见犯罪嫌疑人、被告人,可以向其核实有关证据。

第十一条　辩护律师会见在押的犯罪嫌疑人、被告人,可以根据需要制作会见笔录,并要求犯罪嫌疑人、被告人确认无误后在笔录上签名。

第十二条　辩护律师会见在押的犯罪嫌疑人、被告人需要翻译人员随同参加的,应当提前向办案机关提出申请,并提交翻译人员身份证明及其所在单位出具的证明。办案机关应当及时审查并在三日以内作出是否许可的决定。许可翻译人员参加会见的,应当向辩护律师出具许可决定文书,并通知看守所。不许可的,应当向辩护律师书面说明理由,并通知其更换。

翻译人员应当持办案机关许可决定文书和本人身份证明,随同辩护律师参加会见。

第三节

与办案机关有效沟通

在会见嫌疑人后,要及时与办案单位沟通。听取办案机关的意见;了解嫌疑人在办案机关的供述是无罪辩解还是有罪供述;了解办案人员对案件的定性并了解有无自首、是否能变更强制措施的意见等,可以提出律师初步的辩护意见。中华全国律师协会《律师办理刑事案件规范》第66条第1款规定,在案件侦查期间和侦查终结前,辩护律师向侦查机关就实体和程序问题提出辩护意见的,可以口头或书面的方式提出。

《刑事诉讼法》第39条、第34条规定,除"两类案件"经批准外,持"三证"就可以会见,同时规定"辩护人接受犯罪嫌疑人、被告人委托后,应当及时告知办理案件的机关"。这就意味着普通案件律师在接受委托后,可以第一时间会见,而不必第一时间通知办案单位。但是,"应当及时通知办案机关",这个"及时"如何理解,没有明确规定。所以多数情况下,律师先与被告人会见一次后再通知办案机关,同时了解案情。但是也有个别律师不通知办案机关,不与办案机关沟通,在这种情况下,个别地方的公安机关在律师会见一次后还没有通知办案机关时,可能会阻碍其第二次会见,办案机关可能会以律师没有及时通知为由告知看守所停止该律师会见。不过大多数地方无此要求。律师从便于工作的角度来说,在初次会见后,与办案机关及时沟通,从办案机关处了解一些有关本案的信息,有利于辩护意见的提出,同时给予办案机关必要的尊重。侦查机关由于多年办案习惯,有时可能不肯、不愿向律师透露案情,不愿与律师交换意见。因此,在侦查阶段律师接受委托后,通知办案机关仅是程序上的要求,如何进行有效辩护,以及与办案机关如何进行有效沟通,是在实践中需要探索和研究的问题。

一、及时告知侦查机关

律师接受犯罪嫌疑人或者其亲友委托后应当积极与侦查机关取得联系,以便及时为犯罪嫌疑人提供法律帮助,代理申诉、控告,申请变更强制措施,向侦查机关了解犯罪嫌疑人涉嫌的罪名和案件有关情况,提出意见。

《刑事诉讼法》第34条第4款明确规定:"辩护人接受犯罪嫌疑人、被告人委托后,应当及时告知办理案件的机关。"此处所规定的"告知",是指辩护人在接受委托后,将接受委托的有关情况告知办案机关,提交有关委托手续,让办案机关知道该犯罪嫌疑人有律师提供辩护,不用再通知法律援助机构。"办理案件的机关",是指辩护人接受委托时办理该案件的侦查机关、人民检察院或者人民法院。侦查机关、人民检察院和人民法院收到有关委托手续后,应当记录在案并随案移送。犯罪嫌疑人、被告人更换委托辩护人后新接受委托的辩护人也应当依照该规定将接受委托的情况告知办案机关。

(一)辩护律师将接受委托的情况告知侦查机关是义务

《刑事诉讼法》第34条第4款对于将接受犯罪嫌疑人、被告人委托的情况告知侦查机关使用的词语是"应当",而非"可以"。"应当"是不包含"不"或者"否定的"的意思的,而"可以"允许相反的情况,也就是可以是和可以不是。因此,在侦查阶段,辩护律师接受犯罪嫌疑人委托后,及时告知侦查机关是一种法定义务,而非权利。

(二)及时通知表示尊重

辩护人在接受委托后尽早地告知侦查机关,是表示尊重侦查机关和侦查人员,也是便于与侦查机关有效沟通,更好地维护犯罪嫌疑人的合法权益。依据《刑事诉讼法》第34条第4款的规定,辩护律师在接受犯罪嫌疑人委托后应当及时与案件的侦查机关联系,并将委托情况告知本案件侦查机关。虽然《刑事诉讼法》及相关司法解释均未明确规定"告知的时间",仅仅抽象地规定了"及时"告知,但是在司法实务中,辩护人在接受委托后应当尽早地告知侦查机关。告知办案机关其实是告知具体承办人,律师要想与具体办案人进行有效沟通,就应当对办案人有必要的尊重,这样,双方才有一个有效沟通的基础。如果办案人对律师没有好印象,就不可能有良好沟通的开端。

（三）辩护律师可以通过口头或书面等方式将其接受委托的情况告知侦查机关

《刑事诉讼法》及相关司法解释并未明确规定辩护律师告知侦查机关的方式，因此，辩护律师可以当面告知侦查机关，也可以通过电话等方式告知。需要注意的是，这里的"告知"仅指告知律师接受了犯罪嫌疑人或其亲友的委托，而不是递交委托手续。但是，实践中律师都是以递交委托手续的方式通知的，这样同时也可以与办案人当面沟通。而邮寄递交委托手续与当面递交手续并沟通的案情的效果肯定是不相同的。

二、递交委托手续

《公安机关办理刑事案件程序规定》第48条规定："辩护律师接受犯罪嫌疑人委托或者法律援助机构的指派后，应当及时告知公安机关并出示律师执业证书、律师事务所证明和委托书或者法律援助公函。"

《人民检察院刑事诉讼规则》第45条第2款也明确规定："负责案件管理的部门对办理业务的辩护律师，应当查验其律师执业证书、律师事务所证明和授权委托书或者法律援助公函。对其他辩护人、诉讼代理人，应当查验其身份证明和授权委托书。"

实践中，辩护律师将接受委托的情况告知侦查机关，一般是通过递交有关委托材料的方式，主要包括授权委托书、律师事务所公函和律师执业证书复印件。需要说明的是，侦查机关查验的是授权委托书、律师事务所公函和律师执业证书的原件，不能是复印件。律师可将执业证原件向侦查机关出示，并将律师执业证书的复印件递交侦查机关留存，但是递交的授权委托书、律师事务所公函必须是原件。

辩护律师既可以根据接待当事人的谈话或者通过委托人提供的书面文件如拘留通知书、逮捕通知书等得知案件的侦查机关以及具体承办人；也可以通过电话的方式向案件承办人表明身份，约定见面的时间，当面递交上述委托材料与手续；在特殊情况下，如当面递交时间不允许或其他情况也可以将上述委托材料与手续通过挂号信、快递等形式寄送至案件侦查机关及具体承办人，待方便时再当面沟通。需要注意的是，寄送快递建议首选中国邮政特快专递，注明委托手续材料的名称，并留存好回执单,以证明委托材料与手续已经递交。

三、了解涉嫌罪名和案件有关情况

《刑事诉讼法》第 38 条规定,辩护律师在侦查期间可以为犯罪嫌疑人提供法律帮助、代理申诉、控告;申请变更强制措施;向侦查机关了解犯罪嫌疑人涉嫌的罪名和案件有关情况,提出意见。

最高人民法院、最高人民检察院、公安部等《关于实施刑事诉讼法若干问题的规定》第 6 条规定,《刑事诉讼法》第 36 条(现第 38 条)规定,"辩护律师在侦查期间可以为犯罪嫌疑人提供法律帮助;代理申诉、控告;申请变更强制措施;向侦查机关了解犯罪嫌疑人涉嫌的罪名和案件有关情况,提出意见"。根据上述规定,辩护律师在侦查期间可以向侦查机关了解犯罪嫌疑人涉嫌的罪名及当时已查明的该罪的主要事实,犯罪嫌疑人被采取、变更、解除强制措施的情况,侦查机关延长侦查羁押期限等情况。

《公安机关办理刑事案件程序规定》第 50 条规定,辩护律师向公安机关了解案件有关情况的,公安机关应当依法将犯罪嫌疑人涉嫌的罪名以及当时已查明的该罪的主要事实,犯罪嫌疑人被采取、变更、解除强制措施,延长侦查羁押期限等案件有关情况,告知接受委托或者指派的辩护律师,并记录在案。

但是,在侦查阶段,案件的情况是在侦查过程中动态发展的,案卷材料尚未完全形成,侦查人员有时基于"破案"的需要,以侦查秘密为由对相关案情不肯、不愿透露。如果侦查机关对已经查明的犯罪事实不依法告知辩护律师,那么辩护律师可以依据《刑事诉讼法》《公安机关办理刑事案件程序规定》进行争取,还可以依据《人民检察院刑事诉讼规则》第 57 条的规定,向同级或者上一级人民检察院申诉或者控告,控告检察部门应当接受并依法办理,相关办案部门应当予以配合。

承办律师向侦查机关了解犯罪嫌疑人涉嫌的罪名、当时已查明的该罪的主要事实以及被采取刑事强制措施的情况,是有法律依据的,并且是应当进行的工作。如遇到办案人员不依法告知的情况,律师可以依法争取,必要时进行投诉。但是律师应当讲究方式方法,运用智慧和技巧与办案人员进行有效沟通,对抗和投诉是在经努力没有更好办法的情况下的权宜之计,应审时度势,避免过于激烈的对抗。

四、与办案单位沟通的方法、技巧与要点

很多律师觉得与公、检、法沟通是个难题。其实沟通不是只是律师的难题,而是一个人类的难题。人与人之间沟通都存在困难。同事之间、夫妻之间、与父母之间的沟通都不是完全顺畅的。公、检、法部门之间的沟通也并不一定顺畅。这样理解,可以坦然面对。

律师与公安机关是法律职业共同体,但立场不同。因此,律师与公安机关的沟通要存异求同。但是,在维护法律公平的实施方面还是一致的。比如,在落实嫌疑人罚当其罪方面,在认罪认罚案结事了、程序快侦快结方面等。

在侦查阶段与公安机关沟通的内容有:递交手续了解基本情况,罪名,基本事实,诉讼进程,建立联系;报捕以前沟通了解是否报捕,递交取保候审申请书;在侦查终结前,提出律师的意见,如沟通定性能不能改,有无对嫌疑人有利的证据需要再调查;反映诉求,是否有非法取证,要求主持调解,退赃、退赔等;建立联系等。

(一)取得联系、递交委托手续的注意事项

1. 先通过电话联系办案单位,确定案件承办单位与承办人,确定办案单位的地址,确定与办案人会面的时间。办案单位有的在闹市区,有的在偏远的地方,并不是太好找,所以提前联系确定地址与行车路线很重要。办案人员不可能只承办一个案件,他们同时可能承办其他案件,或承担其他工作。实践中办案人员也是非常忙的,他们不可能总在办案单位,所以如果不提前与办案人员联系时间,常常可能是人家赶在你前出门或是出差了,因此必须提前与办案人员确定见面时间。

框定沟通的时间。与承办人联系时说用 5~10 分钟,让承办人觉得时间不是太长,不好拒绝,也好安排,这样容易获得见面的机会。一般来说用 5~10 分钟基本上能把案件说清楚,如果内容确实比较多,有可能超时的,也很正常,但是我们从礼貌的角度来看不占用太多的时间,承办人就容易答应。

2. 及时与办案人联系递交委托手续,表示对办案人的尊重,创造一个良好沟通的开端,依法平等沟通;委托手续要携带齐全,不要遗漏,包括委托书、事务所公函、执业证书及复印件、亲属关系证明(非必需)。

3. 注意事务所公函的接收单位名称应准确,如有必要应事先沟通,注意接收单位需具有法人资格,不能是派出所或刑侦大队,有的地方的高新技术开发区或其他

开发区的名称并不统一,有时有特殊名称的情况,需要提前核实准确,避免出错。

(二)如何了解嫌疑人涉嫌的罪名和案件有关情况

1. 建议先会见犯罪嫌疑人,再向办案机关了解案情。前面已经分析过,律师接受委托后,一般普通刑事案件先行会见不存在法律上的障碍。实践中,律师接受委托时已从委托人处了解案情的大概,会见嫌疑人后,会了解案件的大体情况。因此,先会见嫌疑人了解案件情况,再与办案人员进行沟通时才能更有针对性地了解案件的某些情况。

2. 了解涉嫌罪名。比对嫌疑人及其亲属所陈述情况,注意罪名变化,发现拘留证等未记载的其他罪名。委托人、嫌疑人往往会因知识水平、认识能力等原因,甚至是在出于不完全信任律师的情况下,对律师的陈述有所保留或故意不如实陈述。律师在与办案人员沟通中要注意办案人员透露的案情和委托人、嫌疑人所述的内容是否有不一致的情况,有哪些不一致及哪些一致的情况,做到心中有数。

3. 律师要具有良好的沟通和谈话技巧。法律对于办案人员如何向律师介绍案情并无明确规定,办案人员出于习惯也不愿与律师多讲,但是法律又规定了必须接待律师了解案情,在这个问题上,办案人员的态度是不积极的。因此,律师要想尽可能多地从办案人员口中得到更多的信息,沟通提问的技巧就显得尤为重要。

首先,律师要从简单问题开始,尽量让办案人员开口讲话,形成互动,使办案人员愿意回答;其次,根据之前会见嫌疑人获得的情况,对案件事实进行预设性提问,使办案人员可以用简单词语回答,甚至只用"是"或者"不是"等短语就能回答;最后,要注意通过潜台词、非语言沟通的方式获取信息。汉语博大精深,有时语气不一样,就有不同的意思,一个眼神、一个动作表示出的信息量往往更大。

(三)与办案人员沟通注意事项

1. 第一次见面应给办案人员留下专业、正直、可靠的印象,赢得办案人员的尊重与信赖。第一印象很重要,包括穿着打扮、神情气质等都要表现出律师的气度,"像律师比是律师更重要"形象地说明了其中的原因。

2. 从配合工作的角度沟通交谈。向承办人询问律师有哪些工作需要配合。比如了解涉案金额;可以问家属要退赃,退赃的数量是多少;受害人一方有无调解意愿;配合认罪认罚等。从有利于侦查的角度、从公安机关办案质量出发找沟通的点,如年龄存疑、赃款去向、挽回损失、配合家属劝同案犯自首等。

对办案人员工作性质、状态表示理解、尊重,建立良好沟通基础,建立良好互动关系,方便日后频繁沟通。办案单位常常比较忙,又有很大的机动性,有时律师找办案人员时,他们可能刚刚加班,或者出了临时紧急任务,态度不是时时都是和蔼的,律师这时不宜计较。

3. 律师应该守住底线,不将办案人员告知的案件细节和敏感问题透露给当事人,办案人员才敢于与律师沟通,不再处处防备律师。律师对委托人应当有所为,有所不为,注意分寸,律师与办案人有时的目标是一致的:都是要查清事实,公正司法,要注意不要"树敌"过多,在适当的时机以不同的立场发言,获得暂时"同盟"也是一种好的工作方法。

4. 在基本确定办案单位无违法办案的情况下,勿与办案单位纠缠办案时限等问题,待关系融洽后再问细节问题。有时一些小的问题、无关紧要的问题不要纠缠,要有总体观念、全局意识。

5. 口头和书面相结合。了解案情时尽可能使用短句,避免使用长句;每次提问只问一个问题;尽可能使办案人员回答时能简单使用短句就能回答清楚,他才愿意回答。沟通结束后,提交书面的材料,一方面,显示律师工作严谨认真;另一方面,承办人可以事后再研究律师提出的意见,便于其向领导汇报,还可以准备些律所简介一并提交。

(四)捕前、捕中、捕后与办案单位沟通要点

1. 捕前阶段沟通要点

(1)此阶段对象是侦查部门,本阶段办案人员工作任务重,重要证据正在形成中,良好的沟通可以了解调查取证进度及案件发展方向;

(2)了解辩护对象在共同犯罪中的作用和排名;

(3)了解是否、何时、以何罪名提请逮捕。

2. 捕中阶段沟通要点

(1)捕中阶段对象是检察机关批捕部门,帮助其梳理案情,了解案件全貌,对涉案行为进行定性;

(2)书面材料尽早提交,见面沟通时间最佳时期为检察官已阅卷,但对案件尚未完全定性,未研究形成意见,未审批确定之时;

（3）如可能，约见检察官沟通效果较好。

3. 捕后阶段沟通要点

（1）此阶段对象是侦查部门，有的地区捕后会移交预审部门，存在案件移交问题；

（2）本阶段办案人员心态比较平和，更能基于证据客观梳理案情；

（3）前期调查中证据不足的部分会去掉，因此律师发现不是犯罪或无证据证明的部分，应及时与办案人员沟通。

捕后与侦查机关沟通的现状对于律师来说有一定的挑战性。如何应对这样的挑战：第一，最好是当面沟通，通过微表情或肢体语言，可以捕捉到案件的细节信息。通过一线的观察，能让交流双方产生微妙的内心确认。微表情、肢体语言有通过电话等不可能观察到的效果。第二，注意对沟通时机的把握。如遇办案人员有负面的情绪，要善于疏通或者改日再来。第三，耐心细致，不被办案人员的情绪左右。沟通交流，是一门社交的艺术，需要长期修炼总结。

除此之外，研究与本案类似的判例、专家观点、法律法规等，为后续工作打下基础。

第四节

不提请逮捕辩护意见

通过会见和向办案单位了解情况,在办案单位向检察院作出呈请批准逮捕决定前,根据案件情况,如果存在不逮捕的可能,要及时向办案单位提交辩护意见。

不提请批准逮捕辩护意见的提交是律师介入案件后在办案单位第一次表明自己的辩护观点,虽然由于信息的不对等之后观点可能会有变化,但在某种程度上很多辩护思路和框架很有可能贯穿整个案件直至审判阶段。

制作不提请批准逮捕辩护意见相比和当事人沟通类文件有明显的不同。接待当事人或家属笔录需要尽可能全面、细致地问到相关的细节;服务方案需要细化服务流程和专业化水平、承办过的相关案例等;会见笔录更是尽可能全面记录当事人个人信息、案件事实、办案程序等各种有关的信息,强调的是细致、具体、无遗漏,越详细越好。但是给公、检、法的法律文书必须言简意赅,切中要害,要谈最重要的辩点,要对信息进行提炼、筛选,要强调的是说理和说服,要用简要的语言和法律逻辑思维结合相关法律条文力求说服办案人员。

撰写不提请批准逮捕辩护意见有以下意义:在实质性意义上,有些案件有特别充分的不构成犯罪或者不应羁押的理由,可以直接争取取保候审或释放。在程序性上的意义,有效辩护是一种可视化的、能让当事人看得见的工作,律师做了什么工作,工作的流程以及相对应的法律文本要能展示给当事人看。即便不逮捕的可能性非常小,只要有一丝可能,也要去做这项工作,因为不管结果怎样,服务性质的律师行业最终要强调整个办案的过程,同时这本身也是对自身服务和工作的一种记录。在某种意义上,刑事律师追求过程有时要大于追求结果。如果我们判断,案子非常明显地符合逮捕条件,肯定会被逮捕,比如刑期在10年以上的、重大毒品犯罪、有累犯情节的等,就没有必要递交不提请批准逮捕辩护意见了。

一、提交不提请批准逮捕辩护意见注意事项

1. 提交的时间。不提请批准逮捕辩护意见的提交时间是侦查机关将犯罪嫌疑人刑事拘留之后向检察机关提请逮捕前。律师应时刻跟进刑事拘留的期限，如果侦查机关已经将刑事拘留时间延长至 30 天，建议在两次会见工作后、刑拘第 20 天至第 25 天提交，不宜提交过早。因为刚刑拘就提交，没有给予公安机关充分的调查案情、认识案情事实的时间，再者律师自己也没有全面地了解案件事实。

此时当事人的家属非常着急，往往恨不得嫌疑人刚被刑拘，律师一到场犯罪嫌疑人就能被释放，此时可以先递交一份取保候审的申请，再向当事人家属说明以上理由，一方面让当事人亲属看到律师介入案件后第一时间就开展了工作，另一方面给自己后面工作的开展留有余地。

2. 充分论证，找准切入点，确定辩护策略。围绕法律规定批捕的条件，论证案件事实不符合逮捕的理由，帮助办案人员厘清思路，找到盲点；从办案人员审查案件的角度出发，从证据、事实、逻辑出发，结合法律规定构建辩护思路。

3. 辩护意见显示的信息要经过筛选并有所保留，避免成为侦查指引。由于犯罪嫌疑人对律师的信任，本阶段律师可能掌握不被侦查机关知悉的信息，因此律师在出具辩护意见时一定要充分论证评估，找准切入点，选择性地优化辩护意见，评估风险，切忌成为侦查指引。有些在会见当事人时和与当事人家属谈话时知道的相关信息，一定要经过筛选再写到自己的意见当中。当然，这也恰恰是我们刑辩律师保密义务的体现。

4. 如有非法证据及早提出，有新证据要及早提交。在传统的办案方式中，辩护律师有证据需要提交总喜欢等到最后开庭的时候再提交。实际上这是违反现代有效辩护的理论的。因为提出的时间越晚，对案件本身影响越小。嫌疑人已经批捕，已经关了很长时间，案子要再有反转实际上很难。所以有些问题，能早提出来，就早提出来，除非这个问题有特殊情况。发现问题之后要及时提出来，办案单位会去补正，这个补正的过程是挡不住的，即使案件到法院开庭之后，公诉机关想要补正实际上还是可以的。

5. 信息不实的风险提前防范。在该阶段，律师没有阅卷权，存在严重的信息不对等，获得案件信息渠道非常有限，甚至有些信息是片面、错误的，那么在这个时候

发表意见时,特别是在叙述案件的相关案情时,就应注意,在书面意见及相关的可视化图表中均要注明:"基于本案尚处于侦查阶段,律师了解的案情均来自会见的当事人及约见其家属,与所述相关事实和调查证据可能有出入,以上意见仅供贵单位参考。"

6.行文简洁,观点突出,排版美观。充分考虑并重视阅读者的感观体验。见文如见人,辩护意见相当于律师辩护的文章、律师的作品,要进行必要的美化,要显示出律师严密的逻辑思维,体现出律师的专业水平。

二、制作不提请逮捕辩护意见的思路

1.有关逮捕的相关法律规定

《刑事诉讼法》第81条对逮捕的条件作了具体的法律规定。首先要判断该案件的犯罪嫌疑人的犯罪行为和可能的量刑幅度,是否符合逮捕的条件;然后在论证时要逆向思维,论证当事人不存在逮捕条件中的情形。比如,当事人不可能实施新的犯罪,没有现实危险,不可能对被害人、举报人、控告人实施打击报复,没有自杀或逃跑倾向等。

2.不批捕的种类

第一类是不构成犯罪,又称为不构成犯罪的不批捕。其中又分为两类:一是基于实体法不构成犯罪的情形。就律师了解的相关案件事实,用犯罪构成理论进行论证。

律师一定要就关键性的不构成犯罪的情节进一步在会见当事人时制作相关笔录,让犯罪嫌疑人予以签字确认,以防范之后当事人翻供、律师面临发表意见不实的风险。不构成犯罪的情形包括《刑法》总则部分关于不负刑事责任、正当防卫、紧急避险、超过追诉时效的规定,以及《刑法》分则中有关犯罪构成的规定。

二是在程序法方面不构成犯罪的情形。其是指《刑事诉讼法》第16条、《公安机关办理刑事案件程序规定》第186条规定的法定不起诉的种类。

根据《刑事诉讼法》第16条的规定,不应追究刑事责任,已经追究,应当撤销案件,或者不起诉,或者终止审理,或者宣告无罪的情形有:情节显著轻微、危害不大,不认为是犯罪的;犯罪已过追诉时效期限的;经特赦令免除刑罚的;依照刑法告诉才处理的犯罪,没有告诉或者撤回告诉的;犯罪嫌疑人、被告人死亡的;其他法律规定免予追究刑事责任的。

第二类是没有证据证明有犯罪事实的情形(证据不足的不批捕)。所谓"证据不足"分为三种情况:第一,没有证据证明发生了犯罪事实;第二,没有证据证明该犯罪事实是犯罪嫌疑人实施的;第三,犯罪嫌疑人实施犯罪行为的证据没有查证属实。

律师在以证据不足为依据构建辩护意见时一定要特别慎重,在该阶段律师与公安机关的信息是不对等的。此时律师并不知道公安机关已经搜集和掌握证据的情况,这个时候如果提到哪些证据不足从而不构成犯罪的观点,很有可能成为公安机关去进一步补证、调查取证的依据,特别是对于牵扯当事人主观心理要素的证据,往往提醒了侦查机关去搜集相关依据。所以一定要特别慎重。

如果想用证据不足的理由来达到不批捕的效果,第一,律师应该加强对该类犯罪的证据体系的了解和精通,平时要注意司法实务中某类犯罪的证据体系相关要求,特别是关键证据;第二,提交之前要确认该类证据确实不存在或公安机关确实无法搜集,以避免成为公安机关的取证依据;第三,提交的时间要偏晚一些,这样侦查机关便没有足够的时间去补充相关证据。

第三类是取保候审、监视居住,足以防止社会危害性发生的,也就是无逮捕必要性的不批捕。这一类犯罪我们可以查找相关法律中对于取保候审监视居住的规定。

程序法中关于取保候审、监视居住的法律规定有《刑事诉讼法》第 67 条、第 74 条,《公安机关办理刑事案件程序规定》第 81 条、第 109 条。主要包括以下内容:

(1)报捕前可以取保候审的法定情况

可能判处管制、拘役或者独立适用附加刑的;可能判处有期徒刑以上刑罚,采取取保候审不致发生社会危险性的;有严重疾病、生活不能自理,怀孕或者正在哺乳自己婴儿的妇女,采取取保候审不致发生社会危险性的。

(2)报捕前可以监视居住的法定情况

患有严重疾病、生活不能自理的;怀孕或者正在哺乳自己婴儿的妇女;系生活不能自理的人的唯一扶养人;因为案件的特殊情况或者办理案件的需要,采取监视居住措施更为适宜的;对符合取保候审条件,但犯罪嫌疑人、被告人不能提出保证人,也不交纳保证金的,可以监视居住。

(3)可能取保不提请逮捕的情况

第一,轻伤害案件积极赔偿的;第二,经济案件中主动退赃退赔的;第三,从犯且主犯已经归案的;第四,因民事纠纷引起的,造成后果不太严重的。

认罪认罚和是否有前科、累犯,是不提请逮捕直接变更为取保候审的重要条件。

3. 批捕的种类

(1)程序法中关于不得取保候审、监视居住必须逮捕的法律规定

该类规定有《刑事诉讼法》第 81 条、《公安机关办理刑事案件程序规定》第 82 条。

对有证据证明有犯罪事实可能判处徒刑以上刑罚的犯罪嫌疑人、被告人有下列行为之一,采取取保候审尚不足以防止发生社会危险性的,应当予以逮捕:可能实施新的犯罪的;有危害国家安全、公共安全或者社会秩序的现实危险的;可能毁灭、伪造证据,干扰证人作证或者串供的;可能对被害人、举报人、控告人实施打击报复的;企图自杀或者逃跑的。

对有证据证明有犯罪事实,可能判处 10 年有期徒刑以上刑罚的,或者有证据证明有犯罪事实,可能判处徒刑以上刑罚,曾经故意犯罪或者身份不明的,应当予以逮捕。

除患有严重疾病、生活不能自理,怀孕或者正在哺乳自己婴儿的妇女,取保候审不致发生社会危险性的或者羁押期限届满,案件尚未办结,需要继续侦查的外,对累犯,犯罪集团的主犯,以自伤、自残办法逃避侦查的犯罪嫌疑人,严重暴力犯罪以及其他重犯罪的犯罪嫌疑人不得取保候审。

人民检察院对于严重危害社会治安的犯罪嫌疑人,以及其他犯罪性质恶劣、情节严重的犯罪嫌疑人不得取保候审。

(2)实践中肯定会提请逮捕并且极有可能逮捕的情形

这类情形主要有:毒品类犯罪;有暴力性、危险性的案件,可能判处 10 年有期徒刑以上刑罚,前科、累犯的情形;在共同犯罪中同案犯,特别是主犯尚未归案,这是防止犯罪嫌疑人取保后串供。

第三章
chapter 3

侦查阶段（下）
——捕中和捕后辩护

第一节

捕 中 辩 护

律师在捕前阶段辩护提出的不提请批准逮捕辩护意见,往往不能阻止案件的程序进程,侦查机关为了有利侦查或其他原因需要对犯罪嫌疑人采取逮捕的强制措施,通常情况下会提请检察机关逮捕嫌疑人。此时,办案人员撰写提请批准逮捕书或呈请逮捕书提请检察机关批准对嫌疑人的逮捕。这个诉讼环节是捕诉环节,我们把捕诉环节通俗地称为捕中阶段的辩护,因为这个阶段时间比较短,所以律师应当紧跟案件的节奏,不要等检察机关批准逮捕后律师的辩护意见还没有交上去,错过了这个时间段的辩护工作。

一、与检察机关沟通并提出辩护意见的必要性

在强调"庭审中心主义"的司法改革背景下,律师不能忽视了审前辩护的重要性。从数据上看,2023年3月7日最高人民检察院工作报告显示,全国检察机关对不构成犯罪或证据不足的依法不批捕81.8万人、不起诉21.1万人,较5年前分别上升30%、69.4%。可以看出这个阶段不批捕的概率还是很大的。

在刑事公诉案件中,立案、审查起诉、审判和执行等多个诉讼阶段,辩护律师往往会把主要精力放在审判阶段。但是在批捕阶段提出的不提请批准逮捕的意见,如果被检察机关采纳,可以让当事人不被羁押,为下一阶段当事人得到罪轻或者无罪的处理打下良好的根基,更是刑事辩护工作的重中之重和目标所在。从目前来看,捕诉环节也就是在检察机关作出批准逮捕的阶段,刑事辩护律师积极性不高,参与的程度很低,能够提出专业的、有说服性意见的更是非常少见。

事实上,辩护律师的有效辩护意见,对检察官作出正确的决定很重要。对于犯罪嫌疑人已被羁押的案件,法律规定审查批准逮捕的时间只有7天,扣除周末两天

还剩5天,还可能要向领导汇报;个别重大、复杂、疑难、有影响的案件还要由检察委员会研究和讨论。承办案件的检察官需要审查证据材料,讯问犯罪嫌疑人,制作案件审查报告。如果作出不批准逮捕决定,还可能需要和公安机关沟通;有的还需要听取被害人的意见,时间非常有限。但多数承办案件的检察官愿意听取辩护律师的专业意见。侦查机关所移送的案卷,从某种意义上说它还是"一面之词",检察官要做到兼听则明,就需要听取嫌疑人和辩护人的意见。最高人民检察院的《人民检察院审查逮捕质量标准》以及《最高人民检察院、公安部关于逮捕社会危险性条件若干问题的规定(试行)》,明确了审查逮捕案件的标准,不能证明有犯罪事实,或者依法不应当追究刑事责任而批准逮捕的,属于错捕,对于故意或者重大过失所造成的错捕,按照有关法律和《检察人员执法过错责任追究条例》追究责任人和其他直接责任人的纪律责任和法律责任。基于对案件负责、对自己负责的立场,刑辩律师的专业意见对于承办检察官来说,是很重要的。

如果个别检察官不听取律师辩护意见,《刑事诉讼法》规定了在审查逮捕的过程当中,犯罪嫌疑人已经委托辩护律师的,捕诉部门可以听取辩护律师的意见,辩护律师提出要求的,应当听取辩护律师的意见,并制作笔录。辩护律师提出的不构成犯罪,没有社会危险性,不适宜羁押,侦查活动有违法犯罪情形等意见的,要说明是否采纳。

在捕诉环节律师的有效辩护意见能够避免检察院处于错捕的处境。检察机关作出批准逮捕决定以后侦查机关侦查终结,移送审查起诉,如果在这个时候发现案件事实不清、证据不足,按照法律的规定应当作出不起诉的决定。但是由于检察机关已经批准逮捕,作出不起诉的决定就会面临国家赔偿。因此很多情况下就会"带病起诉",而这样的案件一旦起诉到法院,也有可能判决被告人有罪。这样的结局在很大程度上,是捕诉环节没有把住关造成的。

刑辩律师在捕诉环节提出有效辩护意见,对保障嫌疑人的权利很重要。如果有违法侦查的行为会被及早发现,辩护律师可以在第一时间将相关的情况反馈给检察机关,不仅可以帮助当事人维护自己的诉讼权利,也可以帮助检察官把好防范冤假错案的第一关。

因此,律师在捕诉环节提出专业的意见,对于检察机关作出正确决定、保障当事人的诉讼权利、影响案件的最终走向都具有非常重要的作用。

为数众多的轻微刑事案件,在很多情况下并不符合逮捕的条件,而且随着法治理念的进步和以非羁押为常态,以羁押为例外的法治理念的发展,会有更多的不批准逮捕情况。因此律师应当重视起来,积极推动这种理念的发展,加强撰写不批准逮捕的辩护意见。

中华全国律师协会《律师办理刑事案件规范》第68条规定,在审查批捕过程中,辩护律师认为具备下列情形的,可以向检察机关提出不批准逮捕或不予逮捕的意见:(1)犯罪嫌疑人不构成犯罪;(2)可能被判处一年有期徒刑以下刑罚的;(3)无社会危险性;(4)不适宜羁押。

《刑事诉讼法》第88条第2款规定,人民检察院审查批准逮捕,可以询问证人等诉讼参与人,听取辩护律师的意见;辩护律师提出要求的,应当听取辩护律师的意见。

最高人民检察院《人民检察院刑事诉讼规则》第54条规定,在人民检察院侦查、审查逮捕、审查起诉过程中,辩护人要求听取其意见的,办案部门应当及时安排。辩护人提出书面意见的,办案部门应当接收并登记。听取辩护人意见应当制作笔录或者记录在案,辩护人提出的书面意见应当附卷。辩护人提交案件相关材料的,办案部门应当将辩护人提交材料的目的、来源及内容等情况记录在案,一并附卷。

最高人民检察院《人民检察院刑事诉讼规则》第261条规定,办理审查逮捕案件,犯罪嫌疑人已经委托辩护律师的,可以听取辩护律师的意见。辩护律师提出要求的,应当听取辩护律师的意见。对辩护律师的意见应当制作笔录,辩护律师提出的书面意见应当附卷。办理审查起诉案件,应当听取辩护人或者值班律师、被害人及其诉讼代理人的意见,并制作笔录。辩护人或者值班律师、被害人及其诉讼代理人提出书面意见的,应当附卷。对于辩护律师在审查逮捕、审查起诉阶段多次提出意见的,均应如实记录。辩护律师提出犯罪嫌疑人不构成犯罪、无社会危险性、不适宜羁押或者侦查活动有违法犯罪情形等书面意见的,检察人员应当审查,并在相关工作文书中说明是否采纳的情况和理由。

《人民检察院审查逮捕质量标准》第11条规定,犯罪嫌疑人委托的律师提出不构成犯罪、无逮捕必要、不适宜羁押、侦查活动有违法犯罪情形等书面意见以及相关证据材料的,应当认真审查,并在审查逮捕意见书中说明是否采纳的情况和理由。必要时,可以当面听取受委托律师的意见。

《最高人民检察院、公安部关于逮捕社会危险性条件若干问题的规定(试行)》第 4 条规定,人民检察院审查认定犯罪嫌疑人是否具有社会危险性,应当以公安机关移送的社会危险性相关证据为依据,并结合案件具体情况综合认定。必要时可以通过讯问犯罪嫌疑人、询问证人等诉讼参与人、听取辩护律师意见等方式,核实相关证据。依据在案证据不能认定犯罪嫌疑人符合逮捕社会危险性条件的,人民检察院可以要求公安机关补充相关证据,公安机关没有补充移送的,应当作出不批准逮捕的决定。

审查逮捕阶段,辩护人应当及时提交意见。《人民检察院刑事诉讼规则》第 282 条规定,对公安机关提请批准逮捕的犯罪嫌疑人,已经被拘留的,人民检察院应当在收到提请批准逮捕书后 7 日以内作出是否批准逮捕的决定;未被拘留的,应当在收到提请批准逮捕书后 15 日以内作出是否批准逮捕的决定,重大、复杂案件,不得超过 20 日。

【注意】

1. 有些案件在审查逮捕阶段仍然要努力与被害人达成和解协议。

2. 如侦查机关有违法办案或刑讯逼供的,仍然要提出控告或非法证据排除。

二、捕中阶段工作流程和任务清单(详见书后附表和文书模板)

1. 会见

会见当事人,辅导他如何面对提审,告知批捕提审注意事项、所享有的权利,分析逮捕法律规定、提审内容、逮捕证据充分与否、逮捕可能性、逮捕后的程序推进。与之沟通《不批准逮捕辩护意见》的理由与内容。会见前要准备会见提纲,会见时制作会见笔录。

2. 提交《不批准逮捕辩护意见》

包括撰写《不提请逮捕辩护意见》,确定、预约批捕检察官,当面提交给检察官并沟通意见,之后跟踪检察机关处理意见,必要时与检察机关、部门领导沟通处理意见。

3. 以上工作可参考的文书模板有《M13. 捕中会见提纲与指引》《M14. 捕中会

见笔录》《M15. 不批准逮捕辩护意见》。

三、了解检察机关审查逮捕的工作流程

知己知彼,方可百战不殆。捕中阶段时间较短,辩护时机稍纵即逝,因此有必要了解检察机关在此时的工作流程与内容。在传统的辩护理念中,侦查机关与检察机关定位是侦查机关加检察机关共同对抗辩护人。在审查批准逮捕这个环节,检察官居于中立的地位,居中审查侦查机关报送案卷,审查是否符合逮捕的条件。此时根据《刑事诉讼法》的规定,辩护人可以提出不批准逮捕的意见,那么就形成了一个准三角的关系,由侦查机关与辩护人对抗,检察官居中裁判,因此,辩护律师一定要转变理念,加强意识,提出自己的辩护意见。

目前,大部分案件要经过审查逮捕这个阶段,但是审查逮捕阶段并非所有刑事案件的必经阶段,有少数侦查机关认为不需要对嫌疑人采取逮捕的案件,可以直接移送审查起诉。对于有证据证明的犯罪事实,可能判处有期徒刑以上刑罚,采取取保候审尚不足以防止发生社会危险性的,侦查机关应当提请检察机关审查逮捕。

犯罪嫌疑人被采取拘留强制措施的,审查逮捕的期限为 7 日;检察机关自侦案件逮捕的期限最长为 10 日;犯罪嫌疑人被采取取保候审、监视居住的,审查逮捕的期限最长为 20 日。

检察机关的案件管理部门负责案件接收、登记以及律师阅卷等工作。侦查机关将案卷报到检察机关审查逮捕,由检察机关的案件管理部门统一接收,对审查逮捕的案件进行形式审查,经审查认为符合形式要求后转交捕诉部门进行实质审查。案件管理部门从形式上审查以下几项内容:案件是否属于本院管辖;法律文书制作是否符合规定;犯罪嫌疑人是否在案及采取强制措施的情况;提讯证、提押手续是否齐全;案卷材料是否齐备、规范,是否按要求将法律文书卷与诉讼证据卷分类装订,是否附有电子笔录光盘、讯问录像光盘等电子数据资料。经审查,认为符合要求的,进行登记录入检察机关的办案系统,开始计算办案期限,并立即将案卷材料和受理登记表移送捕诉部门办理。

案件管理部门经审查确认案件符合受理条件后,原则上随机分配给捕诉部门的承办检察官办理,就如同法院立案庭受理案件后由电脑随机分配给主办法官一

样。但是目前检察机关在这一点执行得并不彻底,有时是由案件管理部门移交捕诉部门后,由捕诉部门负责人登记后再统一分配给主办检察官办理。捕诉部门主要负责对侦查机关提请的审查逮捕或报请审查逮捕的案件作出批准逮捕决定,或不批准逮捕决定,同时还负责对侦查机关的侦查活动是否合法、侦查活动是否有刑讯逼供等违法办案现象,以及侦查机关的立案活动进行监督。

在审查逮捕期限内,承办检察官应当完成阅卷、讯问犯罪嫌疑人、是否要求侦查机关补充证据、作出批准或不批准的文件报主管检察长审批等程序上的事项。

1. 阅卷。承办检察官通过阅卷,审查是否有证据证明犯罪事实的发生,审查是否能够认定案件是犯罪嫌疑人所为。审查犯罪嫌疑人是有罪供述还是无罪辩解,所作的供述是否通过非法的方法取得。

通过阅卷,审查被害人陈述、证人证言等其他言词证据是否与犯罪嫌疑人的供述或辩解正向印证,是否存在实质上的矛盾;审查物证、书证的合法性、客观性、关联性等;审查影响案件定性的关键性鉴定意见等。通过阅卷审查有无逮捕的必要性,如数额是否刚刚达到立案标准,是否有自首情节,是否是初犯,是否有犯罪时未满18周岁等从轻、减轻处罚的情节,在本地是否有住所,是否有社会危险性,是否可以采取取保候审等非羁押强制措施等。

2. 讯问犯罪嫌疑人。根据《刑事诉讼法》第88条第1款的规定,人民检察院审查批准逮捕,可以讯问犯罪嫌疑人;有下列情形之一的,应当讯问犯罪嫌疑人:(1)对是否符合逮捕条件有疑问的;(2)犯罪嫌疑人要求向检察人员当面陈述的;(3)侦查活动可能有重大违法行为的。

《人民检察院刑事诉讼规则》第280条第1款规定,人民检察院办理审查逮捕案件,可以讯问犯罪嫌疑人;具有下列情形之一的,应当讯问犯罪嫌疑人:(1)对是否符合逮捕条件有疑问的;(2)犯罪嫌疑人要求向检察人员当面陈述的;(3)侦查活动可能有重大违法行为的;(4)案情重大、疑难、复杂的;(5)犯罪嫌疑人认罪认罚的;(6)犯罪嫌疑人系未成年人的;(7)犯罪嫌疑人是盲、聋、哑人或者是尚未完全丧失辨认或者控制自己行为能力的精神病人的。

审查逮捕阶段,讯问犯罪嫌疑人并非必经程序。对于除上述情形以外的犯罪嫌疑人可以不进行讯问,对拘留的犯罪嫌疑人不予讯问的,应当制作并送达《听取犯罪嫌疑人意见书》。如发现存在应当讯问情形的,应当及时讯问。对于故意杀人、故意伤害（致人死亡）以及诈骗、强奸等检察机关认为案情较复杂的案件一般要进行讯问。实践中,进行讯问是越来越普遍的情况。讯问不仅要对侦查机关搜集的证据进行核实,同时要对侦查活动进行监督,监督侦查机关在侦查过程中是否有刑讯逼供等非法取证的情形,从而维护犯罪嫌疑人的诉讼权利。

3. 审查证据是否符合要求,是否达到逮捕的条件,是否要求侦查机关补充必要的证据。

在这个阶段,侦查机关往往搜集的证据不完善,难以达到证据要求的标准,甚至一些直接影响案件定性的关键证据如鉴定意见都会缺失,此时检察机关一般会要求侦查机关补充证据,而证据难以搜集或时间不确定时,可能会有辩护的空间。

4. 撰写《审查逮捕意见书》,提交部门负责人审查,报主管检察长审批,然后打印法律文书,进行送达执行并监督侦查机关执行等程序性工作。

四、撰写《不批准逮捕辩护意见》

《刑事诉讼法》第 88 条第 2 款规定:"人民检察院审查批准逮捕,可以询问证人等诉讼参与人,听取辩护律师的意见;辩护律师提出要求的,应当听取辩护律师的意见。"因此,在侦查阶段,律师出具《不批准逮捕辩护意见》是一项经常性的业务。

撰写《不批准逮捕辩护意见》有一定的技术要求。首先,律师要表达独立意见,阐述事实与理由;其次,要贯彻实用主义,掌握检察机关办案人员的心理。对于批捕,检察机关一般跟着侦查机关的思路走,即没有供认犯罪事实的犯罪嫌疑人一般会继续羁押,但是检察机关也最担心批捕错了导致国家赔偿。所以,批捕是否有必要性是重点。对此,辩护律师主要可以从以下 6 个方面来说明不逮捕的意见。

第一,是否构成犯罪,是否达到犯罪的标准,是首要的问题。

第二,是否会妨碍侦查。如果案件已经侦查了很久,相关证据已固定,该调取的证据也已经调取了,此时不羁押当事人,不会妨碍侦查。

第三,是否有人身危险性。如果当事人没有前科劣迹,之前表现一贯良好,则可以说对社会的危险性不大。按照《最高人民检察院、公安部关于逮捕社会危险性条件若干问题的规定（试行）》列举的条件逐一论述。

《最高人民检察院、公安部关于逮捕社会危险性条件若干问题的规定（试行）》

第 2 条规定,人民检察院办理审查逮捕案件,应当全面把握逮捕条件,对有证据证明有犯罪事实、可能判处徒刑以上刑罚的犯罪嫌疑人,除《刑事诉讼法》第 79 条第 2 款、第 3 款规定的情形外,应当严格审查是否具备社会危险性条件。公安机关侦查刑事案件,应当收集、固定犯罪嫌疑人是否具有社会危险性的证据。第 3 条规定,公安机关提请逮捕犯罪嫌疑人的,应当同时移送证明犯罪嫌疑人具有社会危险性的证据。对于证明犯罪事实的证据能够证明犯罪嫌疑人具有社会危险性的,应当在提请批准逮捕书中专门予以说明。对于证明犯罪事实的证据不能证明犯罪嫌疑人具有社会危险性的,应当收集、固定犯罪嫌疑人具备社会危险性条件的证据,并在提请逮捕时随卷移送。第 4 条规定,人民检察院审查认定犯罪嫌疑人是否具有社会危险性,应当以公安机关移送的社会危险性相关证据为依据,并结合案件具体情况综合认定。必要时可以通过讯问犯罪嫌疑人、询问证人等诉讼参与人、听取辩护律师意见等方式,核实相关证据。依据在案证据不能认定犯罪嫌疑人符合逮捕社会危险性条件的,人民检察院可以要求公安机关补充相关证据,公安机关没有补充移送的,应当作出不批准逮捕的决定。第 6 条对具体"有危害国家安全、公共安全或者社会秩序的现实危险"的情形作了规定。第 7 条对犯罪嫌疑人"可能毁灭、伪造证据,干扰证人作证或者串供"的情形作了规定。第 8 条对犯罪嫌疑人"可能对被害人、举报人、控告人实施打击报复"的情形作了规定。第 9 条对犯罪嫌疑人"企图自杀或者逃跑"的具体情形作了规定。辩护律师可对照上述规定,提出嫌疑人不应当批准逮捕的理由。

第四,指控证据是否充足。律师一般会提出指控证据不足,但不能盲目提,而要根据犯罪构成要件,有针对性地提出,同时要防止"副作用",即律师意见成了公安机关的指引,提醒了侦查机关去补充某些证据。

第五,如果当事人身体健康状况不适于羁押,可以提出不在看守所羁押的意见。

第六,刑事政策等,如当前保护民营企业的意见和规定等。

在侦查阶段,律师了解案情不多,主要是从程序上维护当事人的合法权益,对于实体上的论述,应把握分寸、点到为止。既有"孙子兵法"的谋略,也有司法的心理博弈。

五、与检察官沟通,提交辩护意见

《刑事诉讼法》第 38 条规定,辩护律师在侦查期间可以为犯罪嫌疑人提供法律帮助;代理申诉、控告;申请变更强制措施;向侦查机关了解犯罪嫌疑人涉嫌的罪名和案件有关情况,提出意见。辩护律师在审查逮捕期间主要的任务是达到不逮捕的目的,提出不逮捕的意见。《刑事诉讼法》第 42 条规定,辩护人收集的有关犯罪嫌疑人不在犯罪现场、未达到刑事责任年龄、属于依法不负刑事责任的精神病人的证据,应当及时告知公安机关、人民检察院。如果辩护律师在此期间发现上述证据或线索,应当及时提出,并促使检察机关进行认定,从而作出《不批准逮捕决定书》。

由于审查逮捕期间较短,律师应当及时约见承办检察官。检察官在此期间要阅卷和会见嫌疑人,形成意见。如果律师能够与检察官面对面沟通,效果会比较好,当面陈述辩护意见、不逮捕的理由,甚至侦查机关违法办案的情形,都会动摇承办检察官的确定性意见。

六、正确认识"捕诉合一"对刑事辩护的影响

"捕诉合一"从理论上的争议到落地,如今已经平稳运行。检察机关将侦查监督部门与公诉部门进行了合并。同一案件实行从案件批捕到提起公诉由同一名检察官办理,即同一检察官同时承担批捕和起诉的工作。

"捕诉合一"后检察机关的办案思路必然会发生变化。第一,起诉的证明标准将会前移,承办人会用起诉标准要求侦查机关移送批准逮捕的案件。法律规定的逮捕的证明标准,有证据证明存在犯罪事实,可能判处有期徒刑以上的刑罚,会被事实清楚、证据确实充分的起诉证明标准取代。第二,检察机关作出不起诉决定会有所减少。同一检察官一旦作出了批准逮捕决定,除非是犯罪情节轻微和被害人与嫌疑人自愿和解的案件,依照《刑法》规定可以不判处刑罚或者免于刑事处罚,可以作出相对不起诉以外,检察官不太可能根据案件证据作出绝对不起诉或者存疑不起诉。即使案件证据存在某些问题,部分检察官也会从某些角度选择冒险地"带病起诉"。第三,承办案件的检察官会在批捕阶段把关更加严格。"捕诉合一"之前在批准逮捕环节更加注重从实体上考虑问题,如嫌疑人是否构成犯罪、构成犯罪是否可能判处有期徒刑以上的刑罚;"捕诉合一"之后,检察官在考虑定性的基

础上会更加关注案件的证据问题,证据不充分的案件检察官会考量还有没有继续补正的时空条件。

因此,"捕诉合一"后案件的承办人会从批捕阶段更重实体转向程序与实体并重。检察机关的不起诉将减少,不批准逮捕将增多。这也给辩护策略的调整带来了机遇,辩护律师可以有更多为当事人赢得不被逮捕的机会。同时,由于侦查阶段辩护律师没有阅卷权,获取证据信息非常有限,又制约了律师辩护的有效性。

针对以上分析情况,辩护律师可以从以下3个方面进行应对。

第一,把握证据辩护的方法和时机。批准逮捕程序尚在侦查的早期阶段,对于检察官来说越早把好证据关越有利于后期的起诉,因此在一些重大案件当中,检察机关会采取提前介入的方法去引导侦查取证;对于辩护方来说,在这一阶段知晓证据情况的渠道有限,又无法阅卷,对证据发表意见会显得没有底气和缺乏针对性。但是辩护律师可以充分利用走访现场、会见当事人等方式获得更多案件之外的信息,特别是涉及当事人行为动机、是否明知、是否故意等主观要件,以及多名当事人之间的关系与分工,现场人员的位置与表现等信息。犯罪嫌疑人作为当事人往往会更加清楚,辩护律师充分利用这些信息更加容易还原案件真相。批准逮捕环节毕竟是在收集固定证据的早期,如果过早地提出了证据意见,侦查机关会根据律师的意见补充完善证据,及时查漏补缺,这将会压缩起诉和审判阶段证据辩护的空间。因此,对于没有补充可能性的或者已经灭失的实物证据,以及涉及犯罪嫌疑人主观方面的证据,可以考虑在批捕阶段提出证据辩护意见,以帮助承办人作出不批准的决定。

第二,可以提出无逮捕必要性证据。《刑事诉讼法》第81条规定了5项犯罪嫌疑人具备社会危险性的情形,包括可能实施新的犯罪、干扰作证等。而对社会危险性的证明,应当有一定迹象表明,或者有证据证明,这一表明和证明不同于定罪事实对过去的证明,而是对未来可能性的证明,需要借助习性证据、品格证据等倾向性证据来证明。辩护人可以提交以往表现良好,没有多次作案、流窜作案,同案犯已被抓获或者愿意提供线索协助抓获,已经赔偿被害人或者达成谅解,犯罪嫌疑人认罪,而且证据均已固定等不会妨碍诉讼的情况来帮助承办检察官除了考虑是否够罪的问题,更多的是考虑是否有羁押必要性的问题。如果犯罪嫌疑人没有处于羁押的状态,作出不起诉的决定会更加容易。所以对于"捕诉合一"的检察官来说,在能够保证诉讼顺利进行的情况下,选择非羁押的措施是更加明智的选择。

第三,提高实体辩护的精准度。辩护律师在侦查阶段可以向侦查机关了解当事人涉嫌的罪名,可以通过会见了解案件更多的细节。根据掌握的信息,可以就案件的具体情况提出犯罪预备、犯罪终止、犯罪未遂、从犯等法定从轻情节;也可以从邻里纠纷偶发事件等角度来提出符合宽严相济的从宽处理意见;还可以运用大数据分析该类案件在当地的判决情况,收集一些量刑的指导意见,以提出更加精确的信息。辩护律师工作做得越深入、越仔细,提供的依据越充足,就越能增加辩护观点的科学性和说服力。

第二节

捕 后 辩 护

刑事案件经过捕前、捕中阶段后进入捕后阶段,也就是检察机关批准逮捕后至移送审查起诉期间。一般情况下,捕前和捕中阶段时间比较紧张,批捕后的节奏相对缓和了许多。此时,侦查机关的工作主要是完善和补充各种证据,使之达到移送审查起诉的要求;那么辩方也要相对缓和一下,通过会见、调查取证发现和梳理案件中的细节,仔细研究案件的法律适用,申请变更强制措施、申请调查取证等。重新审视和梳理案情,根据案件特点寻找和发现辩点。

一、捕后阶段律师的工作流程与任务清单

(一)会见

1. 一般情况下,捕后要第一时间会见,律师要做好对犯罪嫌疑人的解释和安抚工作。因为经过了捕前阶段申请不提请逮捕和捕中阶段申请不批准逮捕的努力不能成功阻止程序的发展,犯罪嫌疑人由充满希望变成失望。此时犯罪嫌疑人的情绪较为低落,律师要引导、安慰并鼓励他回忆找寻对自己有利的情节,以此来重新燃起他的希望。律师应梳理批捕过程进行复盘,分析原因,制定救济方式。

2. 持续会见,以核实案件的细节,梳理案件事实,询问犯罪嫌疑人的辩解意见。通过犯罪嫌疑人的陈述和辩解意见,发现无罪、罪轻的线索和材料,寻找辩点;分析是否构成犯罪,是否符合移送起诉条件,以及可能被遗漏的无罪和罪轻的证据和事实。

该阶段律师的工作内容包括:准备会见提纲,了解提审内容、宣捕内容;分析案件走向;梳理法律法规与案件事实;沟通辩护意见;心理辅导;转达其他合法权益事项。

（二）调查取证和申请侦查机关调取证据

1. 律师调查对当事人有利的证据时要特别注意言词证据。如发现线索，面临要调查取证的情况时，律师需要评估是自己调查取证还是申请办案机关调查取证。如果是书证或物证等客观证据，律师可以取证；如果是言词证据，尤其是孤证的言词证据，面对办案机关已经调查过的证人要十分慎重（详见第一章）。律师一方面要履行辩护职责，另一方面要把职业风险降至最低。

2. 调查取证的内容包括：申请办案单位收集、调取证据；对证人调查询问，获取证人证言；向单位或个人调取非言词证据；针对某一事实，辩护人可以申请鉴定、勘验、检查、提取、侦查、实验；针对原鉴定申请补充或重新鉴定；辩护人或犯罪嫌疑人、亲朋提供的证据。

（三）申请变更强制措施

1. 对符合条件的犯罪嫌疑人申请变更强制措施为取保候审。律师的工作内容为撰写取保候审申请书，提交并跟踪。

2. 申请羁押必要性审查。律师的工作内容为撰写羁押必要申请书，提交并跟踪。

（四）和解、调解

对于轻微的伤害案件和侵犯财产案件，继续促使与被害人达成和解，取得书面的谅解书。

律师的工作内容包括申请办案单位主持和解调解，协助当事人家属和解调解，达成和解、调解协议，出具谅解书。

（五）现场走访

案发现场勘查探访；现场重建、现场试验、现场复原等；发现无罪、罪轻、量刑情节等有利证据。

（六）权利维护

对于办案机关违法办案，侵犯当事人合法权益的情况进行撰写并提交申诉书，撰写、提交控告书。

（七）犯罪嫌疑人认罪认罚的情况

如果犯罪嫌疑人认罪认罚的，给其辅导、讲解认罪认罚从宽制度，制作笔录。

（八）分析论证

包括听取同行、公检法等专业人员的意见，团队集体讨论；请专家解决法律关系、法律事实或专门性问题等。

（九）侦查羁押期限的延长和重点时间节点的盯防

每一次期限延长都要与办案单位沟通，核实批准手续情况和延长原因；会见犯罪嫌疑人或被告人了解提审内容，向其解释延长羁押期限的法律规定，预测程序推进，进行证据审查辅导等。告知委托人犯罪嫌疑人或被告人的健康情况，与其沟通交换意见、安抚情绪等。

紧盯拘留、逮捕以及每一次延长的重点时间节点，了解程序进程，适时提出变更强制措施申请、羁押必要性审查。

（十）总结复盘

最后复盘、总结经验形成书面文件，指导、提出下一步工作注意事项等。包括主办律师与协办律师之间，律师与犯罪嫌疑人及家属之间的复盘总结。

二、捕后影响案件走向的几种情形

侦查阶段的特点为辩护律师核实案情进而提供有效辩护，设置了障碍也提出了挑战。鉴于此，辩护律师要发表捕后侦查阶段的辩护意见，必须要结合相关法律规定，找准这一阶段案件的切入点或者辩点，以期达到应有的效果。辩护律师要在捕后侦查阶段作有效辩护，首先必须明确侦查机关在侦查过程中或侦查终结后，哪些法定情形会影响案件的走向和处理结果。基于此，要制作捕后侦查阶段律师的辩护意见，就要掌握与之相关的程序性规定。对于程序性规定，经过梳理主要是我国刑事诉讼程序的相关规定，如《刑事诉讼法》第16条、《公安机关办理刑事案件程序规定》第186条。出现这些法定情形，办案机关要如何处理？通过对上述相关程序性法律规定的分析或者归纳、总结，可以分为9种具体法定情形，若案件存在这9种法定情形，则辩护律师应依法提出撤销案件的辩护意见。

第一种法定情形，犯罪嫌疑人死亡的，即《刑事诉讼法》第16条第5项、《公安机关办理刑事案件程序规定》第186条第1款第5项。

第二种法定情形，情节显著轻微，危害不大，不认为是犯罪的。规定在《刑法》

总则部分，在《刑事诉讼法》第 16 条第 1 项、《公安机关办理刑事案件程序规定》第 186 条第 1 款第 2 项。

第三种法定情形，犯罪已过追诉时效期限。《刑事诉讼法》第 16 条第 2 项、《公安机关办理刑事案件程序规定》第 186 条第 1 款第 3 项规定了追诉时效期限。如果从时效的角度有辩点可寻并且该辩点比较扎实的话，可以做到四两拨千斤，有釜底抽薪的作用。按照法律的规定，如果出现这种情况，就要撤销案件。如果法院接到这样的案件，就要作出无罪判决，实际上就是一个无罪的案件。

第四种法定情形，无犯罪事实。《公安机关办理刑事案件程序规定》第 186 条第 1 款第 1 项。

第五种法定情形，确有犯罪事实但不是犯罪嫌疑人所为。《公安机关办理刑事案件程序规定》第 186 条第 2 款。

第六种法定情形，对于共同犯罪的犯罪嫌疑人，符合《人民检察院刑事诉讼规则》第 242 条规定的。

第七种法定情形，经过特赦令免除刑罚的。为了纪念抗战胜利，最高人民法院发布了特赦的相关规定。

第八种法定情形，依照《刑法》告诉才处理的，没有告诉或撤回告诉的。

第九种法定情形，其他法律规定免于追究刑事责任的。犯罪已过追诉时效，以自诉案件为例，两个阶段，庭前的审查期，一审裁定不予受理，二审裁定驳回起诉的裁定，维持重审裁定。经过开庭后，发现过时效，应判决无罪，而不应裁定无罪。

对于这 9 种法定情形，再作进一步的归纳、总结，我们又可以把它分为两种：第一种是无须辩护律师过分依赖阅卷即可判断和掌握的 8 种法定情形。比如犯罪嫌疑人死亡的；犯罪已过追诉时效的；无犯罪事实的；确有犯罪事实但不是犯罪嫌疑人所为的；经过特赦令免除刑罚的；对于共同犯罪的犯罪嫌疑人，符合《人民检察院刑事诉讼规则》第 242 条规定的；依照刑法告诉才处理的，没有告诉或撤回告诉的，其他法律规定免于追究刑事责任的。还有一种是原则上虽需辩护律师阅卷，但是根据案件情况相对比较容易掌握判断的一种情况，即情节显著轻微，危害不大，不认为是犯罪的情形。

三、捕后辩点

律师的辩点可以从以下几个方面考虑：

1. 罪与非罪。例如侦查机关以故意杀人罪立案侦查，犯罪嫌疑人有没有正当防卫、紧急避险等违法阻却事由。

2. 行为性质的问题。是犯罪还是行政违法行为，要求熟悉最高人民检察院和公安部的立案标准。还有减少罪数之辩，在侦查阶段，如果当事人涉及几个罪名，可以通过辩护减少证据不充分的罪或者有争议的罪。

3. 重罪与轻罪之辩。比如在故意杀人罪上，是否存在防卫过当。主从犯之辩，如走私犯罪，犯罪嫌疑人排名的靠前靠后问题以及其在共同犯罪中的作用。在起诉意见书当中，要结合具体的案件情况，找切入点和辩点。

四、捕后辩护策略

律师在侦查阶段捕后的战略方向和战术细节问题。首先关于战略方向，根据不同的出发点分类，如事实辩护与法律辩护，实体辩护与程序辩护，无罪辩护与量刑辩护，都可以作为初步辩护的战略方向。以实体无罪辩护为例，可以以正当防卫、紧急避险、职务行为、被害人同意等理由进行无罪辩护。如果存在免责事由，包括精神疾病，刑事责任年龄，强制、胁迫、认识错误，还有特殊事由的无罪辩护。如果从程序性角度作无罪辩护，可以考虑非法证据排除，基于保障证据真实性的无罪辩护，诉讼程序中止的无罪辩护等。确定战略后，战术可以利用的内容包括：刑事责任年龄，具体规定在《刑法》总则第17条、第18条；犯罪嫌疑人死亡的；犯罪已过追诉时效的；无犯罪事实的或确有犯罪事实但不是犯罪嫌疑人所为的；经过特赦令免除刑罚的；对于共同犯罪的犯罪嫌疑人，符合《人民检察院刑事诉讼规则》第242条规定的；依照刑法告诉才处理的，没有告诉或撤回告诉的；其他法律规定免于追究刑事责任的情形等。

第三节

变更强制措施

一、申请取保候审

取保候审,是《刑事诉讼法》规定的一种刑事强制措施,是指在刑事诉讼中公安机关、人民检察院和人民法院等司法机关对未被逮捕或逮捕后需要变更强制措施的犯罪嫌疑人、被告人,为防止其逃避侦查、起诉和审判,责令其提出保证人或者交纳保证金,并出具保证书,保证随传随到,对其不予羁押或暂时解除其羁押的一种强制措施。客观地说,犯罪嫌疑人被羁押后,最应当考虑和最值得花费时间和精力的行为即为取保候审。

根据刑事法律规定,公、检、法机关都有权作出取保候审的决定,但必须由公安机关执行;危害国家安全的案件,由国家安全机关执行。在程序上分为两类:一是公、检、法机关根据案件具体情况,直接主动采用取保候审;二是根据犯罪嫌疑人、被告人所聘请的律师申请或者根据犯罪嫌疑人、被告人及其法定代理人的申请决定取保候审。取保候审的决定权在公、检、法机关。决定取保候审后,由办案人员填写《取保候审决定书》和《取保候审通知书》,经部门负责人审核,由领导签发,再由承办人员向犯罪嫌疑人、被告人及保证人宣读《取保候审决定书》,告知其各自应当遵守的规定及承担的义务,违反规定和义务所应承担的法律后果等,并要求其出具保证书并签名或者盖章。

中华全国律师协会《律师办理刑事案件规范》第 51 条规定,辩护律师认为被羁押的犯罪嫌疑人、被告人符合下列取保候审的条件,应当为其申请取保候审:(1)可能判处管制、拘役或者独立适用附加刑的;(2)可能判处有期徒刑以上刑罚,采取取保候审措施不致发生社会危险性的;(3)犯罪嫌疑人、被告人患有严重疾病、生活不能自理,采取取保候审措施不致发生社会危险性的;(4)犯罪嫌疑人、被告人正在怀孕或者哺乳自己的婴儿,采取取保候审措施不致发生社会危险性的;(5)羁押期限届满,案件尚未办结,需要采取取保候审措施的。

根据中华全国律师协会《律师办理刑事案件规范》第 52 条的规定,犯罪嫌疑人、被告人符合逮捕条件,但具备下列条件之一,辩护律师可以为其申请监视居住:(1)患有严重疾病、生活不能自理的;(2)怀孕或者正在哺乳自己婴儿的妇女;(3)系生活不能自理的人的唯一抚养人;(4)因为案件的特殊情况或者办理案件的需要,采取监视居住措施更为适宜的;(5)羁押期限届满,案件尚未办结,需要采取监视居住措施的。

中华全国律师协会《律师办理刑事案件规范》第 53 条规定,犯罪嫌疑人、被告人符合取保候审条件,但不能提出保证人也不缴纳保证金的,辩护律师可以为其申请监视居住。

中华全国律师协会《律师办理刑事案件规范》第 55 条规定,犯罪嫌疑人因涉嫌危害国家安全犯罪、恐怖活动犯罪、特别重大贿赂犯罪在侦查期间被指定居所监视居住的,在有碍侦查的情形消失后,辩护律师可以为其申请在居所监视居住或者取保候审。

中华全国律师协会《律师办理刑事案件规范》第 58 条规定,辩护律师申请变更、解除强制措施或释放犯罪嫌疑人、被告人的,可以要求办案机关在 3 日内作出同意或者不同意的答复。对于不同意的,辩护律师可以要求其说明不同意的理由。

(一)取保候审的程序

1.提交《取保候审申请书》给办案机关。被羁押的犯罪嫌疑人、被告人及其法定代理人、近亲属、犯罪嫌疑人聘请的律师,有权提出取保候审的申请。

2.取保候审的决定。公安机关、人民检察院、人民法院在接到变更强制措施的申请(《取保候审申请书》)后,应当在 3 日内作出决定,不同意变更强制措施的,应当告知申请人,并说明不同意的理由。

3.取保候审的执行。公安机关在执行时,应当向犯罪嫌疑人、被告人宣读《取保候审决定书》,并令其签名或盖章,告知其在取保候审期间应当遵守的规定。犯罪嫌疑人、被告人在取保候审期间没有违反《刑事诉讼法》第 71 条规定的,取保候审期间届满以后,负责执行的公安机关应将保证金退还给犯罪嫌疑人、被告人,并告知保证人解除保证。

4.取保候审最长不得超过12个月。在取保候审期间不得中断对案件的侦查、起诉和审理。取保候审的期限届满,或者发现了有不应当追究刑事责任情形的,应当及时解除取保候审,并应当及时通知被取保候审人和有关单位。

(二)撰写《取保候审申请书》及附加证据时应注意的事项

律师申请取保候审的关键是说服办案机关,使办案机关确信被羁押人符合取保候审的条件。故律师在书写《取保候审申请书》及附加证据时应围绕取保候审的法定适用条件及以下几点关键因素进行:

1.犯罪嫌疑人的行为不构成犯罪;

2.案件的性质并不严重,可能判处管制、拘役或者独立适用附加刑的;

3.可能判处有期徒刑以上刑罚,采取取保候审不致发生社会危险性的;

4.犯罪嫌疑人、被告人患有严重疾病、生活不能自理、怀孕或者正在哺乳自己婴儿的妇女,采取取保候审不致发生社会危险性的;

5.羁押期限届满,案件尚未办结,需要采取取保候审的;

6.犯罪嫌疑人、被告人是偶犯;

7.犯罪嫌疑人、被告人平时的表现较好;

8.犯罪嫌疑人、被告人是过失犯罪;

9.犯罪嫌疑人、被告人犯罪时的年龄为未成年人;

10.犯罪嫌疑人、被告人犯罪后有较好的悔改表现;

11.犯罪嫌疑人、被告人有固定的职业和固定的住所,确保能够随传随到;

12.犯罪嫌疑人、被告人同案的犯罪嫌疑人、被告人已归案;

13.犯罪嫌疑人、被告人不知道举报人或证人的情况,不存在打击报复的可能性;

14.与被害人、家属达成赔偿协议并取得谅解的;

15.案件的重要证据已经收集完毕等。

二、变更强制措施的新路径

羁押作为一种限制人身自由的强制手段被现在法治文明国家普遍限制使用,我国刑事法律也严格限制羁押措施的适用。"羁押必要性审查"是2012年修改

《刑事诉讼法》引入的新概念和新机制。确立了犯罪嫌疑人、被告人自被逮捕后到法院作出生效判决之前的整个羁押过程中，均可申请羁押必要性审查。该机制是《刑事诉讼法》贯彻宪法人权保障原则的具体体现，是慎用羁押性强制措施的具体举措，使我国慎用羁押性强制措施得到了进一步的发展。

羁押必要性审查在实践中的效果不容乐观，一开始由于职责不清，各地都没有实质性的突破。自 2016 年《人民检察院办理羁押必要性审查案件规定（试行）》颁布以来，情况有所好转，但是由于长期的司法积弊，以及公安机关和检察机关工作人员长期以来的固有思维还是按取保候审的条件把握，意识上对待犯罪嫌疑人仍以羁押为常态，以非羁押为例外；在羁押必要性审查过程中，往往还是消极对待。比如，邻里打架的轻伤害案件，有的情节轻微刚刚够得上轻伤的标准，当事人索要的赔偿是几万元甚至是几十万元，犯罪嫌疑人赔偿不起，达不成调解协议的情况，办案机关一律按老标准不予变更强制措施。还有一些非暴力案件，羁押必要性审查启动也非常困难，在有些办案人员的意识里，只要犯罪嫌疑人在看守所不是因为身体健康发生危险，就不会变更强制措施。还有极端的情况，有的检察机关向公安机关发出了变更强制措施的建议，但公安机关会找各种理由回绝，因为检察机关只是建议，并不是强制，没有相应的惩罚机制。

目前，很多刑事辩护律师开始提起羁押必要性审查申请，羁押必要性审查的总体状况有所改变，从之前办案人员不接收到接收；从口头通知到现在以正式书面的形式回复辩护人。徒法不足以自行，只有一线办案的律师适用法条，才能激活法条。建议律师还是要多申请、多争取，将该规定激活。

《取保候审申请书》和《羁押必要审查申请书》是相辅相成配合使用的。

第四节

调查取证和犯罪嫌疑人权利的维护

一、调查取证

第一章详细介绍了有关调查取证的风险防控(有关内容参见第一章),此处简要介绍一下律师在取证过程中的实务操作。

1. 事先评估证据真伪及风险。经评估,疑似伪造、虚假证据的,不应去调取。

2. 事先不要接触证人,不论是见面还是打电话。

3. 区分物证、书证和言词证据,其中言词证据稳定性极差,受主观影响大。

对现场视频等经评估确认非伪造的原始证据(结果证据),可以直接接收并提交。接收证据应做接收证据笔录(过程证据),由物证、书证提供人保证证据真实性,警示伪造证据、提供虚假证据将构成犯罪。还要有《接收证据清单》,并由提交人及无利害关系人作为见证人签字。

4. 告知证人作证的权利与义务。根据《刑事诉讼法》的规定,告知证人依法享有的诉讼权利和承担的诉讼义务,向其讲解凡是知道案件情况的人,都有作证的义务;应当如实地提供证据、证言,有意作伪证或者隐匿罪证,将承担相应的法律责任;法院依法通知出庭作证的,应当出庭作证;没有正当理由不出庭作证,法院可以强制其出庭作证,但证人系被告人的配偶、父母、子女的除外。如果无正当理由不出庭作证或者出庭后拒绝作证,将承担相应的法律责任。

5. 在讯问笔录上签字捺手印(证人书写内容:本人具有阅读能力,以上内容已阅知。姓名、年月日)。

【注:《证人权利义务告知书》详见模板】

6. 接收证据后,填写《接收证据材料清单》并由相关人签字。

【接收证据材料清单】(见表3-1)

表3-1　接收证据材料清单

编号	证据名称	数量	特征(是否原件、介质、形态等)	备注

证据提供人：　　　　　　　　见证人：　　　　　　　　接收单位：
　　年　月　日　　　　　　　　年　月　日　　　　　　　接收人：
　　　　　　　　　　　　　　　　　　　　　　　　　　　　　年　月　日

第　页　共　页

二、犯罪嫌疑人权利的维护

在整个刑事诉讼过程中,处于被追诉者地位的犯罪嫌疑人、被告人的诉讼权利及人身极易受到国家办案机关有组织的行为侵犯,尤其是在我国"有罪推定""重实体,轻程序"等传统观念根深蒂固的国情之下,犯罪嫌疑人、被告人的权利有时难以得到切实的保障。这不仅有刑事诉讼立法和制度层面上的原因,还有执法人员在司法理念上仍存在偏差的原因。因此,应进一步扩大和保障犯罪嫌疑人、被告人的诉讼权利,以最大限度保护犯罪嫌疑人、被告人的权利。树立现代司法理念是切实保障刑事诉讼犯罪嫌疑人人权的必由之路。同时犯罪嫌疑人的权利保障,对于构建科学的诉讼结构,推进诉讼程序正当化,进而实现刑事诉讼法治化,具有重要的理论与现实意义。

我国的刑事诉讼一直偏重打击犯罪,而对犯罪嫌疑人权利的保护重视不够。然而,现代社会的司法活动应该崇尚公正与文明,人类社会的进步应该表现为对人权的尊重,当然也包括对犯罪嫌疑人权利的尊重和保障。犯罪嫌疑人在侦查阶段人身大多处于受限制状态,财产大多处于受扣押状态;而侦查机关拥有一定的权力,双方力量相差悬殊,容易导致侦查权力的扩张,致使犯罪嫌疑人的权益受到侵害;同时,犯罪嫌疑人所处的侦查、审查起诉阶段也是收集、固定犯罪证据的最关键阶段，其权利可能会受到侵害，甚至导致冤假错案。越危险的时刻，越能显示出一个国家的人权保护水平。

我国《刑事诉讼法》第37条规定，辩护人的责任是根据事实和法律，提出犯罪嫌疑人、被告人无罪、罪轻或者减轻、免除其刑事责任的材料和意见，维护犯罪嫌疑人、被告人的诉讼权利和其他合法权益。据此，刑事诉讼中律师的责任是通过提出犯罪嫌疑人、被告人无罪、罪轻或者减轻、免除其刑事责任的材料和意见，达到维护犯罪嫌疑人、被告人的诉讼权利和其他合法权益的目的。也就是说，辩护律师在刑事诉讼中最根本的目的是维护犯罪嫌疑人、被告人的诉讼权利和其他合法权益。

具体来说，犯罪嫌疑人、被告人在刑事诉讼中的权利有：

1. 委托辩护人。犯罪嫌疑人自被侦查机关第一次讯问或者采取强制措施之日起，有权委托辩护人；在侦查期间，只能委托律师作为辩护人。被告人有权随时委托辩护人。

侦查机关在第一次讯问犯罪嫌疑人或者对犯罪嫌疑人采取强制措施的时候，应当告知犯罪嫌疑人有权委托辩护人。人民检察院自收到移送审查起诉的案件材料之日起3日内，应当告知犯罪嫌疑人有权委托辩护人。人民法院自受理案件之日起3日内，应当告知被告人有权委托辩护人。犯罪嫌疑人、被告人在押期间要求委托辩护人的，人民法院、人民检察院和公安机关应当及时转达其要求。

2. 申请回避的权利。犯罪嫌疑人、被告人及其法定代理人对审判人员、检察人员、侦查人员有权依据《刑事诉讼法》第29条、第30条，《刑事诉讼法解释》第28条、第29条，《人民检察院刑事诉讼规则》第24条，《公安机关办理刑事案件程序规定》第32条、第33条的规定申请他们回避。

3. 对驳回申请回避的决定有申请复议权。

4. 对与本案无关问题的讯问，有权拒绝回答。

5. 核对笔录的权利。讯问笔录应当由犯罪嫌疑人核对。如果记载有遗漏或者有差错，犯罪嫌疑人可以提出补充或者纠正。

6. 使用本民族语言文字进行诉讼的权利。

7. 参加庭审的权利。如参加法庭调查和法庭辩论、向证人发问并质证、辨认物证和其他证据、申请通知新的证人到庭和调取新的物证等。

8. 辩护权。这是犯罪嫌疑人和被告人最核心的权利。

9. 反诉权。这种权利不是所有被告人都拥有,只有自诉程序中的被告人才能够提起反诉。

10. 申请取保候审的权利。被羁押的犯罪嫌疑人、被告人及其法定代理人、近亲属和聘请的律师有权申请取保候审。

11. 申请补充鉴定或者重新鉴定的权利。对用作证据的鉴定结论,可以申请补充鉴定或者重新鉴定。

12. 要求解除强制措施的权利。犯罪嫌疑人、被告人及其法定代理人、近亲属或者犯罪嫌疑人、被告人委托的律师及其他辩护人对公安机关和检察机关、人民法院采取强制措施超过法定期限的有权申请解除强制措施。

13. 对侵权提出控告的权利。对于审判人员、检察人员和侦查人员侵犯犯罪嫌疑人、被告人诉讼权利和进行人身侮辱的,有权提出控告。

14. 申诉权。当事人及其法定代理人、近亲属,对已经发生法律效力的判决裁定,可以向人民法院或者人民检察院提出申诉。

15. 获得赔偿的权利。犯罪嫌疑人、被告人的人身权利、财产权利因公安机关和检察机关、人民法院及其工作人员违法行使职权受到侵犯的,有取得赔偿的权利。

如发现犯罪嫌疑人、被告人上述权利被侵犯的,辩护律师可以代为申诉、控告。代为申诉、控告是律师的执业权利,近年来出台的一些保障律师执业权利的规定,为律师依法代理申诉、控告提供了有力的保障。2015年9月16日,最高人民法院、最高人民检察院、公安部、国家安全部、司法部印发《关于依法保障律师执业权利的规定》的通知(司发〔2015〕14号),2017年4月14日,最高人民法院、最高人民检察院、公安部、国家安全部、司法部、中华全国律师协会《关于建立健全维护律师执业权利快速联动处置机制》的通知(司发通〔2017〕40号),辩护人在代为申诉、控告过程中遇到阻碍的,可以依据上述规定维护执业权利。

第四章
chapter 4　审查起诉阶段的辩护工作

第一节

理念的更新

在传统的刑事辩护中，审查起诉阶段的主要工作是阅卷，研究案情、研究证据，确认是否适用认罪认罚从宽制度，为庭审做准备。从数据上看，审查起诉阶段不起诉率远比法院的无罪判决率高，所以更新刑事辩护的传统观念，在审查起诉阶段有可能取得不起诉的良好效果。

根据《刑事诉讼法》第3条的规定，检察机关的职责是检察、批准逮捕、检察机关直接受理的案件的侦查、提起公诉。这些职责是有先后顺序的，在审查起诉阶段检察机关的职责就是行使检察职能。《关于推进以审判为中心的刑事诉讼制度改革的意见》第2条第2款规定："侦查机关、人民检察院应当按照裁判的要求和标准收集、固定、审查、运用证据。"从检察职能角度体现为规范侦查取证行为；防止案件"带病"进入审判程序；发挥检察机关法律监督的职能作用。因此，从理论上说，这个阶段律师与检察机关并不是对立的，此时的检察机关是居于侦查机关和律师之间的居中裁判地位，是准诉讼的三角关系，其实在批捕阶段就是这种关系。所以，律师要转变观念，以帮助检察官审查案件的方法达到辩护的目的。律师要了解检察官的心理，以合适的语言与其交流，让他们感到律师在审查阶段是助手、是朋友。具体来说，简明扼要阐述观点，帮助检察官查询不常用的法律法规和技术规范，可以补正的瑕疵证据提醒补正，对于不可补正的瑕疵证据要把握时机。

然而，实践中在审查起诉阶段律师约见检察官，有时会见不到、说不通、没作用。律师可能见不到检察官，或者见到了也沟通不畅，起不到预想的作用。针对这种情况，建议约见时可以采取以下策略：第一，律师通过向检察官或案管中心表达根据《刑事诉讼法》第173条第1款的规定："人民检察院审查案件，应当讯问犯罪嫌疑人，听取辩护人或者值班律师、被害人及其诉讼代理人的意见，并记录在案。

辩护人或者值班律师、被害人及其诉讼代理人提出书面意见的,应当附卷。"这里是应当听取辩护人的意见,法律明确规定的是"应当"。第二,可以先跟检察人员提有关证据的问题,比如某个证据不合法,达不到起诉的标准。一般来说,检察官对于律师提出的证据的问题还是容易接受的。第三,见到检察官后,先不说关于案件的定性问题,他们最想听到的是证据是否有问题,是否符合起诉的标准,这可以让他感觉到律师是在帮他审查案件。第四,约见时框定谈话时间,比如提前说明说话只需5~10分钟就可以。这样不占用太多时间,检察官也不好拒绝。

一、审查起诉阶段各方主体的角色定位

在审查起诉阶段,诉讼的主体是检察机关、侦查机关和犯罪嫌疑人及其辩护律师。不同的诉讼阶段,不同的诉讼主体目的不同。在审查起诉阶段,侦查机关的目的是向检察机关证明犯罪嫌疑人涉嫌的犯罪事实清楚,证据确实充分,以请求检察机关作出向法院起诉犯罪嫌疑人的决定;犯罪嫌疑人和律师的目的是通过提出犯罪嫌疑人无罪或者罪轻的事实、证据和意见,与侦查机关对抗,请求检察机关作出认定犯罪嫌疑人无罪或证据不足而不起诉的决定,或者在起诉时充分考虑罪轻的情节和证据;检察机关是审查起诉程序的主导者,它通过对侦查机关移送的事实、证据的审查和对犯罪嫌疑人及其律师提出的对犯罪嫌疑人有利的事实、证据的审查,对犯罪嫌疑人作出起诉或者不起诉决定以及如何适用量刑。

二、审查起诉阶段,检察机关或检察官的地位中立

作为审查起诉程序的主导者,检察官保证审查起诉质量最好的方式,是对作为对立双方的侦查机关和犯罪嫌疑人及其律师的意见给予同等的重视和考虑,做到兼听则明。通过审查侦查机关的卷宗,检察机关可以获得充分揭露犯罪嫌疑人有罪、罪重的事实和证据材料;通过辩方提供的证据材料和意见,检察机关可以获得充分说明犯罪嫌疑人无罪、罪轻的证据材料和意见。在对双方对立的证据材料和意见的审查中,检察机关易于准确认定案件事实,正确作出起诉或不起诉的决定,保证审查起诉的质量。

由于律师提供的材料和意见有助于检察官对案件事实进行全面审查,有助于

检察官审查有罪证据是否存在疑点、有罪证据之间是否存在矛盾、有罪证据是否能够得出其他结论,检察官一般会比较重视律师提出的意见。一个负责任的检察官也会期望律师及时提出意见,避免因忽略了无罪的事实和证据而错误起诉。如果检察官没有对律师提出的意见给予足够的重视,也没有进行必要的核实,到了审判阶段,律师在审查起诉阶段提供的证据材料可能就会成为反驳甚至否定起诉书指控犯罪事实的主要依据。在这种情况下,检察机关不得不以怀疑的目光谨慎地审视侦查机关提供的事实和证据材料,并期望律师能提出合理的疑点和充分的证据,避免自己因作出错误的决定而陷于被动。由于侦查机关和律师双方力量对比严重不平衡,检察官为了能从侦辩双方充分、直接的对抗中获取充分的事实和证据,以助于自己作出公正无误的决定,也有适当抑制侦查机关并适当为律师提供辩护便利的主观愿望。从这一意义上讲,审查起诉阶段有律师发挥作用的空间。如果律师能够充分认识到自己在这一阶段诉讼地位和作用的特殊性,并准确把握检察官、侦查人员、律师三方的关系,确立有正当性的辩护技巧,向检察官提出有建设性的辩护意见,并促使检察机关重视和采纳这些意见,完全可以有效地为犯罪嫌疑人提供辩护。

如果辩护律师在审查起诉阶段就与检察机关形成对立,无疑是犯了战略上的错误,因为让对立的一方承认并采纳自己与其相矛盾的观点往往是不可能的。律师应当本着对犯罪嫌疑人极度负责的态度,整理出条理清晰、逻辑严密的辩护论点,积极地用合理的疑点去提醒检察机关,让检察机关感觉到疑点的合理存在并把信任的目光转向律师,使律师合理的意见得到检察官的认真审查并采纳,从而对检察官作出起诉或者不起诉的决定产生实质性影响。

三、审查起诉阶段是侦查机关与辩护人、犯罪嫌疑人的对抗

侦查人员的职责是追诉犯罪,其整个侦查活动都是围绕着证明犯罪嫌疑人有罪而进行的,不能期望侦查人员在尽全力证明犯罪嫌疑人有罪的同时,希望不断得到否定自己努力的犯罪嫌疑人无罪的证据与信息。当证明犯罪嫌疑人有罪的证据达到一定充分程度之后,侦查人员对进一步收集到有罪证据以印证其已经形成的有罪预断有强烈的愿望和要求;即使收集到了无罪的证据,由于它否定了侦查人员

已经付出的努力和已经形成的有罪预断,侦查人员也总是不自觉地运用已有的有罪证据去否定、排除这些对犯罪嫌疑人有利的证据。侦查人员的这种做法符合人的思维规律,任何诉讼主体都无法避免。所以公正的诉讼程序要求强化律师在审查起诉阶段获取证据和信息的能力,能与侦查人员形成真实的对抗,避免检察官因为辩方材料的缺乏而过分依赖侦查机关的证据和意见,并以此形成对犯罪嫌疑人的偏见。

有罪、罪重的证据和意见与无罪、罪轻的证据和意见是相互对立和矛盾的。只有侦查人员和律师双方充分利用自己的证据材料去驳斥对方相反的证据材料,使对方的证据材料的真实性、合理性受到怀疑,不能对己方的证据材料提出疑问时,才能保障己方证据材料的证明作用。因而律师在审查起诉阶段辩护的主要方式就是利用各种渠道获得证据材料和信息,最大限度地揭露侦查活动和有罪证据中可能存在的每一个疑点。

四、制作阅卷笔录

律师以公诉人案件审查报告的标准制作阅卷笔录
——华山论剑　与对手比肩

1. 法庭论剑,谁与争锋

司法改革的方向一是对认罪的案件适用认罪认罚从宽制度;二是对不认罪的案件实行庭审实质化,诉讼证据出示在法庭,控辩意见发表在法庭,裁判结果形成在法庭。在法庭的战场上,究竟是公诉人的水平更高,还是律师的水平更高,对于这个问题是见仁见智。任何一个个体或者行业,如果想要获得发展,必须能欣赏对方,对手决定高度,要承认对方有存在的价值且有必要承认对方有做得比自己好的地方。

就目前来看,公诉人越来越年轻化,新招入的公诉人学历越来越高,他们代表国家指控犯罪,正气凛然,占据了天时;刑事案件又都是检察院所在地的法院,占尽了地利;法检系统在法律职业共同体中的关系天然地比律师更近一层,又占尽了人和。相较于公诉人,律师的身份复杂,可能来自不同的行业。而刚毕业的学生在法学院里学习的都是理论知识,在学校没有经过律师执业技能的培训,通过法考后到律所也是师徒传承式的学习,没有统一的培训,多数律师并不只处理刑事案件,往往处理的案件类型多样。相较于只办理刑事案件的公诉人,在专业度上又有了差距。那么,律师的胜算在哪里?

其实,在法庭上起决定作用的除案件本身因素外,还包括公诉人与律师的水平因素,具体体现在对案情的熟悉程度、对法律规定检索的深度与广度、对法律适用的把握、论证逻辑体系的严密程度,归结一句话就是比对案件下的功夫深浅。因此,律师站在本就是弱势一方的被告人一边,唯有比公诉人更努力,下更深的功夫方有胜算。朱明勇律师曾说过"我们每一个案件比公诉人多下十倍的功夫"。

2. 知己知彼,百战不殆

站在律师角度,必须认识到律师的两个短板。其一,律师办案量的积累与公诉人相比明显不足。每名基层检察院的公诉人一年可能要处理100多起案件,市级或者省级检察院,也要处理几十起刑事案件。其二,律师办案技能的规范化和培训明显不足。检察系统安排有大量的带薪培训机会,办案过程有必须遵守的流程和规范。

刑辩律师如何才能弥补办案量和技能两个短板,有以下两点可以实践。

首先,在尽可能加大办案数量的同时,既要对自己办案的经验与知识技能进行总结梳理,又要加强向其他人包括知名律师、社会影响大的案件学习。把自己的经历变成经验,经历一定要经过自己的总结和提炼,才可以成为经验,如果不注意总结,经历就只是经历。带着欣赏别人的理念去找方法,用借鉴的理念去悟别人的案件来为我所用。公诉人除了办自己的案件,还有部门内讨论、检委会的讨论,甚至有向其他相关部门领导汇报的机会来锻炼。律师也需要律所能够有组织地进行一些案件的研讨,并且从当时的热点案例中学习和借鉴,才能完成基本技能的原始积累。

其次,对标对手的工作规范、工作质量标准,以不低于对手的标准要求自己。检察系统为了能够确保办理刑事案件质量的稳定性,给公诉人规定了承办案件要完成的规定动作。公诉人办案的规定动作很多,在办案系统里面要留下很多的痕迹,除了讯问,审查报告要完成"三纲一书",即讯问(询问)提纲、举证提纲、质证提纲、答辩意见和公诉意见书。除此之外,还有其他如文献检索、案例检索等工作,其中案件审查报告是基础和前提。公诉人全部做完这些规定动作以后,对这个案件了然于胸,出庭自然胸有成竹。那么律师也要做好阅卷笔录、发问提纲、质证意见和辩论意见,阅卷笔录是基础和前提。目前,律师的阅卷笔录和公诉人的审查报告相比,不足之处是没有成体系化,它在详细程度和规范、深入方面都还有待提高。因此,律师要以公诉人案件审查报告的标准来制作自己的阅卷笔录。

3. 他山之石,可以攻玉

律师的阅卷笔录与公诉人的案件审查报告有什么区别?如何参照?

公诉版审查报告的主要要素。首部是××案件,××检察院,××案件审查报告,侦查机关,侦查员,移送审查起诉的被告人,案由,移送时间等。正文一般包含六大部分,第一是犯罪嫌疑人的基本情况;第二是发破案经过和诉讼过程;第三是侦查机关认定的事实;第四是审查认定的事实和证据;第五是需要说明的问题;第六是审查结论和处理意见。审查报告的核心和要求最高、难度最大、最显功力之处就是第四部分和第六部分。第四部分审查认定的事实和证据,是指如何审查证据、摘录证据进而认定事实;第六部分审查结论和处理意见,是指如何分析、如何得出结论的。尾部内容为本院认为被告人××的行为触犯了《刑法》第×条,根据第×条的规定,作出××处理。最后,作出结论:该案件应当起诉还是不起诉;二审的案件是维持、改判还是发回重审;支持抗诉还是不支持抗诉、撤回抗诉。以上意见,妥否请审示。公诉版审查报告由这三大部分构成。

参照公诉人案件审查报告,律师的阅卷笔录格式和要素应当与审查报告基本相当。首部:侦查的机关、侦查员、公诉人、法官,以及各人的联系方式。正文第一部分写嫌疑人的基本情况。第二部分写发破案经过和诉讼过程,同时把案件的侦查程序是否合法的相关要素一并审查。第三部分是侦查机关认定的事实,如果处于审判阶段就是起诉书认定的事实;处于二审阶段的,有侦查机关认定的事实,起诉书认定的事实,一审判决认定的事实,介入的阶段不同会略有变化。这部分的功能在于竖起一个审查案件的靶子,然后比较在诉讼的不同过程之间,从罪名到人员再到认定发生了哪些变化。第四部分是审查认定的事实和证据。第五部分结论和预设辩护方案,作为辩护人看完案件的结论是什么,应该如何辩护。

律师以公诉人案件审查报告的标准来制作自己的阅卷笔录的意义在于能提高律师的办案能力和质量,具体包括以下3个方面:

第一,案件审查报告是检测阅卷过程、规范阅卷深入和全面的体现和指标,要求公诉人必须做审查报告也是监督案件质量的必然要求。检察机关要求每一个公诉人都必须做规范的审查报告,达到审查报告的规范度,可以认为公诉人规范地了解了案情,确保办案质量不出问题。那么作为律师而言,要自我要求以审查报告的标准来检测规范阅卷有没有深入、全面。

第二,以审查报告的规范化标准要求制作阅卷笔录,防止办案量的低标准、低效能。经历不等于经验,通过审查报告的规范化把每一个案件做规范、做精细,才能够达到办案质量从量变到质变的提升。

第三,以审查报告的精细化标准要求来提升解决焦点问题、同类问题的能力。精细化包括对证据审查的精细,对法律适用研究的精细,能够发现这一类案件的规律、难点和焦点,找到辩护的痛点,找到与检察官和法官沟通的切入点,提升解决焦点问题和同类问题的能力。

4. 追根溯源,小道大成

为什么公诉人制作审查报告,我们提倡律师也要制作不低于公诉人制作的审查报告标准的阅卷笔录?审查报告和阅卷笔录写给谁看?又起什么作用呢?

首先从工作的角度来看,审查报告是体制监督的产物,公诉人规范地完成审查报告,视同规范地完成案件的审查起诉工作的一个环节。即使最终结论是错的,乃至案件错捕错判,但在面对调查时,如果案件办理过程是规范的,则可以认为是对法律构成要件的认知出现分歧,而不是公诉人主观故意或者疏忽大意导致的错案。其次是领导审批要看审查报告,在没有实行员额检察官办案之前,每一个案件的审查报告要层层报批。最后是在案件评查时要看,单位每年做案件质量考核,审查报告的规范或者是案件以后出现质量问题,以及参加优秀案例的评选,都需要报送案件审查报告。

律师如此高标准地制作阅卷笔录给谁看呢?其实这样高标准的要求,费心、费力、费功夫,不是为了给谁看,只是为了案件的质量,它有六大好处。

第一,能系统化地整理卷宗,亲历和熟悉案件。律师遇到简单的案件,有时可能从卷宗到辩护意见直接生成,缺少了中间的阅卷笔录,一边看卷宗一边消化案件,形成了自己的辩护意见。这种情况适用于特别简单的案件,相对一些有难度的案件,如果从卷宗直接生成辩护意见,辩护意见的质量会堪忧。因此,提倡通过制作阅卷笔录系统化地整理卷宗来熟悉案件,以阅卷笔录载体的形式固化下来。

第二,"一本"在手,出庭无忧。法庭上,公诉人举证质证,当公诉人提到某个问题时,律师发表质证意见等,完全可以做到阅卷笔录在手,出庭无忧。所有证据、所有问题都在阅卷笔录中浓缩固化下来,能够帮助律师以最高效率、最精准、最好的状态参与庭审。

第三,能够保证思维随时在线。律师会同时处理多个案子,如果经过了深入的、系统化的整理,并且形成了阅卷笔录,印象会特别深刻。即使有一些遗忘,在会见之前,在和家属沟通之前,在和办案人员沟通之前,简单翻阅即可唤醒记忆。提倡律师按照审查报告的标准来制作阅卷笔录,保障阅卷更加深入、更为全面,处理案情能够保持思维随时在线、并不断地反思检索,是否需要再弥补、再完善或者再借鉴。

第四,作为主办律师,对辅办律师、律师助理提出要求,作出一份翔实、规范、精细的阅卷笔录,能够在很大程度上解放主办律师,也能够确保整个团队办案的规范化、精细化,以保证办案质量。

第五,律师要借鉴公诉人案件审查报告的优点和长处,改正阅卷笔录过于粗放、简略以及不深入、不体系化的缺点,这样做不但案件质量有保障,更大的帮助还在于能够训练年轻律师快速成长。

第六,团队化协作办案,甚至是不同律所间的合作,这种规范化成果分享是合作共赢的基础。

律师要深切认识到自己的不足,无论是优秀的辩护人还是优秀的公诉人,在法庭出色的表现,庭前都需要巨大的付出。认认真真做好每一个案子,每一个案子死磕自己,案子一个一个地难过,日子方能一天一天地好过。从一开始的举轻若重到后来的举重若轻,游刃有余。

宝剑锋从磨砺出,梅花香自苦寒来。只有在庭前进行精心、充分的准备,才能奠定上庭的信心、底气和智慧。

五、审查起诉阶段辩护人的策略

律师在审查起诉阶段,只有紧紧围绕犯罪事实是否存在、行为性质如何认定、证据是否充分、程序是否合法等进行充分论证,才能对检察官作出起诉或者不起诉决定产生实质性影响。对于侦查机关的不足与疏漏，一一列举并向检察官指出这些失误可能对案件造成的影响。但应当讲究策略，轻重有别，对重要性不同的问题采取不同的方式适时适当地向检察官提出，律师应当让检察官感觉到抓住了本案的关键。当检察官认为只有充分考虑并采纳律师的意见才有助于他形成全面、正确的认识，才有助于他查漏补缺、预防作出错误的决定时，检察官才会真正地把律师视为审查起诉阶段不可或缺的诉讼主体一方。

律师介入审查起诉程序之后，在查阅诉讼文书和技术性鉴定材料并会见犯罪嫌疑人之后，再陆续向检察官提出自己对案件的一些意见和证据材料。在此之前，检察官可能已经在大量侦查材料之上建立了犯罪嫌疑人有罪、罪重的想法。在这种情况下，律师的意见和证据材料被检察官认可采纳的难度很大。侦查人员与律师之间这种天然的差别使律师在审查起诉阶段处于极为不利的地位。律师在接受委托后，若不重视及时介入，延误时机，其在审查起诉阶段所能发挥的作用将更为有限。所以辩护律师在接受委托后，应当以最快的速度介入并尽快开展所有可以进行的工作，在最短的时间内将自己的看法和证据材料完整地提交给检察官，尽可能消除检察官以可能的先入为主带来的偏见。

律师将自己对案件的意见和证据材料递交给检察官后，应当与检察官及时持续沟通。在沟通中，律师能推测、判断出自己的意见和证据材料是否引起了检察官的重视，是否得到了检察官的认可，进而了解检察官是否对侦查人员移送的案件事实和证据产生了疑问。

在与检察官的沟通中，律师应当注意方式。对犯罪嫌疑人涉嫌的罪名、犯罪嫌疑人的行为是否构成犯罪、犯罪嫌疑人是否具有某一从轻或减轻、免除处罚的情节等这些涉及法律适用和主要事实认定的案件情况，检察官一般比较愿意与律师沟通，在这些问题上，律师可以形成系统的思路并针对案件的具体情况设计出需要沟通的重点。

第二节

审查起诉阶段律师的工作

一、会见犯罪嫌疑人

审查起诉阶段才委托的,第一次会见参照侦查阶段第一次会见,告知委托事宜,转达家属问候及其他事项,告知下一步工作计划、听取意见并了解涉案信息。

之后的会见次数根据需要进行,至少包括核实证据的会见、沟通辩护方案的会见、退回补充侦查(一退二退)后的会见。主要内容是:核实证据,核实案情细节等;沟通证据审查意见,了解辩解情况;心理建设;沟通辩护方向、方案;调查取证线索;权利维护,合法的私人问题等。(详见书后附表和文书模板)

(一)初次会见犯罪嫌疑人

1.会见的准备工作

会见的准备工作包括:委托人签署的授权委托书原件;委托人与当事人关系的证明材料原件;律所会见证明原件;律师证复印件;笔记本电脑(有的看守所不让带),事先填好会见笔录电子模板中的相关部分;充电便携式打印机,纸张、印泥;准备犯罪嫌疑人权利告知书、诉讼流程简图各一份。(其他参照侦查阶段会见)

2.会见流程

见到当事人后首先告知律师本人的相关信息,一般允许递交名片;告知律师是受何人委托会见,转达家属的问候;言简意赅地介绍自己,以专业背景取得信任;征求当事人的意见,是否可以录音、录像(看守所一般不同意);询问犯罪嫌疑人侦查机关或检察机关承办人的姓名;此前,被讯问过几次,分别在什么地方;讯问人重点讯问的是什么;是否有同案犯;是否有立功的情节;讯问是否有录音、录像;询问在看守所的生活情况,生活上有无需要;对于重大案件,在本案侦查终结后,驻所检察官是否对其提讯,侦查阶段是否有违法讯问等情况并录音、录像(最高人民法院、最高人民检察院、公安部、国家安全部、司法部《关于推进以审判为中心的刑事诉讼制度改革的意见》第 5 条第 2 款"探索建立重大案件侦查终结前对讯问合法性进行核查制度。对公安机关、国家安全机关和人民检察院侦查的重大案件,由人民检察院驻看守所检察人员询问犯罪嫌疑人,核查是否存在刑讯逼供、非法取证情形,并同步录音录像。经核查,确有刑讯逼供、非法取证情形的,侦查机关应当及时排除非法证据,不得作为提请批准逮捕、移送审查起诉的根据")。在取得当事人信任之后,请他在所有授权委托书上签字,确认同意委托。

3.会见注意事项

注意,切记不能为犯罪嫌疑人传递家属获取的立功线索;切忌对案件做承诺;首次会见一般要犯罪嫌疑人介绍被抓的经过,有无立功情节,介绍案件事实;做好必要的会见笔录,制作完成后请其签字;制作会见笔录时,一定注意记录当事人对案件事实的细节陈述及辩解意见。

(二)充分会见,挖掘线索和信息,取得犯罪嫌疑人的积极配合

律师会见犯罪嫌疑人之前,侦查人员一般都进行了多次讯问,检察官也可能已经进行了讯问。在侦查人员、检察官的讯问中,犯罪嫌疑人也有辩解自己无罪、罪轻的权利和机会,但这种情况下的辩解比较有限。因为在一般情形下,侦查是在获取一定数量的证据并能初步认定犯罪嫌疑人有罪之后,才会对犯罪嫌疑人进行讯问。在侦查人员已经具备了一定程度的有罪确信之后,犯罪嫌疑人又进行无罪、罪轻的辩解,这种辩解被采纳的难度可想而知。对于侦查人员来说,讯问的首要目的是获取犯罪嫌疑人承认有罪的供述,而不是其否认犯罪的无罪辩解。他们一般希望通过讯问了解犯罪行为的整个过程及具体的情节,深究犯罪嫌疑人主观动机和目的;获取其他能够证明有罪的证据或证据线索,印证他们已经获取的其他证据;依靠犯罪嫌疑人的口供,把分散的证据结合成有共同证明作用的证据体系;同时还可以扩大战果,深挖余罪漏犯。

犯罪嫌疑人一旦没有供述有罪,而是辩解无罪,侦查人员让其详细完整陈述无罪事实并认真记录,之后以辩解为中心展开的侦查核实并不积极。相当普遍的做法是侦查人员立即给犯罪嫌疑人做耐心、细致甚至长达数小时的思想教育工作。如果犯罪嫌疑人仍坚持辩解,侦查人员可能终止讯问,让犯罪嫌疑人有充足的时间去悔罪反省,转变观念,等待下一次讯问。侦查人员有时会认为,犯罪嫌疑人不供

述就是拒不认罪,是认罪态度不好;犯罪嫌疑人的辩解是狡辩,妄图逃避法律追究,因而对他们进行思想教育是必经的程序。在这种情况下,犯罪嫌疑人的辩解必然受到很大限制。有些犯罪嫌疑人对辩解失去了信心,干脆放弃辩解,以沉默消极应对讯问,使大量的无罪证据无法及时进入诉讼程序。检察人员的讯问大多数也是建立在一定的有罪确信基础之上的。如果在审查起诉阶段犯罪嫌疑人翻供并辩解,检察人员可能会认为犯罪嫌疑人不够坦诚,就会对翻供原因穷究不放,并再度思想教育。如果犯罪嫌疑人一直没有供述,检察人员在讯问前肯定会精心准备,筹划讯问策略,做让犯罪嫌疑人供述的最后努力。侦查人员、检察人员可能会以怀疑的目光审视犯罪嫌疑人的辩解并试图去阻止辩解,较少以犯罪嫌疑人的辩解为中心展开侦查或补充侦查以获取对追究刑事责任不利的无罪证据。即使是为了驳斥辩解,他们收集证据的积极性也有限。所以犯罪嫌疑人辩解的效果是极其有限的,一般不足以对抗侦查。

由于犯罪嫌疑人辩解的有限性,律师会见就显得尤为重要。会见为犯罪嫌疑人充分辩解提供了机会,也是辩护律师了解案情、获取证据信息最重要的方式。有些律师把会见作为程序性的工作来做,只进行浅显的交谈,这实际上是策略上的失误,是律师在放弃查清案件事实最为重要的手段。在有罪的情况下,犯罪嫌疑人对哪些事实和情节可以减轻自己罪责最为清楚,还能提供证明这些事实情节的证据和获取这些证据的方法;在无罪的情况下,如果犯罪嫌疑人在犯罪现场,同样能提供自己与犯罪行为无关的事实和证据及证据线索,有的甚至能证明谁是真正的犯罪人;如果他不在犯罪现场,不在现场的证据就足以证明他与犯罪行为无关。律师在查阅侦查机关的起诉意见书对犯罪事实的认定后,应当及时对犯罪嫌疑人涉嫌的犯罪事实进行分析。凭借丰富的办案经验,律师可以对认定这样的犯罪事实需要什么样的证据进行推测和分析,也可以对什么情况下犯罪嫌疑人可能不构成犯罪进行分析。在此基础上,律师在会见犯罪嫌疑人时,应该引导犯罪嫌疑人在律师的办案思路下,对起诉意见书认定的犯罪事实进行充分的辩解,为律师提供有关无罪、罪轻的所有事实和证据或者获取相应证据的方式。如果犯罪嫌疑人提供了能够证明他无罪、罪轻的证据或获取证据的方式和线索,就直接为律师的调查取证和申请检察官调查取证提供了基础。

会见犯罪嫌疑人,除能够为律师提供无罪的事实和证据及获取证据的线索和方式外,还可以帮助律师了解侦查人员的办案思路和检察官的办案思路。在会见中,律师只要向犯罪嫌疑人详细了解侦查人员和检察官的讯问思路和讯问重点,在一定程度上就可以把握他们的办案思路。同时,可以借此推测侦查人员和检察官已经收集到的证据和没有收集到的证据,以及引起他们重视的证据和意见与他们忽略遗漏的证据和意见。因此,侦查人员、检察官曾经讯问过多少次,问过什么问题,对哪些事实和证据比较关心,这些问题,一般情况下应当是律师向犯罪嫌疑人重点了解的问题。

二、获取起诉意见书、查阅、复制案件材料

按照工作流程表的任务清单和文书模板,联系检察机关案管部门和承办人预约、复制案卷,并审查卷宗完整性。注意本案件起诉意见书是否有多个不同的起诉意见书版本,注意同案犯是否全部在同一个起诉意见书中,尽可能全部复制卷中材料。有电子卷宗的,在取得光盘的同时要搞清楚打开的程序,建议带笔记本电脑当场验证,浏览扫描件是否全面,是否有原始卷宗扫描;涉及现场、法医、物证等必须要用色彩、形状反映案件事实照片的,一定要查看电子卷宗内的照片是否是彩色的;利用必要的软件,将需要的文字材料扫描照片转化为文档,将材料标明文件名和时间备用。

三、阅卷、制作阅卷笔录

关于如何阅卷、如何制作阅卷笔录律师界见仁见智。笔者的意见是,首先,阅卷笔录不是做给谁看的。但是,阅卷笔录是律师了解案情事实、细节及证据的必要过程。律师在法庭上的发言要做到对案件的事实、情节、证据等了然于胸、信手拈来,都必须依赖制作详细的阅卷笔录。因为我们都是普通人,不可能仅需看一遍案卷就能过目不忘。其次,制作阅卷笔录的过程是律师进行法律思考的过程,也是发现问题、辩点的过程。

阅卷笔录的最低标准是把案卷按照顺序转化成 Word 文档,卷宗序号和卷宗内容(按照证据分类)制作标题导航目录便于查找,然后才方便撰写相对应的质证意见。如果想要取得更好的效果,推荐根据工作流程表的任务清单和模板,按照下

面的方法进行。

（一）如何阅卷

关于阅卷的顺序，有的人按卷宗的顺序从头看到尾；有人先看犯罪嫌疑人的供述，认为犯罪嫌疑人供述往往能够直接反映这个案件的事实，可以快速了解事实经过；有的人先看被害人的陈述，可以了解案件到底发生了什么事，什么法益被侵害，遭遇了什么事情；有的人会先看发破案经过，它是案件事实高度概括的描述，可以反映出嫌疑人是如何归案的。每个人阅卷材料的先后顺序是基于不同的经验，对于不同的案件，也有不同的阅卷方法，万应灵药是不存在的。

建议先看起诉意见书，根据起诉意见书指控的事实，从客观证据再到主观性证据再到程序性证据，以人身侵权类案件的阅卷为例（见图4-1）。

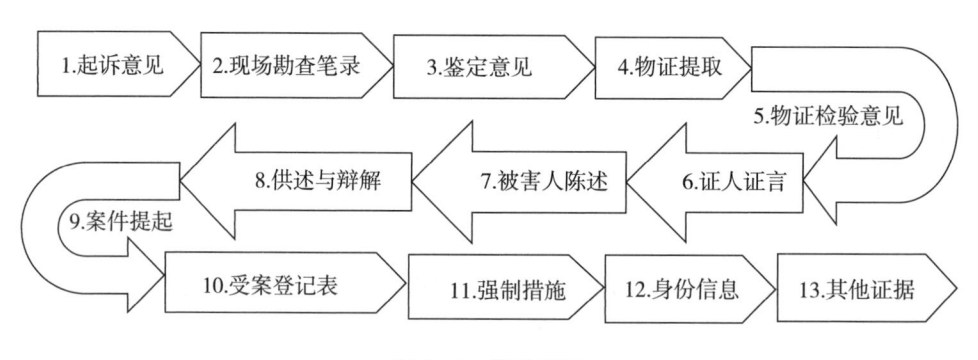

```
1.起诉意见 → 2.现场勘查笔录 → 3.鉴定意见 → 4.物证提取
                                                    ↓
                                              5.物证检验意见
                                                    ↓
9.案件提起 ← 8.供述与辩解 ← 7.被害人陈述 ← 6.证人证言
    ↓
10.受案登记表 → 11.强制措施 → 12.身份信息 → 13.其他证据
```

图4-1 阅卷顺序

（二）如何作出高质量阅卷笔录

第一，摆正观念，咫尺匠心。律师接手刑事案件后，对自己的办案质量应该严格要求，用工匠精神对案件精雕细琢。尤其是新手律师、年轻律师，一定要从阅卷笔录的规范化角度打好基础。俗语称："磨刀不误砍柴工。"首先要摆正心态，树立正确理念。只有在严格要求下办理一批案件，打下良好基础，才能熟练掌握办案技能。

第二，按照格式要求列出框架。阅卷笔录分为首部、正文、结论三部分。先列出标题，也就是先列出大纲，然后将相应内容填充至对应的标题项下。

【举例】首部：侦查机关、公诉人、审判机关等。正文部分：标题一，嫌疑人的基本情况；标题二，诉讼过程、到案经过等；标题三，侦查机关认定的事实；标题四，起诉（意见）书指控的事实和相关证据。这一部分最难写，因为往往罪名多、案卷多。有人直接按照卷宗顺序摘录，有人按照证据种类即物证、书证、证人证言、被告人陈述等进行分类摘录。建议根据某一种犯罪或者某一个行为内在的发展过程、内在的逻辑结构进行拆分整理比较好。比如有多个罪名，就按照罪名在标题四下面列成二级标题，每个罪名下有多少个行为列成三级标题，相应的证据再分组填入项下。先把框架搭下来，根据需要再向下分级，确保不遗漏任何一项证据。结论：写清本次阅卷的发现和收获，梳理后续办案的思路。在这个基本模块之下，可以根据不同的案件，按照逻辑结构再创新。

第三，把证据分组，按照体系化要求进行组合。刑事案件中，指控犯罪必须依靠证据。律师在阅卷的过程中，通过审查证据来认定嫌疑人实施的行为，通过认定其实施的行为，分析构成的罪名，简单说就是要实现从证据到行为到法律适用的过渡和衔接。在阅卷过程中摘录证据，就是将证据填充到前面相应的标题下，摘录时按照思路将证据分成若干组，通过分组来体现思路，或者说更好地帮助厘清审查案件的思路，这就是证据分组。然后把分好组的证据，按照组与组之间的前后关系、递进关系有逻辑、有层次地组合成一个完整的体系。组合要考虑哪组在前、哪组在后，哪一组的证据是为后面一组的证据做铺垫，铺垫对于后面的事实认定、行为的认定包括法律适用分析会造成什么样的影响。

比如，持有毒品的案件，第一组证据是案件侦破及嫌疑人到案的经过。第二组证据是毒品物证的查获、提取、扣押、称量、送检鉴定，整个客观证据将如何发现、如何提取、如何保存、如何送检作为一组，这是证据审查的一个重要原则，叫物证保管链条化。物证从发现到提取到送检到称量再到鉴定，整个过程当中任何一个环节脱节，链条被打断，就可以质疑物证的同一性，质疑提取证据的合法性，质疑证据的客观性，质疑鉴定意见的可靠性。第三组证据是嫌疑人的供述以及对现场毒品、同案犯的指认辨认。把讯问笔录、对现场的指认、对作案工具的辨认、对同案犯的指认等作为一类。第四组证据是相关证人证言。第五组证据是量刑证据，与量刑有关的立功、前科、累犯等其他与量刑情节有关的为一组。其他证据如户籍证明等。经过这样分组后会很清晰。

再如，职务犯罪案件第一组证据：主体要件和职务便利方面，主体任职，职务包含的职权，具有的职务便利。第二组证据：客观上实施的行为，收受贿赂的过程，行贿人的供述、受贿人的供述等。第三组证据：相关客观证据印证收到的款项、取款记录、存款记录、银行流水等。这样分组非常清晰，质证也非常清晰，法庭辩论阶段焦点也会非常突出。

第四，按时间顺序和诉讼流程审查全部的程序事项。审查起诉意见书（起诉书、判决书），从拘留到逮捕中间罪名有无变化，报捕有无经过不批捕，案件侦查程序合不合法，拘留有没有超期，退查有没有超期。

制作诉讼过程表，包括立案时间，拘留逮捕时间，送看守所羁押时间，移送起诉、退查重报等每一个时间节点要素。把全案诉讼过程和诉讼节点固定下来，以审查程序方面是否合法。

制作嫌疑人供述表，以人为单位制作嫌疑人供述一览表。包括供述次数，每一次供述时间地点、讯问人等；手写笔录还是打印笔录，是否有复制粘贴；复制粘贴的源头，源头的讯问笔录合不合法、客不客观，有无以讹传讹；有无同步录音、录像，有无修改痕迹。

【笔录修改幽灵】庭审中公诉人宣读了笔录中的一段话，被告人提出："我没说过，笔录是提前做好让我签字的，做好笔录以后他们说你不要看了，时间很紧，他们要下班了就要逼着我签字了，我没有校对笔录的时间，不是我真实意思表示。"公诉人会答辩称，笔录有一处修改的痕迹，证明被告人核对过。但是，有时候被告人确实没有核对笔录，这种修改是办案人员故意要求被告人在某处修改一下，意在防止被告人提出未经过核对的辩解意见。如果被告人提出此种情况，辩护人要判断辩解成立的可能性，必要时申请调取讯问的录音、录像核实，但是如果调取不到或者录像灭失，可能会无法核实。

制作财物扣押或者相关处理表。

制作物证保管链条化的系列时间表。

第五，精准摘录笔录内容。嫌疑人笔录有的次数很多，有的供述稳定，有的时供时翻，有的从不供到供等。做笔录摘录的要求首要反映原貌，对于关键要害的问题保留问答的方式，把原貌反映出来，其他部分可以改成第一人称格式。按照前面的制作嫌疑人笔录表的格式把所有次数的供述填充。然后，先把第一次供述的内容填好，随后从第二次开始，如果与前次相同，就填写同上；如果不相同，填有什么改变，这样供述有几种版本，从哪次开始发生变化，一目了然。摘录时要有所选择,分析对辩护有用或者辩解不成立,或者结合其他证据能够形成一个特别有利的进攻,要对其进行归纳。摘录证据第一要全,不能有遗漏;第二要精,是经过思维过程加工留下来的浓缩的精华;第三要准,就是各个维度的聚焦、分组的聚焦、待证事实的聚焦、证据战略的聚焦等。

第六,多角度交叉验证、解读证据。对摘录的供述进行分析比对,分为纵向比对、横向比对,还有综合比对。纵向比对是以人为单位把他的全部供述进行比对,分析变化过程,找出是在第几次供述,在什么情况下开始从不供到供,或者从供到不供。特别是受贿案件,行贿人一条线,受贿人一条线,会发现他们的笔录逐步趋向高度一致。通过比对会发现谁的笔录向谁的笔录靠拢,这个过程是客观的还是不客观的,是否是其他不合法的、不客观的因素造成的。横向比对是以待证事实基础为基点,把凡是跟待证事实有关的证据进行比对。综合比对,尤其是间接证据要进行综合的比对,有没有证据印证。如果有矛盾,是否能够排除合理怀疑,是否能得出唯一结论。

第七,以问题为导向,审查嫌疑人辩解意见是否成立,是否有证据支持;同时审查控方证据体系是否完整,指控逻辑是否成立。

审查程序文书,从采取强制措施拘留、逮捕或不捕又到逮捕过程中,罪名是否发生变更,有什么疑问,卷宗材料是否能解开疑问。

客观中立地判断控方会依据哪些证据来指控,指控的逻辑是什么,尤其是在案件争议特别大的情况下,控方王牌证据是什么,该证据是否决定本案诉或不诉,分析控方王牌证据的原因,如何有效击溃。

第八,根据争议焦点和指控逻辑,写出辩点的论证。论证控方的指控不能成立的理由,将其从证据到行为到法律适用的关系论证出来。

四、审查起诉意见书,做好涉案法律法规、案例的查询检索

1. 审查起诉意见书

审查起诉意见书的写作要点根据任务清单包括侦查机关管辖分工、地域、职权管辖权,侦查机关回避,检察机关回避,指控罪名及法律法规,指控的案件事实与程序事实。

审查侦查机关是否对案件拥有主管的侦查权利（参照第一章）；审查检察机关及其工作人员是否有应当回避而没有回避的事由（《检察人员任职回避和公务回避暂行办法》第9条、第10条、第11条、第12条、第13条、第14条的相关规定）；明确侦查机关指控的罪名及相关的法律法规，结合侦查机关认定的事实，初步判断指控罪名和相关法律是否得当；明确侦查机关指控的案件事实和程序事实。

认真阅读起诉意见书认定的事实，这是侦查机关向检察机关讲的犯罪嫌疑人罪名成立的"故事"。"故事"的每一个情节，都需要有证据证明。只有很好地看清了"故事"的每一个情节，才可能在卷中找是否有证据支持嫌疑人罪名成立，明确指控事实是辩护的基础。

2. 做好涉案法律法规、案例的查询检索

继续完善之前的《法律法规检索报告》，穷尽所有法律、法规、司法解释、技术规范、指导文件、立法背景、案例、专家学者意见、评论、观点、媒体报道等。

（1）在相关法律法规中找到侦查机关指控罪名的法律法规原文。刑辩律师不一定对所有罪名都熟知，所以，先要找到指控罪名相关的法律法规原文。这里包括与指控罪名相关的司法解释、规范性文件。

（2）在权威的法学著作中找到相关法律的理解与适用。找到法律法规原文后，对该法律的理解也不一定符合立法原意精神，所以要找到权威的著作，找到相关法律的理解与适用。对刑法的解释权归全国人大，所以，尽量找全国人大常委会法工委编著的刑法教程。这是司法机关必须执行的立法原意的出处。

以通说为根本兼顾前沿，如犯罪构成，目前还是4个要件，但是，三阶层理论在一些年轻的司法工作者中已有使用。已经有裁判文书在试图用三阶层理论来论证作出裁判了。有时候，法官知道要用三阶层理论，但是不能公开使用，于是采用迂回的办法处理。

（3）找出该罪名构成的必要事实条件。如上所述，找到权威的刑法论著，对各个罪名的构成要件都有明确的说明。

（4）找到涉案行政法律法规和必要的技术规范、标准。例如，《刑法》第三章破坏社会主义市场经济秩序罪，都是违反行政法律法规在先，找到涉案行政法律法规，就是认定事实的基础。该章中的生产、销售伪劣产品罪，必然涉及相关产品的技术规范和标准。

(5)查找该罪名在本行政区域内的量刑规范。最高人民法院已经颁布《关于人民法院量刑指导意见》多年,各省高级人民法院也已经颁布各自省内的《人民法院量刑指导意见》实施细则,对涉及总则和主要罪名的量刑规范作出的规定,是各级人民法院在量刑时必须遵循的准则。

(6)查找类似案件判例。我国虽然不是判例法国家,但是,指导案例、公报案例、刑事审判参考里的案例都会产生一定的作用。

最高人民法院于2020年7月27日发布的《关于统一法律适用加强类案检索的指导意见(试行)》规定,类案是指与待决案件在基本事实、争议焦点、法律适用问题等方面具有相似性,且已经人民法院裁判生效的案件。人民法院办理案件具有下列情形之一,应当进行类案检索:(1)拟提交专业(主审)法官会议或者审判委员会讨论的;(2)缺乏明确裁判规则或者尚未形成统一裁判规则的;(3)院长、庭长根据审判监督管理权限要求进行类案检索的;(4)其他需要进行类案检索的。类案为指导性案例的,人民法院应当参照作出裁判,但与新的法律、行政法规、司法解释相冲突或者为新的指导性案例所取代的除外。公诉机关、案件当事人及其辩护人、诉讼代理人等提交指导性案例作为控(诉)辩理由的,人民法院应当在裁判文书说理中回应是否参照并说明理由;提交其他类案作为控(诉)辩理由的,人民法院可以通过释明等方式予以回应。其他类案人民法院可以作为作出裁判的参考。

另外,法官、检察官不可能对所有罪名都了然于胸,他们也需要参考借鉴,但苦于没有时间查找,辩护人帮助他们做好这项工作,对案件处理是大有好处的。

五、审查证据材料和程序材料

(一)厘清几个问题

1. 审查证据的目的

找到可以作为认定事实的证据,注重证据材料向证据的转化。

2. 相关法条

《刑事诉讼法》第55条规定,对一切案件的判处都要重证据,重调查研究,不轻信口供。只有被告人供述,没有其他证据的,不能认定被告人有罪和处以刑罚;没有被告人供述,证据确实、充分的,可以认定被告人有罪和处以刑罚。(重点理解)

3. 证据确实、充分应当符合的条件

条件一：定罪量刑的事实都有证据证明。

条件二：据以定案的证据均经法定程序查证属实。

条件三：综合全案证据，对所认定事实已排除合理怀疑。

4. 刑事诉讼中的举证责任分配

《刑事诉讼法》中的规定：

第三十七条　辩护人的责任是根据事实和法律，提出犯罪嫌疑人、被告人无罪、罪轻或者减轻、免除其刑事责任的材料和意见，维护犯罪嫌疑人、被告人的诉讼权利和其他合法权益。

第五十一条　公诉案件中被告人有罪的举证责任由人民检察院承担，自诉案件中被告人有罪的举证责任由自诉人承担。

第五十二条　审判人员、检察人员、侦查人员必须依照法定程序，收集能够证实犯罪嫌疑人、被告人有罪或者无罪、犯罪情节轻重的各种证据。严禁刑讯逼供和以威胁、引诱、欺骗以及其他非法方法收集证据，不得强迫任何人证实自己有罪。必须保证一切与案件有关或者了解案情的公民，有客观地充分地提供证据的条件，除特殊情况外，可以吸收他们协助调查。

根据上述规定，控方只负责举证有罪的证据，第52条还要求司法机关收集无罪的证据，但是没有规定由谁来举证。

《人民检察院刑事诉讼规则》中的规定：

第三百九十九条第一款　在法庭审理中，公诉人应当客观、全面、公正地向法庭出示与定罪、量刑有关的证明被告人有罪、罪重或者罪轻的证据。

从上述规定来看，无罪的证据收集是公安机关和检察机关的法定义务。

在现实中，既然检察机关已经起诉指控犯罪，就不会在法庭举证无罪的证据。那么无罪的证据只有在审查起诉阶段，被辩护人发现并以此与检察官交涉。

结论：第一，辩护人在审查起诉阶段的首要任务，就是发现嫌疑人无罪的证据；第二，要发现嫌疑人罪轻的证据；第三，要发现侦查程序是否有误的证据。这是审查证据的基本任务。

(二) 审查证据材料

刑事诉讼卷宗里的每一份证据材料，都是侦查机关认定嫌疑人罪名成立的依

据,都是证明体系的组成部分,从单个证据的"三性"审查到相关证据的对比审查,再到证明体系的审查。

1.审查定罪证据材料和程序材料,确定起诉意见书认定事实的证据

从诉讼实践来看,侦查机关提出起诉意见是向检察机关讲了一个"故事",卷宗证据材料是证明这个"故事"成立的各项要素。

先浏览一遍全案证据材料,总体上有所了解。根据指控罪名分析该罪名构成要件并分类列表,在证据材料中查找各类相关证据材料,归入相应分类项下。在归入相应项下的同时,对相关证据材料纳入各个项下的证据材料逐一进行审查,以确定相关证据材料是否可以被采信为认定事实的证据。审查相关证据材料是否具有合法性,具有合法性的证据材料才能转化为证据。

2.审查证据的合法性

是指证据材料的主体、来源、形式、取得等必须符合法定条件和方式。要求证据必须由法定人员收集;证据必须是依照法定程序收集的;证据必须符合《刑事诉讼法》对证据种类的要求;证据必须具备合法的来源;证据必须具备法定的形式;证据必须经法定程序查证属实。

【单位证明】在司法实践中,单位证明经常作为证据出现在诉讼中。单位证明通常具有以下特征:

从内容上看,一般为综合单位的档案、文书等所记录的内容或概况,单位对某一事实的陈述,以及对某些业务、技术的专业判断。从形式上看,一般由单位加盖公章,有时有经办人签名。从证明对象看,一般证明犯罪嫌疑人就业或任职情况、职业技能或工作职责范围等。被证明的犯罪嫌疑人原为本单位的人员。

单位证明的证据归类学界有不同意见:

笔者认为,对于依据单位掌握的书证出具的单位证明,应当直接调取相关书证;对于以单位名义出具的单位证明,应当直接找到相关人员调取证人证言。总之,单位证明不符合刑诉证据标准,依法不应当被采信为证据。

【手机短信内容的照片】【微信截图照片】讨论:这种照片是什么证据种类?是书证还是证人证言?

笔者认为,手机中存储的信息是电子数据,照片是传来证据,不是原始证据。所以短信照片不是法定证据种类中的一种,不具有合法性。如果法庭不能找到还

存有该短信的手机,找到发出该短信并保存该短信的手机,按照电子数据的技术要求提取该电子数据,并确认没有删除或编辑过,这短信照片就无法查证属实。找到该手机还需要证明该短信是嫌疑人自己编发的。否则,合法性、客观性、真实性都无从查证。

3. 审查证据材料的关联性

证据必须与案件事实相关联,否则,就不能作为本案认定事实的证据。审查证据的关联性需要注意以下几点:

根据证据相关性原理收集和运用证据;审查证据与案件事实的关联性;注意证据与案件事实关联的多样性;根据相关联的程度取舍证据材料;要注意先前的行为或后来的行为与案件事实有没有必然联系;不能以嫌疑人的品格来作为认定其是否犯罪的证据。

4. 证据客观性的审查

证据的客观性包含以下几层含义:

一是指证据形式的客观性。证据必须具备客观存在的形式,能够以某种方式为人们所感知。二是指证据反映的内容必须是真正发生的事实,必须是对客观存在的事实的反映,绝不是假设或虚拟,更不是杜撰和捏造。证据的这个特性是不以人的意志为转移的。三是指证据内容本身必须是客观的。既要求证据是对客观存在事实的反映,还要求证据内容本身必须符合客观发生过的实际情况,如书证上反映的内容必须符合客观真相。

证据的客观性审查除必须有合法来源外,还必须是真实存在的,不以取证人的意志为转移的。必须真实记录证据的原貌:

第一,讯问、询问必须记录原话,以准确表达陈述人言辞的原意,对于陈述人陈述时的神态、语气应当反映出来,以客观、全面、准确地反映案件事实的本来面目,不能断章取义,更不能违背陈述人的原意记录。

第二,在询问证人、被害人、讯问犯罪嫌疑人时禁止诱导,诱导性讯问会产生心理暗示,直接影响陈述人陈述的真实性。

第三,在收集书证物证时,不得涂改,对特定的物证不得用同类物替代,以反映事物原来的面貌。

第四,要求证人证言是其亲耳所听、亲眼所见,不是转述他人所述,更不能是道听途说或主观臆断。不是自己亲历的必须要注明信息来源。

5.综合证据体系审查

把能认定的证据代入犯罪构成要件进行审查。检察官们在培训中,有一种训练是逆向思维,就是用辩护人的思维来检验案件。律师也可以采取逆向思维,在用批判的目光审视证据后,用检察官的思维来考虑一下案件。

通过以上的证据审查,把能够认定的事实与侦查机关指控罪名的规定构成要件作比较,审查是否符合犯罪构成条件,是否形成了完整的证明体系。

【具体证据的审查方法参见第九章证据的审查与质证】。

六、会见犯罪嫌疑人核实证据材料和程序问题

辩护人对阅卷中的疑问,都可以在会见中向犯罪嫌疑人求证,听取犯罪嫌疑人的辩解意见。《刑事诉讼法》规定,辩护人可以向犯罪嫌疑人核实证据。

了解核实侦查、审查起诉期间公安机关、人民检察院和监察机关收集的证据是否与在卷的证据情况相符,特别是犯罪嫌疑人、被告人(同案犯)的供述和辩解是否已经全部收集在卷。相关法条:《刑事诉讼法》第41条、《最高人民法院关于适用〈中华人民共和国刑事诉讼法〉的解释》第57条。

了解核实是否存在非法证据、办案程序有无瑕疵等情形。相关法条:《刑事诉讼法》第56条、第58条。

了解核实案卷材料中存在疑问的相关事实与证据。

【焦点问题——具体如何核实证据】

如何核实证据,一个无法绕开的问题是犯罪嫌疑人、被告人到底有没有阅卷权,学界和司法实务界的争议较大。从世界通例和理论上说,犯罪嫌疑人和被告人有当然的阅卷权。试想,作为国家对个人发动的刑事追诉,庭前连证据都不让他看,这是不合理的,违背法律上控辩平等的基本诉讼原则。虽然辩护律师有完整的阅卷权,但是犯罪嫌疑人、被告人本人才是事实辩护本体,是辩方主角,是刑事诉讼责任的承担者。辩护律师是帮助的角色,帮助犯罪嫌疑人、被告人分析事实、认定事实,在适用法律上作出专业的分析论证。目前,我国现行的法律条款没有明确犯罪嫌疑人、被告人的阅卷权,导致公检法部门和律师因各自的立场不同而发生分

歧。笔者认为，法律没有明文规定的应当从法理上去解释，必须从善意的角度去解释。如此，犯罪嫌疑人、被告人拥有完整的阅卷权当属无疑。相信随着法治思想深入人心，犯罪嫌疑人、被告人阅卷权的分歧必将消除，并且在法律上得到明确。

可以了解核实的证据种类包括全部证据类型。虽然《刑事诉讼法》对辩护律师可以向犯罪嫌疑人、被告人了解核实证据的种类没有作出明确的规定，但从法理及立法本意上讲，辩护律师应当可以向犯罪嫌疑人、被告人了解核实《刑事诉讼法》第50条规定的全部8类证据。

《刑事诉讼法》对辩护律师可以向犯罪嫌疑人、被告人了解核实证据的范围同样没有作出明确的规定，但从理论上讲，辩护律师应当可以就全部案卷材料向犯罪嫌疑人、被告人进行了解核实。

对于了解核实证据的方式，由于《刑事诉讼法》对辩护律师向犯罪嫌疑人、被告人核实证据的规定有一定的原则性，可操作性不强，实践中一些辩护律师向在押犯罪嫌疑人、被告人核实证据的方式和做法也不尽相同。笔者认为，所有证据都可以打印出来让其直接阅读，并提出辩解意见。实践中，容易出问题的是犯罪嫌疑人、被告人获得了被害人、证人的信息可能会对其打击报复，因此，言词证据交其阅读时可以将被告人、证人的个人信息适当处理。

犯罪嫌疑人、被告人如果要求查阅、摘抄、复制案件，笔者认为查阅、摘抄可以，但复制要谨慎而区别处理。因为毕竟没有法律明确规定犯罪嫌疑人、被告人可以通过律师获得案卷。因此，言词证据不宜予以复制。注意，犯罪嫌疑人、被告人家属不可查阅、摘抄、复制。

辩护律师不能出于担心面临执业风险而缩手缩脚，不敢向在押的犯罪嫌疑人、被告人了解核实相关证据，而导致不能有效地开展刑事辩护工作；在一些敏感案件上也要遵守相关法律的禁止性规定及司法实践中一些约定俗成的做法，要在把握好"度"的前提下，最大限度地维护犯罪嫌疑人、被告人的诉讼权利和其他合法权益。

七、调查或申请司法机关调查证据

对于需要调查取证的，自行进行调查取证或申请司法机关调查取证。

现行《律师法》第 35 条对律师调查权的修改,对律师执业的象征意义大过实际意义,在《刑法》《刑事诉讼法》未配套修改的情况下,该规定可能难以得到执行。现行《律师法》没有规定律师调查权的保障机制,从这一点来说,还需要进一步完善。

律师调取证据受到诸多因素的限制,要经过证人或其他有关单位和个人的同意,并且调取到的证据若与侦查人员、检察官调取到的同一出处来源的证据不一致,辩护律师还要承担涉嫌指使、帮助作伪证的风险。因此,很多律师不愿、不敢调查取证。申请检察官调查取证几乎成了律师在审查起诉阶段获取某些证据的唯一手段。也有些律师认为检察官接到申请后很少调取证据,因而申请的意义不大。实际上,即便是检察官没有调取证据,申请的意义还是存在的。一是律师可以借此判断推测侦查人员、检察官对有关证据的态度和收集证据的情况。因为如果侦查人员、检察官不调取相关的证据,他们要给律师不调取的理由,而不调取的理由只能是该证据已经收集到,或者该证据与案件无关,这样律师就可以借此判断证据的收集情况和办案人员对该证据的态度。二是为律师在审判阶段申请法院向检察机关调取其在侦查、审查起诉中收集的有关被告人无罪和罪轻的证据材料提供条件。

律师申请检察官调取证据,首先必须知道哪些证据需要调取。律师了解哪些证据需要检察官调取有以下几个途径:一是会见犯罪嫌疑人时,向其了解哪些证据可以证明他无罪或罪轻,这些证据如何才能够及时调查收集;二是律师根据起诉意见书对犯罪事实的认定,推测有哪些对犯罪嫌疑人有利的事实可能没有查清,申请调取可以查清该事实的相应证据。

对于能够证明无罪事实的关键证据,一般情况下,律师不要单独调查取证,尽量采取申请检察官调查取证的方式收集证据。这样,不仅可以避免律师涉嫌指使、帮助作伪证的风险;更重要的是,还可以避免因检察官、审判人员对律师调查取证的不信任,而使能够证明无罪事实证据的证明价值不被重视。对于证明罪轻情节的证据,律师应当积极进行调查。将所有的证据都申请检察官调取的方式也是不妥当的。

八、制定辩护方案

结合案件涉及的社会条件、犯罪嫌疑人的心理预期、案件事实、法律法规制定辩护方案。刑事辩护方案的结构和内容：

1.案件当事人简要的自然情况和采取强制措施的情况。

2.诉讼过程。案件侦查机关指控的罪名，起诉意见书指控的事实，移送审查起诉的时间，退补侦查的起止时间（这是一个动态的时间），审查起诉的检察机关。（建议范文：某某市公安局于某年某月某日，以刘某涉嫌犯某某罪，移送某某市检察院审查起诉。某年某月某日退回补充侦查，某年某月某日再次移送审查起诉。如有改变管辖，一并写明。侦查机关指控：写明指控的案件事实。）

3.证据审查及认定事实。以涉案犯罪构成要件为骨架，将审查符合法律规定的证据，归入各要件项下，建立证据体系。具体做法是在每一个认定事实内容项下，都有证据支持。建议以侦查机关指控的事实为基础，作出证据体系，可以采用文本、表格加超链接的方式。

4.根据上述审查思路，在证据体系、事实认定等方面，会发现一些现有证据没有证明清楚的事实，或某些证据之间有矛盾，需要与当事人核实证据和解疑释惑的，应当及时会见当事人，核实证据、解除疑惑。对于可能需要调查取证的内容，需要论证是辩护人取证还是申请司法机关调查取证。对鉴定意见是否需要申请重新鉴定等需要解决的问题，拟定解决问题的措施、预测发生的情况及应对方案，处理问题的结果需要及时补入方案。

5.证据基本定型后，依据最终采信的证据，作出事实认定，据此作出该案认定事实和量刑事实适用法律的论证。

6.根据上述事实和论证，拟定向检察院提出的法律意见和解决方案。这里需要"把握火候"，搞清楚哪些该写哪些不该写。

7.制定庭前对被告人的辅导方案；制定庭审对被告人的发问提纲，对鉴定人的发问提纲，证人、鉴定人出庭申请书，质证意见，举证目录，辩护提纲，答辩提纲。辩护方案最好的方式是采用电子版，随时增删、修改。

再次会见，与犯罪嫌疑人沟通辩护方案，听取犯罪嫌疑人的意见，与委托人做必要的交流，根据委托人、犯罪嫌疑人的意见，结合法律法规和政策规定，协商确定辩护方案。

根据上述事实,制定辩护策略,并与当事人及其家属及时沟通,确定辩护方向。

九、依据辩护方案开展辩护工作

依据确定的辩护方案开展辩护工作,向检察机关提出调取证据申请书、指出证据瑕疵,与检察官沟通案件证据采信和事实认定情况,提出辩护意见等。

在审查案件证据时,会发现证据体系的残缺。如果发现无罪、罪轻的证据,而该证据是保管在国家机关等律师无法取证的地方,应当向检察机关提出调取证据申请书。具体做法建议当面递交和邮寄递交同时进行,邮寄选择邮政快递,因为邮政快递与司法机关有协议,可以直接送达。在快递单上要写明"某某案件调取证据申请书",目的是留下痕迹,为以后发生争议做准备。

如有一些证据瑕疵要指出来,在任何时候都是可以补正或作出合理解释的,千万不要隐瞒,应当在审查起诉阶段及时提出。一则可能获得检察官的好感。二则可以减少诉讼时间。如果在审查起诉阶段不提出,到审判阶段再提,无疑增加了诉讼时间,对当事人也是不利的。三则可以提高律师的工作效率。律师节约了自己的时间,提高了效率。

与检察官沟通案件证据采信和事实认定情况,提出法律意见。

1. 提交法律意见是控辩双方理性沟通的一种重要方式

提交法律意见的意义在于,在控辩关系的理性沟通中,律师法律意见的提出及检察机关的听取是一种重要的沟通方式。这个制度的设立为律师向检察机关提出辩护意见建立了重要的沟通平台。

提交法律意见的作用表现在:一是律师可以通过这种方式,以口头或书面的形式充分阐述辩护的观点和依据;向检察机关提供有关犯罪嫌疑人无罪、罪轻或减轻、免除刑事处罚的证据和线索;及时提出在刑事诉讼过程中公安机关和检察机关可能存在的违反诉讼程序、侵犯犯罪嫌疑人合法权益的行为;以控告、申诉等方式使犯罪嫌疑人的合法诉讼权利得到保护。二是可以加强与检察机关的沟通与交流,共同、及时避免冤假错案的发生,从而达到保障犯罪嫌疑人合法权益,维护法律的公正性和权威性的目的。

2.《刑事诉讼法》为律师提交法律意见提供了重要的法律保障

《刑事诉讼法》第173条第1款规定："人民检察院审查案件,应当讯问犯罪嫌疑人,听取辩护人或者值班律师、被害人及其诉讼代理人的意见,并记录在案。辩护人或者值班律师、被害人及其诉讼代理人提出书面意见的,应当附卷。"《人民检察院刑事诉讼规则》第261条也作了相应规定。

《刑事诉讼法》第40条规定,辩护律师自人民检察院对案件审查起诉之日起,可以查阅、摘抄、复制本案的案卷材料。这就意味着律师在审查起诉阶段可以查阅全部案卷材料,这显然有利于律师全面了解案件证据和事实,为制作高质量的法律意见提供了事实基础。

另外,律师的取证权在现行《刑事诉讼法》中也有扩大。该法第41条规定,辩护人认为在侦查、审查起诉期间公安机关、人民检察院收集的证明犯罪嫌疑人、被告人无罪或者罪轻的证据材料未提交的,有权申请人民检察院、人民法院调取。现行《刑事诉讼法》还明确规定了非法证据排除规则。根据该法第56条、第57条的规定,在侦查、审查起诉和审判阶段都适用非法证据排除,律师可以就发现的非法证据或者线索在审查起诉阶段向检察院提出,检察院应当进行调查核实,如发现有应当排除的非法证据,应当依法予以排除,不得将其作为起诉决定的依据。据此,律师可以将自己发现的非法证据在审查起诉阶段通过法律意见的形式向检察机关提出。

3. 部分律师不重视提交法律意见的原因

《刑事诉讼法》修订前关于律师阅卷权的限制直接影响了律师法律意见的质量和被采性。有些律师认为,在审查起诉阶段向检察机关发表反映自己辩护观点的法律意见,会让检察机关在庭前进行有针对性的准备,如对律师指出的证据不足的问题,检察机关可能会及时进行弥补,从而不利于当事人权利的保护和审判阶段辩护权的行使。还有些律师认为,辩护工作的开展和辩护水平的展示主要在审判阶段进行,在审查起诉阶段就向公诉机关发表法律意见书,很显然不利于律师在法庭上充分展现自己,这对于某些喜欢将法庭当成表演的律师来说更是如此。某些检察机关具有强烈的权力本位意识,认为审查起诉是检察机关的工作和任务,可能会忽视辩护权在审查起诉过程当中的地位和作用,不重视律师的法律意见。

4. 提交法律意见时值得注意的几个问题

在审查起诉阶段，尽量只对案件中的法律适用问题发表意见，对于证据不足、证据之间的矛盾，尤其是证人证言、嫌疑人供述及辩解等言词证据自身及相互之间存在的问题，尽量不要发表意见；注重提供判例来支持自己的法律观点，判例虽然不具有法律效力，但是对司法机关肯定有相当的影响；注重在大案、要案中的法律意见发表；不要遗漏发表量刑辩护意见。

提示：文件名称为《某某涉嫌案辩护意见》，不宜称"书"，抬头为"尊敬的检察官"，不宜写检察院。

十、申请检察官主持达成赔偿和解协议

为了当事人的利益最大化，律师应该因势利导，向当事人及其家属讲清楚什么是他自己的最大利益，力争尽早达成赔偿和解协议。可以与检察官沟通，促成在检察官主持下达成赔偿和解协议。

这既是案件当事双方的利益所在，也减轻了检察机关的负担，一般检察官是愿意协助的。

十一、认罪认罚从宽制度的适用

辩诉交易，源于西方法律实践和规则。我国的刑事诉讼学习借鉴该实践和规则形成了具有我国特色的认罪认罚从宽制度。促成检察机关不起诉，或是认罪认罚，促成轻罪起诉，提出从轻、减轻的量刑意见，参与量刑协商。

在一些案件证据有瑕疵的情况下，检察机关也很头痛。如果当事人愿意认罪认罚，检察机关也可以作出轻罪量刑的意见。在这种情况下，检察机关对指控的刑期期望值并不高，只要可以依法定罪，在量刑范围内处罚即可。（详见本书第七章认罪认罚从宽制度的适用）

十二、与办案单位的沟通、与委托人的沟通,变更强制措施的羁押必要性审查申请,排除非法证据申请,权利的维护,分析和总结,重点时间节点盯防,按照工作流程任务清单和相应的模板进行(略)

第五章
chapter 5 审判阶段的辩护

如果把刑事诉讼看作控辩双方的一场"战争",审判阶段就是最后的"大决战"。作为相对弱势的辩方必须在案件上付出超过控方几倍的功夫,方有胜算的可能。本书提供的这套流程和模板,仅是完成辩护工作的指引,是刑事辩护应当掌握的基本技能。俗话说:"学会容易学好难。"年轻律师要想达到精深的程度,必须多加练习,苦练内功。刑事辩护一向是"兵无常势,水无常形",但按照套路苦练基本功是成为大师的必由之路。

审判阶段的辩护工作主要是会见、庭审的准备工作、参加庭审以及庭后工作。(详见附表和模板)

按照辩护工作流程表的任务清单和模板,会见的内容主要是核实证据、核实案情细节等,沟通证据审查意见、辩解意见,沟通辩护方向、方案,调查取证线索,心理建设,合法私人问题,权利维护等。

庭审的准备工作主要是审查起诉书、量刑建议书,证据分类整理,审查证据,完善法律法规的检索工作,参加庭前会议,调查取证或申请调查取证,各类人员的出庭申请,排非申请,认罪认罚,变更强制措施,和解调解,庭前辅导,权利的维护等。

参加庭审主要是发问、质证和辩论,庭后提交辩护词、庭后工作事宜等。

第一节

庭审前的准备工作

一、准备事项

1.向法庭确认证据的种类与数量,是否有遗漏。开庭前要跟法院再确认一下案件的证据材料,辩护人是否已经全部查阅复制。包括辩护人认为需要出示的证据,如果公诉人没有移交的,可以申请公诉人移交法庭。要确认辩护人和法庭、公诉人保持信息同步。

2.庭前辅导被告人。

3.沟通法庭的举证方式。

(1)一证一举一质一辩,就是出示一个证据,组织一轮质证,再组织一次辩论。比如,公诉人出示被害人陈述,被告人提出意见,辩护人发表质证意见,然后公诉人对辩护人、被告人的意见进行答辩,对公诉人的答辩,被告人、辩护人可以再进行一次辩论。

一般重要的证据应该单独出示,采用一证一举一质一辩的方式,有利于对证据的"三性"进行充分分析。重要的证据夹杂到其他证据里一起出示,被告人听得不充分,不利于充分提出自身意见;辩护人也没有充足的精力和时间进行分析和质证;法官的注意力也会被分散,这个证据还没思考,其他证据的意见又来了,不利于保证案件的质量。

(2)一组一举一质一辩,就是将证据分成若干组,一组证明一节事实。把所有的证据,如被告人供述、被害人陈述、证人证言、书证、物证、鉴定意见等分成组,一组一举一质一辩,实践中这种举证方式使用最多。

(3)一案一举一质一辩,就是一个案件的证据都举完,再开始质证和辩论。一般认罪认罚案件和比较简单的案件采用这种方式。也有罪名较多的涉黑案件,按照一罪一举一质一辩的方式进行举证。

法官对举证的方式有决定权,辩护人可以提出意见,对不认罪的案件、对争议较大的证据采用一证一举一质一辩的方式。

沟通是否组织质证辩论。公诉人举证后,被告人、辩护人发表质证意见,在法官的主持下,公诉人对辩护人质证意见进行答辩或说明,然后辩护人再对公诉人答辩或说明提出意见,随后再由公诉人继续举证。这叫质证辩论,这样的庭审比较清晰、比较集中,法庭能真正了解案件双方的观点,也有利于其作出准确的判断。在很多情况下,法官不组织质证辩论,但律师可以提出建议。

4. 获取举证提纲。对于比较复杂的案件,需要了解公诉人举证的思路,按照举证提纲来发表质证意见,以便于组织质证意见,提高庭审效率,针对性更强。可以向公诉人申请明确举证提纲,但公诉人可能不会给,辩护人可以申请法庭协调。要向法庭说明,此举是为了让法庭对质证焦点的了解更加精准,提高庭审效率,对公诉人也没有不利。但法官对此没有强制权。

5. 提出各种申请。申请证人、被害人、鉴定人、有专门知识的人出庭作证,申请调查证据、申请调取证据,申请鉴定、补充鉴定、重新鉴定,申请重新勘查现场等。申请应该提前提交书面申请书,说明理由、法律依据并附上线索和材料。这些都是辩护方案的配合动作,应当提前提交,不能当庭提交申请。

二、制作质证提纲

通过阅卷,对证据进行审查,开庭前要制作质证提纲,尤其是对有问题的、有异议的非法证据、瑕疵证据等,应分类列表,列表是为了简洁易读;同时另制作详细的质证意见文字版,进行充分论证。最好在开庭前给书记员一份电子版,以便于记录(见表5-1)。

表 5-1　质证提纲表

质证提纲(针对有问题的证据材料)							
编号	在案证据材料的名称、形成时间、证据来源	所处卷宗及页码	是否为原件或原物	证据种类	证据分类	质证意见		
^	^	^	^	^	^	关于合法性(理由、依据)	关于客观性(理由、依据)	关于关联性(该证据与待证事实的关联性)(理由、依据)
1								
2								
3								

三、制作发问提纲

律师庭审发问的目的或作用是补充和强化,补充是提出一些法官、公诉人遗漏的对被告人有利的、无罪、罪轻的情况;强化是加深法官对被告人有利情况的印象。在语言上不要简单重复,针对同一情况可以从不同的角度发问。在问题设计方面分为开放性问题和封闭性问题,发问封闭性问题是要对被发问的人进行控制,具体而言就是对同案犯、控方证人、侦查人员、见证人、鉴定人的发问要尽量使用封闭性的问题,越短越好,我们事先知道答案,他回答的答案尽在我们掌握之中,之所以问是给法官听的。问辩方证人开放性问题,但是这些问题也是之前沟通过的,答案也已提前知道,一定不要问自己不知道答案的问题。

拟定书面的发问提纲,并标明被告人曾经的供述和其他证据的情况。

在认真阅卷和与被告人充分沟通之后,律师应当拟定庭审发问被告人的书面提纲。在拟定提纲时,应当注意以下几个问题:

(1)律师发问的整体思路应当保持一致;

(2)律师发问重点应当尽可能与辩护重点一致;

(3)律师发问应当区分被告人无罪辩解和罪轻辩解;

(4)律师发问尽量避免重复;

(5)应当注意避免诱导式发问;

(6)标明相关证据。

四、准备辩护意见

1. 撰写书面辩护意见

撰写书面的辩护意见,既熟悉了案情,做到心里有数,也增强了信心,有利于法庭上保障发表辩论意见的质量。

制作一份详细的辩护意见,针对起诉书指控和辩护观点,提炼争议焦点,把有利和不利的因素都分析透彻,相关证据、法律规定、司法解释、判例等全部都附在辩护意见后面,将重点内容、证据出处等作出标注制作详细辩护意见。辩护意见不仅要包括每一个观点,如不构成犯罪、不构成重罪的理由,事实依据、法律依据、证据等证明观点成立;还要包括判例、专家意见等其他一些附件。详细到法官看辩护意见可以不用翻卷的程度。

还可以再制作一个简约版本的辩护意见。观点加要点,高度概括每一点的理由,相当于辩护意见的提纲,比较有利于跟家属、跟法官当面沟通。

2. 庭前是否提交辩护意见

对认罪认罚的案件,在检察机关签了认罪认罚具结书,建议辩护意见提前提交法庭。让法官提前了解量刑协商的结果是有依据的,避免采用简易程序或速裁程序当庭宣判,导致法官对律师的辩护意见没有充分考虑。

对于比较复杂的案件,事实证据不会因庭审变化而变化的案件也建议庭前提交辩护意见。便于法官提前了解辩护人的观点,总结争议焦点,在庭审中重点调查,提高庭审效率;法官在庭审中是总指挥,精力是有限的,提前提交可以避免法官因指控庭审精力分散而不能充分了解辩护人的观点。

对于案情比较复杂的案件,证据可能发生变化的,建议提交简约的辩护提纲。发表辩论意见时根据书面辩护意见,结合庭审情况进行适当修正。

3. 辩论意见时间控制

开庭前可以询问开庭时间安排,合理预估发言时间。熟悉辩护意见。如果庭审辩论时间紧张,要在短时间内将辩论意见的观点表达清楚,高度概括,简练表达。如果辩论时间安排得较为充裕,要能在当庭详细、透彻地将辩论意见表达清楚,熟悉到这两种情况下都能娴熟地将辩论意见表达清楚。如果提前沟通了辩论时间,法官也不便打断辩护人发言,避免辩审冲突。

第二节

庭前会议的辩护工作

2012年3月修正后,我国《刑事诉讼法》首次确立了庭前会议制度。自2012年修正后的《刑事诉讼法》实施以来,各地法院纷纷对新确立的庭前会议制度在审判程序中进行了尝试性的操作,有的法院还制定了关于庭前会议制度运行的具体程序规范。这些尝试对于正确贯彻实施2012年修正后的《刑事诉讼法》,充分发挥庭前会议制度的功能作用具有重要的实践意义。

庭前会议制度所追求的主要价值目标,应当是保障程序公正,而不仅仅是提高庭审效率。庭前会议制度的主要诉讼功能,是通过庭前对程序性争议问题的及时处理和对辩护方提出的程序性申请的及时回应,充分保障辩护方的诉讼权利,实现控辩平衡,保障程序公正。庭前会议应主要适用于被告人或辩护人对起诉指控的事实和罪名存在异议的案件,以解决程序性争议问题、进行证据展示和庭前附带民事调解为主要内容,庭前会议应当由负责案件审理的审判人员主持,庭前会议情况应当制作笔录。庭前会议的规定除《刑事诉讼法》外,主要集中在《人民法院办理刑事案件庭前会议规程(试行)》(法发〔2017〕31号)和《最高人民法院关于适用〈中华人民共和国刑事诉讼法〉的解释》(以下简称《刑事诉讼法解释》)。

一、庭前会议的启动程序

作为一个诉讼程序,庭前会议如何启动,根据《刑事诉讼法》及《刑事诉讼法解释》的规定有3种方式。

1.案件具有下列情形之一的,人民法院可以决定召开庭前会议:证据材料较多、案情重大疑难复杂的;控辩双方对事实、证据存在较大争议的;社会影响重大的;需要召开庭前会议的其他情形。

2.控辩双方可以申请人民法院召开庭前会议,提出申请应当说明需要处理的事项、理由。人民法院经审查认为有必要的,应当召开庭前会议;决定不召开的,应当告知申请人。

3.被告人及其辩护人在开庭审理前申请排除非法证据,并依照法律规定提供相关线索或者材料的,人民法院应当召开庭前会议。

二、庭前会议解决的问题

庭前会议由审判长主持,合议庭其他审判员也可以主持庭前会议。在庭前会议中,人民法院可以就与审判相关的问题了解情况,听取意见,依法处理回避、出庭证人名单、非法证据排除等可能导致庭审中断的事项,组织控辩双方展示证据,归纳争议焦点,开展附带民事调解。

庭前会议可以就下列事项向控辩双方了解情况,听取意见:

(1)是否对案件管辖有异议;

(2)是否申请有关人员回避;

(3)是否申请不公开审理;

(4)是否申请排除非法证据;

(5)是否提供新的证据材料;

(6)是否申请重新鉴定或者勘验;

(7)是否申请收集、调取证明被告人无罪或者罪轻的证据材料;

(8)是否申请证人、鉴定人、有专门知识的人、调查人员、侦查人员或者其他人员出庭,是否对出庭人员名单有异议;

(9)是否对涉案财物的权属情况和人民检察院的处理建议有异议;

(10)与审判相关的其他问题。

庭前会议中,人民法院可以开展附带民事调解。

对上述规定中可能导致庭审中断的程序性事项,人民法院可以在庭前会议后依法作出处理,并在庭审中说明处理决定和理由。控辩双方没有新的理由,在庭审中再次提出有关申请或者异议的,法庭可以在说明庭前会议情况和处理决定理由后,依法予以驳回。

三、律师的辩护工作

辩护律师应当在阅卷、与被告人核实证据的基础上列出问题提纲,对照上述庭前会议应当解决的问题清单逐一审查准备。

1. 关于管辖的问题。应当注意案件性质,究竟是属于公安机关还是检察机关的立案侦查范围;注意案件级别的管辖;犯罪地是否与审理的法院相一致,被告人居住地审理是否更有益;犯罪行为地和犯罪结果地是否一致,选择何地管辖更为适宜;共同犯罪的被告人是否应当合并审理;是否属于重大复杂案件、新类型的疑难案件或者在法律适用上具有普遍指导意义的案件等。

2. 关于回避的问题。着重注意审判人员、检察人员、侦查人员是否是本案当事人或者当事人的近亲属;本人或者他的近亲属是否与本案有利害关系;是否担任过本案的证人、鉴定人、翻译人、辩护人、诉讼代理人;是否有违反规定会见当事人及委托人的情形;是否为本案当事人推荐、介绍辩护人、诉讼代理人;是否存在接受财物、宴请或其他支付费用活动;是否借用本案当事人或者委托人款物,检察机关人员调到审判机关工作适用回避规定,尤其在调查期间参与过本案的不能参与本案的审判工作等。

3. 侦查机关收集的对被告人有利的证据未提交的问题。着重听取被告人辩解意见,对比阅卷查看所有言词证据取得的时间地点与看守所的提讯记录、抓获经过等材料进行对比,看是否存在所作讯问笔录未提交的问题;是否存在讯问不作记录的情形;是否存在所作记录与同步影像资料不一致的情形;这类证据如果存在即使不能作为非法证据排除,但可以以真实的影音资料作为证据而不以笔录作为证据。

申请证人出庭作证或者申请法院向有关单位、个人收集、调取证据材料。

4. 非法证据排除问题。注意非法证据排除的规定有:①《刑事诉讼法》相关内容;②《刑事诉讼法解释》第四章第九节;③2018年1月1日施行的《人民法院办理刑事案件排除非法证据规程(试行)》(法发〔2017〕31号);④2017年6月27日施行的《关于办理刑事案件严格排除非法证据若干问题的规定》;⑤2013年中共中央政法委发布的《关于切实防止冤假错案的规定》;⑥2013年最高人民法院发布的《关于建立健全防范刑事冤假错案工作机制的意见》;⑦2010年6月13日公布的《关于办理刑事案件排除非法证据若干问题的规定》《关于办理死刑案件审查判断证据若干问题的规定》(法发〔2010〕20号);以上都是排除非法证据的规定,还可以参考《刑事审判参考》刊载的相关案件中的论证。

5. 根据需要申请重新鉴定或者勘验;对出庭证人、鉴定人、有专门知识的人名单是否提出异议,应当注意审查公诉机关是否提供该类名单,如果没有提供可以要求提供;根据需要申请辩方证人、鉴定人、有专门知识的人出庭,最后以书面形式向法院进行申请。对涉案财物的权属情况和人民检察院的处理建议提出意见。

6. 关于不公开审理的问题。主要审查是否属于涉及国家秘密或者个人隐私的案件,是否属于涉及商业秘密的案件,涉及商业秘密的案件可以申请不公开审理。

7. 协商确定庭审的举证顺序、方式等事项,申请获取举证提纲,了解法庭调查的方式和重点等其他事项。

四、被告人是否参加庭前会议

根据《刑事诉讼法解释》的规定,庭前会议准备就非法证据排除了解情况、听取意见,或者准备询问控辩双方对证据材料的意见的,应当通知被告人到场。有多名被告人的案件,可以根据情况确定参加庭前会议的被告人。《人民法院办理刑事案件庭前会议规程(试行)》规定,根据案件情况,被告人可以参加庭前会议;被告人申请参加庭前会议或者申请排除非法证据等情形的,人民法院应当通知被告人到场。

根据以上规定可以看出,被告人可以依申请庭前会议;庭前会议准备就非法证据排除了解情况、听取意见或者准备询问控辩双方对证据材料的意见的通知被告人参加。其他情况可能不被通知参加。

在排除非法证据的过程中,涉及刑讯逼供的情况,被告人更能身临其境地准确描述清楚,给审判人员的感觉更为直接,更能增加可信度,同时如果有伤痕也是一个证据展示过程。

其他情况建议也要求被告人参加,被告人对于哪些证据有异议、哪些证据无异议只有他自己清楚,涉及重大的权利,由被告人自己表达更好。辩护人在获知召开庭前会议时,可以与被告人协商,提交参加庭前会议的申请。

五、关于证据开示

1. 证据开示的规定。庭前会议中,对于控辩双方决定在庭审中出示的证据,人民法院可以组织展示有关证据,听取控辩双方对在案证据的意见,梳理存在争议的证据。人民法院可以在庭前会议中归纳控辩双方的争议焦点。

人民法院在庭前会议中听取控辩双方对案件事实、证据材料的意见后,对明显事实不清、证据不足的案件,可以建议人民检察院补充材料或者撤回起诉。建议撤回起诉的案件,人民检察院不同意的,开庭审理后,没有新的事实和理由,一般不准许撤回起诉。

2. 证据开示的方式。庭前会议案件的证据开示是要求双方进行开示。实践中有几种做法:第一种,双方证据交换,核对一下证据内容信息就结束了。第二种,控方将被告人供述、被害人陈述、书证、物证、鉴定意见、电子数据等证据展示一遍,询问辩护人对证据有无意见,对没有意见的证据在开庭只宣读证据名称和待证事实的说明,不再详细举证;对有意见的证据公诉人法庭上将详细举证。第三种,对公诉人举证的证据,辩护人在庭前会议上可以简要发表,便于法庭归纳总结争议焦点。这样庭前会议就有了实质审查的功能,不再只是为了提高效率。

3. 辩护人的对策。辩护人应当抓住这个机会,对证据的意见多表达一次,使法官加深印象。庭前会议相较于正式开庭时间缓和,也没有那么紧张,法官更能听得仔细。同案犯的辩护人还可以利用此次机会了解其他辩护人的意见,修正准备的庭审意见,若真正准备充分的辩护人也不怕公诉人提前了解自己的辩护意见,所谓理越辩越明。辩护人应针对证据"三性"详细发表意见,但也要依据个案具体情况,注意自己的发言是否可能使公诉人补正提纲,使其原来的证据体系更加完整,影响庭审辩护。如果证据已经定型,包括合法性问题已成既定事实,无法补正,不会对当事人不利时,就要详细发表意见,同时考虑公诉人和法庭会如何对待和回应。

六、辩护人通过庭前会议要达到的目的和意义

辩护人应将审判阶段的辩护工作在庭前会议即开始,也就是说,不应到庭审阶段才发力,而是在庭前会议就开始。在这一程序开始时就引导法官的自由心证,影

响庭审方向,使审判人员在制作庭审提纲时关注某个问题。加深审判人员对非法证据的认识,避免证据污染,防止法官产生先入为主的思维定式,动摇控方的证据体系。同时,了解控方举证、示证的方式、手段以便在质证环节有效应对,提高质证质量、效率,尽量避免开庭时公诉人打包举证。

第三节

庭前会见辅导工作

一、庭前会见辅导的作用和意义

开庭前,辩护律师要与被告人确定最后的辩护思路与方向,商定针对法庭发问的回答,对证据的质证,对事实的陈述以及程序告知;进一步对被告人进行罪与非罪等情况的法律咨询,这种咨询基于起诉书,基于在案的证据;让被告人根据自身在案件中的实际情况,结合辩护思路应对庭审。

二、庭前会见辅导的规范

辩护律师庭前会见辅导应当遵守《律师办理刑事案件规范》第22条至第31条的规定。

三、庭前会见辅导的注意事项

辩护律师不能直接教被告人如何陈述,在庭前辅导工作中一定要把握好界限,只能在法律允许的范围内进行辅导,不能越线。应通过法律咨询的方式,告知被告人结合法律规定和自身行为表现来如实回答。辩护律师可以用三段论的方式,就法律规定与事实之间的关系进行解答,讲法律规定,也可以讲案例,以这种方式全程提示当事人如实回答。

四、庭前会见辅导的内容

辩护律师应告知被告人庭审的一般程序,从被带入法庭到被带出法庭整个流程都要讲解清楚。告知被告人开庭时法庭布局,前后左右的人员;被告人本人的发言机会,提示其每一次发言应该注意语速,态度要诚恳;告知法庭上被告人每次发言的内容和注意事项是什么,尤其是辩论阶段,要提醒被告人一定要充分地表达自己的意见。如果被告人基于文化水平,不能准确表达相应内容,则可以只讲要点,由辩护律师展开。

解释庭审的过程:

1. 核对被告人的身份信息。包括姓名、出生日期、民族、出生地、文化程度、职业、住址;是否受到过法律处分及处分的种类、时间;是否被采取强制措施及种类、时间;收到起诉书副本的日期。

2. 案件的公开审理情况。绝大部分案件是公开审理的,但仍然有部分案件不公开审理。律师对于某些可能涉及的不公开审理的案件,在开庭前甚至案子一到法院阶段,就应该就是否公开审理的情况和被告人进行有效沟通。

3. 法庭告知被告人享有的权利。主要是回避和被告人自行辩护的权利,其他权利有申请调取新的证据、申请新的证人出庭作证等。律师应详细向被告人通俗易懂地解释每一项权利的内容,让他明白他所享有的每一项权利。

4. 询问对于起诉书指控的意见。在公诉人宣读起诉书后,法庭一般会讯问被告人针对起诉书指控的事实有哪些意见。律师在指导被告人陈述时,应辅导被告人围绕起诉书指控的事实发表意见。

5. 辅导讯问、发问。公诉人发问的目的是指控被告人有罪或者罪重;法官讯问的目的是想调查清楚案件情况;辩护人发问的目的是想证明被告人无罪或者罪轻等。公诉人宣读完起诉书后,法官会对被告人进行讯问,法官讯问的目的是想知道被告人是否认可指控的罪名,对事实有无异议等。

对有异议的笔录,被告人可能会陷入公诉人的"陷阱"。公诉人可能会直接讯问被告人笔录上的名字是不是自己签署的,甚至会告知被告人如果恶意翻供,可能会影响量刑等。在这种情况下律师要进行必要的提示,如在法庭上,律师应当及时反对。

按照发问提纲进行演练。发问提纲的问题包括:公诉人对被告人的讯问,法官对被告人的讯问,律师对被告人的发问,同案犯辩护人对被告人的发问。

6. 辅导质证。公诉人举证后,先由被告人发表质证意见,然后由辩护人发表质证意见。辩护律师应辅导被告人发表质证意见。

与被告人做好庭审分工,确定具体的内容。一般是被告人负责事实陈述,保证证据的客观性;辩护律师负责证据的"三性"及法律的适用。因为被告人是案件亲历者,其陈述是本人权利,同时陈述内容又具有客观性和真实性,当然被告人也可以对证据的真实性和关联性提出意见,要用朴实的、生活化的证言表达。

要避免被告人因为自己没有能力发表质证意见而被认为没有意见。被告人可以仅提对证据有意见,具体内容由辩护人发表;被告人也可以说,"凡是跟我讲的一样的我都认可,跟我讲的不一样的都不认可,由我的律师来具体发表意见"。

如果案情复杂,涉及的罪名和证据较多,可以向法庭提议,在公诉人举证后,先由辩护人发表质证意见,然后再问被告人有无补充。这样既保证了庭审的效率,又有利于归纳整理,同时也保障了被告人的发言权,法庭一般会同意。

7.法庭辩论阶段。在法庭辩论阶段,公诉人发表公诉意见后,先由被告人发表辩论意见,然后辩护人发表辩论意见。辩护律师需要提前辅导被告人如何发表辩论意见。

如果被告人文化程度较低,口才表达也不太好,就应简要表述请求法院公正判决等内容,其他由律师发表辩论意见。

如果被告人文化水平比较高,对案情非常熟悉又善于表达,准备得比较充分,一般建议由被告人本人详尽发表辩论意见,但应提醒被告人不能长篇大论,应抓住要点阐述核心的观点。

在听了公诉人发表的第二轮公诉意见后,抓住公诉人发表的公诉意见里面关于事实陈述部分的不实之处,由被告人直接向法庭提出陈述和反驳意见。其他的还是由辩护人来发表更为妥当。

被告人的语言表述要用生活化语言,及时、准确地表达。特别是由被告人自己将他的动机、情感和一些特殊的原因恰到好处地表达出来,会有较好的效果。事实问题、带有情感的一些诉求由被告人来表达;被告人要说的内容和时间,如何表达都应提前确定好。辩护人要把理性和感性结合起来,在证据分析、事实认定、罪名的分析、依据的分析、法理的剖析等方面发表详细的辩论意见。

量刑辩护的案件,相对简单一些的,被告人应态度诚恳地请求法庭从轻、减轻处罚,真诚悔罪。无罪辩护的案件,辩护策略和辩护方案要经被告人同意。

8.最后陈述阶段。法庭审理的最后,由被告人作最后陈述,一般是简要陈述自己对案件的认识。

被告人可能不清楚法庭调查、法庭辩论、最后陈述 3 个阶段的具体内容,作为律师,应帮助被告人明晰 3 个阶段的不同点,确定各阶段的主次。就庭审辩护策略、方案、观点与被告人提前进行沟通。

庭审会影响被告人的人生轨迹。辩护人应鼓励被告人,缓解被告人的思想压力,安抚被告人的紧张情绪。庭审对于被告人而言像一场大考,无论法治环境如何,谁也无法否认庭审对于被告人定罪量刑的意义。在开庭前会见被告人时,安抚情绪甚至比前述的两项任务更为重要。

作为刑辩律师,要重视庭前会见、辅导,会见前应做好充足的准备。如果庭审是对被告人的一场生命与自由的大考,那么律师就是被告人身后站着的"隐形天使"。高质量的庭前会见,会给当事人插上勇于面对的翅膀,让被告人明白,无论风雨,辩护律师陪他一起面对。

第四节

庭审发问与当庭对质

一、庭审发问的注意事项与发问技巧

1.身份表明。辩护律师在公诉人讯问被告人、被害人及其代理律师发问被告人后,经法官许可,可向被告人发问。辩护律师向被告人尤其是向其他同案被告人或被害人发问时,应当表明自己的身份。

2.注意倾听。倾听是发问的基本前提。律师必须分析证人的每一个回答,对含糊其词、前后矛盾的回答,需要进一步发问寻找漏洞。如以下内容:

辩护人:"证人,公诉人问你的时候,你说听到枪声,你怎么知道这是枪声?"

证人:"我没有说听到枪声,我是说听到了响声。"

3.严格控制。控制证人长篇大论的辩解,即控制住提问的方式和节奏,要求证人给出一个准确又简短的回答,快速地从一个话题转到另一个问题,如果证人回避问题,可请求法庭介入要求证人回答问题。

【举例】

辩护人:公司登记时的注册资金是多少?

证人:300万元。我解释一下。

辩护人:不需要解释。300万元注册资金到位了吗?

证人:我是委托中介公司办理的,我们支付了手续费的……

辩护人:直接回答,300万元注册资金到位了吗?

证人:注册时有验资报告。

辩护人:验资报告中的资金是虚假的,是不是?直接回答。

证人:是的。

辩护人:被告人是公司的股东吗?

证人：是的。

辩护人：你向检察院说，被告人100万元股份款是你出的，事实上你一分钱都没有出，是不是？直接回答。

证人：我不想回答这个问题。

辩护人：审判长，证人是否为被告人支付了股份款，是本案的关键所在，证人必须回答。

审判长：证人必须回答这个问题。

4. 抓住要害，突出重点。任何一个案件，无论案件多么复杂，对于定罪和量刑起决定作用的关键性问题不会太多。如果能够抓住这些关键性问题，紧紧围绕这些问题展开深入的分析、论证，不去纠缠其他的枝节问题，反而会使论证的理由重点突出，脉络清楚。反之，如果因担心遗漏而面面俱到，虽然全面却会冲淡主题，甚至本末倒置。

5. 抓住主要矛盾。用简洁明确的语言将主要问题阐述清楚，在有限的时间里能够有针对性地使一个复杂的问题深入浅出。

6. 及时补充防漏。在公诉人发问但被告人没有把自己的辩解讲明白时，辩护人一定要补充发问；以发问方式来帮助被告人补充回答，还可以在庭前辅导准备充分的情况下，引导被告人将未载明的事实和意见表达出来。

7. 进一步强化发问。在法庭允许的情况下，可以通过辩护人发问的方式，让被告人重申、细化自己无罪、罪轻的事实和理由，最大限度地影响法官对案件的判断。

8. 把握速度。一个不讲真话的证人需要时间编造谎话，在发问中不应当允许他有思考的缓冲时间。

【举例】

辩护人：是什么时间对被告人刑事拘留的？

讯问人员：2月1日。

辩护人：是什么时间将被告人交付看守所羁押的？

讯问人员：2月7日。

辩护人：2月1日至7日，被告人在什么地方？

讯问人员：在检察院的办案区。

辩护人：在办案区的什么地方？

讯问人员：在办案区的讯问室。

辩护人：几号讯问室？

讯问人员：3号。

辩护人：3号讯问室里有床吗？

讯问人员：时间长了，我想一下。

辩护人：有没有床，还需要想吗？请马上回答。

讯问人员：应当有。

辩护人：本案讯问同步录音、录像资料显示，根本就没有床。你刚才的回答不是事实。是不是？

讯问人员：是的。

辩护人：被告人2月1日至7日睡过觉吗？

讯问人员：肯定睡过。

辩护人：睡在什么地方？

讯问人员：……

9. 对案情充分掌握并准确表达。律师的大脑里必须装满相关的案情和信息，律师的视线才可能集中在证人身上，随时发现证人回答的有利方面或不利方面。律师有责任使证人领会他问话的意思，简单扼要的问话可以使法庭人员不假思索就明白律师所要表达的意思。

10. 讲究逻辑，把握时机。发问的总体目的是从逻辑上推翻控方证人的证言，因此需要逻辑。律师在发问过程中必须抓住恰当的时机，给控方证人最"致命"的一击。

11. 适时反对。如果辩护人不将质疑和反对作为基本的前提，那就只是一个摆设。对公诉人的诱导性、假设性、推测性、模糊性、无关性发问，辩护律师要及时捕捉信息并果断地提出反对。

根据《律师办理刑事案件规范》的规定，公诉人向被告人提出威逼性、诱导性的或与本案无关问题的发问，辩护律师有权提出反对意见。法庭驳回反对意见后，应尊重法庭决定。

【举例】辩护人反对公诉人（反对有效）

公诉人：被告人，你在13岁时曾在超市偷过东西，对吗？

辩护人：反对，审判长，该问题与本案无关联性。

审判长：反对有效。

公诉人：下面宣读证人张某的证言。

辩护人：反对，公诉人向法庭提交的证据目录中没有张某的证人证言，不能宣读。

审判长：反对有效。

12. 极力争辩。对反对的反对就是争辩，争辩应及时。《律师办理刑事案件规范》第94条规定："公诉人对律师的发问提出反对意见时，律师可进行争辩。法庭支持公诉人反对意见，律师应尊重法庭的决定，改变发问内容或方式。"

【举例】

辩护人：证人，你刚才在回答公诉人提问时，说应该是被告人拿刀砍的人，这是你的推测，你说这个话是没有任何事实根据的，是不是？

公诉人：反对，辩护人在诱导证人。

辩护人：证人说"应该是"，公诉人就确信"肯定是"吗？

公诉人：虽不能肯定，但证人说的不是完全没有道理。

辩护人：证人的道理就一定是"应该是"，是吗？控辩双方争辩了若干个回合之后，审判长说："请辩护人改变问话方式。"

辩护人：证人，你亲眼看到被告人拿刀砍人吗？

证人：没有。

对于公诉人的反对，如果辩护人不及时进行争辩的话，辩护人的提问可能反而帮了公诉人，"应该是被告人拿刀砍的人"这句话有可能使法官对此深信不疑。

13. 避免冲突。辩护人要避免因法庭制止而与法庭发生冲突，要遵从法官的指挥。《刑事诉讼法》第194条第1款第3句规定："审判长认为发问的内容与案件无关的时候，应当制止。"

14. 及时补救。如认为证人未表达清楚时应进行补救发问。

【举例】

公诉人：你能准确判断汽车的速度吗？

证人：还可以。

公诉人：你自己是否驾驶汽车？

证人:没有。

(此时,辩护人要进行补救性发问)

辩护人:审判长,我申请对证人补充发问。

审判长:准许。

辩护人:你过去和现在是做什么工作的?

证人:我当了28年的火车司机,刚退休不到两个月。

15. 因势而变、调整发问、变换发问。发问一般按计划进行,但要因情势而变。如果庭审过程中出现与发问提纲不完全一致的情况,要及时改变发问。在法庭调查过程中,辩护律师应认真听取公诉人、审判长对被告人的讯问以及其他辩护人对被告人的发问,做好相应记录,及时调整发问提纲及辩护思路。

辩护律师向被告人发问时,应围绕案件的基本事实进行。同时应尽量避免与公诉人、其他辩护人已经问过的内容重复。如果认为被告人已经回答过的问题非常重要,确有必要再次发问的,应当变换、调整发问的角度。

16. 适时结束。律师必须知道什么时候应结束发问,而不是对证人的每句证言和证人了解的每个细节都进行发问。如何适时结束发问,是律师最需要学习的技巧,适时结束发问,是律师成熟的标志。

目前,部分律师存在不愿问、不敢问、不会问的情况,根源在于不会问。通过学习、练习掌握了方法和技巧后就会产生想问的冲动,才可以在庭审中敢问、会问、愿意问。

17. 发问技巧(9种)。

辩护人将要质证的内容划分、排列成若干系列问题,逐一要求证人回答。

(1)正面问——对于案件事实和证据掌握一清二楚的律师,在庭审发问时,对回答的问题有十分把握的,宜开门见山,单刀直入,不迂回。

(2)迂回问——有些案件要迂回侧击,为了缓解对方当事人的对立情绪,可由外围问话入手,而不直接问及关键性的情节,逐步深入,从侧面切入问题的实质,使被询问人在不知不觉中谈及真实的情况。

(3)循序问——按照质证事由,应当采用在时间上由远至近,在内容上由表及里,在空间上由此及彼的方式,步步设卡,层层发问。

(4)重复问——反复提问同一个问题,当然,提问的方式可以不断变换。

重复问在 3 种情况下常被运用。第一,对一些表达有困难,记忆力、听力差或年老的人员,由于他们在某些方面难以清楚地表达意思,律师必须耐心地重复发问,让他们听得明白,不至于答非所问。第二,某些证人对律师提出的某个问题毫无思想准备,或者时间太久,记忆不清,以致难以回答出来时,可以把事实脉络厘清,或者通过反复不断地变换提问方式,以引起证人的回忆。第三,如果证人十分顽固,对律师提出的某个问题不愿回答或者不肯如实全面回答,或者回答问题颠三倒四、含混不清,运用反复提问的技巧可以使证人产生心理压力,逼其如实全面地回答。

(5)追问——发问到一定深度时,就可用到追问。借证人的回答不断追问,促使无心作伪证的证人进一步回忆实情;迫使有心作伪证的证人不能自圆其说,露出破绽。

(6)反问——针对有些证人故意作伪证,夸大、缩小或歪曲案情时,可运用是非形式的反问句,迫使其露出马脚,揭露其不如实作证。反问的特殊功能在于问而不答,咄咄逼人,而对方不能沉默,必须回答。

(7)选择问——指明几种备选答案的问题,让被问人回答。例如,被告人被控构成故意杀人罪,被告人予以否认,现场目击证人出庭作证。

(8)揭露问——对证人陈述中的前后矛盾,可在进行揭露的同时提出问题,要求证人作出解释,以此去假存真,由表及里。

(9)停止发问(见好就收)——辩护人通过质证发问一旦获得了想得到的答复,就应立即打住,记下它并若无其事地跳到其他问题,不给证人更正或修饰的机会,也可避免使辩护人不情愿地卷入与对方证人的争吵。待证人退出证人席后,就可以不受干扰地使用这一证言。

二、庭中对质

根据《刑事诉讼法解释》第 269 条的规定,在审理过程中,法庭认为有必要的,可以传唤同案被告人、分案审理的共同犯罪或者关联犯罪案件的被告人等到庭对质。

根据《人民法院办理刑事案件第一审普通程序法庭调查规程(试行)》第 8 条

的规定,有多名被告人的案件,对被告人的讯问应当分别进行。被告人供述之间存在实质性差异的,法庭可以传唤有关被告人到庭对质。审判长可以分别讯问被告人,就供述的实质性差异进行调查核实。经审判长准许,控辩双方可以向被告人讯问、发问。审判长认为有必要的,可以准许被告人之间相互发问。根据案件审理需要,审判长可以安排被告人与证人、被害人依照前款规定的方式进行对质。

根据以上规定可以看出,被告人之间可以对质,审判长、控辩双方可以向被告人发问,被告人与证人、被害人可以相互对质。辩护人若发现被告人供述、证人证言、被害人陈述有实质差异的,可以提前与当事人沟通,申请法庭对差异性问题由相关当事人进行对质。理论上,对质还可以是被告人与侦查人员对质,侦查人员与证人对质、证人与侦查人员对质。

第五节

庭 审 质 证

一、质证时的注意事项

1.公诉人如向法庭出示律师未查阅复制的新证据,辩护人应当向法庭提出当庭审查证据,经审查当庭可以提出质证意见的,确信该证据不会影响自己辩护思路的,可以进行质证。经过当庭查看证据,对该证据存在疑问或可能影响辩护思路的,应向法庭申请休庭,以便有足够的时间审查证据,对该证据作必要的准备。

2.公诉人通知移送材料以外的新证人出庭,辩护人应向法庭提出意见,若有必要,要求休庭作必要的辩护准备。

3.控方证人是否出庭,如不出庭,对公诉人宣读的未出庭证人的书面证言,辩护人要审查提出意见,包括该证人不能出庭作证的原因及对本案的影响;该证人证言的形式和来源是否合法,内容是否完整、准确。例如,辩护人认为确有必要对该证人证言进行当庭质证的,应向法庭申请通知证人出庭作证,或要求通过视频语音通信等技术手段对该证人证言进行质证,或建议法庭对该证人证言不予采信。

对出庭的证人,辩护人按照提前拟定的发问提纲结合庭审情况进行发问。

4.控方鉴定意见的鉴定人是否出庭。鉴定人不出庭的,辩护人按照准备好的质证意见质证,对鉴定意见的可信性发表意见并阐明理由,与控诉方展开辩论。必要时,辩护人有权申请法庭通知鉴定人出庭接受质证,或者建议法庭不能作为定案的依据,或者要求法庭延期审理,向人民法院申请补充鉴定或者重新鉴定。

对出庭的鉴定人和鉴定意见,辩护人按照准备好的发问提纲进行发问,对鉴定意见的客观性及时发表意见并阐明理由,与控方展开辩论。如果辩护人提前申请了有专门知识的人出庭支持辩护人观点,得到允许后,由有专门知识的人提出观点,对鉴定人作出的鉴定意见提出意见、进行辩论。

5. 公诉人出示的物证、书证是不是原件、原物。若不是,则应质证其不能出示原件、原物的原因,是否有必要由被告人辨认。

对公诉人出示的视听资料、电子数据是否有原始载体。若没有,则应质证其不能出示原始载体的原因,是否能播放、展示相关内容。在视听资料播放后,如发现该材料不真实,或者与本案没有关系,或者其内容不是被告人自愿所为等,应提出要求重新鉴定或者不予采信的建议及理由,控辩双方可以就此展开辩论,可以要求法庭调查核实。在电子数据展示后,如发现该材料不真实,或者与本案没有关系,或者有相反的证据表明该数据为伪造等,应提出要求重新鉴定或检验的建议和理由,或者建议法庭不予采信,控辩双方可以就此展开辩论,辩护人有权要求法庭调查核实。

6. 勘验、检查笔录,侦查、实验笔录,辨认笔录,搜查、扣押笔录等笔录的制作人是否出庭作证。其出庭的,按准备好发问提纲进行发问;不出庭的,按照准备好的质证意见发表,可以提出笔录的制作人如不出庭说明情况,真实性无法查明,笔录不予采信的建议和理由。

7. 在法庭调查活动过程中,辩护人如发现侦查机关、人民检察院收集的能够证明被告人无罪或者罪轻的证据材料没有向人民法院移交的,有权请求人民法院向人民检察院调取其收集的能够证明被告人无罪或者罪轻的证据材料。

8. 在法庭审理过程中,辩护人如发现有新情况需要通知新的证人到庭,调取新的物证、书证,申请重新鉴定或勘验的,应依法提出申请。

9. 公诉人在质证时提出不同意见的,辩护人应与控诉方展开辩论。案件每项事实的举证、质证完毕后,辩护人可以发表综合性的质证意见。

10. 公诉人举证完毕后,辩护人如有证据提交的,向法庭申请对本方证据进行举证,得到允许后按照提交给法庭的证据目录清单进行举证。

11. 在法庭调查活动中,有不符合法律规定或不利于查明案件事实的,辩护人可依法提出建议或异议。

二、如何发表质证意见

(一)围绕证据"三性""两力"及证明标准发表质证意见

《律师办理刑事案件规范》第 95 条第 2 款规定:"辩护律师应当围绕证据的真

实性、合法性、关联性,就证据资格、证明力以及证明目的、证明标准、证明体系等发表质证意见。"

关于证据的"三性""两力"(证据能力、证明力),以及证明标准、证明体系,法庭采纳的证明标准等详见本书第九章证据的审查质证。

发表质证意见,单个证据从其真实性、合法性、关联性方面,结合证据资格(能力)、证明力,论证其是否达到了证明某个事实的目的。多个证据或一组证据到全案证据是否形成了完整的证明体系,是否达到了事实清楚、证据确实充分,排除合理怀疑的证明标准。

发表质证意见要注意:第一,证据的关联性是证据与待证事实有关联,要注意二者有什么关联。第二,证据的合法性除了非法证据,还有不合法的证据。第三,通过证据的客观性质疑真实性。没有客观性是指与其他查明的事实不符,或者与其他证据相矛盾,或者与常识、常情、常理相违背。第四,通过合法方式质疑证据资格。第五,对证据提出意见不要表述为异议。

(二)质证的顺序

1. 首先是关联性,关联性是证据的首要属性,如果证据没有关联性,就先质证关联性,排在第一位。比如,某个物证来源不明,所以与本案没有关联性。如果有关联,那么有什么关联是涉及待证事实的问题,应放在最后论述。

2. 合法性,如果证据有关联性,那么就放在最后,先质证合法性。合法性包括非法证据和不合法证据。如果非法证据在庭前会议被排除了就进入不了法庭。如果庭前会议没有被排除,开庭时律师还可以提出该证据为非法证据的意见。庭前会议未排除不影响律师在法庭上提出非法证据的实质权利。不合法的证据,就是不符合法律规定的证据,也就没有证据资格。

3. 如果没有非法证据和不合法的证据,那么就质证其客观性。客观性要从与其他查明的事实不符、与其他证据相矛盾或者与常识、常情、常理相违背3个方面来论述。没有客观性也就没有了真实性,没有真实性的证据自然就没有证据资格。

(三)质证意见的具体表述句式

1. 公诉人举证的一般表述。公诉人举证时一般表述为:"公诉人现出示某某证据,在卷宗第几页,该证据证明某某事实,请法庭组织质证。"在读到卷宗第几页时,公诉人会表述:"现在宣读其中的主要内容如下。"接下来,辩护人发表质证意见。公诉人可能对辩护人和被告人刚才的质证意见简单答辩或者说明,然后公诉人继续举证。如果法庭组织辩论,公诉人会直接进行答辩,答辩完以后再让律师提辩论意见,之后审判长主持公诉人继续举证,公诉人就继续举证。

2. 辩护人质证的一般表述。辩护人质证意见一般表述:对公诉人刚才出具的某某证据的某某性提出几点意见。说完后说:质证暂时到此。辩护人申请对公诉人(对辩护人质证意见的)答辩或说明,发表辩论意见一般表述为:"审判长,对公诉人刚才的说明,辩护人有意见要发表,请允许。"审判长可能不同意,会让律师到法庭辩论阶段发表,此时律师可以做好记录,在辩论阶段进行有针对性的辩论。也可以依据《刑事诉讼法》第198条规定争取辩论,该条规定可以对证据和案件情况发表意见并且可以互相辩论。此时的辩论是对该份证据的辩论,后面法庭辩论阶段的辩论是对整个案件的辩论。

3. 辩护人对证据没有关联性的具体表述:对公诉人出示某证据的关联性有几点意见,该证据无法证明来源,与定罪量刑无关,与本案无法建立关联,没有关联性,不能作为定案依据。

4. 辩护人对证据合法性质证意见具体表述。对非法证据质证的句式结构:某某证据——系侦查人员通过——(如肉刑或变相肉刑等)非法方式——取得,属非法证据,没有证据资格,应当予以排除,不能作为本案证据使用。

具体表述:对公诉人出示的某某证据的合法性有几点意见,该份证据系侦查人员通过肉刑或变相肉刑等非法方式取得,系非法证据,没有证据资格,应当予以排除,不能作为本案证据使用。

对于非法证据以外的不合法的证据质证句式结构:侦查人员——行为违反——法律规定——导致后果——没有证据资格,不能作为定案依据。

具体表述:侦查机关对某某的讯问笔录采用复制粘贴方式,违反了《公安机关办理刑事案件程序规定》第205条,侦查人员应当将问话和犯罪嫌疑人的供述和辩解如实记录的规定,未如实记录,不是被告人真实意思,没有证据资格,不能作为定案依据。

不合法的证据跟非法证据有区别,非法证据不能进入法庭,法庭不用评判,不能作为证据使用;不合法的证据是不能采纳,不能作为定案依据的证据。

5. 辩护人对证据没有客观性质证意见具体表述:对于公诉人出示某证据的客观性有几点意见,从与其他查明的事实不符,与其他证据相矛盾或者与常识、常情、常理相违背3个方面进行分述,证明其没有真实性或真实性存疑,没有证明力,不能作为定案依据。

对公诉人出具的某某证据与查明的事实不符的具体事实,根据个案实际情况列举。简单表述即可,不用展开,到第二轮阶段再结合所有证据进行分析评判。

对证据的客观性质证实质是通过客观性质证其真实性。比如,证人说看到一个高个子殴打一个矮个子的被害人,而事实上被告人比被害人还矮,这就是与客观事实不符,证言不具有真实性。

常识、常情、常理,是根据一般人的理解,正常情况下应当怎么样的情况,具体要结合证据来进行分析。这种理解方法辩护人可以用,公诉人也可以用,甚至侦查人员还可以用。比如,受贿案件中,某领导对于老婆收受的钱款辩解不知情。对于这种情况,一般人会认为,夫妻之间经常在一起,应当是知情的,这是常理。但也不排除夫妻二人虽然经常在一起,但是还真的未必对每一件事情都清楚。前一种情况更容易为大家所接受,后一种情况也无法排除其合理性。

6. 对关联性中待证事实质证的表述。对公诉人出示证据不全面仅对不利证据摘录的质证意见表述:对公诉人出举的某证据的关联性有意见,该证据(部分内容)证实了被告人的辩解;不能证实控方所指控的待证事实;公诉人仅作部分出示,辩护人认为公诉未宣读部分内容也应该出示,现予补充宣读。

其他表述:对公诉人出举的某某证据无法证明某事实,无法排除某种合理可能,没有证明力。

尽量避免每一份证据质证的时候都说该份证据无法证明犯罪事实,达不到证明目的,否则容易被认为无实质性意见。

7. 对公诉人分组出示证据的质证意见表述:对公诉人出具的该组证据,无法证明某某事实,无法排除某某的合理怀疑,达不到某某证明目的。对一组证据的质证,辩护人提出这一组的总体的质证意见,对公诉人出具的该组证据,无法证明什么事实,无法排除什么合理怀疑进行论。

8. 对全案证据予以总结。具体表述:综合全案证据,没有形成完整的证明体系,没有达到事实清楚、证据确实充分,排除合理怀疑的证明标准,所指控的犯罪不能成立。

（四）公诉人举证时的辩护工作

1. 认真听，听清楚公诉人出示的证据名称、证据的内容和待证事实。听清楚公诉人出示了什么证据，特别是被告人笔录有多份，公诉人宣读了几份。还有，即使是同一份笔录，公诉人宣读是否完整。针对公诉人出示的笔录进行质证，对其未出示的笔录也要质证。如果庭后法官看到这部分笔录，而辩护人没有发表意见，此时对被告人是不利的。所以辩护人不能局限于只对公诉人出示的证据提出有针对性的意见，还要针对没有出示的同类证据，可能对被告人不利的内容发表质证以及指出有利的部分。对于同一份笔录，公诉人一般读的是对被告人不利的内容，对于没有读到对被告人有利的内容，辩护人都要提出意见，不能局限于其宣读的内容。

弄清公诉人出示证据的待证事实能不能得到证明。有时对证据本身没有意见，但是对待证事实是有意见的，其是否能证明待证事实还存在疑问。公诉人站在控方的立场看待证据是一方面，辩护人站在辩方看待证据是另一方面，如何解读证据也是关键的问题，应将其纳入证据的关联性提出质证意见。

2. 做好记录。公诉人出示的证据，包括有利的观点、不利的观点，有利的证据内容、不利的证据内容，都应在质证提纲中标出来之后结合质证提纲发表意见。

3. 调整质证提纲，发表质证意见。根据公诉人出示的证据、宣读的内容与待证事实的关系，结合准备好的意见进行调整。调整后的质证意见应更加有针对性也更加全面，紧扣"三性"，简洁明快，抓住要害，让法官能更清楚辩护人表达的质证意见。

（五）被告人发表意见时的辩护工作

1. 认真听，听清楚自己当事人的辩解。第一，被告人的供述和辩解属于证据，辩护人也应当发表意见，一般辩护人对被告人的辩解没有反对意见，但也要简单提出意见，至少应当说"请法庭重视被告人的辩解"，不能不发表意见。第二，被告人对证据发表质证意见后，辩护人也要对证据发表质证意见。一般来说，辩护人的质证意见比被告人的质证意见要专业、全面。要避免出现被告人对证据提出质证意见，而辩护人没有意见的情况。第三，其他同案被告人的辩解意见也属于证据，对其有利或不利于自己当事人的内容要作有针对性的质证意见。第四，被告人辩解意见可以在辩论阶段引用。对庭审过程中出现的新情况可以引用并发表意见。

2. 对被告人发表的意见予以记录。记录被告人提出的意见属于什么问题,是合法性、关联性还是客观性,并与自己准备的质证意见进行比对,用法言法语进行总结提升,并在此基础上发表意见。

3. 及时调整准备好的质证提案。结合被告人的质证意见,紧扣"三性"、简洁明快、抓住要害,提出质证意见。

注意同案犯可能提出的对当事人不利的意见,这部分可能是没有准备的,也要发表意见。发表意见要紧扣"三性",遵循标准表述:对公诉人出示的某某证据的某某性有几点意见。

三、辩护人举证注意事项

辩护人除质证以外,可能还有证据举证。

1. 辩护人举证原则是只举可能有利、不可能不利的证据;不举不利或经过调查可能不利的证据。对提交的证据都要事先评估证明目的和作用,证明力如何,有利还是不利。

2. 辩护人提交证据要符合证据的要求,同时也要接受公诉人的质证。在多数情况下,辩护人提交的是证据线索,应申请法庭调查核实。有时辩护人为了防范自己的执业风险,出于策略上的考虑,可能把证据作为证据线索提交。

3. 无论是证据还是证据线索都要客观真实,至少在律师的环节保证客观真实。这既是防范执业风险的要求,也是作为法律人应该坚守的执业纪律。

4. 要在庭审前提交证据目录和证据的复印件,写明待证事实,装订成册提交法庭。还要给公诉人准备副本,若有必要,还要给同案其他被告人的辩护律师。开庭时必须提交原件核对。

5. 公诉人出示的和没有出示的对被告人有利的证据,都可以纳入辩护人的举证材料。

6. 举证时也可以用多媒体的方法展示证据,通过视频、动画或者演示文稿等科技手段展示证据的说服力更强,要注意提前与法庭沟通,调试设备。

第六节

法庭辩论

经过了发问和举证、质证环节之后是法庭辩论环节,在发问和质证阶段的意见就像一颗颗散落的珍珠,辩护人要归纳整理,用逻辑将一颗颗珍珠串连起来,结合提前准备的辩护意见进行辩论,形成完整的逻辑论证。

法庭辩论,是各方当事人及其代理人(公诉人、辩护人)在庭审诉讼活动中,为保证己方合法权益,达到预期目的或效果,在依据事实和法律的基础上,就自己的诉讼主张所作出的计划和实施的方式、方法及谋略。对于律师界而言,也称庭辩艺术。庭辩艺术在律师业务活动中占有十分重要的地位,既是律师业务才能和智慧的集中体现,又是品评律师办案质量及其称职与否的标准尺度。因此,有必要对律师在庭审辩论中的有关技巧问题加以研究和探讨,以适应庭审方式改革的需要,充分发挥律师在庭审辩论中的重要作用。

人的思维只有通过表达才能达到影响他人的作用。表达得好坏取决于表达的内容,但表达技巧也是关系到表达成功与否的关键所在。一个称职的辩护律师,不仅要有好的文字组织能力,还应具有准确、简洁、清楚、生动的语言表达能力。纵观每位成功律师,他们在出庭辩论、代理时,都具有驾驭、支配辩论形势的能力。在庭审辩论中律师应当做到脱稿发表辩护意见,并善于把握和引导,控制语速,吐字清晰;善于入情入理,语言可以伤人,也可以感人。律师在庭审辩论中要有风度,有气魄,不卑不亢,不趾高气扬。善于控制情绪,怒而不暴跳如雷,惊却能声色不露,即时采取有效措施,平息、安定、排除意外,做到应变自如,稳中求胜。

庭审辩论技巧,不仅是一门口才辩论艺术,还是律师参与诉讼活动的基本技能之一。人们在诉讼活动中,期望能请到一位高明的律师作为自己的代理人,律师的辩论技巧成为其高明之处的一个重要表现。

一、公诉人发表公诉意见时辩护人准备工作

1.认真听,听清公诉人发表的公诉意见的观点、理由和意见。法庭辩论开始,先由公诉人发表公诉意见。之后辩护人发表辩论意见时,不能机械地宣读提前准备好的书面辩护意见,要结合庭审情况,有针对性地进行辩论。因此,在公诉人发表公诉意见时,辩护人应当认真听公诉人的观点、理由和意见。

公诉人的公诉意见是高度概括的,一般表述为:第一,本案事实清楚,证据确实充分,足以认定;第二,本案构成某某罪;第三,量刑建议;第四,其他,如法治教育等。

公诉人首先发表公诉意见,被告人和辩护人针对公诉人的公诉意见发表反驳意见,这是第一轮辩论;公诉人对被告人和辩护人发表的辩论意见进行反驳或回应,被告人、辩护人针对公诉人的反驳或回应再进行反驳,这是第二轮辩论。一般情况下,法庭允许两轮辩论,即控辩双方都有两次发言机会。但如果案件争议较大审判长或许会允许三轮或更多辩论。

公诉人在庭审时的意见是其对案件理解,很重要,辩护人要认真听清楚公诉人的观点和其理由,才好组织反驳。有些认罪认罚的案件,辩论激烈时公诉人可能要求撤回认罪认罚的量刑意见;针对实践中有争议的法律适用公诉人是什么意见;有时公诉人可能有一些口误,是否要需要澄清;有些情节和数额是否与起诉书一致等,都要听清楚。

鉴于多数情况下法庭会组织两轮辩论,而公诉人属于立论,辩护人属于驳论,有经验的公诉人往往在首次发表公诉意见时针对庭审争议焦点一并发表意见。此时,辩护人要认真听其总结的焦点是否正确,反驳其的理由能否成立。

2.记录要点,认真听的同时要作简要记录,对公诉人认可的有利或不利于被告人的事实或观点记录。辩护人在发表辩论意见时,对有利的简单回应和确认,增加法庭的印象;对不利的重点反驳。记录公诉人发言可能发生的错误,如其引用的事实、引用的证据是否有错误,在发表辩论意见时将其指出来。记录公诉人发言的重点,其是如何论述的,在发表辩论意见时也应进行重点反驳。

3.调整书面辩论意见,将以上记录的内容调整到辩论意见。对公诉人认可的事实或观点,如公诉人认可的自首、立功等简单表述一下即可,不再展开辩论;对庭

审中查明的一些事实点出来，予以固定；对公诉人重点论述的问题，详细反驳。

4.必要时维权。如公诉人发言对被告人进行威胁，对辩护人进行人身攻击需及时打断其发言，向审判长提出。

二、被告人发表意见时辩护人准备工作

公诉人发表公诉意见之后，被告人发表辩论意见，此时辩护人也要认真听其发言。听其发言是否按照庭前辅导的既定内容，有无遗漏或者发挥超出部分。被告人作为案件的亲历者，他对事实的描述、对感知的描述包括其主观认识哪些能为辩护人所引用，结合其当庭表述、具体情况调整书面辩论意见。

三、同案被告人及其辩护人发表意见时的辩护工作

认真听同案被告人及其辩护人的观点与自己是否相同，是否有可以借鉴的部分。比如，前面被告人作无罪辩护，而我们准备罪轻辩护，那前面被告人的观点对整个案件的定性会产生怎样的影响，都是辩护人考虑的内容。认真听其发言与我们委托人有无关联的事实，如共同实施的一些行为可能关系到对主从犯的认定等，将其记录下来，在发表辩论意见时予以澄清。

针对同案辩护人发言进行一些澄清，注意不要言词过于激烈，澄清事实就好。庭审发言要尽量不影响其他当事人合法权益，但也要个案具体分析，实事求是，尊重事实。网络上曾爆出在某涉黑案件庭审时，一部分辩护人作认罪认罚的罪轻辩护，干扰同案其他作无罪辩护的辩护人发言，充当"第二公诉人"，这在律师界产生了负面影响。在另一起涉黑案件的辩护中，第一被告人是无罪辩护，其余都是认罪认罚。第一被告人的辩护人对其他被告人发问，其他被告人的回答与庭前笔录不一致导致公诉人认为是翻供，要撤回认罪认罚的量刑建议。但通过第一被告人的辩护人发问，使后面的被告人也认为自己是无罪的，这就是尊重事实。

还有，即使是相同的观点，前面辩护人的论述是否充分，是否还需要补充论述等，都需要后面辩护人认真听、认真记录，结合书面辩护意见进行适当调整。

四、发表第一轮辩论意见

辩护人当庭口头发表辩论意见要能够抓住要点、抓住焦点、抓人眼球、引人入胜，才能达到好的效果。

1.结合现场因素，产生联动效应。第一轮庭审辩论要想发挥好，就要注意结合现场因素，运用好结合现场因素发言的句式，让在场人的思想产生联动。比如，被告人刚才关于某某的辩解意见，得到某某证据的印证；公诉人提到某某问题，也正是我们所要表达的或者我们也认可的；公诉人提到某某问题，与本案某某矛盾，是不正确的；审判长刚才对被告人的发问也提到某某问题。使用这样的表述，与现场的因素结合，让听者思想上产生联动，与其他因素联系起来，更能增强说服力。

比如，有些命案被害人家属出示横幅要求判处被告人死刑立即执行的情况，律师可以说：被害方情绪非常激动，而且打出横幅，对此表示理解和同情，但我们也相信法庭对本案的审判是依据事实和法律，我们也相信被害方也会尊重法律，尊重法院的公正判决。这样既结合了现场因素，也把希望法庭不受被害方情绪影响的观点表达出来。

比如，有些案件的被告人对于公诉人或被害人歪曲事实的发言表现得异常激动，律师可以结合起来说：从被告人异常激动的反应可以看出，证据的客观性值得怀疑，因为正常情况下一个人不可能有这样异常的反应。

在提到某人时，目光可以随之看一下，适当的肢体语言能传递更多的信息，引起联动。书面辩护意见加上现场发生的因素，可以产生联动，增加说服力，这是照本宣科地念辩护意见所不能比拟的。

2.言之有物，层次分明。这是说辩论不是空洞地说教，不是抽象地论述，而是所言皆有事实，所论皆有依据。法庭辩论不仅要阐述事实、分析证据、适用法律、研究法理、类比判例、结合常识、常情、常理进行。还要有层次，有一定的逻辑结构。

一是适用事实层面，围绕起诉指控的事实、庭审查明的事实、存疑的事实、能否排除合理怀疑的事实等进行阐述。二是适用证据层面，在控方举证的证据中，从单个证据的"三性"分析其是否可以作为定案的依据；再从证据体系分析其是否形成了完整的证明体系。三是适用法律层面，运用三段论来看控方法律适用是否得当，根据证据证明的事实，按照法律规定判断属于什么性质的行为，进行定性分析，然后考虑量刑档次。四是适用法理层面,如果法律规定模糊或者存在较大争议,运用法理进行阐述,论证其从法理上如何进行判断和认定。五是适用判例层面,查询类似的判例分析其是如何论证的,如何判决的,从判例的论证和判决结果找到支撑观点的依据。六是从常识、常情、常理等方面进行分析论证。(详细请参阅辩护词和辩护意见的写作部分内容)

3. 善辩不诡辩,正辩不狡辩。意思是辩护人善于辩论,但不是诡辩,发言有正义感,不能作仅为被告人推脱责任的狡辩。律师虽然担任被告人的辩护人,为被告人说话,但是要有原则,不能强词夺理,为说而说,流于表演。辩护人法庭辩论的目的是说服法官采纳辩护意见,前提是对案件事实正确判断、对法律正确适用,论证采用的是通说,符合一般人的情感。辩护人所引用的证据、对证据的分析、法律的适用与理解、法理的分析与理解、判例的引用和理解,跟公诉人、法官的要求标准是一样的。

同时,辩护人要对案件事实大胆地提出合理怀疑。注意这里说的是合理的怀疑,就是有理由的怀疑,这种理由可以被多数人认可和理解,不能曲解和狡辩。对证据、法律作出有利于被告人的解释和认定,符合存疑有利于被告人原则,注意这里有利的前提是存疑,不是一切有利于被告人。

五、发表第二轮辩论意见

1. 针锋相对,精准反驳。第一轮辩论意见是全面的、整体的意见。第二轮要针对公诉人的观点进行精准反驳,不能遗漏。公诉人站在指控的角度发表公诉意见,目的是指控犯罪,同时也有保障人权的职能,需要尊重客观事实。因此,不是公诉人所有的意见观点辩护人都要反对。比如,对被告人有利的观点与事实认定,辩护人可以重申一下,表示认同公诉人关于这点的意见。法庭辩论不是辩论赛,争论是相对的争论,是理性、平和的争论。辩护人是反驳对被告人不利的观点,不是"寸土必争"。

2. 言简意赅,简洁明了。第二轮辩论意见最好以简洁的语言直截了当的反驳,不需要长篇大论,重复阐述。

3. 引证据和法律破解,以规则和通说升维。解决争议的最好办法就是拿出确凿的依据。比如，向法庭提出：公诉人刚才提到的某某证据，根本没有，或者有相反的证据反驳；公诉人引用法条错误；某法条规定公诉人指控不成立。将争论提炼为规则问题，提炼为通说的概念问题，在理论上升维，再降维打击。比如，直接故意和间接故意的区别，把事实争议抽象成概念和规则。有意识地总结提升争议焦点，在更高层面上提出理由和意见，可以有效地解决这些争议，容易得到法官的理解和认可。

第七节

庭后工作

一、根据开庭情况撰写并提交辩护词

庭审结束后,根据庭审情况修改辩护意见,及时提交。辩护词是律师根据庭前辩护提纲、辩护思路、质证意见结合庭审辩论焦点、控辩双方的意见归纳整理总结而成,是辩护意见的终结版。不提倡将庭前写好的辩护词在庭审结束后就直接提交的做法。

辩护词是辩护意见的一种,一般开庭之前的辩护文书称辩护意见,开庭后向法庭提交的书面辩护意见称辩护词,有对庭审总结陈词之意。是被告人及其辩护人在诉讼过程中根据事实和法律所提出的有利于被告人的材料和意见,部分地或全部地对指控的内容进行辩解、反驳,以证明被告人无罪、罪轻,或者提出应当减轻、免除刑事责任的书面意见。辩护词和辩护意见在本质上是一样的,此处一并论述。

二、庭后关怀

宣判后,审判阶段的辩护工作就结束了,但在宣判以后到法定的上诉期限届满前要会见被告人。会见的作用主要:保持刑辩服务过程的完整性;最大限度地弥补前期辩护的瑕疵,提高客户的满意度;为被告人解疑释惑;结合判决书、案件事实、证据及相关法律规范,帮助被告人分析上诉的利弊及通过上诉可能达到的诉讼预期,确定是否上诉,暂留看守所还是尽早进入监狱服刑。

上诉的,进入二审程序,协商二审委托事宜。不上诉的,进入执行程序,进入监狱服刑,律师可以提供一些咨询和建议。根据当事人要求可以详细辅导服刑相关的事宜,如遵守相关规定、办理减刑、假释、保外就医、暂予监外执行等,这可以发展为单独的一个收费服务项目。

(一)辅导当事人到监狱服刑应当遵守的行为规范

服刑人员在监狱要服从管理,遵守相应的管理制度,遵守必要的行为规范。为此司法部制定了《监狱服刑人员行为规范》,主要内容包括应当遵守的基本规范、纪律、生活规范、学习规范、劳动规范、文明礼貌规范等。

基本规范,如拥护宪法,遵守法律法规规章和监规纪律;服从管理,接受教育,参加劳动,认罪悔罪等。

应当遵守的纪律,如不超越警戒线和规定区域、脱离监管擅自行动;不私藏现金、刃具等违禁品;不在会见时私传信件、现金等物品;不偷窃、赌博;不打架斗殴、自伤自残;不拉帮结伙、欺压他人;不传播犯罪手段、怂恿他人犯罪等。

生活规范,如按时起床,有秩序洗漱、如厕,衣被等个人物品摆放整齐;按要求穿着囚服,佩戴统一标识;按时清扫室内外卫生,保持环境整洁;遇到问题,主动向警官汇报;与警官交谈时,如实陈述、回答问题等。

学习规范,如接受法制、道德、形势、政策等思想教育,认清犯罪危害,矫治恶习;接受心理健康教育,配合心理测试,养成健康心理;接受技术教育,掌握实用技能,争当劳动能手,增强就业能力等。

劳动规范,如积极参加劳动;遵守劳动纪律,坚守岗位,服从生产管理和技术指导;严格遵守操作规程和安全生产规定,不违章作业等。

文明礼貌规范,如爱护公共环境;不随地吐痰,不乱扔杂物,不损坏花草树木;言谈举止文明,不讲脏话、粗话等。

(二)辅导监狱考核计分情况

为有效调动罪犯的改造积极性,提高改造质量;同时为了认真履行监狱管理、教育改造罪犯职责,提高监狱执法公信力,司法部制定了《监狱计分考核罪犯工作规定》,根据计分考核结果对罪犯给予表扬、物质奖励或不予奖励,将其作为实施分级处遇,依法提请减刑、假释的重要依据。

自罪犯入监之日起实施,日常计分满 600 分为一个考核周期,等级评定在一个考核周期结束次月进行。日常计分内容分为监管改造、教育和文化改造、劳动改造三部分,每月基础总分为 100 分,每月各部分日常加分分值不得超过其基础分的 50%,且各部分得分之间不得相互替补。

罪犯监管改造表现达到以下标准的,当月给予基础分35分:遵守法律法规、监规纪律和行为规范;服从监狱人民警察管理,如实汇报改造情况;树立正确的服刑意识和身份意识,改造态度端正;爱护公共财物和公共卫生,讲究个人卫生和文明礼貌;厉行节约,反对浪费,养成节约用水、节约粮食等良好习惯;其他遵守监规纪律的情形。

罪犯教育和文化改造表现达到以下标准的,当月给予基础分35分:服从法院判决,认罪悔罪;接受思想政治教育和法治教育,认识犯罪危害;接受社会主义核心价值观和中华优秀传统文化教育;参加文化、职业技术学习,考核成绩合格;接受心理健康教育,配合心理测试;参加监狱组织的亲情帮教、警示教育等社会化活动;参加文体活动,树立积极改造心态;其他积极接受教育和文化改造的情形。

罪犯劳动改造表现达到以下标准的,当月给予基础分30分:接受劳动教育,掌握劳动技能,自觉树立正确劳动观念;服从劳动岗位分配,按时参加劳动;认真履行劳动岗位职责,按时完成劳动任务,达到劳动质量要求;遵守劳动纪律、操作规程和安全生产规定;爱护劳动工具和产品,节约原材料;其他积极接受劳动改造的情形。

对老年、身体残疾、患严重疾病等经鉴定丧失劳动能力的罪犯,不考核劳动改造表现,每月基础总分为100分,其中,监管改造基础分50分,教育和文化改造基础分50分。

一个考核周期结束,计分考核工作小组应当根据计分考核结果,按照以下原则报计分考核工作组审批:被评为积极等级的,给予表扬,可以同时给予物质奖励;被评为合格且每月考核分均不低于基础分的,给予表扬;被评为合格等级但有任何一个月考核分低于基础分的,给予物质奖励;被评为不合格等级的,不予奖励并应当给予批评教育。一个考核周期结束,从考核积分中扣除600分,剩余考核积分转入下一个考核周期。

监狱根据计分考核结果除给予罪犯奖励或者不予奖励外,可以依照有关规定在活动范围、会见通信、生活待遇、文体活动等方面给予罪犯不同的处理。

监狱对罪犯的计分考核结果和相应表扬决定及有关证据材料,在依法提请减刑、假释时提交人民法院和人民检察院。

(三)假释、减刑的相关规定

减刑、假释是激励罪犯改造的刑罚制度,减刑、假释的适用应当贯彻宽严相济的刑事政策,最大限度地发挥刑罚的功能,实现刑罚的目的。

被假释的犯罪分子,在假释考验期间再犯新罪的,不构成累犯。假释在我国刑法中是一项重要的刑罚执行制度,正确地适用假释,把那些经过一定服刑期间确有悔改表现、没有必要继续关押改造的罪犯放到社会上进行改造,可以有效地鼓励犯罪分子服从教育和改造,使之早日回归社会,也有利于化消极因素为积极因素。

假释是对犯罪分子有条件地提前释放,国家并不排除对其继续执行尚未执行的那部分刑罚的可能性。适用假释必须符合法定的条件,并不是所有的罪犯都可以适用假释。对累犯及因故意杀人、强奸、抢劫、绑架、放火、爆炸、投放危险物质或者有组织的暴力性犯罪被判处10年以上有期徒刑、无期徒刑的犯罪分子,不得假释。

被判处管制、拘役、有期徒刑、无期徒刑的犯罪分子,在执行期间,如果认真遵守监规,接受教育改造,确有悔改表现的,或者有立功表现的,可以减刑。有下列重大立功表现之一的,应当减刑:阻止他人重大犯罪活动的;检举监狱内外重大犯罪活动,经查证属实的;有发明创造或者重大技术革新的;在日常生产、生活中舍己救人的;在抗御自然灾害或者排除重大事故中,有突出表现的;对国家和社会有其他重大贡献的。

减刑以后实际执行的刑期不能少于下列期限:判处管制、拘役、有期徒刑的,不能少于原判刑期的1/2;判处无期徒刑的,不能少于13年;人民法院依照《刑法》第50条第2款规定限制减刑的死刑缓期执行的犯罪分子,缓期执行期满后依法减为无期徒刑的,不能少于25年,缓期执行期满后依法减为25年有期徒刑的,不能少于20年。

被判处有期徒刑的犯罪分子,执行原判刑期1/2以上,被判处无期徒刑的犯罪分子,实际执行13年以上,如果认真遵守监规,接受教育改造,确有悔改表现,没有再犯罪的危险的,可以假释。如果有特殊情况,经最高人民法院核准,可以不受上述执行刑期的限制。

认真遵守监规,接受教育改造,确有悔改表现,没有再犯罪的危险,是适用减刑、假释的实质条件或者关键条件。犯罪分子同时具备以下4个方面情形的,应当认为"确有悔改表现":认罪伏法;遵守罪犯改造行为规范和监狱纪律;积极参加政治、文化、技术学习;积极参加劳动,爱护公物,完成劳动任务。

对职务犯罪、破坏金融管理秩序和金融诈骗犯罪、组织(领导、参加、包庇、纵容)黑社会性质组织犯罪等罪犯,不积极退赃、协助追缴赃款赃物、赔偿损失,或者服刑期间利用个人影响力和社会关系等不正当手段意图获得减刑、假释的,不认定其"确有悔改表现"。

罪犯在刑罚执行期间的申诉权利应当依法保护,对其正当申诉不能不加分析地认为是不认罪悔罪。

"没有再犯罪的危险",除符合《刑法》第81条规定的情形外,还应根据犯罪的具体情节、原判刑罚情况、在刑罚执行中的一贯表现、犯罪的年龄、身体状况、性格特征、假释后生活来源及监管条件等因素综合考虑。

此外,根据有关司法解释,为了贯彻对未成年犯教育、感化、挽救的方针,对未成年犯的假释在掌握标准上可以比照成年犯依法适度放宽。对罪行严重的危害国家安全的罪犯和犯罪集团的首要分子、主犯,惯犯的假释从严把握。

"特殊情况"是指有国家政治、国防、外交等方面特殊需要的情况。

有期徒刑的假释考验期限,为没有执行完毕的刑期;无期徒刑的假释考验期限为10年。假释考验期限,从假释之日起计算。

对拒不认罪悔罪的,或者确有履行能力而不履行或者不全部履行生效裁判中财产性判项的,不予假释,一般不予减刑。

(四)减刑、假释的程序

1. 监狱提出申请。监狱提请减刑、假释,由分监区或者未设分监区的监区人民警察集体研究,监区长办公会议审核,监狱刑罚执行部门审查,监狱减刑假释评审委员会评审,监狱长办公会议决定。

省、自治区、直辖市监狱管理局刑罚执行部门审查监狱依法定程序提请的减刑、假释建议并出具意见,监狱管理局分管副局长主持完成审核后,将审核意见报请局长审定;分管副局长认为案件重大或者有其他特殊情况的,可以建议召开局长办公会议审议决定。

监狱管理局审核同意对罪犯提请减刑、假释的,由局长在《罪犯减刑(假释)审核表》上签署意见,加盖监狱管理局公章。

人民法院开庭审理减刑、假释案件的,监狱应当派员参加庭审,宣读提请减刑、假释建议书并说明理由,配合法庭核实相关情况。

2. 人民检察院负责监督。人民检察院依法对减刑、假释案件的提请、审理、裁定等活动是否合法实行法律监督。对减刑、假释案件审理、裁定活动的监督,由人民法院的同级人民检察院负责。

人民检察院收到执行机关抄送的减刑、假释建议书副本后,应当逐案进行审查,可以向人民法院提出书面意见。发现减刑、假释建议不当或者提请减刑、假释违反法定程序的,应当在收到建议书副本后 10 日以内,依法向审理减刑、假释案件的人民法院提出书面意见,同时将检察意见书副本抄送执行机关。

人民法院开庭审理减刑、假释案件的,人民检察院应当指派检察人员出席法庭,发表检察意见,并对法庭审理活动是否合法进行监督。

人民检察院收到人民法院减刑、假释裁定书副本后,应当及时审查。经审查认为人民法院减刑、假释裁定不当的,应当在收到裁定书副本后 20 日以内,依法向作出减刑、假释裁定的人民法院提出书面纠正意见。人民检察院对人民法院减刑、假释裁定提出纠正意见的,应当监督人民法院在收到纠正意见后 1 个月以内重新组成合议庭进行审理并作出最终裁定。

3. 法院审理裁定。对被判处死刑缓期执行的罪犯的减刑,由罪犯服刑地的高级人民法院在收到同级监狱管理机关审核同意的减刑建议书后 1 个月内作出裁定;对被判处无期徒刑的罪犯的减刑、假释,由罪犯服刑地的高级人民法院在收到同级监狱管理机关审核同意的减刑、假释建议书后 1 个月内作出裁定,案情复杂或者情况特殊的,可以延长 1 个月;对被判处有期徒刑和被减为有期徒刑的罪犯的减刑、假释,由罪犯服刑地的中级人民法院在收到执行机关提出的减刑、假释建议书后 1 个月内作出裁定,案情复杂或者情况特殊的,可以延长 1 个月;对被判处拘役、管制的罪犯的减刑,由罪犯服刑地的中级人民法院在收到同级执行机关审核同意的减刑、假释建议书后 1 个月内作出裁定。

人民法院审理减刑、假释案件,可以采取开庭审理或者书面审理的方式。但下列减刑、假释案件,应当开庭审理:因罪犯有重大立功表现报请减刑的;报请减刑的起始时间、间隔时间或者减刑幅度不符合司法解释一般规定的;公示期间收到不同意见的;人民检察院有异议的;被报请减刑、假释罪犯系职务犯罪罪犯,组织(领导、参加、包庇、纵容)黑社会性质组织犯罪罪犯,破坏金融管理秩序和金融诈骗犯罪罪犯及其他在社会上有重大影响或社会关注度高的;人民法院认为其他应当开庭审理的。

人民法院开庭审理减刑、假释案件,应当通知人民检察院、执行机关及被报请减刑、假释罪犯参加庭审。

人民法院作出减刑、假释裁定后,应当在 7 日内送达报请减刑、假释的执行机关、同级人民检察院以及罪犯本人。作出假释裁定的,还应当送达社区矫正机构或者基层组织。

(五)暂予监外执行

1. 暂予监外执行的条件。对被判处有期徒刑、拘役或者已经减为有期徒刑的罪犯,有下列情形之一,可以暂予监外执行:患有属于本规定所附《保外就医严重疾病范围》的严重疾病,需要保外就医的;怀孕或者正在哺乳自己婴儿的妇女;生活不能自理的。

对被判处无期徒刑的罪犯,若其怀孕或者是正在哺乳自己婴儿的妇女,可以暂予监外执行。

2. 申请。罪犯需要保外就医的,应当由罪犯本人或者其亲属、监护人提出保证人,保证人由监狱、看守所审查确定。罪犯没有亲属、监护人的,可以由其居住地的村(居)民委员会、原所在单位或者社区矫正机构推荐保证人。对符合暂予监外执行条件的,被告人及其辩护人有权向人民法院提出暂予监外执行的申请,看守所可以将有关情况通报人民法院。

3. 审批。对罪犯适用暂予监外执行,分别由下列机关决定或者批准:在交付执行前,由人民法院决定;在监狱服刑的,由监狱审查同意后提请省级以上监狱管理机关批准;在看守所服刑的,由看守所审查同意后提请设区的市一级以上公安机关批准。

对有关职务犯罪罪犯适用暂予监外执行,还应当依照有关规定逐案报请备案审查。

对需要保外就医或者属于生活不能自理,但适用暂予监外执行可能有社会危险性,或者自伤自残,或者不配合治疗的罪犯,不得暂予监外执行。

对职务犯罪、破坏金融管理秩序和金融诈骗犯罪、组织(领导、参加、包庇、纵容)黑社会性质组织犯罪的罪犯适用保外就医的应当从严审批,对患有高血压、糖尿病、心脏病等严重疾病,但经诊断短期内没有生命危险的,不得暂予监外执行。

对在暂予监外执行期间因违法、违规被收监执行或者因重新犯罪被判刑的罪犯，需要再次适用暂予监外执行的，应当从严审批。

4.生活不能自理是指罪犯因患病、身体残疾或者年老体弱，日常生活行为需要他人协助才能完成的情形。

生活不能自理的鉴别参照《劳动能力鉴定职工工伤与职业病致残等级分级》（GB/T 16180—2014）执行。进食，翻身，大、小便，穿衣、洗漱，自主行动的日常生活行为中，有一项或两项需要护理属于生活部分不能自理；有三项或四项需要护理属于生活大部分不能自理；五项均需护理属于生活完全不能自理。

保外就医严重疾病范围此处不再赘述。

第六章 辩护文书的写作
chapter 6

刑事辩护中提交给办案机关的辩护文书一般有两类：一是申请类辩护文书，即各种申请书；二是辩护意见。申请类的辩护文书是指以申请书的方式提出某种诉求，如《取保候审申请书》《羁押必要性审查申请书》等；辩护意见一般是对整个案件比较全面和具体的辩护意见，如《撤销案件的辩护意见》《侦查阶段辩护意见》等。这两类仅是格式上的不同，内在逻辑是一样的。比如，《取保候审申请书》可以写得简单些，再配合详细的《羁押必要性审查申请书》一起使用，也可以直接把《取保候审申请书》写得很详细，单独使用。本章第一节简要介绍申请书的特点和简要写法，第二节主要介绍撰写侦查阶段辩护意见特有的注意事项。审查起诉阶段申请类辩护文书参照第一节，辩护意见参照第三节审判阶段的辩护意见。第三节主要介绍审判阶段辩护意见和辩护词的写作。

第一节

申请类辩护文书

一、申请书的特点

1. 申请类法律文书即申请书的实质也是辩护意见,其篇幅一般比较短,属于短小精悍型的辩护意见,直接向办案机关提出某一具体诉求,便于办案人员快速了解律师的诉求,无论哪种申请类法律文书,其目的都是为辩护服务。比如,《非法证据排除申请书》就是要求申请排除非法证据,《取保候审申请书》就是要求变更强制措施。

2. 申请书是辅助性辩护意见,它与辩护意见配合使用。比如,辩护意见中对鉴定意见提出种种质疑,充分论证鉴定意见不能作为定案的证据使用,再配合提交一份重新鉴定的申请书。当然,也可以仅使用重新鉴定申请书,进行充分的论证,但笔者个人认为辩护意见和申请书搭配使用效果比较好。

3. 申请书是一种动态的辩护意见。首先,随着案件的深入,申请事项是变化的。比如,开始提出《取保候审申请书》,随着案情进展,可能会陆续提出《排除非法证据申请书》《重新鉴定申请书》等。其次,提出申请后,办案机关会有回应,因此还可以形成辩护人与办案人员的互动;律师可以多次提出不同的申请,每次都有新的内容,形成多次互动,可以借此与办案人员有更加深入的沟通。

二、申请书的写法

1. 申请书的标题要能体现案件和提出的诉求,简单清楚。比如,《张某涉嫌诈骗罪一案取保候审申请书》《张某涉嫌诈骗罪一案调取张某银行转账记录申请书》,办案人员一看便知是哪个案件,主要诉求是什么。

2. 首部应写明申请人、申请事项、案件来源等。

3.正文是最为关键的部分,要在此处充分论证申请的理由。比如,调取证据申请书,就包括线索来源,申请理由,与案件的关系,证据材料的来源、保存状态,提取的可能性,证据材料的具体内容,法律依据等。申请理由越充分,申请获得准许的可能性才越大。同时,申请事项必须有明确的法律依据,列明具体条款,也就是有法条支撑才可以。

4.尾部载明此致某机关,还有申请人、日期、申请人联络方式,有附件的写明附件。

第二节

侦查阶段辩护意见的写作

侦查阶段提交给办案机关的辩护意见主要有《取保候审申请书》《不提请逮捕的辩护意见》《不批准逮捕的辩护意见》《羁押必要性审查申请书》《调查取证申请书》《重新鉴定申请书》《撤销案件的辩护意见》等。它们有一个共同特点，即都是为了嫌疑人能获得非羁押状态，因此，撰写这样的辩护文书必须围绕如何能够打动办案人员，写哪些内容可以触动办案人员，本节主从这个意义上阐述。

一、必须坚持法律思维

法律思维是法律人特定的从业思维方式，是法律人在决策过程中按照法律的逻辑来思考、分析、解决问题的思考模式或思维方式，是一种有价值取向的理性思维。法律思维包括逻辑思维、规则思维、程序思维、证据思维、价值思维等，这里仅讨论律师在辩护文书里提出的事实和表达的观点均要有法律上的依据，且要有直接的法律依据，不能笼统地表述为"根据相关法律规定"，而是要写具体出处。

对于公权力机关的行为判断，要看其是否有明确的法律授权，即所谓的"法无授权不可为"。对于公民的行为判断，要本着"法无禁止即可为""法无明文规定不为罪，法无明规定不处罚"原则等。

比如，在扫黑除恶的案件中，公安机关常常在案件没有立案或者刚刚立案没有查实犯罪行为之前发布《关于征集×××等人违法犯罪线索的公告》，其实是不符合法治要求的，此时律师如何向其提出意见呢？

【举例】某市公安机关于2019年3月14日拘留某嫌疑人，同年3月15日即发布一则公告征集犯罪线索，并张贴于嫌疑人居住的村内，其家属对此意见很大（见图6-1）。

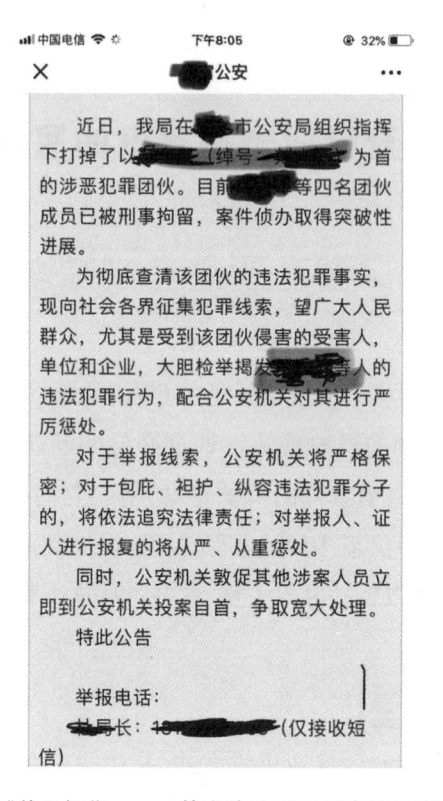

图6-1 《关于征集×××等人违法犯罪线索的公告》(违法)

下面是给公安机关的纠正意见第一稿。

关于×××涉嫌非法采矿案

建议公安机关纠正程序违法的法律意见书

致：×××公安局

北京市××(×××)律师事务所接受×××的委托，指派×××律师担任其涉嫌非法采矿案的辩护人。在辩护过程中，辩护人发现贵局于2019年3月15日在官方微信公众号上发布了《关于征集×××等人违法犯罪线索的公告》，并在×××居住的×××村进行了张贴，公告希望人民群众检举揭发×××的违法犯罪行为。上述行为缺乏依据，建议进行纠正。

一、案件处理情况

×××因涉嫌非法采矿罪，于2019年3月14日被×××市公安局刑事拘留，现羁押于×××市看守所。

二、建议纠正的事由

1. 该公告缺乏法律依据。

公安机关发布悬赏通告，必须有特定的犯罪事实。有了特定的犯罪事实，才可能有针对性地查获犯罪嫌疑人、追缴涉案财物、证据，发现犯罪线索。例如，某年某月某日某时，某地发生交通肇事案，公安机关征集相关线索，这是可以的。没有犯罪事实，要人民群众提供犯罪事实，这是不可以的。此次贵局发布的公告，非但没有提出特定的犯罪事实，反而希望人民群众检举揭发×××的违法犯罪行为，在这种情况下征集的所谓线索，存在极大的打击报复、诬告陷害的可能性，无法保证其真实性。

2. 该公告事实依据不足。

根据公告发布时的情况，×××等涉嫌非法采矿案尚不足以确定为涉恶犯罪团伙。

律师：×××
2019年×月×日

再来看修改过的第二稿。

关于×××涉嫌非法采矿一案
侦查阶段辩护意见

致：×××市公安局

北京市××（×××）律师事务所接受×××的委托，指派×××\×××律师担任其涉嫌非法采矿案的辩护人。经会见和了解基本情况后，提出一些初步意见。

一、案件基本情况

×××因涉嫌非法采矿罪，于2019年3月14日被××市公安局刑事拘留，现羁押于××市看守所。

贵局于2019年3月15日在官方微信公众号发布了《关于征集×××等人违法犯罪线索的公告》（见附件），并在×××居住的××市××县××村大街小巷张贴了多份，公告认定×××是四人涉恶团伙，希望人民群众检举揭发该团伙的违法犯罪行为。

二、贵局发布的公告及张贴行为不具有合法性、合理性和正当性

1. 贵局发布该公告不具有合理性和正当性。

通常情况下，公安机关发布征集犯罪线索的公告有两种情况。一是针对已发

生某特定的犯罪事实,如发现一具尸体或者发现某一犯罪现场征集犯罪线索;二是针对特定的人已经查证有确定犯罪的事实或确定的犯罪线索,经检察机关批捕后针对某人征集犯罪线索。

经会见×××本人,了解到贵局审讯涉及的内容仅为×××涉嫌采沙证过期后继续开采和一起十几年前的打架事件,这无论如何与涉恶团伙也没有关系。×××于2019年3月14日才被拘留,贵局于2019年3月15日就发布公告,公告称案件侦办取得突破性进展,显然不具有合理性。既然已取得突破性进展,为何仍未申请批捕而要延长至30日。由此可见,该公告是在没有确定×××有涉恶团伙犯罪事实的情况下发布的,属于未审先定、主观臆断,属于选择性、针对性执法,有打击报复之嫌,可能会造成不法之徒因此而诬告陷害,严重侵害了当事人的合法权益。因此,贵局发布该公告不具有合理性和正当性。

2.贵局发布该公告不具有合法性。

贵局是国家刑事司法机关,一切活动必须有法律的明确授权,符合法律规定才能实施。在没有查实当事人有犯罪事实的情况下针对他人发布征集犯罪线索的公告,没有任何法律依据,《刑事诉讼法》《公安机关办理刑事案件程序规定》《公安机关执法细则》等法律法规均没有对此进行授权。因此,贵局在没有查实×××涉恶团伙犯罪事实的情况下,发布和张贴该公告的行为不具有合法性。

三、建议贵局在公正、客观地查清事实的基础上及早撤销案件

习近平总书记在2018年11月1日的民营企业座谈会上指出,民营经济是我国经济制度的内在要素,民营企业和民营企业家是我们自己人。同时,他还指出,保护企业家人身和财产安全……要查清问题,也要保障其合法的人身和财产权益,保障企业合法经营。

对于"扫黑除恶"下指标问题,最高人民检察院去年发出紧急通知,要求各地检察机关必须严格把握逮捕和起诉。"逮捕的时候,必须弄清楚,不是黑社会的,就不能按照黑社会批捕。2019年3月13日最高人民检察院再次发出紧急通知:不是黑社会不能定成黑社会。一些地方对于'扫黑除恶'下了指标。比如,要求这个县公安局必须要办几个案子。"孙谦说:"如果真没有黑社会,这不是把好人当成坏人给办了?对于一个一般犯罪,也把他当成黑社会给办了?这是不可以的"。

从目前的情况来看,在没有证据能证明×××属于涉恶团伙这一犯罪事实的

情况下,他作为××××石料加工有限公司的法定代表人,理应得到法律保护,至少应当保证他的诉讼权利和其他合法权益。建议公安机关尽早查清事实后撤销案件,避免沦为他人诬告陷害×××的工具,及时避免造成司法资源的浪费。

北京市××(××)律师事务所
×××律师
2019 年 3 月 25 日

以上可以看出,修改稿从法律思维层面对公安机关发布公告的合法性、合理性和正当性进行了论述,指出其中的错误之处。

二、坚持以事实为依据,围绕犯罪构成论述

侦查阶段的辩护意见。对于办案人员来说,对其产生影响最大的莫过于错案追究,首先,辩护意见要在罪与非罪的问题上进行深入的剖析,围绕犯罪构成进行论述,才能引起办案人员的重视。其次,办案机关尚未掌握的新事实、新证据,会引起办案人员足够的重视。最后,对于涉嫌犯罪行为辩解的新理由、律师的新辩护意见等,办案人员也会重视。办案人员会用自己掌握的事实与法律适用,对照以上 3 个方面的意见,看是否能防御律师的辩护理由,慎重考虑是否变更强制措施。

即使没有以上 3 种理由,律师也要从羁押必要性上,充分论证没有羁押的必要。找出不羁押的事实与理由,找到直接的法律依据、法条支持。

【举例】

取保候审申请书

申请人×××,北京市盈科(石家庄)律师事务所律师,×××涉嫌非法吸收公众存款罪辩护人。

申请事项:对×××变更强制措施为取保候审。

事实与理由

×××因涉嫌非法吸收公众存款罪被贵局于 2019 年 9 月 19 日刑事拘留,现羁押于石家庄市第一看守所。辩护人通过会见了解了案情,现为×××申请变更强制措施为取保候审。

一、×××可能不构成犯罪。

×××称其在涉案公司任副总经理,仅为挂名,并不具体负责吸收存款业务,他向办案机关提供了相应时间段的工作记录,能证明在这期间他不负责这一块的业务,没有行为则无犯罪,因此,如能查实这一情况,则×××可能无罪。

二、即使×××构成犯罪,对其取保候审也符合法律规定。

根据《中华人民共和国刑法》第一百七十六条第一款的规定,非法吸收公众存款或者变相吸收公众存款,扰乱金融秩序的,处三年以下有期徒刑或者拘役;根据《中华人民共和国刑事诉讼法》第六十七条第一款和第二款的规定,可能判处管制、拘役或者独立适用附加刑的;

可能判处有期徒刑以上刑罚,采取取保候审不致发生社会危险性的;可以采取取保候审。

对照上述法律规定,×××可能被判处拘役或有期徒刑,对其取保候审符合法律规定。

三、对×××采取取保候审不影响案件继续办理。

×××具有自首情节,他主动到公安机关说明问题,并退缴涉案公司当年发放的奖金,充分说明他本人在主观上是主动配合司法机关查清事实,接受相应的后果的;并且,他也如实向公安机关做了笔录;另外本案其他犯罪嫌疑人也都到案,取证工作已经完成。

×××有固定住所,能够随叫随到,并且能够提供适格的保证人和能提供保证金,以保证案件顺利进行。

四、×××不具有社会危险性。

×××不具有《中华人民共和国刑事诉讼法》第八十一条所列举具有社会危险性的情形。根据《最高人民检察院、公安部关于印发〈最高人民检察院、公安部关于逮捕社会危险性条件若干问题的规定(试行)〉的通知》(高检会〔2015〕9号)的规定,对犯罪嫌疑人应当羁押的,应当逮捕的以具有社会危险性为前提,必须有证据证明犯罪嫌疑人具有社会危险性。

×××没有《最高人民检察院、公安部关于逮捕社会危险性条件若干问题的规定(试行)》第五条、第六条、第七条、第八条、第九条任何一种行为,也没有任何证据证明其有上述行为,不符合逮捕的条件,没有羁押的必要性。因此,×××没有社会危险性,应当采取非羁押的方式。

五、对×××取保候审符合当前刑事政策。

近一段时期以来,最高人民检察院多次强调,对不符合逮捕条件,或者具有《刑事诉讼法》第十六条规定情形之一的民营企业经营者,应当依法不批准逮捕;对有自首、立功表现,认罪态度好,没有社会危险性的民营企业经营者,一般不批准逮捕。对符合监视居住条件,不羁押不致发生社会危险性的民营企业经营者,可以不批准逮捕。

×××自从涉案公司辞职后,自己也经营着一家小企业"××区×××家具店"。他被羁押后,店里没有人管理经营了,家庭收入断了来源,又产生新的社会不稳定因素。因此,建议对其取保候审,以维持店里的经营。

六、×××家里孩子尚小,对其羁押不利于孩子成长,不利于国家花朵成长、不利于国家未来的建设。

孩子正在成长期,性格形成期,家庭的完整性和家庭正氛围对孩子成长极其重要;×××被拘留后,其妻子整天以泪洗面,一人带孩子,生活压力及精神压力无法给孩子一个正常的生活环境。因此,为了一个孩子的未来,对一个孩子一生的影响,对一个没有羁押必要性的人采取非羁押的方式,是对国家的未来负责。

综上所述,建议对×××变更强制措施为取保候审。

此致

×××××××公安局××分局

申请人:×××律师事务所

×××律师

2019 年 10 月 9 日

我们知道办理取保候审绝不仅是写好《取保候审申请书》这样简单,还有大量其他工作要做,但是律师交出去的《取保候审申请书》可以反映律师的专业水准,让办案人员看到后感觉我们是非常专业的,树立起律师的专业形象。

综上所述,侦查阶段辩护意见,应从如下 8 个方面进行论述。

(1)围绕犯罪构成进行论述;(2)新证据,新事实,新理由;(3)变更强制措施的直接法律依据;(4)社会危险性及社会危险性的证据;(5)调查取证工作是否完成,是否影响案件继续办理;(6)当前刑事政策;(7)身体情况、家庭情况等;(8)《刑事诉讼法》第 98 条规定的情况。(《刑事诉讼法》第 98 条规定:犯罪嫌疑人、被告人被羁押的案件,不能在本法规定的侦查羁押、审查起诉、一审、二审期限内办结的,对犯罪嫌疑人、被告人应当予以释放;需要继续查证、审理的,对犯罪嫌疑人、被告人可以取保候审或者监视居住。)

【延伸思考】可能被判处几年有期徒刑的可以取保候审

根据《刑事诉讼法》第 67 条规定有 4 种情形,可能判处管制、拘役或者独立适用附加刑的;可能判处有期徒刑以上刑罚,采取取保候审不致发生社会危险性的;患有严重疾病、生活不能自理,怀孕或者正在哺乳自己婴儿的妇女,采取取保候审不致发生社会危险性的;羁押期限届满,案件尚未办结,需要采取取保候审的。

第二种情形是,可能判处有期徒刑以上刑罚,采取取保候审不致发生社会危险性的;根据这一规定,只要不发生社会危险性,可能被判处有期徒刑以上刑罚的,都可以。但是,根据《刑事诉讼法》第 81 条第 3 款的规定,对有证据证明有犯罪事实,可能判处 10 年有期徒刑以上刑罚的,或者有证据证明有犯罪事实,可能判处徒刑以上刑罚,曾经故意犯罪或者身份不明的,应当予以逮捕。这种情况显然是可能被判处 10 年以上被认定为具有危险性,应当逮捕的情形,同理也可以得出不能取保候审。然而,实践中掌握的情况是,可能被判处有期徒刑 3 年以下才可以取保候审,3 年以上的根本不用考虑。因为《刑法》规定,判处 3 年以下的才可以适用缓刑,3 年以上的不适用缓刑,因此,实践中掌握的取保候审只能给可能判处 3 年以下的办理。

其实,从法治的原则可知,不经法院判决不得认定任何人有罪,当然在判决前不应当羁押,应当以非羁押为常态,羁押为例外,在判决前都应当可以取保候审。在目前至少可以根据《刑事诉讼法》第 67 条和第 81 条的规定,得出在没有社会危险性的情况下,应当掌握可能判处 10 年有期徒刑的可以取保候审,至于判决 3 年以下不适用缓刑,是在执行过程中出现的问题,可以宣判后当庭收押,但是实践中掌握的信息是,可能被判处 3 年以下有期徒刑的才可以办理取保候审。由此可知,法治之路还很漫长,需要我们坚持努力,争取将理论上的可能变为现实,实现可能被判处 10 年以下有期徒刑的可以办理取保候审。

三、侦查阶段辩护意见的体例

律师写辩护意见，建议尽量要参考或者按照公文写作的要求。不能狭义地认为公、检、法和党政机关出具的叫公文，所有涉及国家机关和组织的文件，都可以列入公文的范围。作为律师出具的辩护意见，应该属于公文的范围，应该尽量按照公文要求书写。公文国标、2012年发布过对党政机关公文的指导性的意见，都对公文的内容和所有的格式包括字号的大小进行了详细的规定，可以作为参考。

1. 名称

除《取保候审/羁押必要性审查申请书》外，对于其他几个律师辩护意见，有的律师使用《关于×××一案的法律意见》，有的律师使用《×××一案辩护意见》。建议使用《×××案/不提请逮捕/不批准逮捕/撤销案件的辩护意见》，因为《刑事诉讼法》明确侦查阶段律师就是辩护人，因此这时律师的意见可以叫辩护意见；"×××案"明确某个案件；"不提请逮捕或不批准逮捕"，包含无罪情形不应逮捕和没有社会危害性无逮捕必要两种情况；"不提请或不批准"，符合侦查机关或检察机关办案程序，办案单位初步侦查后，认为需要逮捕的，需要提请审查批准或批准。名称用宋体二号的字体，然后，写明要送的主送的机关，就是要送给办案单位的，如写明"×××市公安局某分局"。

2. 正文

首先，在写明主送机关后，正文开始之前应该过渡，即接受委托的情况，接下来概括辩护意见的主要内容，每个辩点用一句话提炼关键词。比如，辩护意见有几个辩点或分为几个方面，把主要内容进行概括描述，相当于论文的关键词，这段内容是办案单位的人员最容易阅读到的部分。

其次，进入正文的内容后把辩护意见要写的几个点用标题单独列出。按照公文标准用汉字的"一、"，后面写标题，标题用黑体，不需要加粗。正文是用仿宋三号字，如果用小三或四号的字体就会偏小，不便于阅读。之后在每一个标题下面，可以再起一些小的标题，但作为辩护意见，标题不宜太多，一级之后下面顶多再有一级，不要太多，尽量减少层级。下一标题应该是用楷体，整个正文部分字体用仿宋三号字体。

3. 落款

落款应有律师、律师事务所和时间，并加盖事务所的章。辩护意见是律师事务所和公安机关之间规范的公文，盖章之后才更加正式、规范。有些地方公检部门要求所有送来的文件必须盖律师事务所的章，才能证明是作为单位的意见。毕竟，实际上当事人委托的是律师事务所而不是个人，所以要求要盖章且有骑缝章，保证里面的内容全面、真实。

最后不需要再写"此致"，前面有了主送机关，就不需要此致某单位了，如果再写就显得重复。

四、撰写辩护意见的角度和定位

根据我国《刑事诉讼法》第37条，辩护人要提出的是嫌疑人或被告人无罪、罪轻、减轻或免除处罚的材料和意见。辩护人在撰写《××××辩护意见》的内容时，要定位在辩护人的角度，在内容上不要罗列认定犯罪嫌疑人构成犯罪的事实和法律，包括证据，不要重复办案单位掌握的内容。在判决书中，公诉机关指控、被告人辩解等都要罗列一遍，而律师辩护意见与其有根本的不同。重复的内容增多，在人的大脑中对此的印象就会加深，不利于辩护。

五、熟悉和了解办案人员的心理和批捕程序

办案单位的人员有侦查部门的人员，有法制部门的人员。办案单位侦查部门的人员通常只考虑打击犯罪，这是他们的法定职责，在打击犯罪时，会考虑收集的证据是否符合要求和适用的法律程序是否符合法律规定，这是办案部门的思路。

以公安机关为例，办案单位形成提请逮捕法律文书之后，需要法制部门审核。由办案部门书写提请逮捕的意见，交到分局法制部门审核，法制部门审核后，再由分局的领导签字，最后形成提请逮捕的意见，盖章并移送到检察院审查批准。法制部门在审核案卷时，通常比较理性、心态比较平和、相对比较客观。他们的任务就是审核案卷，审核法律上有没有问题，审核是否符合法定标准，大多情况下，法制部门的审核人员能够相对平和地看待报上来的案件。

一般公安机关批捕率是非常高的。法制部门在遇到拿不准的案件时，一般会

先与检察院批捕部门沟通,看到底能不能批捕。沟通之后如果能批捕,才正式向检察院报。

侦查部门、法制部门还有检察院捕诉部门看待律师的《××××辩护意见》的心态是比较平和的,实践中也依然存在不太重视律师的辩护意见的情况。此外,客观地说,律师介入侦查阶段也是 2012 年《刑事诉讼法》修改后的事情,以前这个阶段是没有律师介入的。依照 2012 年《刑事诉讼法》,律师的辩护意见应该附卷,对附卷的材料侦查部门必须要看,但一般只会看辩护意见的主要内容、主要观点、一级题目、有没有涉及新的证据、是不是引用了他们之前没有注意到的但起到很重要作用的法条,以及是否存在他们没有掌握的情况等。一般情况下,如果辩护意见所有的内容,在办案人员看了一级标题之后,认为都是其已经掌握的,他们就相对不会重视,所以辩护意见要对是否构成犯罪,以及本案证据等情况进行深入的分析,直接指出问题才能打动办案人员。

六、正文部分的逻辑顺序、结构安排与证据审查

第一,如有新的证据、新发现的情况就要先写新证据、新情况,尤其办案部门忽略的情况要先写。有重要价值的内容要放在前面,次要的内容放在后面,这也是公文写作最基本的要求。放在前面相关部门会更认真阅读,这也是开门见山的一个思路。不仅如此,一些关于罪与非罪的标准与界限的,能引发办案人员深入思考的问题,要写在前面。

律师写辩护意见,不要先挑办案单位、办案人员的错误和毛病,在一定程度上可能会给办案人员不好的印象,所以最开始写的应是新的内容,他们没有发现的情况。当然,有些证据和事实情况有所区分,写不写、如何写,要进行权衡、评估,全盘考虑。

第二,从证据的角度进行分析。首先是证据和法律的对照分析,其次是程序和法律的对照和分析,最后是现状和法律对照的分析。"现状"这个阶段我们可能没有什么太多证据,主要是论述社会危险性,要找出逮捕条件的具体规定。但是,无论多具体这也是非常主观的,放在前面来论述意义不大,应该放在比较后面的位置。最后可以写一些情感方面的因素,如嫌疑人家里"上有老下有小"等。写明这

样一些情况是在打"感情牌",但实际上意义是不大的。作为办案机关,作为检察院审查批捕的部门,他们主要看重的是事实和法律,对情感方面的因素考虑得相对较少。如果在整篇辩护意见里写的都是情感方面的问题,如没有社会危险性、家里有困难,那办案人员就不会太重视。而且检察院也不会太重视,这一方面的价值相对较小,不能真正触动他们内心的衡量。

证据的评价与运用。在侦查阶段,尤其是在初期的阶段,我们不能阅卷,所能掌握的证据情况是非常有限的,但是对我们有利的方面是能够会见犯罪嫌疑人。在我们能够会见的情况下,可以了解案件的全过程,根据这些信息我们可以推测和模拟案发现场的情况。并预估办案单位会固定哪些证据,会采取哪些侦查措施;比如,一个案件的基本内容,报案材料、被害人的笔录、如果有监控录像的肯定要调监控录像、现场如果有其他人在场的所作的笔录、扣押发还的手续等,这样结合嫌疑人的供述,就能了解案件大致的情况。

关于这一阶段证据审查的标准问题。证据审查标准就是检察院批捕部门证据审查的标准。批捕证据审查的标准、起诉的标准和审判标准是有区别的,主要体现在以下的4个方面。第一,局部性。就是不需要把本案全部的犯罪事实都查清楚,只要一起案件局部的情况能查实,够批准逮捕的标准就可以。第二,核心性。只要把主要的涉嫌犯罪的要件核实清楚就可以,不需要把所有的要件完全核实清楚。第三,罪名的不确定性。只要行为构成犯罪,就可以批准逮捕,至于是此罪与彼罪的区别不是很重要,这和起诉、审判的标准有所区别。第四,不考虑量刑的证据。捕诉合一后,实际能定罪的标准会提高,至少要保证一起犯罪事实能查实。

如果没有过硬的理由,仅从羁押必要性突破,要根据2015年颁布的《最高人民检察院、公安部关于逮捕社会危险性条件若干问题的规定(试行)》逐一论述,该规定自颁布执行的效果离预期尚有差距。律师要勇于、善于用这个规定来最大限度地为当事人争取不羁押,每个人推动一点点,在每个阶段持续推进,个案将推动法治进程。另外,要提醒犯罪嫌疑人积极认罪认罚。轻伤害案件的赔偿被害人情节、经济犯罪案件中积极退赃退赔情节都是可以取保、不逮捕的重要条件。若有这方面的相关证据材料,如被害人的谅解书、退赃退赔的开具的收据,也可以将复印件与《××××辩护意见》和可视化图表一并提交。

如果要想达到较好的效果,可以制作可视化的图表,这样就可以更加清晰地用可视化的方式让承办单位工作人员一目了然地了解律师的辩护意见和逻辑过程。让承办人能够感觉到刑辩律师的专业和敬业态度,更加容易得到重视,也为承办人汇报案件、支持辩护意见的理由留下依据。同时,以上文件作为律师办理案件卷宗的归档内容,可以让当事人家属非常直观地看到律师的工作成果。

第三节

辩护词和辩护意见的写作

一、总体要求

律师撰写辩护词包括辩护意见,希望司法人员能重视并采纳辩护观点,其实质是一篇议论文,但与其他论文又有明显的区别,从谋篇布局到法律论证,从逻辑结构到语言表达都有其独特的风格。第一,语言简洁,用简练的语言把辩护观点表达明确,不产生歧义。第二,用词法言法语,体现法律的规范性。第三,言之有据,即所言皆有依据,所论都有支撑。第四,理性平和,煽情适度。对部分司法工作人员的诸如非法取证等错误行为不侮辱谩骂,用词感情色彩适度,可以在一定程度上升华为社会因素,理性中带着丝丝温情,温情中又饱含着理性,把情、理、法交织在一起,从具体的案件本身升华到社会制度,实现法律效果和社会效果的统一。第五,排版美观,认知心理学研究表明,人对难看懂的材料比较警觉,认识比较困难,也很难获得认同;相反,阅读比较舒适的文字材料会更加倾向于认同材料的观点。因此,从名称、标题到字体、字号包括行间距都要让阅读者感到美观,便于潜移默化地产生影响。

二、内容结构

辩护词的结构一般分为首部、正文和结尾3部分。首部包括名称、称呼、背景、摘要等;正文是整篇文章的核心,是对辩护意见的重点论述;结尾包括时间、提交人等。

(一)首部

1.名称,有人只简单写成辩护词或辩护意见,没有体现出是谁、是什么案件,辩护词和辩护意见的名称要有识别性。一般侦查阶段或者审查起诉阶段用某人"涉嫌"某罪,到法院阶段用某人"被指控"某罪。如果是阶段多次递交辩护意见,多次结合新的证据材料进行补充发表辩护意见,要写清"补充辩护意见"或者"第某次"辩护意见。

【举例】《张某涉嫌诈骗罪审查起诉阶段辩护意见》《张某涉嫌诈骗罪审查起诉阶段补充辩护意见》《张某被指控诈骗罪一审辩护意见》《张某被指控诈骗罪一审辩护词》等,从名称体现出何人、何罪名、何程序。可以分成两行书写以示美观。名称居中,宋体二号字体;距称呼段半行间距。

2. 称呼,就是主送机关和承办人。机关,如某人民检察院、某人民法院。承办人加尊称,体现司法礼仪。比如,尊敬的审判长、审判员;尊敬的审判长、合议庭法官;尊敬的审判长、人民陪审员。庭前可以称尊敬的承办法官;尊敬的承办检察官等。称呼顶格写,后加冒号。

3. 背景,交代辩护人的合法地位,案件来源,是接受委托还是接受法律援助中心指派。同时,简要说明辩护人做了哪些工作,如查阅案卷、了解案情、同在押的被告人会见或通信等,对事实有充分了解,发表如下意见供审判长或者法官、检察官参考。还有的写咨询了有专门知识的人,走访了现场、检索了案例,让阅读的人感觉到律师做了一系列详细的准备工作。这可以体现律师是在开展了充分辩护活动的基础上撰写的,也体现了律师工作的严谨,同时背景也能起到过渡的作用。背景首行要缩进两个字符。

4. 摘要,也就是辩护人总体认为,相当于其他论文的关键词。是对辩护观点的高度总结和概括,起到提纲挈领、鲜明地亮出辩护观点的作用。摘要也可以说是核心辩点以及处理意见,从内容上分为两部分,即定性上的总体观点和量刑上的处理意见。该部分的落脚点在处理意见上,处理意见是案件实体和程序的处理建议。比如起诉或不起诉,有罪无罪,发回重审或改判等;量刑建议,从轻、减轻的量刑情节,如退赃、谅解、赔偿、自首、立功等。

这部分要避免将正文部分的一级标题简单堆砌和罗列。因为作为标题本身就已经起到引起重视的作用,简单罗列会显得重复、拖沓不精练。如果罪名较多,可以按罪名分几部分分述。

（二）正文部分

正文部分是辩护词最为重要的部分，也是核心论证部分。正文部分的格式如下：

一级标题文字字体用黑体，标题序号用大写"一"加顿号"一、"；二级标题文字字体用楷体，标题序号用大写的"一"加括号"（一）"；三级标题文字字体用宋体或仿宋体，标题序号用数字1加圆点"1."；四级标题文字字体用宋体或仿宋体，标题序号用数字1加括号"（1）"。

单独成行的短标题一般末尾不用标点符号，不单独成行的或者长标题中间有标点符号末尾可以加标点符号。

行间距，一般用27~30磅。标题和正文之间选择段后空半行。文字用3号或4号仿宋字体。

（三）结尾部分

尾部一般是写"以上意见恳请充分重视并参考或采纳"。之后是此致某某机关，也有前面首部已写了主送机关的，尾部可以省略。最后是律师事务所名称和律师名字，名字有的要求手写签字，也有的盖人名章；落款日期填写年月日；如有附件的，写上附件。

三、正文论证的方法

辩护词和辩护意见最重要的部分是论证，一般可以从以下8个方面开展论证。

第一，从事实方面论证。事实指法律上的事实，能用证据证明的事实，要把散落在全案有利证据表现的事实进行归纳整理。首先，运用七何要素审查案件事实，即何人、何时、何地、何因、何方法、实施何种行为、造成何种结果；其次，按照适当的方式进行论证。比如，可以按时间、要件的先后顺序，拆分事前、事中、事后进行论证；最后，还可以按犯罪构成要件拆分事实进行论证。

第二，从证据方面进行论证。单个证据审查证据的来源、取证过程和形式是否符合法律规定，是否属于非法证据，是否属符合瑕疵证据，不能补证和不能合理解释不应采信的证据；多个证据双向对比，看有无印证，有无矛盾；综合分析证据是否能构成一个完整的证明体系。

第三,从法律角度论证。刑法的渊源、刑法与行政法的关系、法律法规的层级、上下级之间是否有冲突,以及如何适用。把所有涉案的法律法规进行检索、整理和归纳,厘清法律位阶,找到适用的法律规定。

第四,从司法解释方面论证,法律规定比较模糊的,往往有大量的司法解释,要穷尽所有,包括一些生僻的司法解释和一些地方性的法规、意见会议纪要等。

第五,从法理或学理方面论证。有些比较新型的案件,法律适用不是很清晰,可以把理论界研究的成果用于辩护意见,如人民司法、刑事审判参考等案例编写时涉及的论证等。

第六,常识、常情、常理。所有案件不外乎天理、国法、人情。司法审判不能违背人之常情,刑事审判牵涉社会生活的方方面面,事关社会的公平、正义。刑事审判工作贯彻法治原则,坚持严格司法,依法裁判,是不能动摇的原则,是必须坚守的底线。同时,要高度关注社情民意,将个案的审判置于天理、国法、人情之中综合考量。我国有着数千年文化传统,天理、国法、人情是深深扎根人们心中的正义观念,蕴含法治与德治的千古话题。所谓天理,反映的是社会普遍正义,其实质就是民心。民心是最大的政治,民心所向关系到执政根基。

近年来的一些热点案件,如天津赵某非法持枪案,大学生掏鸟蛋获刑等案件的辩护都运用了常识、常理、常情。还有,在一些强奸、猥亵案件中,或者说一对一证据中,被告人和被害人说法各执一词又没有其他证据,就要去分析谁的说法更可信,用常识、常情、常理进行分析。

第七,查找案例。最高人民法院于 2020 年 7 月 15 日发布《关于统一法律适用加强类案检索的指导意见(试行)》,加上之前也发布过一些规定,要求统一法律适用,要求人民法院在审理案件时,尤其是一些有争议性的案件或者新型案件要做法律检索,在判决当中要参考之前案例。因此,做一些案例检索,查找有利的案例,可以用来说服或者辅助论证辩护观点。首先是指导性案例和公报案例优先使用,指导性案例可以在判决书中援引和参照;其次是刑事审判参考、人民司法;最后是其他案例。注意同一法官、同一法院、上一级法院、情节相似、罪名相似的案例。还有,需要注意对于我们来说,案例的举重以明轻优于举轻以明重。查找的案例比我们的案件情节更严重、更恶劣的,都认定成轻罪或者是轻判,那我们的案件更应当获得轻判。

第八，从政策方面论证。除了司法解释或者座谈会纪要，还有一些政策，更加具有灵活性。比如，最近比较热的保护民营企业的政策、保护非公经济的政策、保护产权的政策、保护民营经济的政策，以及刑事合规的政策，都可以用于辩护。

四、正文的逻辑结构和层次

（一）逻辑结构和层次

辩护词或辩护意见和其他文章一样，要分章、分节、分段进行论述，否则，一直平铺直叙会让人产生阅读的疲惫感。最重要的是要给读者一个认知的过程，在阅读过程中提供间歇，整个认知活动会比较轻松，能更加清楚地了解辩护观点。

正文部分是由标题统领的段落组成，一个段落或几个自然段表达一层中心意思，段落之间有一定的逻辑层次。标题是段落提炼的核心，统领一个段落或几个自然段。在编排段落和撰写标题要按照一定的逻辑层次，重要的内容要编排在前面。

同级标题或其统领的段落之间的逻辑关系和层次一般有3种。第一种是并列式，就是所表达的意思是并列在一个层次；第二种是三段论式，就是法律规定、本案事实、得出结论；第三种是递进式，就是标题或其统领的段落并不是在同一个层次上，可能是层级或阶梯关系。比如，本案事实不清，证据不足不构成犯罪，退一步说，即使指控的事实成立，根据某某规定，此种行为也不符合定罪条件。

上下级标题之间，上一级标题要能包含下一级标题和段落的内容，但下级内容不能重复上级内容，还要体现层次关系。

标题的层级不宜太多，否则会显得凌乱，要在口头表达时使听者不致犯晕，因此一般不宜超过四级。如果一案中罪名较多，可以分成几部分表述，如第一部分组织、领导、参加黑社会性质组织罪；第二部分敲诈勒索罪；第三部分非法拘禁罪等。

（二）标题的表述方法

标题是浓缩的观点，通过各级标题展现标题下面正文的核心观点。通过标题提炼出司法机关工作人员会关注或者想了解的核心点，看到标题吸引对方阅读标题项下的内容。标题的作用在于简洁、干练地突出核心信息，而标题下面的正文再阐述细节，展开论证。因此，标题是处理信息量的艺术，要具体而不烦琐；要尽量处理主枝干信息，而不是一些细枝末节的琐碎信息。所以标题的句子不宜过长，一般不宜超过两行,事实上两行也足够表达一个独立观点,如果都控制在一行半左右还显得得错落有致,简洁美观。

第一种,引用法条式表述。就是将法条的一部分用语直接用于标题的表述,显得规范,法言法语。比如,《刑法》第193条贷款诈骗罪规定,"有下列情形之一,以非法占有为目的,诈骗银行或者其他金融机构的贷款,数额较大的……"一级标题可以表述为"某某不具有非法占有的目的";二级标题可以表述为该法条所列举的几种情形"某某所签订的合同不是虚假的"等分别论述。

第二种,反驳式表述。主要是反驳起诉书、起诉意见书或一审判决认定的事实或者表述有罪供述。比如,起诉书认定的某某参加了某活动的事实是错误的;一审法院依据某某证据认定某某实施了某某行为是错误的;起诉书指控某资金未用于生产经营不属实等,二级标题分不同的层面进行详细论证。

第三种,标题中包含结论的表述,以增加信息量和说服力。比如,上例贷款诈骗罪中,一级标题可以写:"某某有履约的诚意并做了充分的准备工作,不能还款是客观原因,贷款全部用于生产经营,足以证明其不具有非法占有目的。"二级标题再从履约诚意、做了哪些准备、客观原因、贷款去向等方面进行论证。

第四种,是非、正反一起说的表述。比如,张某设置的电网是为了防止野兽,并不是为了防止有人进入;张某到达现场是碰巧经过,不是专门去……这样一正一反的表述,观点展现得更加鲜明。

五、其他方面

(一) 篇幅长短

根据诉讼阶段案件难易程度,还有辩护策略不同,辩点多寡不同,作出不同的选择。比如,侦查阶段的辩护意见,因了解案情有限,同时还要注意会不会变成公诉机关补正的提纲,所以不宜过长;而到审判阶段要全面反映案件中的问题,相应篇幅自然也长。有一些案件中没有争议的、公诉机关也认可的量刑情节,简洁表达就可以;案情复杂、辩点较多的案件,篇幅自然较长,但也要在全面精准、有效传达信息的情况下尽量简洁。

有的篇幅确实过长,如"扫黑除恶"案件罪名很多,此时有3种处理方式。第一,在逻辑结构和层次上搭建好各层次的标题,让人一看就比较清楚。第二,提交完整版,同时也提供一个简洁的版本,便于承办人向领导汇报等。第三,对特定问题单独成文。比如,案件中的证据问题争议较大,如果是开庭前的辩护意见,将证据部分的意见单独写成排除非法证据申请或者单独提出来,写成关于对某某证据的意见;如果是开庭后的辩护词,对证据部分的论证可以单独写成质证意见,如对鉴定意见的质证意见等。

(二)美观表达,提高效果

可以加入一些可视化的图表或动画,从一般正常认知的角度来看,图表比文字更加吸引人,也更能清楚地表达意思,因此制作一些可视化图表效果会更好。

那为了美观,还可以添加页眉、页脚、页码,使感观更为舒适。还可以制作固定的封面,加上律所的标识或者团队的标志,将文件的名称和律师联系方式都写上,方便司法机关工作人员需要时联系,更加彰显专业形象。如果内容非常多,比较厚的还可以进行胶装,这样更加规范、整齐和正式。

第七章
chapter 7
认罪认罚从宽制度的适用

第一节

认罪认罚从宽制度的发展

一、域外辩诉交易

第二次世界大战以后,先期工业化国家都遇到了犯罪率高涨的问题。为了解决司法资源有限性与司法需求不断增加之间的矛盾,科学配置资源,提高诉讼效率,节约司法成本,实现诉讼经济,美国首先创立了辩诉交易制度。世界上不少国家都不同程度地借鉴了美国的辩诉交易制度,通过简化法院审理程序、缩减审判权裁量空间的方式,对被追诉人认罪案件或者控辩协商案件作快速处理。在英美法系国家,检察官主导着90%以上案件的协商,并"拥有影响定罪量刑的实质性权力"。

根据美国辩诉交易制度的实施经验可知,法官在审查控辩双方的协商结果时,要举行一种名为"罪状答辩程序"(Arraignment)的法庭审理程序。在这一有控、辩、裁三方参加的庭审程序中,法官当庭询问被告人究竟选择有罪答辩还是无罪答辩。假如被告人选择无罪答辩,法官将组成陪审团,对案件进行正式的法庭审判,而假如被告人选择了有罪答辩,法官则要当庭询问被告人的选择是否出于自愿,有无受到任何强迫、利诱、威逼、欺骗等非法行为,是否获得了律师的有效辩护;法官要审查被告人的选择是否是明智的,是否了解这种选择的法律后果,是否出于理性的考虑而作出的选择;法官还要审查检察官指控的犯罪事实是否具有基本的事实基础,也就是现有证据是否能"排除合理怀疑"地证明被告人的犯罪事实。

二、我国认罪认罚从宽制度的发展

2014年,全国人大常委会授权"两高"在北京、上海等18个城市开展为期2年的刑事速裁程序的试点,把速裁程序适用的范围限定为11种案件。2014年,党的十八届四中全会《中共中央关于全面推进依法治国若干重大问题的决定》中提出要"完善刑事诉讼中认罪认罚从宽制度"。2016年7月，原中央全面深化改革领导小组审议通过关于认罪认罚从宽制度改革试点方案；2016年9月，全国人大常委会发布《关于授权最高人民法院、最高人民检察院在部分地区开展刑事案件认罪认罚制度试点工作的决定》；2016年11月，最高人民法院、最高人民检察院、公安部、国家安全部、司法部印发《关于在部分地区开展刑事案件认罪认罚从宽制度试点工作的办法》。

2018年10月26日，第十三届全国人大常委会第六次会议通过《全国人民代表大会常务委员会关于修改〈中华人民共和国刑事诉讼法〉的决定》，作出26项决定，规定了认罪认罚从宽适用的条件、程序等内容。至此，认罪认罚从宽作为一种司法制度和诉讼程序写入了刑事诉讼法典，并在全国生效实施。2019年10月11日，最高人民法院、最高人民检察院、公安部、国家安全部、司法部印发了《关于适用认罪认罚从宽制度的指导意见》（以下简称《认罪认罚指导意见》），这是继2018年10月26日《刑事诉讼法》修改后，认罪认罚从宽制度进入刑诉法后第一个关于适用该制度的重要司法解释。我国刑事诉讼立法及《认罪认罚指导意见》已经明确指出了认罪认罚从宽案件诉讼模式的转型。

认罪认罚从宽制度推动我国刑事诉讼模式开始增加由对抗制转向协商、合意制。

从刑事诉讼法立法演进过程中可以看出，我国刑事诉讼中的定罪量刑权及诉讼的模式，已经从强职权主义走向职权主义和当事人主义相结合的诉讼模式，尤其是辩护律师的主体地位、权利和参与的程序在不断完善，现在已经基本上具备了从对抗模式向协商合意模式转化的条件，刑事诉讼模式的转型是客观所需。我国从侦查程序到审判程序，形成了一套区别于传统职权主义诉讼模式的工作机制和诉讼体系。这一工作机制和诉讼体系包括权利告知，听取意见，证据开示，具结书签署，量刑建议的协商、采纳和调整，认罪认罚的反悔等。通过对被告人认罪的轻微刑事案件采取简化程序的方式，来合理配置司法资源，使轻微案件得到快速裁判，有限的司法资源被投入那些重大的、有争议的刑事案件的裁判过程之中。

当今我国刑事诉讼中出现案多人少的矛盾，诉讼分流，简化审判程序，对被追诉人认罪认罚案件适用控辩双方协商程序，不仅符合人类诉讼历史的发展规律，而且正当其时,《认罪认罚指导意见》的出台具有现实的时代意义。

从理论上说,"认罪认罚从宽"属于一种兼具实体和程序内容的改革措施,其实体部分属于传统上"宽严相济"刑事政策的表现,而其程序部分是一种特殊的简易程序,也就是通常所说的"刑事速裁程序"。推进认罪认罚从宽制度的关键是认罪协商,核心是量刑建议。检察机关提出量刑建议是体现量刑减让、实体从宽的关键,量刑建议的精准提出有助于达成控辩协商,增强认罪认罚从宽制度的稳定性。

在认罪认罚从宽制度全面实施的背景下,认罪认罚案件将成为最主要的办案对象。在自愿认罪认罚的前提下,定罪基本无争议或已解决,主要通过程序予以确认,使量刑协商成为重中之重。如何科学进行量刑协商、精准提出量刑建议并使其具有正当性,是律师与检察官的工作重点。

第二节

认罪认罚案件的辩护工作

一、认罪认罚是辩护方案的一种

1. 认罪认罚是一种选择。一个案件是作无罪辩护,还是作罪轻辩护,是律师与当事人商定的辩护方案。在作罪轻辩护时,适用认罪认罚从宽无疑是较好的选择。

有的案件,当事人可能一开始就选择认罪认罚;而有的案件,当事人一开始要求律师作无罪辩护,但随着案件的进展,也可能选择认罪认罚。可能是基于证据越来越完善,也可能是基于以早认罪换取取保候审解除羁押。当然,也有的案件一开始认罪认罚而后期反悔作无罪辩护的。因此,认罪认罚是辩护方案的一种,会随着案件的发展和当事人的选择发生变化。

2. 如何选择适用认罪认罚。首先,根据案件实际情况判断如下 4 个方面。第一,判断是否构成犯罪。认罪认罚的前提是构成犯罪,如果不构成犯罪则根本谈不上认罪。从嫌疑人、被告人的供述判断,从证人证言、物证、书证等判断证据是否充分。第二,如果构成犯罪的,判断适用认罪认罚能减轻的幅度。审查量刑情节,如法定量刑情节和酌定量刑情节。判断每种量刑情节可能减轻的幅度,汇总落实能减轻的幅度。第三,判断是否有罚金刑,罚金的具体数额,认罪认罚会降低的幅度。第四,适用认罪认罚是否能变更强制措施。

然后,以当事人利益为中心,充分和当事人进行沟通,讲解清楚认罪认罚的利与弊,最后由当事人自己选择。

二、侦查阶段的辩护工作

1. 判断是否有罪。侦查阶段律师介入会见时,如果当事人已经作了有罪供述,应判断该案是否构成犯罪,当事人有罪供述的真实性,有何辩解意见。如果其供述真实,有认罪认罚的意愿,则将认罪认罚从宽制度的规定向其充分讲解清楚。侦查阶段适用认罪认罚的好处是,为变更强制措施创造条件,有利于诉讼程序的快速推进。

侦查阶段在正式决定认罪认罚之前,一定要给当事人讲解清楚涉案罪名量刑的区间、法定刑幅度、认罪认罚能争取到的幅度。讲清楚这些都是基于一般情况,一般不会变化,但最后可能会发生变化,讲清楚这些也让当事人心里有个预期,防止后面万一发生变化,可能埋怨律师。尤其是强制措施的适用,认罪认罚是适用非羁押的条件,但并不能一定变更强制措施。有些情况下,共同犯罪的同案犯未到案,涉黑犯罪等案件可能无法变更强制措施。

如果律师介入会见时当事人尚未作有罪供述,律师应按照侦查阶段第一次会见的要求进行充分的法律咨询。先讲解涉嫌的罪名和相关罪名的法律规定,当事人权利义务,如认罪认罚会得到什么样的从轻处理等,然后由当事人自己决定是否适用认罪认罚。

如果当事人作了有罪供述但又向律师辩解无罪,那么应审查当事人作有罪供述的原因,是否有非法证据,是否有什么隐情,是否存在重大疑问,之后准备进行无罪辩护。

2. 与侦查机关沟通。提交手续、沟通罪名和具体案情。要综合各方面信息进行专业的判断,结合当事人的供述和辩解判断公安机关掌握的大致情况和证据。提出取保候审的要求,根据案情从社会危险性方面沟通羁押的必要性,争取变更强制措施。

3. 挖掘、完善、制造从轻量刑情节,在起诉意见书中予以认定。比如,是否从犯、电话通知到案视为自首的情节、劝同案犯自首、协助抓获同案犯等。将这些情节予以固定,要求公安机关写入起诉意见书。

4. 催促公安机关尽早签署认罪认罚书具结书,尽早结案,推进诉讼程序。比如,早点结案,建议适用速裁程序,快诉、快审、快到监狱,早点进行减刑、假释等。

三、审查起诉阶段的辩护工作

1. 听取嫌疑人对起诉意见书的意见,核实其对罪名是否认可,对定性是否有意见,对情节是否有意见,是否符合之前认罪认罚的意愿。

2. 研究案卷。第一种情况是当事人作无罪辩解,但是有罪证据很充分,这种情况要给其解释清楚,如果不认罪认罚可能会得到较重的处罚,当事人同意认罪的,适用认罪认罚。但当事人坚持不认罪的,律师要遵从当事人要求按无罪辩护,否则解除委托。一般情况下,律师要重视当事人的辩解,一个正常人如果面对有证据的指控还坚持无罪的意见,往往有其理由。一方面探究其坚持无罪的真正原因;另一方面挖掘证据可能存在的问题。如果证据确实存在问题,也可以提出认罪认罚的建议。认罪认罚重在协商,看在量刑的问题上是否能达成一致。

第二种情况是认轻罪不认重罪。要进行充分的论证,找出证据的疑问,与检察官充分协商,尽量往轻罪上靠,往量刑轻的方向努力,达成认罪认罚的意愿。

第三种情况是当事人作有罪供述,但经律师审查证据不足的。对这种情况要慎重,必要时可以请一些专家进行论证。跟当事人讲清楚罪刑法定,证据裁判的规定,与当事人商议辩护方案的选择。可以是当事人和律师都作无罪辩护,也可以当事人自己认罪认罚,律师作无罪辩护,无论如何选择,都要与当事人充分协商。同时,与检察院沟通是否可以相对不起诉,这种对办案机关来说有罪,但对于当事人来说不是经过法院判决的定罪,这也是一个不错的选择。

3. 确定适用认罪认罚后,积极与检察官协商,争取赶在检察官作决定前协商。因为检察官可能已在内部讨论或者汇报时形成了具体意见,如果律师再去协商量刑,量刑减轻的幅度可能会不一样。与检察官就刑期长短、罚金数额、是否适用缓刑等方面充分协商,注意此时仍可以提出变更强制措施的要求。上述这些情况都要充分与当事人沟通清楚,使各方都同意。

四、审判阶段的辩护工作

1. 检察院提出了认罪认罚,已经签署认罪认罚具结书的案件,对已经达成的量刑结果,要促使法官也认为合理,以确定开庭后适用。法官有最终的裁决权,负有对认罪认罚监督的职责,认罪认罚的量刑结果是如何得出来的,是否排除量刑过重或畸轻,是否排除人情案、关系案等法官都要考量。因此,要注意避免之前达成的量刑协商结果不被法官采纳。

2. 如果出现新的情节应申请变更量刑。比如,达成量刑协商以后,出现自首被认定,立功被认定,与被害方达成赔偿谅解等情况,要在现有基础上调整量刑。

3. 结合事实、证据、法律作罪轻的量刑辩护。比如,在一些新类型的案件,检察官提出的是幅度量刑建议,要尽全力从最轻的量刑目标出发进行辩护。也有一些案件,虽然在审查起诉时签署了认罪认罚,但量刑结果不是十分满意,也可以在审判阶段进行罪轻辩护,以期法官在此基础上可能判决得更轻些。有时在共同犯罪,人数众多的集团犯罪案件开庭时,也可能出现一些情况,会影响已经达成的量刑协商结果。此时,辩护人可以技巧性地发表辩护意见:"首先提出认可公诉人的量刑建议,但辩护人认为在此以下量刑更符案情、证据情况和法律规定,请法庭考虑。"以笔者曾办理的一个案件为例,一个公司众多被告人的集体辩护意见从主观明知到所起的作用,都非常充分,庭审效果很好,法官及陪审员都很感动。最终法官对其中的几个被告人在量刑建议以下又轻判了,有几位陪审员甚至动员检察院撤回了起诉。

第三节

辩诉交易与认罪认罚从宽制度的区别与思考

我国特色的"认罪认罚从宽制度"是吸收了英美国家"辩诉交易"制度合理的部分,结合我国的国情制定的一套适合我国特色的制度。在实施过程中必然会遇到各种各样的问题,通过这两种制度的比较我们可以获得一些思考。

一、辩诉交易产生的充足条件

辩诉交易是指在法院开庭审理之前,作为控诉方的检察官和代表被告人的辩护律师进行协商,以检察官撤销指控、降格指控或者要求法官从轻判处刑罚为条件,来换取被告人的有罪答辩,进而双方达成均可接受的协议。通俗地说,辩诉交易是在检察官与被告人之间进行的一种"认罪讨价还价"行为。通过这样一种制度,检察官、法官可以用最少的司法资源处理更多的刑事案件,提高办案效率的同时,罪犯也得到了较之原罪行减轻了一定程度的刑事制裁,从而对双方都有利,形成一种"双赢"的局面。

第二次世界大战以后,美国由于种种社会原因,犯罪率居高不下。为了以有限的人力、物力解决日益增多的案件,一些检察官开始用协议和交易的方式,换取被告人的"认罪答辩"。由于这种结案方式迅捷而灵活,因而在联邦和各州得到广泛采用。1970年,美国联邦最高法院正式确认了辩诉交易的合法性。美国1974年修订施行的《联邦刑事诉讼规则》明确地将辩诉交易作为一项诉讼制度确立下来。

英美国家的辩诉交易制度是刑事法律发展到一定阶段的产物,其产生、发展和完善必须具备充足的条件。辩诉交易产生的先天条件在于公诉案件存在相当比例的败诉风险,控方有实质上的辩诉交易需求。19世纪以后,美国有越来越多的职业律师参与刑事诉讼,新生效的证据排除法则使刑事诉讼过程越来越专业、复杂、冗长,迫使检察官运用辩诉交易解决大量的案件。辩诉交易能够换取被追诉人的有罪答辩,使检察官绕过大陪审团程序,避免公诉失败风险。

辩诉交易这种处理案件的方式可以在很大程度上减少审判费用,对于检察官而言,与其没有把握地判被告有罪,还不如让他以较轻的罪名受到较小的惩罚;而且辩诉交易也没有像有的学者批评的那样出卖司法尊严和社会利益;相反,这样做正是为了维护社会公正,如果能让罪犯心服口服地服刑,这对罪犯本身和对整个社会都是有利的。其实,辩诉交易就是诉讼的公平与效率的平衡点。

辩诉交易方式不是最理想的,但它最大的优点是能够在公正与效率之间找到一个平衡点。因而可以说,辩诉交易的实质就是在"绝对公正"无法正常实现的情况下,退而求其次,去追求更加现实的"相对公正"。应然公正说到底是一种价值判断,是司法审判的一种理想追求,而实然公正是一种事实判断,是司法审判的一种理性选择,后者更加具有实际意义。

案件量极具增大,只是美国尝试辩诉交易的表因。由于美国的司法制度设计与理念从整体上会造成公诉案件有较高的失败风险,辩诉交易的核心驱动力在于相当高比例的公诉失败率。相比我国的刑事诉讼制度结构,公、检、法三机关在工作中应当相互配合和相互监督,目前检察机关公诉案件的成功率非常高,而败诉的风险极低,适用认罚制度将使胜诉率更高。

我国目前正处于转型期,犯罪也出现新类型。1979 年我国颁布第一部《刑法》,自 1997 年修改至 2023 年 12 月 29 日,立法机关出台立法 3 个决定,12 个修正案,以及 13 个立法解释。危害公共安全类、破坏社会主义市场经济秩序类、妨害社会管理秩序类等都是重点新增和修正对象。上述罪名的条文占新增的条文 70%以上,占修改条文 60% 以上。

同时,20 多年来刑事案件将近增长了 3 倍。一方面,暴涨的刑事案件必然要求公、检、法机关能快速处理;另一方面,保障人权、保障嫌疑人被告人合法诉讼权利的要求也随着中国融入世界日益提高,这就必然要求司法改革,改革刑事诉讼制度。以上的国情要求司法改革必须效率和公正同时兼顾,但是效率和公正从来都是矛盾的统一体,在一定时期内必然此消彼长。

1979 年《刑事诉讼法》颁布至 2021 年 1 月《刑事诉讼法解释》出台,多次以修法、出台司法解释和司法文件的形式来修正刑事诉讼制度,以适应新的需求,尤其近10年几乎每年都有司法文件出台。但是,仅有2010年的两个证据规定、2014年提出的以审判为中心的庭审实质化和2017年的3项规程是以公正为核心,其余全部是以效率为核心。

从以往的经验来看,以效率为核心的文件政策措施比以公正为核心的推行的力度强得多,因此,当前认罪认罚从宽制度推广的力度大大超过了以庭审为中心的庭审实质化。这一制度取得的成效也是巨大的,时任最高人民检察院检察长张军在2020年10月15日十三届全国人大常委会第二十二次会议上关于人民检察院适用认罪认罚从宽制度情况的报告提到,2019年12月,检察机关办理刑事案件适用认罪认罚从宽制度的比例已达83.1%。2020年以来,尽管新冠疫情期间受看守所封闭、值班律师难以到位等因素的影响,适用率一度有所下降,但1~8月整体适用率仍达到83.5%。

二、协议是否能实质性撤回

在美国法律环境下,达成的辩诉交易被告人可以随时撤回,且撤回不会产生更重的刑罚后果。美国对违反辩诉协议的救济措施主要是通过允许被告人撤回已达成的辩诉协议实现的。根据美国《联邦刑事诉讼规则》的规定,已经撤回的有罪答辩不得在任何刑事诉讼或者民事诉讼中作不利于被告人的证据,该答辩和有关陈述在任何诉讼程序中不具有可采性。

我国"两高三部"在《认罪认罚指导意见》中也规定被告人可以撤回认罪认罚的具结书,但是实践中(见图7-1),若被告人撤回协议,协议相关内容仍可以作为对自己进行指控的证据。从检察机关认罪认罚从宽制度告知书的格式文书中可以看到,《认罪认罚具结书》撤回后,仍可能作为有罪供述的证据,这可能会使被告人产生一定的心理压力。

七、犯罪嫌疑人、被告人撤回《认罪认罚具结书》后,犯罪嫌疑人、被告人已签署过的《认罪认罚具结书》不能作为本人认罪认罚的依据,<u>但仍可能作为其曾作有罪供述的证据</u>,由人民法院结合其他证据对本案事实进行认定。

图7-1 现实中的《认罪认罚具结书》对撤回认罪认罚的具结书的处理

在民事调解协议中,《最高人民法院关于适用〈中华人民共和国民事诉讼法〉

的解释》第 107 条规定,在诉讼中,当事人为达成调解协议或者和解协议作出妥协而认可的事实,不得在后续的诉讼中作为对其不利的根据,但法律另有规定或者当事人均同意的除外。

三、检察官的起诉裁量权与诉辩交易的空间

检察官的自由裁量权对运行整个司法程序有重要的影响,美国检察官几乎不受约束地起诉裁量权是其辩诉交易制度的基础之一。各国辩诉交易的实践表明,检察官的自由裁量权受到的规制越少,辩诉交易实行的空间就越大。

目前,我国检察机关的自由裁量权存在于"犯罪情节轻微"案件中,检察官在大多数案件中并不享有起诉与否的自由裁量权,而是必须起诉。我国坚持起诉法定主义,检察机关的自由裁量权有限。《认罪认罚指导意见》规定认罪认罚从宽制度中的量刑协商仅能就量刑协商,对罪名和罪数都不能协商。

四、证据开示制度与被追诉人的阅卷权

证据开示制度是辩诉交易赖以存在的前提和基础,只有在控辩双方掌握对等信息的基础上,被告人才能权衡是否作有罪答辩。我国的证据开示制度尚未完全成熟,《认罪认罚指导意见》规定的是可以进行证据开示的探索,被追诉人本人是否享有完整阅卷权,也还是一个没有肯定答案的问题,律师在与被告人核实证据的问题上尚有顾虑。但在民事诉讼中,被告方可以有权获得起诉方的起诉书和所有证据。

没有完善的证据开示制度,极易导致错案,在辩诉交易案件中更是如此。由于被告人对证据情况所知有限,难以判断检察官陈述的真实性,可能容易受到诱惑而作出错误决定,达成对己不利的辩诉协议,受到本不应该的严厉惩罚。证据不平衡也容易导致辩护律师的不充分辩护,尤其是法律援助律师和为低收入被告人辩护的律师,同检察官一样,同样有迅速结案的愿望。在这种情况下,部分辩护律师可能会对被告人利益重视程度不够,说服其作有罪答辩。由于被告人在有罪答辩问题上对辩护律师意见的极度依赖,辩护律师此时的态度将极大地影响被告人保护自身利益的能力。

五、被告人有罪答辩与"沉默权"

沉默权制度保障了被告人在作出有罪答辩时的自愿性,使辩诉交易能够正常运行,若没有沉默权的保障,追诉机关便可能通过各种不正当手段迫使被告人认罪,辩诉交易就会丧失平等性和自愿性,这一制度也就失去了其存在的基础和意义。

我国目前还没有关于"沉默权"的规定。因此,符合我国国情的"认罪认罚从宽制度",在实践中完善的路还很长。

第四节

认罪认罚从宽制度下辩护的策略

一、全面认识,正确定位辩护人角色

笔者通过上一节对辩诉交易与认罪认罚从宽制度的区别作了些许的思考。我国的基本制度与英美国家的制度有根本的不同,我们的认罪认罚从宽制度产生的土壤和环境与辩诉交易的土壤和环境有本质的区别。因此,它们不可能结出完全一样的果子。就像大树一样,在根上有些许的差别,到树冠、叶子和果实就会产生万种的差别。所以,只有全面、正确地认识我国国情下的认罪认罚从宽制度,适应我国的特点,才能更好地为当事人服务,获得政治效果、社会效果、法治效果的统一。

在我国刑事诉讼制度改革的背景下,认罪认罚从宽制度是改革的一部分,是参照辩诉交易制度进行的改良,吸收了其适合我国国情的成分而形成了我国自己的特点,追求比率化和指标化。两种制度的核心都是被告人认罪的自愿性,自愿性是该制度存在的基础。因此,作为辩护人,时刻坚持法治思维,树立"法在我心中"的理念,排除其他因素的影响;为当事人提供法律咨询,坚持定罪量刑的法定证明标准;全面、准确地解释法律,为当事人当好"参谋",不缺位、不越位,切不可在当事人没有完全理解的情况下诱导、怂恿当事人适用认罪认罚从宽制度。

二、认罪认罚从宽制度对律师业务的影响

1. 低端市场,个案收入会持续走低。这一部分当事人选择了认罪认罚从宽制度以后,可能会认为律师的作用不大了,因此,不会愿意付出较多的费用,甚至出现"值班律师见证人化"的倾向。

但这一制度的适用对于律师专业化的要求越来越高,律师需要快速、准确地判

断刑事案件的定性,对于定案的标准,证据的认定,量刑区间,甚至是精准量刑的计算都有进一步的要求。

认罪认罚从宽制度从表面上扩大了律师的业务量,实际上,一方面推动了律师专业化的提高,专业的成本越来越高;另一方面低端市场的生存会更难,刑辩高端市场的竞争会越来越激烈,强者恒强,差距进一步拉大。刑辩业务的市场门槛对于年轻律师来说越来越高。

2.认罪认罚从宽制度下辩护的重点在量刑协商。对律师综合能力的要求有所提升。认罪认罚案件的关键环节在审查起诉阶段,谈判能力的提升,在于对案件的精准定性,提高对案件快速、精准识别的能力;提高对瑕疵案件的预判能力,能对证据精准分析判断;提高与办案机关的协商能力、量刑精确计算能力、法律适用与案例的检索能力,否则,就没有量刑协商谈判的实力与能力。

三、对律师辩护有影响的具体规定

1.既认罪认罚,又作无罪辩护。当事人认罪认罚,律师作无罪辩护,也就是当事人认罪认罚,但律师基于证据,基于案情认为无罪的情况。

这种情况的直接依据是《认罪认罚指导意见》第3条:"坚持证据裁判原则。办理认罪认罚案件,应当以事实为根据,以法律为准绳,严格按照证据裁判要求,全面收集、固定、审查和认定证据。坚持法定证明标准,侦查终结、提起公诉、作出有罪裁判应当做到犯罪事实清楚,证据确实、充分,防止因犯罪嫌疑人、被告人认罪而降低证据要求和证明标准。对犯罪嫌疑人、被告人认罪认罚,但证据不足,不能认定其有罪的,依法作出撤销案件、不起诉决定或者宣告无罪。"当然,其他依据还有很多,此处不再赘述。

对于认罪认罚从宽的案件,不论是速裁程序还是简易程序,包括普通程序对证据的质证、庭审调查、法庭辩论等都有不同程度的简化。比如,在庭审不充分的情况下,加之当事人权衡利弊后,如果选择认罪认罚,也会放弃实质的抗辩,法庭和公诉方可能审查不严,案件可能会被错判。

作为刑事律师最大的尴尬莫过于作了罪轻辩护的案件,万一成了错案。内蒙古王某军卖玉米案,辩护人、被告人都是罪轻辩护,最后结果是判决无罪。安徽省芜湖市繁昌区人民法院(2018)皖0222刑初130号刑事判决书中,法院判处包括认罪认罚在内的42名被告人无罪,该案创一案判决无罪的人数之最。基于此,律师可以选择让当事人认罪认罚,律师基于证据作无罪辩护。但这样的选择,会对裁判者产生影响,无罪辩护的效果会大打折扣。

2. 对于从宽幅度的把握。《认罪认罚指导意见》第8条、第9条规定:对于减轻、免除处罚,应当于法有据;不具备减轻处罚情节的,应当在法定幅度以内提出从轻处罚的量刑建议和量刑,对犯罪嫌疑人、被告人具有自首、坦白情节,同时认罪认罚的,应当在法定刑幅度内给予相对更大的从宽幅度。认罪认罚与自首、坦白不作重复评价。

针对以上规定,应当把握减档必须有法定的情节,需要对法定减轻的情节精准掌握,不能遗漏。

此外,对于认罪的把握中,认可基本事实,但基于对法律适用和行为性质的辩解不影响认罪认罚从宽制度的适用。在量刑时,当庭认罪是从轻的一个理由,实践中以前在法庭上经常出现,当事人对于事实认可,但在行为性质和法律适用上不认为其是犯罪,此时有的法官以不认罪为由不予认定"当庭认罪"而不给予从轻处罚。《认罪认罚指导意见》第6条给予了明确答复,"承认指控的主要犯罪事实,仅对个别事实情节提出异议,或者虽然对行为性质提出辩解但表示接受司法机关认定意见的,不影响'认罪'的认定"。

3. 值班律师阅卷的两难问题。通常情况下,办案机关与当事人已谈好了要认罪认罚,这时要求值班律师见证嫌疑人签署具结书。在这种情况下,律师仅通过简单的交谈,很难看出问题,若不阅卷,就只能扮演"见证人"的角色;如果阅卷的话,值班律师不能摘抄复制,仅可以查阅,往往时间短且急,加之部分值班律师可能不会仔细阅卷,往往草草了事,很难看出其中的问题。

4. 关于被害人权利保障也是被告人权利的保障。在一些轻罪案件中,如刚刚达到轻伤标准的伤害案件,被害方提出的天价赔偿会得到一定程度的遏制。由于被害方赔偿请求明显不合理,未能达成调解或和解协议,没有取得谅解的,一般不影响适用认罪认罚从宽制度。这既是对被害人权利的保障,也是对被告人权利的保障。辩护人应当充分利用这一规定,解释清楚这一规定的性质和法律后果,努力使双方达成和解、谅解,避免天价赔偿导致对各方都不利的局面。

5. 强制措施的适用是重点。《认罪认罚指导意见》第20条规定,犯罪嫌疑人认罪认罚,公安机关认为罪行较轻、没有社会危险性的,应当不再提请人民检察院审查逮捕。对提请逮捕的,人民检察院认为没有社会危险性不需要逮捕的,应当作出不批准逮捕的决定。

在适用强制措施的情况下,社会危险性和羁押必要性问题再次成为重点。关于社会危险性的认定、羁押必要性的认定,此前2015年颁布的《最高人民检察院、公安部关于逮捕社会危险性条件若干问题的规定(试行)》没有得到很好的落实。这一次要借认罪认罚从宽制度的东风,律师要勇于、善于用这个规定最大限度地为当事人争取不羁押。

还有,以往在侦查阶段,实际办案中已经在审讯中把自首和坦白等政策发挥得淋漓尽致,而认罪认罚从宽制度又不允许作出实体上的承诺。因此,就必须依赖于律师对认罪认罚从宽制度给嫌疑人作更多的解释,在一定程度上要求变更强制措施能有更多一点分量。由于嫌疑人对律师的信赖,律师必须给出全面、客观的意见,从而要求律师准确的判断能力有所提高,也加大了律师的解释工作。

律师应当全面、客观地分析,如果确实够罪,给出合理的意见;如果经分析法律适用或证据问题不够罪,一定要解释清楚,由当事人选择,对于那些先认罪,取保候审再想推翻的,要慎重权衡利弊,作出选择。

6. 证据开示制度。《认罪认罚指导意见》规定的是探索证据开示制度,改革的步伐太小。目前,被告人完整的阅卷权尚没有给予明确,律师与被告人核实全部证据的方式尚未完全明确。既然规定可以探索,那么辩护人不妨在个案中试着与办案单位就证据开示问题展开沟通协商,在个案中推动它的发展。

第八章
chapter 8 庭审发问

第一节

庭审发问概述

一、庭审开局 发问制胜

为贯彻落实《中共中央关于全面推进依法治国若干重大问题的决定》的有关要求，推进以审判为中心的刑事诉讼制度改革，最高人民法院、最高人民检察院、公安部、国家安全部、司法部发布了《关于推进以审判为中心的刑事诉讼制度改革的意见》，最高人民法院又出台了《关于全面推进以审判为中心的刑事诉讼制度改革的实施意见》，还配套发布了《人民法院办理刑事案件庭前会议规程(试行)》《人民法院办理刑事案件排除非法证据规程(试行)》《人民法院办理刑事案件第一审普通程序法庭调查规程(试行)》等一系列文件。

以审判为中心的刑事诉讼制度改革的核心是庭审实质化改革，庭审实质化的要求是诉讼证据出示在法庭、案件事实查明在法庭、诉辩意见发表在法庭、裁判结果形成在法庭。庭审改革的方向由案卷中心向人证中心发展，或者说由案卷中心证据向直接言词原则发展。庭审实质化改革意味着越来越多的证人会出庭，越来越多的检察官和律师需要当庭来讯问、询问被告人和证人，而法院认定事实也将越来越多地建立在当庭发问的基础上。因此，刑辩律师必须重视庭审发问。

根据《刑事诉讼法》规定的庭审程序，开庭审理中对于辩护人而言，重要的程序有发问、质证和辩论，被誉为庭审的"三大战役"。公诉人宣读起诉书之后的法庭调查阶段，是讯问被告人的环节。这一环节大致分为3部分，公诉人讯问被告人、辩护人向被告人发问及审判人员讯问被告人。根据刑事诉讼程序的规定，辩护律师向被告人发问是庭审辩护的开始，辩护律师在法庭上具有实质意义的第一次发声，也是辩护律师在法庭上直接与被告人对话的机会。律师发问，有助于发掘案件细节、揭露真相，为辩护观点的展开做好铺垫。因而，发问是一项非常重要同时又有风险的诉讼环节,因为律师不可能完全控制被告人的回答,万一被告人的回答超出律师的预期,甚至可能对自己不利,那将是非常危险的。法庭上的发问除了对被告人的发问,往往还需要对证人发问、对被害人发问、对鉴定人发问、对有专门知识的人发问、对警察证人发问等。"行家一张口,便知有没有",作为主持刑事法庭庭审的法官,作为出庭履行追诉职责的公诉人,辩护律师在他们的眼中如过江之鲫。因此,辩护律师在法庭上一开始发问,法官和公诉人对律师的水平就心里有数了。

相比庭审的其他环节,发问的魅力就在于瞬息万变、稍纵即逝,不能重来、不可补救。针对不同的案件、针对不同的证人,绝没有统一的模板可供借鉴参考,都要特别制订一套发问计划。辩护律师必须全面仔细、精心设计自己的发问方案,才能获得比较好的效果,展示出律师的水平。

二、交叉询问

为充分认识、了解、掌握庭审发问,我们有必要了解英美法系的交叉询问制度。此处列举曾任美国总统林肯当年做律师时家喻户晓的经典案例:林肯的一个朋友被控于某年的8月9日晚上10时开枪杀死另一个人,现场有一个目击证人,下面是林肯律师对证人的发问。

【举例】

林肯:在看到枪击之前你与拉克伍在一起吗?

证人:是的。

林肯:你站得非常靠近他们?

证人:不,约有20尺远。

林肯:不是10尺吗?

证人:不,有20尺或更远。

林肯:在宽阔的草地上?

证人:不,在林子里。

林肯:什么林子?

证人:桦木林。

林肯：在8月，树上的叶子相当密实吧？

证人：相当密实。

林肯：你认为这把手枪是当时所用的那把吗？

证人：看起来很像。

林肯：你能看到被告人开枪射击，能看到枪管等情形？

证人：是的。

林肯：这距离布道会场地多远？

证人：三四里。

林肯：灯光在何处？

证人：在牧师讲台上。

林肯：有三四里远？

证人：是的，我已经回答第二遍了。

林肯：你是否看到烛火，拉克伍或盖瑞森可有携带？

证人：没有！我们要烛火干吗？

林肯：那么，你如何看到枪击事件？

证人：借着月光！

林肯：你于晚间10时看到枪击；在桦木林里；离灯光三四里远；你看得到手枪枪管；看到那人开枪；你距他20尺远；你看到这一切都是借着月光？你距离他们有超过20尺远，你看到这一切都是借着月光？

证人：是的，我之前就已告诉你。

这时，只见林肯不慌不忙、从容淡定地从口袋里掏出一本蓝色封面的天文历，不紧不慢地翻到其中一页，告诉法官和陪审团8月9日这一天是下弦月，前半夜是不可能有月亮的，月亮要到后半夜才会出来，所以在晚上10时，在伸手不见五指的密实的桦树林里，证人能看得到什么吗？他什么都看不到，那就只能证明他的证言是谎言，更富有戏剧性的事是在伪证被揭穿之后，林肯一个"回马枪"，转而指控这个证人才是真凶，最终真相大白，杀人者果然是这个证人。

辩护律师在法庭的发问十分重要，在美国律师界有一句名言"律师之声誉，生于交叉询问，死于交叉询问"，这个案例充分展示了交叉询问的意义。交叉询问被一些英美法学者誉为"发现真相的最重要的法律装置"，同时也是使诉讼体现对抗性质最重要的法律机制。交叉询问的对象是证人(包括一般证人、被害人、放弃沉默权出庭作证的被告人、专家证人等)。

按照英美的法律和司法实践,控辩双方调查人证必须采用一问一答的问答方式。问答式的意义是问题相对集中,证言与案件的关联性较强,可以防止证人陈述杂乱无章,陪审团听审不得要领。

英美法词典对交叉询问作了这样的解释:交叉询问(Cross Examination)指在听审或开庭审理程序中,一方当事人对对方提供的证人进行的询问。反询问应在提供证人的本方对该证人进行主询问之后进行,目的在于核查证人的证言或质疑证人或质疑其证言的可信性,如指出证言与证人先前所作证言中的矛盾之处,向证人提出疑问,诱使证人承认某些事实以削弱证言的可信性等。

与交叉询问相对应的是直接询问。询问己方证人被称为直接询问或者主询问;询问对方证人被称为交叉询问或反询问。这里的证人可以扩大解释为被告人、证人、专家证人等。直接询问主要是向法庭展示证词内容,希望法庭采信己方证词;交叉询问主要是鉴别证词的真伪,希望法庭排除对方证词。

两者的区别仅在于询问的对象和顺序不同,对于己方证人的询问叫直接询问;对于对方证人的询问,叫交叉询问,交叉询问在直接询问之后,而在交叉询问结束以后,还可以再一次进行直接询问。交叉询问的目的在于暴露对方证人证言中的矛盾错误或不真实的因素,以此来否定或者降低该证人证言的证明力。同时,通过交叉询问,还可以使对方证人承认那些对于己方有利的事实。

我国《刑事诉讼法》规定,庭审中辩护人向被告人提问称为"发问",公诉人、审判人员向被告人提问则称为"讯问";辩护人、公诉人向证人提问均称为"发问",而审判人员向证人、鉴定人提问则称为"询问"。

我国的法庭发问和西方国家的交叉询问有着本质的区别。西方国家的交叉询问是法庭审理规则,所有的证据都要通过人证引导出来,并且交叉询问制度是英美法系国家一种典型的发现真相的工具。在当事人主义的诉讼模式之下把人证分为立场不同的对方证人和己方证人,因此也分为直接询问和交叉询问。交叉询问的本质就是为了证伪或者弹劾对方证人证言。

我国的法庭发问是法庭调查程序,是用来调查案件事实的。但是,我国目前基本上还是以案卷为中心的诉讼模式,在这个过程中还有很多笔录,包括讯问笔录、询问笔录以及其他笔录等,在法庭当中都可以作为定案证据来使用。法官、公诉人、辩护人庭前都看过这些笔录。在这种情况下我们的法庭发问,是要核实笔录中固定的事实(印证书证),或者是推翻笔录中固定的事实(弹劾书证),少数情况下还可能是发现案卷遗漏的事实(查漏补缺),这一点接近于发现事实。

我国《刑事诉讼法解释》第 88 条规定"证人的猜测性、评论性、推断性的证言,不得作为证据使用,但根据一般生活经验判断符合事实的除外",第 261 条规定"不得以诱导方式向证人发问",2017 年最高人民法院发布的 3 个规程中的庭审调查规程对庭审的讯问、发问作了程序的上规定。因此在法庭上我们遇到的被制止的最多的情形就是反对诱导性问题,也就是诱导性禁止。

三、诱导性询问

诱导性询问(Leading Question)又称"暗示询问",是交叉询问中一种常用的发问技巧。

(一)诱导性询问的概念

诱导性询问是指提问者在问题中已经隐含了答案,因此限定了被提问者的答案范围,从而可以得到自己期望的答案。而对这样的诱导性询问,被询问者只需也只能回答"是"或者"不是",或者被询问者选择回答问题本身就意味着对某个暗含假定事实的承认。通俗地理解就是,当问题本身包含了答案,或者至少是表达了明确的倾向时就是诱导性询问,或者说提问者本身预设了答案,而且已经说出了答案,只不过想借被询问者的嘴巴再说一次而已。

封闭式句式一般被认为是诱导性询问:封闭式句式是以"是或不是""这个或那个"开头的询问。而开放式询问是以"什么时间、什么地点、什么人、发生了什么、为什么"等开头的询问。

(二)诱导性询问的作用

诱导性询问的主要目的有两个:其一,发现证人证词的破绽,以达到证言无效或使陪审团、法官对该证言持有怀疑的效果;其二,发现或找出有利于自己的事实。

证人出庭作证的目的是为传召的一方所提出的主张提供有利的证言,此时作为交叉询问的另一方有充分的理由对证人陈述的真实性和可靠性存疑。

只要是人,就可能滥权,就可能怠惰,就可能麻痹,就可能犯错,上述任何一种情形,只要在刑事程序中发生一次,都会造成无法弥补的伤痛。在证人对自己的证言或陈述已有一定的目的和预期的情况下,诱导性询问无疑是发现伪证的有力武器。有经验的律师往往能够从对方证人的证词中发现对自己有利的证言,变被动为主动。

(三)诱导性询问规则

对于何种情形下禁止诱导性询问、何种情形下允许诱导性询问,不同国家有不同的规则。一般而言,大陆法系国家采取职权主义诉讼模式,由于在证据调查活动中采取法官主导模式,证据是由职业法官来调查,法官必须审理一切,足以"自由地判断证据"和去伪存真。在采取职权主义诉讼模式下,询问证人是法官或检察官的职权,就一般情形而言,没有以暗示方式导致证人进行虚假陈述的危险,因此没有禁止诱导性询问规则存在的必要。英美法系国家诉讼中的证据调查采用当事人主导模式,法官只负责在调查行为发生争议的时候行使对程序争议的仲裁权力,为了规范控辩双方的诉讼行为以减少逾矩行为、使控辩双方能够发挥互相牵制作用,防止误导陪审团并为法官的程序裁决提供预定的标准,防止诉讼的盲目性、裁决的随意性而导致的不公正,有必要确立一系列规则使诉讼双方的争讼得以顺利进行并最终实现发现案件真实情况的实体目的。

诱导性询问规则正是保证举证和质证有利于揭示案件真相而不是远离这些真相的一项重要规则,其主要内容:(1)在交叉询问中允许进行诱导性询问。在对方证人进行反询问时,可以提诱导性问题。因为几乎不存在这种证人接受诱导性问题中所包含的虚假暗示的危险。(2)通常在主询问中禁止进行诱导性询问。在当事人主义诉讼中,证人被划分为"控方证人"和"辩方证人",控辩各方对本方证人的询问即主询问,主询问时禁止诱导性询问。

主询问通常"禁止诱导性"询问,但对于非关键性问题,诸如证人的姓名、住址等无可置疑的非案件事实,以及为辨认某人或某物而提出的诸如"这是不是你见过的那个人"等问题,允许进行诱导性询问,以避免在无关紧要的问题上虚掷时间,从而提高诉讼效率。另外,进行主询问的一方进行诱导性询问时,由于法官不主动干预证据调查,故若对方不提出反对,即表示对诱导的内容没有争议;若提出反对,则由法官决定问题是否有诱导性,即使问题有诱导性,法官也可以酌情准许向证人提出这样的问题,以保证发现案件的客观真实。

除此之外,还有许多情况是允许诱导性提问的:(1)对鉴定人可以适用诱导性询问;(2)在对与案件核心问题无直接关系的预备性或入门性事务、过渡性事务进行询问时;(3)诱导性问题可以用于从一个查询领域到另一查询领域的转换或连接;(4)当证人在主询问中作出意外回答时,律师可以使用诱导性问题;(5)对理解能力有限的证人进行询问时,包括未成年人、智力低下的成年人、使用语言表达有障碍的人;(6)对于那些记忆已经竭尽但显然还掌握着额外的相关性信息的证人可以提出诱导性问题,对那些答案就在嘴边却想不起来的证人,使用诱导性问题以唤起其记忆在有些情况下是合适的。

(四)诱导性询问在我国的现状与实践

1.诱导性询问的现状与实践

目前,我国法律规定一律不允许诱导性询问,但在实践中是有限度地容忍。《刑事诉讼法解释》第261条明确规定,不得以诱导的方式向证人、被告人、被害人、鉴定人和有专门知识的人等发问。但是,庭审实质化改革意味着越来越多的证人会出庭,越来越多的检察官和律师需要当庭讯问和询问证人,而法院认定事实也将越来越多地建立在当庭询问的基础上。当庭询问如果一点也不使用诱导性询问,实际也不利于问出真相。因此,在司法实践中,法院或多或少地会容忍一些诱导性询问。

诱导性询问常用的方式有选择式的诱导性询问。这种选择式询问方式最明显的特点就是广泛使用是不是、对不对、该不该、有没有、是还是等表示并列的选择性词语,让证人在给定的选项中选,而且往往提问者其实已经指明了唯一正确的选择。

诱导性询问还有陈述式诱导性询问。这种陈述式询问的方式,也是英美法系律师最为常用的手段。具体来讲就是先用陈述句写出事实的完整经过,尤其是时间、地点、人物、事件等具体的细节,然后把一个完整的段落逐句分成一个一个的短句,再将每一个短句后面的句号都改成问号,这就变成了一份完整的交叉询问的提纲,且完全是由诱导性问题组成的提纲。

除了使用选择式的问题和陈述式的问题,典型的诱导性问题还包括以下几种形式。一种是反问句。比如:"你给×××报销机票信用卡,难道你告诉过我吗?"显然其中的答案已经很明了,而另一种是看起来是正常的疑问句,使用"吗""呢"

等疑问词和问号来结尾,但是只是在语气上稍加变化,也可以具备诱导的意味。比如:"你给×××报销机票和信用卡告诉过我吗?"也就是说,只要具备完整的主语、谓语、宾语等构成任何一个疑问句都可以是诱导性询问,关键只在于提问的语气。前面说过任何一个陈述句也都是一个诱导性的问题,只需要把结尾的句号改成问号,从这个意义上说,所谓诱导性询问其实不可能作出严格的界定和区分。也许这就是虽然最高人民法院明文禁止诱导性询问,但是在司法实践当中也不可能杜绝诱导性询问的原因。

从其他国家的规定来看,一般是允许在交叉询问中使用诱导性询问的。比如,美国的《联邦证据规则》第611条规定,在直接询问中,除非是为引导证人证言的必要,否则不应当使用诱导性问题。但一般而言,在交叉询问中,或者当证人作为对方当事人或者证人不合作时,允许使用诱导性问题。实际上,美国诉讼律师的经验是,只要是在交叉询问中就应当一律使用诱导性问题,不能有任何让证人自我发挥的机会。交叉询问的目的从来不是满足律师的好奇心,也不是为了获得律师尚未知道的信息,而仅是通过证人的嘴,再一次强调律师已经知道的事实而已。

我国最高人民法院规定禁止诱导性询问,而最高人民检察院在这个问题上相对宽松一些。

最高人民法院的相关司法解释规定发问不得采用诱导方式。至于何为"诱导"、"诱导"和"引导"的区别、诱导方式有无例外等问题没有具体和明确的规定,给实践操作带来了困惑。长期以来,我国司法实践对于引导性问题是否可以采用一直存在极大的争议。"两高"相关司法解释也出现一定的分歧。

《人民检察院刑事诉讼规则》第402条规定,讯问被告人、询问证人不得采取可能影响陈述或者证言客观真实的诱导性发问,以及其他不当发问方式。辩护人向被告人或者证人进行诱导性发问,以及其他不当发问可能影响陈述或者证言的客观真实的,公诉人可以要求审判长制止或者要求对该项陈述或者证言不予采纳。

"但在被告人不认罪或者存在较多辩解的情况下,被告人在接受讯问中,是不会按照公诉人的提问顺利回答问题的,实际上就可以视为'辩方证人',公诉人可以对其采用引导性发问方式。"①

---

① 最高人民检察院公诉厅编:《国家公诉人出庭指南》,法律出版社2013年版,第81页。

"若辩护人只是意在通过暗示使被告人、被害人或证人恢复对某些细节的回忆的诱导性发问,不影响陈述或证言真实性的,公诉人可以不予反对。"[1]

"对于记忆诱导性的提问,即对于理解能力有限和记忆有限的被告人或证人,唤起其记忆的引导性问题,不属于诱导性发问,司法实践中是允许的。"[2]

通过以上可以看出,真实性是最高人民检察院对诱导性发问的一个核心的立场和观点,只要不影响真实性,就可以容许诱导性询问。

2. 存在的一些问题。

在我国刑事诉讼中,一般不区分直接询问和交叉询问。首先我们绝大多数证人都是控方证人,往往又是辩方申请法院传唤控方证人出庭,根据原2012年《刑事诉讼法解释》第212条规定:"向证人、鉴定人发问,应当先由提请通知的一方进行;发问完毕后,经审判长准许,对方也可以发问。"先进行询问的一方应当是提出证人出庭的申请的一方,然后再由对方来询问。如果按照这样,辩方要首先询问,在法律的意义上,这叫作直接询问,如果按照英美法系的逻辑直接询问,不能使用诱导性问题,而反倒当控方来询问他自己证人的时候,又可以使用诱导性问题了,这显然是不恰当的。这个问题在《人民法院办理刑事案件第一审普通程序法庭调查规程(试行)》变成了由举证方先发问。该规程第19条第1款规定,证人出庭后,先向法庭陈述证言,然后先由举证方发问;发问完毕后,对方也可以发问。根据案件审理需要,也可以先由申请方发问。这里的举证方指的就是己方,由己方先发问。但是于2021年1月26日修改的《刑事诉讼法解释》没有将此内容吸收进去。

关于被告人的问题,因为被告人必须出庭接受询问,所以不存在哪一方申请出庭的问题。在多数案件中,被告人既是控方的证人又是辩方的证人,因为他既要认罪又要作出辩解。但在英美法系被告人往往有拒绝自证其罪的特权,被告人在英美法系只能作为辩方的证人,由辩方律师进行直接询问,而公诉人对他进行交叉询问是可以使用诱导式问题的。

我国的律师一般不愿意在庭前去接触证人,更没有律师敢于在庭前去辅导证人如何作证。律师对证人证言以及证人的身份、背景信息根本不了解,因此就很难

---

[1] 最高人民检察院公诉厅编:《国家公诉人出庭指南》,法律出版社2013年版,第98页。
[2] 引自余啸波主编:《公诉实务教程》,上海交通大学出版社2012年版,第192页。

提出有质量的诱导性的问题。诱导性问题的前提是律师自己早就知道答案了，无非借助证人的嘴巴说出来而已，即使有时证人会拒绝按照律师的期待说出答案，律师也可以用其他证据来证明他期待的答案。但是，如果律师本来就不知道答案，或者只是有一个不确定的答案，又或者有一个他自己也没法儿去证明的答案，那他的诱导性问题可能就存在风险，甚至会直接帮了对方。

第二节

我国庭审发问实务

一、全面认识发问

1. 发问是什么。发问就是律师对人证进行的询问,目的是揭示事实真相,展示事实细节,其实质是对人证的质证。每一个法庭参与者都有自己的目的,都是从不同的角度和目的来说服法官。发问是通过一问一答的方式,展示辩方案情的主要细节,揭露控方证据的瑕疵和谬误,具体包括:证据不共同指向同一待证事实;存在无法排除的矛盾;存在无法解释的疑问;不能形成完整的证明体系;根据证据认定案件事实不足以排除合理怀疑;结论不具有唯一性;运用证据进行的推理不符合逻辑和经验等。从而说服法官,让法官相信自己的陈述更可信,而对方的陈述不可信。

控辩双方立场的目的始终贯穿庭审的发问、质证和辩论的每一个环节,发问、质证和辩论被誉为庭审的3大战役,发问是这3大战役的第一个战役,因此,庭审发问是庭审的第一个环节,是律师辩护的一个重要组成部分。

发问是为辩论找论据,发问要体现辩论观点,最好的发问就是最有力的辩论,往往听完发问就知道辩论观点。发问是质证的铺垫和最为有效的手段,同时也可以作为排除非法证据的基础。发问可以作为庭前证言的弹劾和印证使用,证据是发问的道具与素材,发问将每个证据激活、将辩护升维,发问填补证据之间的缝隙,将证据连接成整体,形成一个完整论证。

因此,发问是实现有效辩护的利器,是实现法庭有效质证的利器,是有效申请排除非法证据的利器,是展示庭审效果的利器,是让控方不能排除合理怀疑的最好方法。

2. 哪些案件需要发问。事实上,大多数案件是不需要发问的,或者说大多数案件发问的必要性并不大。庭审发问主要是对于被告人不认罪的案件,对于被告人认罪的案件基本没有发问的必要,当然并非完全不发问。尤其是认罪认罚从宽制度实施以来,实现了简案分流的目的,在此类案件中被告人对于事实都认可,就意味着在法庭查清案件事实方面,控辩双方基本没有争议。因此,对认罪的案件发问的意义就不大了,发问主要对于被告人不认罪的案件。从庭审实质化改革的要求来看,认罪认罚从宽制度为那些不认罪案件进行实质化的审理节省了司法资源,使司法资源向不认罪的案件重点倾斜。

3. 对哪些人发问。发问的对象包括事实证人和程序证人。事实证人是指事件的经历者和见证者,包括被告人和被害人,还有其他见证事件发生经过的见证人。程序性证人主要包括证据的收集、固定、保管者,鉴定人员和有专门知识的人等。证据的收集、固定、保管者主要是指警察中的侦查人员。质疑警察在侦查程序的合法性,是否存在非法取证的行为;质疑警察在固定证据过程中的合法性,是否存在固定证据的方式、过程不符合要求;质疑警察在保管证据的过程中是否符合规范,有无导致证据灭失或证据属性发生变化的情况等;对于鉴定人员的发问主要是根据司法鉴定的法律法规,质疑作出鉴定意见的鉴定人主体、鉴定的程序是否合法,鉴定意见是否科学客观准确等;对于有专门知识的人的发问主要是质疑他的专业意见是否科学,可以借助己方有专门知识的人质疑对方有专门知识的人。

从立场来划分,可以将上述证人分为己方证人和对方证人。从辩护人的角度来说,己方证人包括被告人、一般证人和自己聘请的有专门知识的人。简单来说就是证明辩护方观点和意见的证人;对方证人主要是指证明指控成立的证人,包括警察证人、鉴定人、有专门知识的人,也包括被告人等。

4. 发问的原则。第一,通过发问展现辩点,展现有利的内容。对于当事人不利的内容不要涉及,不能越问越严重,违背辩护人的职责。比如,对于前科、累犯等都是公诉人讯问的内容,辩护人一般不发问,但是对于明显不利的内容,如果可能有隐情,也要问清楚,如果问得好还可能问出不一样的内容,问不好也还是笔录的内容。第二,针对不利的内容,问到产生疑问。对不利的内容刨根问底,一直问到对客观性产生疑问。

5. 发问的职业伦理和礼仪。庭审发问时服从审判长指挥,审判长征询辩护人是否发问时回答:"审判长,辩护人有问题需要发问。"发问前,不做寒暄、不问好,但要介绍身份。

【举例】

辩护人:被告人张三,我是你的辩护人,现就本案事实向你发问,请你如实向法庭陈述,听清楚没有?

在被告人回答清楚之后,就直接问问题。

发问时,眼神庄重、严肃。向法官说话看着法官,向被告人发问看着被告人。语气掷地有声、语速快慢适中才显得稳重、自信,而且方便书记员记录。发问要讲究策略和技法,但是发问技巧永远无法代替事实与法律。美国耶鲁大学法学院哈罗德·H.柯院长曾说过:"永远别让你的技巧胜过品德。"辩护律师在法庭上举止要有礼貌,发问要体现律师的善意、诚实和坦诚;与公诉人对庭要有一定的克制力,语言温和;让法庭的每一个人都认为律师是最认真的真相寻求者。发问时切忌占据道德制高点以心理优势对证人盛气凌人地进行讽刺、挖苦和打击。

二、发问的特点

(一)庭审发问程序特点

1.我国庭审的顺序一般是先讯问后质证。也就是公诉人宣读起诉书后,审判长先问被告人对起诉书指控的事实与罪名是否认可。如果被告人无异议,则接下来的质证、辩论相对简单;如果被告人有异议,则接下来的质证、辩论就要详细进行。然后是公诉人对被告人讯问、辩护人发问,之后是质证环节。

《人民法院办理刑事案件第一审普通程序法庭调查规程(试行)》规定,为防止庭审过分迟延,就证据问题向被告人的讯问可在举证、质证环节进行。《刑事诉讼法解释》也规定,根据案件情况,就证据问题对被告人的讯问、发问可以在举证、质证环节进行。

有些情况下,法官根据案件的特点,也可能依辩护人的申请,先举证、质证,然后对被告人进行讯问和发问。如果从无罪推定的角度,先举证、质证,再对照被告人的辩解,更能体现以证据为中心,更能体现没有被告人供述和辩解,证据确实充分的也可以认定犯罪,体现证据裁判原则。当然先讯问,在讯问过程中看被告人的辩解意见,再对照证据分析辩解是否成立也是查明事实的一种方法。因此,先讯问后质证或是先质证后讯问并没有本质的优劣之分。关键在于把握庭审的理念是查明事实,保障人权。如果仅是走过场的有罪推定,哪种程序方式都难以达到公正裁判的目的。

2.发问体现的是直接言词原则。通过发问发现事实真相,甄别案卷已经记录的内容。刑事诉讼以审判为中心,审判以庭审为中心,庭审的发问和质证是不可分割的一体两面。通过发问才可以发现和卷宗不一样的事实和证据,如果没有发问,质证将是无源之水,就又回到案卷中心主义了。

我们目前的庭审,在一定程度上还存在有罪推定思维。表现在公诉人和审判长对被告人的发问叫讯问,只有律师的询问叫发问。根据无罪推定的原则,未经人民法院判决不得认定任何人有罪。显然此处的"讯问"是不平等的对话,在某种程度上存在一定的有罪推定思维。律师要提示当事人做好充分的思想准备,准确回答。

3.控方主导发问程序。庭审发问由公诉人先问,公诉人可以针对案件过程详细地发问,审判长一般很少打断。而辩护人发问,审判长则提示律师简短发问。审判长担心律师重复发问,增加不必要的时间成本。因此,律师要研究发问,提高发问的质量。有时还要有策略地表示不占用太多时间,帮审判长提高效率。比如,律师发问前可以说:"审判长,辩护人在公诉人讯问的基础上,补充发问几个问题。"

(二)发问本身的技术特点

1.公开性。庭审发问是多方参与的对话,因此具有公开性。

【举例】

审判长:被告人,你对起诉书的指控有没有异议?

被告人:有。

审判长:有什么异议?

被告人:我没有杀人。

审判长:公诉人有无讯问?

公诉人:有。你在侦查机关先后作过12次供述,均供述将被害人推下去摔死,今天为何翻供?

被告人:我没有做那些事,我是被刑讯逼供的,我早就要翻供,是你们不让我翻。在这个公开的场合,有法官在,我如果还不翻供,就没有机会了。

2. 直接性。庭审发问是面对面的交流,因此具有直接性。

【举例】就刑讯逼供发问被告人

辩护人:你说遭到了刑讯逼供,你能不能向审判长和审判员具体说一说?

被告人:好……

辩护人:你说主要是那个胖警察打的你,这个胖警察在今天的庭审现场吗?如果在,请指给审判长看一下。

被告人:坐在左边的那一个就是的。

3. 技术性。庭审发问的问题可以提前进行设计,因此具有技术性。

【举例】向鉴定人发问

辩护人:进行司法会计鉴定时,你认真查阅了案卷材料,是不是?

鉴定人:是。

辩护人:如果不认真查阅全部案卷材料,鉴定结论是不可靠的,甚至是错误的,是不是?

鉴定人:是。

辩护人:鉴定书上说查阅案卷材料13卷,是第13卷还是共13卷?

鉴定人:共13卷。

辩护人:本案的卷宗材料共有18卷,你到底查阅的是其中哪13卷?

鉴定人:……(沉默)

辩护人:你在鉴定过程中没有认真查阅全部材料,是不是?

鉴定人:……(沉默)

辩护人:按照你自己的说法,你作出的鉴定结论是不可靠的甚至是错误的,是吗?

鉴定人:……(沉默)

4. 残酷性。庭审过程中,控辩双方常把证人作为"阵地"来争夺,故具有残酷性,如下面这个辩护人对污点证人的发问,成功地将污点证人转化为对己方有利的证人。

【举例】

辩护人:证人王某某,刚才公诉人问你时,你说"我没指望被告人把10万元还给我",我在前面问你,你说"他把钱还给我,我当然要"。审判长问你,你又说"我不会主动要他还"。我再问你一次,10万元到底是借款,还是行贿?

证人:我不知道什么是行贿。

辩护人:行贿就是你为了承包工程送给被告人10万元,这10万元是不准备让被告人还给你的。我问你,10万元到底是借款,还是行贿?

证人:那就应该是借款。

辩护人:10万元到底是借给被告人的,还是借给被告人弟弟的?

证人:借给被告人弟弟的。

辩护人:你以前对检察机关说,被告人没有把这10万元还给你,你认为被告人有义务还钱给你吗?

证人:是被告人介绍他弟弟向我借的钱,在我的想法里,被告人就是担保人,所以我认为他有责任。

5.不可知性。发问的不可知性是发问魅力的另一个方面,因为人类都有一颗挑战未知世界的心,不论怎样预先设计,都可能会发生意料之外的突发情况,因此具有一定的不可知性。

【举例】

辩护人:你与被害人发生性关系时,她是否反抗?

被告人:我是过失强奸。(注:被告当庭提出新辩解)

辩护人:为什么说是过失强奸?

被告人:那晚我喝醉了,我把她当成了自己的老婆。

此时,作为该被告人的辩护人,针对该突发情况,辩护人应及时提问,引导被告人。比如,问被告人,"那天具体是什么时间""当时喝酒的人都有谁""你们喝的什么酒""被害人是怎么到现场的""穿什么衣服""你老婆在不在现场""被害人是怎么到的房间里的""是谁开的房""谁付的款"等。把复杂的问题拆开问,问得越细越具体,就越接近真相。

6.观赏性或艺术性。发问需要技术还要有艺术,好的庭审发问具有观赏性和艺术性。

【举例】

辩护人:被害人,你的胳膊是被谁打伤的?

被害人:是被告人王某打伤的。

辩护人:对此我深表同情。你的胳膊目前恢复的情况如何?

被害人:根本抬不起来,若勉强抬起会十分疼痛。

辩护人:本案发生以前你的胳膊能抬多高?

被害人:能抬这么高(把胳膊高高抬起)。

辩护人:审判长,我的问题问完了。

三、发问的目标

常见的发问目标是从证人和证言两个角度考虑。注意目标与目的的区别,目的是想要达到的结果,目标是打击对象、努力的方向,是靶子。

(一)对证人的发问

1.证人对案件情况的感知力和记忆力是发问首要考虑的因素。

首先考虑证言的内容证人是否能直接感知。其次考虑证人是否处于明显醉酒、中毒或者麻醉等状态。再次考虑证人感知的准确性,通常考虑的方面有:空间状况,如距离、遮挡物等;外部环境,如光线、天气、时间、噪声等;自身能力,如视力、色觉、听觉、嗅觉等;事件发生的突然性;事件发生时的干扰因素,如现场的混乱、物体和人物的复杂、现场的血腥和震撼程度等。最后考虑证人的记忆力,需要考虑记忆时间长短、记忆是否变形和被干扰(如有无其他证人、侦查人员、新闻报道等介入信息)等因素。

2.证人作证时,需要考虑其利害关系,理解法律程序的能力、表达力、诚实性、不当外力影响等因素。

(1)利害关系包括不良情感和动机。例如,偏见或成见,他人支付费用作证、证人资助本案;对诉讼结果有财产利益关系;家庭或其他关系、业务关系;通过行为或表达显示友情;作证可以保证豁免处罚;假释期间等。

证人与诉讼事项的利害(利益)关系方面,包括免予起诉/不起诉、从轻量刑建议等,或处罚被告,或迫使赔偿,或获得其他相关利益(如获得被告人资产或公司控制权);腐败方面的可能接受物质等好处;恩怨、报复、敌意方面(如负面陈述、打斗、争吵、被起诉);证人之间可能串通的(如高度近似的细节);还有"情感上的依赖""盲目的爱心"等。

(2)证人作证时的年龄、认知、理解力、表达能力,以及生理和精神状态是否影响作证也是需要考虑的重要因素。

(3)证人的诚实性。证人的诚实与否对证言的有效性具有重大影响,虽然确定证人是否诚实是难度很高的工作。但是,在一定程度上,人们会认为一个品行良好的人比一个实际被判有罪的涉及不诚实(欺骗)或虚假陈述的犯罪的人证言可信度要高。

(二)对证言的发问

对证言前后不一致内容的质疑。包括"揭示陈述前后不一致,实质在于发现和解释矛盾来说明陈述者的不可信",再次确认法庭中陈述的内容;询问先前陈述的真实性;进行对比,揭示矛盾。

对证言不真实的质疑。细节性问题的表现:证言对所要证实的内容模棱两可;证言前后陈述自相矛盾;证言与其他证据无法印证;证言不符合常识、逻辑等。

四、发问的方法

根据发问的对象不同,发问的方法分为直接询问和交叉询问。

(一)直接询问(主询问)

直接询问是指对己方证人(包括被告人)的发问。直接询问的目的是证明被告人不构成犯罪或者具有有利情节,证明控方证据中的弱点或错误。发问顺序一般按照时间顺序,或者重要性排序,也可以将最有利的放在前面。

直接询问中可以将对被告人明显的不利和矛盾之处主动揭示,要求被告人予以解释,避免被动地被对方揭示。如果有多个证人,则证人的出场顺序可以按时间发展先后、逻辑顺序、倒序、证明力大小等。另外,有利的证人可以放在最前或最后。

直接询问不能使用诱导性问题,否则容易使证人失去可信度。但是,当出现以下情形时,可以对己方证人进行交叉询问:证人提供了严重不利于本方的证言;可以合理地认为该证人了解某事项,但其在直接询问时拒绝提供证言;证人证言与其先前陈述明显不一致。

可以允许在直接询问中进行诱导性询问的例外情形:涉及证人、鉴定人等的身份、经历、社会关系等事实;控辩双方没有争议或者已经明确的事实;对证人、鉴定人等记忆不清的事项,为唤起其记忆而有必要;证人、鉴定人等对直接询问方明显持有敌对情绪并故意提供不利于直接询问方的证言的;直接询问方式下证人、鉴定人等意图避免就某一事项作证的;直接询问方式下证人、鉴定人等的陈述与其在庭审前的陈述相反或者实质上不同的。

直接询问主要方法有叙述法和问答法。

1. 叙述法:适用于陈述能力较强的被告人和证人、鉴定人。但是,需要及时针对遗漏或不清晰内容补充发问。

【举例】

问:请问你的住址?

答:×××路×××号。

问:××西路和××路口靠近你家吗?

答:就在旁边,大概100米。

问:2019年10月1日中午12时,你在那个路口吗?

答:在。

问:在干什么?

答:我出去吃午饭,在等红灯。

问:你看到了什么?

答:我看到了×××。

2. 问答法:适用于陈述能力一般,辩护人不太确信被告人、证人、鉴定人能否主动控制内容并使之对辩方有利。

【举例】

问:你说你看到了一辆车子撞了一个人,那么车子是什么颜色的?

答:红色。

问:车子是轿车,还是其他车型?

答:是轿车。

问:车子开着灯吗?

答:没有。

问:车子的速度大概是多少?

答:很快。

问:请具体讲一下很快什么意思?

答:比前后其他车快很多,我一下就注意到了。

(二) 交叉询问

简单地说,交叉询问是指对对方证人的发问。注意,我国法律法规中目前还没有出现"交叉询问"这个术语,此处为便于理解,借用一下。

从发问的角度来讲,直接询问和交叉询问各有难度,但是在实践中,辩护律师主要通过对控方的证人、受害人、鉴定人和侦查人员进行交叉询问,达到发现错误、漏洞、矛盾,揭示真相的目的。因此,掌握交叉询问的方法和技巧是发问工作的重要部分。

在交叉询问中如果对方证人证言对己方有利,则可以固定;如果对己方不利就要质疑证人证言的可信度。通常情况下,交叉询问可以从以下方面质疑证人和证言的可信度:质疑证人有偏见、证人的记忆力、观察力、表达力、利益、名誉、不诚实行为和犯罪记录等方面;质疑证言前后不一致、模棱两可、不合逻辑、不合常理,与其他证据矛盾、混乱、错误、有增加和删减等方面。

交叉询问的目的不在于让证人讲述事实,而是要证伪。交叉询问的技巧分3个步骤,分别是服从性训练、渐进式引导、"逼入墙角"。

第一步,服从性训练。服从性训练是先问几个简单的小问题,这些小问题是明显可证、可信的,让被询问人回答"是",使被询问人从心理上接受发问,不反感,让审判长感觉问得有道理。

第二步,渐进式引导。交叉询问,要一点点地引导,一次问一个很小的问题,一次堵塞一条可以"逃跑"的出路,让证人在不知不觉中回答对辩护方有利的问题,把"逃跑"可能的路径全部堵死。

第三步,"逼入墙角",也就是最后一击。交叉询问,最终是要揭穿、展示证词的虚假性,降低证言的可信度,要让法庭怀疑其真实性,最终予以排除。

整个交叉询问就是一个"逼入墙角"的过程。"逼入墙角"的问题问出之后不要急于拆穿,让整个法庭等待对方证人的答案,让整个法庭内,"一根针掉在地上的声音都能听得到",这种等待,是一种压力。这一方法实质上是一种归谬法,按照对方的逻辑和思路推导出一个明显荒谬的结论,使其论点不攻自破。

在询问中要注意把握界限,获得对方证人确认的有利信息之后,如果还质疑其可信度,可能同样会破坏我方已经获取的有利信息的可信度。

交叉询问注意事项如下。

(1)对证人回答要进行预测,尽量不问不知道答案的问题;

(2)尽量不要问开放式的问题,如"什么""为什么""解释下原因"等;

(3)改变发问顺序是常用的方法,用以改变证人的记忆顺序,使死记硬背的证人露出马脚;

(4)如果得到了最有利的信息,就应考虑是否立即停止询问;

(5)准备几个无法回避和反对的、对辩方有利的问题,用于结尾。

五、撰写发问提纲和问题清单

(一)设计问题的要求

问题的设计要求逻辑结构严密,把问题分组,对每组解决的问题进行概括;上一个问题与下一个问题要有过渡和引导,控制问题的范围,进行必要的总结。

发问要有主题。主题要有正义的力量,展示出来的故事完整、具体、可信度高;应对细节予以单独关注,一个问题只涉及一个事实;语言简洁,尽量使用口语化和非专业化的语言,避免证人对法言法语理解不准确;注意使用防御性问题堵住漏洞,避免达不到效果;慎用完全开放的问题,避免控制不住证人,任由证人发挥产生不利后果。

针对发问的内容设计问题,制作发问问题清单或要点,事先考虑清楚每个问题发问的具体目的、可能答案和预判意外答案,并提前考虑对意外答案的反驳理由和相关证据。

(二)问题设计应考虑的因素

列举该名证人帮助控方作证的理由;列举证人证词对己方当事人辩护不利的方面;列举该证人有利于己方当事人辩护的方面;列举证人证言与先前证言不符之处;列举该证人与其他证人(被害人、当事人、同案犯)证词笔录不符之处;列举与已知的证据不符之处;列举可将证人证词应用于辩护意见的位置和方式;列举该证人在案卷中出现时的页数。

(三) 前期调查

虽然目前辩护律师的庭外调查能力相对较弱,并且法律对律师调查的合法性边界不明确,但是如果辩护人事先知道有证人出庭接受发问,除对证言内容的审核研究外,还应当就证人的作证能力、利害关系和诚实品格等方面进行研究并根据实际条件展开相应的调查。

可以考虑调查的角度和信息如下。

(1) 背景信息:姓名、曾用名、出生日期、身份证号码、身份证住址、实际住址、婚姻状况、子女情况、教育经历、工作经历、职业、近亲属关系等;

(2) 观察、记忆和表达能力;

(3) 与公检法司法人员、诉讼参与人各方的血缘、婚姻、工作、教育等密切关系;

(4) 对案件的了解:怎么知道这一事件、以前的证言、对事件的讨论、是否和其他证人讨论过;

(5) 案件的经济利益归属;

(6) 对被告人的偏见、仇恨等;

(7) 作证费用的支付和承担;

(8) 以往的诚信记录;

(9) 违法犯罪记录。

(四) 庭审发问提纲的形成过程

在充分阅卷的基础上,确定辩护思路与具体辩点,找出通过发问实现的具体辩点;分辨出庭人证的基本立场,探究人证在案件中的地位和作用,评估发问的必要性和风险性,写出对人证发问的目的和内容,形成法庭发问提纲,先根据发问评估标准打磨发问提纲,然后对己方证人(被告人)进行庭前辅导,最后确定法庭发问提纲和问题清单,开庭时根据庭审情况及时修正发问清单。

(五) 设计问题的形式

根据问题的开放度和控制力等因素,通常将问题分为开放性问题和封闭性问题。

1. 开放性问题是指不限定回答的范围,被问者可以几乎不受限制地回答问题。开放性问题又分为完全开放性问题和半开放性问题。

完全开放性问题的常见句式有"为什么""为何""怎样""什么"等。比如:"你为什么没有报警?""你早餐吃了什么?"

半开放性问题的常见句式包含"什么……""哪个……""多少……"等疑问词，用以了解具体或特指的信息。比如："你看到的那个人穿着什么衣服?""当时房间里还有多少人?"

2. 封闭性问题，要求回答是或不是、对或不对、同意或不同意，或者在给定的结果中进行选择的问题。其中又分为选择性问题、正反问题和是非问题。

选择性问题如："你看到被告人从自己身上拿出刀，还是别人给了他一把刀?"

正反问题如："你有没有看到被告人从自己身上拿出一把刀?"

是非问题又分为肯定式是非问题、否定式是非问题、陈述式是非问题。

肯定式："你看到了吗?"

否定式："你没有看到吗?"

陈述式："你没有看到?"

附加问话："你没有看到被告人从自己身上拿出一把刀，是吗?"

上述否定式是非问题"带有一定的期望和没有实现后的惊讶"隐含"我认为你看到了"的意思。陈述式是非问题表示"所表达的期望没有实现而产生的惊讶比否定的是非问话更强烈"。

六、发问辅导

庭前辅导是辩护律师最重要的庭前准备工作，绝大多数被告人对法庭具体内容都不熟悉。告诉被告人庭审程序步骤、法庭布局、情绪控制、语言表达、着装注意事项等，能够消除其紧张情绪，帮助其从容出庭，证明客观、有利的案件事实，取得良好的辩护效果。安全、有效的庭前辅导是辩护律师庭前重要的工作。

考虑被告人记忆的"新鲜性"，庭前辅导的时间应当安排在开庭前两三天，太早了被告人容易忘记；还应当考虑会见可能出现的障碍，如因路途远、会见室紧张需要预约排队等情况不能会见被告人。

庭前发问辅导的一般流程如下。

1. 介绍庭审程序，告诉被告人法庭发问流程、权利义务、礼仪，目的是让被告人熟悉庭审程序，了解控辩对抗机制，有效行使辩护权。

2. 介绍总体辩护意见,指出被告人陈述分别在指控和辩护方面的作用;先介绍律师的辩护观点,征求被告人的意见,被告人有无辩护思路,讨论是否有其合理性;统一都认为正确的辩护方向,帮助形成有效的辩护观点;注意处理好辩护律师与被告人的辩护思路冲突。

3. 介绍并演练辩护人将在庭审中问被告人的问题。模拟辩护人发问,使用《发问提纲》模拟发问、回答,让被告人熟悉将在法庭上如何回答辩护人的发问,积极配合辩护人发问;明确基本的辩护立场,构建基本的事实主张。

4. 预测庭审中公诉人可能问的问题并辅导如何作答。公诉人发问目的是要展示犯罪、揭露犯罪,达到庭审效果,让法庭、法官清楚被告人犯罪的事实,如果被告人认罪,增强法官的确信;如果被告人不认罪,问出被告人的矛盾之处,通过证据反驳被告人辩解。

辩护律师应辅导被告人如何有效应对公诉人发问。比如,预测公诉人发问时公诉人可能提出如下问题。

公诉人问:在侦查阶段的陈述是否属实?讯问笔录的签字是否属实?

接下来公诉人会按照时间、逻辑顺序讯问案件发生过程、结果;按照起诉书载明的事实可能重点了解几个重要情节,因为这几个情节对定罪、量刑至关重要。

此时辩护律师要辅导被告人如何回答公诉人的讯问。对哪些问题如实回答,区分哪些属于应当回答的问题和哪些属于需要应对的问题。树立被告人的信心,让他清楚为自己辩护是法律赋予被告人的权利;提醒被告人注意要确实听懂了再回答,不要不懂装懂,注意识别公诉人问话的陷阱,纠正偏差;抓住开放式问话尽量多说;恰当使用模糊语言。

5. 预测庭审中其他辩护人可能问的问题并辅导如何作答。其他辩护人可能问的问题基本上是与其他被告人相关联的事实,而该事实可能涉及其他被告人无罪或罪轻的事实,注意提醒被告人判断与其他被告人是否形成利益冲突。

6. 预测庭审中法官可能问的问题并辅导如何作答。模拟答辩法官讯问提纲,公诉人宣读起诉书后,法官会问:"被告人,起诉书内容听清楚没有?""公诉人宣读的起诉书与你收到的起诉书内容是否一致?""被告人,你对起诉书指控的事实、罪名有没有意见?""具体有什么意见?"等等。围绕控辩双方的争点、焦点事实,模拟审判人员可能补充的发问。

7.根据以上内容完善并修正发问提纲,提醒被告人注意事项:无论是辩护律师还是检察官提问,一定要仔细听懂问题;尽力只回答被提出的问题,不提供额外信息;若确实不知道某问题的答案,应如实相告,不应猜测;如何应对可能不知道的或记不清的情况;被告人可以在辩护人发问时澄清任何有必要的事情。

【举例】公诉人讯问

公诉人:A公司是什么性质?

被告人:国有。

公诉人:A公司的分公司B公司是什么性质?你的职务是什么?

被告人:国有,我担任总经理。

公诉人:C公司的性质?

被告人:我和家人开的私人公司。

公诉人:你把B公司3000多万元的现金和房产过户到C公司,有无经过国资部门批准,办理过法律手续吗?

被告人:没有经过批准,不过……

公诉人:不要解释,只要回答有无。

被告人:没有,不过……

公诉人:不要说了。讯问完毕。

然后辩护人要求补充发问:

辩护人:你把国有公司的资金和房产未经批准、未办理法律手续就过户到你私人公司,难道你不知道这是犯罪吗?你向法庭明确解释一下为什么这样做?

被告人:情况是这样的,B公司名义上是借A公司成立的,实际上是我个人出资经营管理、承担盈亏的私人公司。我是和A公司原来的老总达成协议的。现在A公司新来的老总不承认,要我每年上缴100万元管理费,我当然不同意……

七、对被告人发问

1.对被告人发问的目的和意义。从人证的立场可以将证人分为友好证人、客观证人、敌意证人、己方证人、对方证人、中立证人;从人证的从属可以将人证分为控方证人(包括被害人、被害方证人、不利之证人、警察等)、辩方证人、被告方证人和中立证人。那么，被告人无疑属于辩方证人、己方证人。

对被告人发问的目的是要确认有利事实，解释不利事实，确认无争议事实，为质证和辩论做铺垫；少数情况下通过被告人当庭说出遗漏的事实；还可能启动排除非法证据程序。

因此，应当充分认识对被告人发问的本身就是重要辩护活动，为法庭有效质证、辩论做好铺垫是建构合理怀疑的有效方法，也是被告方启动排非程序的重要手段，是展示庭审辩护效果的利器。

充分的评估和有效的庭前辅导是对被告人的发问效果的重要保障，要弄清楚为什么要对被告人发问；什么事实必须通过发问被告人来证实或证伪；影响被告人陈述可信性的信息有哪些；对被告人发问在辩护策略中发挥什么作用。

2. 对被告人发问的内容。与定罪相关的内容：被告人的身份；指控的犯罪事实是否存在；是否为被告人所实施；案件起因；实施犯罪行为的时间、地点、方法、手段、结果；被告人在共同犯罪中的地位、作用；被告人有无刑事责任能力；有无故意或者过失；行为的动机、目的；有无依法不应当追究刑事责任的情况；犯罪对象、作案工具的主要特征；与犯罪有关的财物的来源、数量以及去向；被告人全部或者部分否认起诉书指控的犯罪事实的，否认的根据和理由。

与量刑有关的内容：有无法定的从轻、减轻以及免除处罚的情节；被告人犯罪后的表现等；被害人有无过错及过错程度，是否对矛盾激化负有责任及责任大小；被告人的近亲属是否协助抓获被告人；被告人平时表现，有无悔罪态度；退赃、退赔及赔偿情况；被告人是否取得被害人或者其近亲属谅解。

对被告人发问的内容要考虑的因素，是否是非问不可的事实，是不是案件的焦点事实，是否是犯罪构成的要件事实。问题设计要问被告人自己感知的事实，问案件的细节性事实，问具有可证性的事实，问具有可信性的事实。区分被告人不认罪是单纯不认罪名还是罪名和犯罪事实都不认；法官在开庭前是否看过案卷，除了特别简单的案件，法官一般会提前看卷宗的，因此，庭审发问更加倾向印证案卷中的事实，但是部分法官可能不会看得非常仔细，所以辩护人对被告人发问要挖掘细节，辩护人能说服法官的是细节，而不是结论。

【举例】

问:当时对方有几个人?

答:5个人。

问:手里有没有拿东西?

答:前面的那个人手里好像拿着木棍,后面的没看清楚。

问:后面的为什么没看清楚?

答:我当时非常害怕,吓懵了。

问:害怕你为什么不跑?

答:我想跑回屋里,可是腿动不了。

问:他们有没有说话?

答:我没有听到,他们过来就将我踹倒了。

问:你倒在地上了吗?

答:没有,被墙挡住了,我就蹲在了墙根。

问:他们就踹了你一脚吗?

答:不是,他们踹倒我后,就围住我乱打,我就抱住头蹲在那里。

问:他们打了你有多长时间?

答:我感觉时间非常长,我当时想我要被他们打死了。

问:你是说,当时你感觉你要被他们打死了?

答:是的。

问:那么,他们为什么停止打你了?

答:我感觉快要被打死了,正好手碰到了一个东西,我就拿起来乱舞,他们就跑了。

问:你拿的是什么东西?

答:是我种花用的一个小铁锹。

这样的一组发问就充分把当时的细节展示出来了。

3.对被告人发问的形式。被告人属于己方证人,不能使用诱导性问题,但是在必要时也可适当引导,不过,要注意引导的方式,尽量使用开放式与半开放式问题、直奔主题式和提示性问题;使用单一而非复合性问题,通过发问附加问、是非问、选择问等半开放式问题达到封闭式的效果。

辩护人问被告人的应当是开放性的问题,答案都是已知的或沟通过的。

【举例】

辩护人:你偷的那辆车放在什么地方了?

被告人:卖了。

辩护人:卖的钱呢?

被告人:被我花掉了。

4. 对被告人发问问题的顺序。一般情况下,发问问题是按照事件发生的时间顺序排列,但是有时候根据重要性顺序安排或者根据因果关系安排问题顺序更为有利,因此,发问问题的顺序应根据实际情况选择。

5. 对被告人发问问题之间的过渡。如果对被告人的发问涉及的事实比较多,发问的问题比较多,在发问一个事实转向另一个事实时,要有必要的过渡。可以给发问提纲进行分组并加组名,并通过适当的重复来实现过渡,从而让法官明白接下来要发问的主题和事实,把注意力放在被告人回答问题上,也会让被告人的注意力转向辩护人希望询问的方面。最后进行简要的总结,归纳问题的要点。

八、对对方证人发问

对对方证人发问包括对被害人的发问。

1. 对对方证人发问的目的是获得对被告人有利的证言或者降低不利证言的可信度。

2. 对对方证人发问的内容,通过问细节性问题、非解释性问题、弹劾性问题、非结论性问题,揭示有利于被告人的事实性问题,问影响证人如实作证的弹劾性问题,如证人的观察力、记忆力、动机、品格等。在原则上不要问不知道答案的问题。

凡不利的内容都要问到其本人是否亲历,亲历的过程细节;凡主观判断都要追问其判断理由,为什么这样说;凡是漏洞或可能有利的,都要"把口子撕大",追问到底,问出矛盾之处。

3. 对对方证人发问的基本方法。诱导性发问是反询问的最佳方法,"成功的交叉询问公式就是使用清楚的陈述语句,在每个新问题中只添加一个新事实,在给予对方最后一击之前先锁定一个答案,这就好比律师所作的一连串陈述,只是偶尔被证人回答'是'所打断而已"。

在问题的设计上以封闭式、半封闭式为主,不能使用完全开放的问题让对方证人自由发挥,要牢牢控制证人回答问题的方向或答案。

证言不真实的细节性问题表现为证言对所要证实的内容模棱两可;证言前后陈述自相矛盾;证言与其他证据无法印证;证言不符合常识、逻辑等。

【举例】

问:每一次你取钱有没有收据?

答:有,但是都扔了。

问:为什么扔了?

答:我怕他事后不认账,所以我把票根都扔了。

问:最后一次取钱的时间准确吗?

答:准确,和银行取款记录一致。

问:钱都送到哪里了?

答:都送到领导家里了。

问:最后一次取钱后,你送到哪儿了?

答:也送到领导家里了。

问:从最后一次取钱的时间来看,当时被告人在看守所,你是怎么送进去的?

答:……

4. 问题顺序设计。对对方证人发问问题一般模式:先问一两个友好性问题,让证人放松警惕、缓解敌对状态;然后问一些无争议的、肯定性问题,这些问题有可信性和可证性,因此证人一般都会配合;然后问矛盾性问题,即证人证言前后的矛盾或者明显不具有合理性的问题;最后揭示证人证言无法回避的矛盾或得出荒谬的结论。

5. 证人不真实作证的原因。证人不真实作证分为两种情况,一种是认知上的错误,另一种是故意撒谎。认知上的错误是因为人类自身的弱点,撒谎是故意的结果,对故意说谎的人与诚实但犯错的人必须加以不同的理解,区别对待。

错误有可能是对事实的忽略或夸大,源于证人是否有机会看到、证人心智是否足以正确判断、证人的记忆能力是否足以回忆相关事实、证人取悦询问人的愿望4种情况。

谎言源于自我保护,源于保护他人或伤害他人的愿望,或者源于恐惧,谎言是有意而为的,而错误则不然,这是非常重要的区别。

还有的关系证人可能不真实作证,因为案件跟他有利害关系。比如,问关系证人(也称有利害关系的证人,主要是指与被告人、被害人有特殊关系的证人)与裁判结果相关联的问题,他的回答可能会超出预期。

【举例】

辩护人:你和被害人是什么关系?

证人:被害人是我老公。

辩护人:事发地点离你有200多米,你说你把被告人的相貌看得很清楚,你的眼睛能看多远?(两个电线杆之间的距离一般是50米,200多米相当于5个电线杆之间的距离)

证人:我早晨起来的时候可以看见太阳。你说我能看多远。

显然这样的回答,已超出了发问人预想的范围。

6. 从哪些方面降低对方证人证言的可信度。

(1)从证人的角度,质疑证人的道德品行诚信,非犯罪行为的错误行为等,如证人曾作伪证则说明证人不可信;质疑证人作证的能力,可证明其由于生理上或精神上的原因,观察或记忆能力不足,在与此相关的证明中作证缺乏有效性;质疑利害关系、偏见、歧视,当事人的配偶及亲属能否作为本案证人的利害关系问题等;质疑证人作证是否受外界的干扰或影响等。

(2)从证言的角度,通过揭示对方证人自相矛盾的陈述,揭示对方证人对所要证实的内容模棱两可,揭示对方证人证言与其他证据之间相互矛盾,指出其证言中不合逻辑之处,迫使证人退缩或改变证言。

若对方证人陈述的不合理之处、可疑点被其他证据直接证明或驳回,则应用细节问题控制证人,以阻止他作进一步解释;揭示证人观察力或记忆力等感知能力的缺陷,揭示证人所述事实的错误、不合逻辑,以及论证证人是在假设、揣测、推理。

例如,在李某案件中,龚某模的回答就是典型的不可信、不符合逻辑的证言。

【举例】陈有西律师对证人龚某模发问

陈:你同李某有仇吗?

龚:没有。

陈:有怨吗?

龚:没有。

陈:那你为什么去检举他呢?是因为他帮助你排除了4个可能判死刑的罪名吗?

龚:是因为他让我写了一些白纸签字。

陈:你签字的东西是做什么用的?

龚:我不清楚。

陈:你是黑社会头目吗?

龚:不是。

陈:你指使杀人了吗?

龚:没有。

陈:你参与贩枪了吗?

龚:没有。

陈:你指使贩毒了吗?

龚:没有。

陈:那你怎么说你以前跟公安机关的交代都是如实的?你为什么要说这些都是你干的?

龚:我听不懂你在说什么。

陈:你在公安机关讲的是不是事实?

龚:(摸头)我脑壳被问晕了。法官,我不想回答了。

审:证人有权不想作证回答问题。证人退庭。

7. 对品格证据的限制。虽然法律没有品格证据的规定,但是鉴于"司法实践中,证人的品行是影响证人证言可采性的客观原因之一。诚实、守信、刚直、没有前科的证人比一贯撒谎、怯懦、劣迹斑斑的证人作出可信证言的概率要大很多"[1]。笔者认为,如果辩护人获得了证人品格方面有力的相关证据,可以尝试就品格进行发问。

---

[1] 彭东主编、最高人民检察院公诉厅编:《国家公诉人出庭指南》,法律出版社2013年版,第118～119页。

8. 对被害人(合法权益受到犯罪行为直接侵害的人)与证人发问的心理上的区别。以上对对方证人发问的原则和技术都适用于对被害人发问,被害人与证人最主要的区别是被害人同案件的处理结果有直接的利害关系,被害人对辩护人天生反感,因此辩护人发问时应尽量争取其心理认同,掌握一定的策略。

【举例】

辩护人:你受到了很大的伤害,我作为辩护人也深表同情。那天晚上是哪几个被告人进入你的商店?

被害人:有A、B、C。

辩护人:他们三个人手中都有刀吗?

被害人:有。

辩护人:你身上的伤是谁砍的?

被害人:他们三个都砍了。

辩护人:你曾向公安机关反映,他们三个人冲进你的商店后就将卷闸门拉下来了,是吗?

被害人:是的。

辩护人:你还向公安机关反映,卷闸门拉下后,你被拉到商店后面的墙角砍了,三个被告人逃跑时卷闸门才打开。是这样的吗?

被害人:是的。

辩护人:你还向公安机关说,那个卷闸门拉下来后,必须用脚踩着,不然门会弹起来。是这样的吗?

被害人:是的。

辩护人:在你被砍时,A、B、C三个人中必然有一个人在踩那个卷闸门。是不是?

被害人:是的。哦,我记错了,当时是有一个人踩着门,他没有砍我。

辩护人:记错了没关系。现在你能告诉法官,当时是谁在踩那个卷闸门?

被害人:是个子最小的那个被告人B。

【举例】

问:对你受到的伤害,辩护人表示同情,但有个细节需要向您核实一下。

答:谢谢,好的。

问:打架时,被告人站在什么位置?

答:他站在我对面。

问:是正对面吗?

答:是的。

问:被告人有没有打你?

答:有的。

问:怎么打你的?

答:用手扇我的脸。

问:他用哪只手打你的?

答:右手。

问:打了你什么部位?

答:打我的右脸。

问:受伤没有?

答:受伤了。

问:哪里受伤了?

答:右边耳朵。

问:你受伤的是右耳,被告人站在你正对面,用右手能扇伤你右耳吗?

答:……

九、对警察证人发问

警察出庭作证的情况有3种身份,即证人、鉴定人、情况说明人。对警察发问主要是基于取证合法性或基于证据真实性,具体如下3点。

1. 案件存在非法证据,涉嫌变相肉刑、威胁引诱、疲劳审讯等情况,申请侦查人员出庭作证。

2. 侦查活动存在违法的情况。比如,针对现场的一些证据材料进行提取,以及拍照固定证据等程序,通过仔细发问,结合客观证据,发现上述提取物证的程序是违法的,否定取得证据的合法性。

3. 认为案发及侦破过程的当庭陈述可能有问题的,申请侦查人员出庭。比如,到案情况、是否自首等。在案子调查的初期，目标对象仅有犯罪嫌疑，其交代的犯罪事实跟嫌疑的犯罪事实没有关系，有嫌疑的经调查不能成立，而其交代的事实成立了犯罪，应当认定自首。还有，调查时仅是作为证人调查，但是交代的是自己的犯罪事实。这些情况在抓获经过中没写清楚的，可申请侦查人员出庭作证。

对侦查人员的发问，应按照时间流程和工作流程发现问题。比如，按照工作规程、规定，侦查人员应该做什么而有没有做；实际是怎么做的；按照司法公正的要求应该怎么做；如何保证嫌疑人的休息权；有没有保障嫌疑人的休息权等。

明确对警察发问的目的是弄清案件的事实真相，而不是让其难堪。发问前的充分准备是关键，尤其是对警察执法、取证规范的规章制度应当熟悉。发问应与质证意见相结合，不要轻易问结论，必要时可以求助审判长。

比如，针对警察可能存在刑讯逼供的情况发问，以某案涉及的一个晚上仅有一页半笔录的情况为例。首先，可以通过发问将其他正常的讯问作笔录的情况固定下来，如作笔录人的打字速度，正常的讯问一般都是几页纸。其次，进一步有逻辑的固定，问："晚上8:00～12:00 4小时只有一页半的笔录，那这中间您没有记录吗？讯问过程需要全程客观记录，这是讯问规则！那您中间为什么没有记录呢？关于法制教育，可以从法制教育这种训练手段是不是刑事警察的必修课程发问，如果说是，那么这种系统训练都包括哪些内容；它既然是一种系统训练，它一定是在什么情形下才可以使用，以及它使用的时候，应该有什么样的条件。"警察可能回答的就磕磕绊绊，或是一时半会儿答不上来。

【举例】斯卡林对警员拦停周某车辆的原因进行询问

斯卡林：为何拦截这辆轿车？

警员：看见驾驶员在打电话。

斯卡林：在相关法律中，开车打电话违法的法律对打电话的定义是离耳朵有一定的距离，你是否就此法律做过专业训练？

警员：曾经在警察学院培训时做过训练。

紧接着斯卡林拿出了电话公司的记录，电话公司记录显示，当时周某的手机上没有打电话的记录。

【举例】斯卡林认为警察搜车的行为并不具有法律依据

斯卡林：搜查轿车和袋子是否经过驾驶员的同意？

警员:由于周某不懂英语,由车内的乘客周某的好友唐某充当翻译,在唐某的帮助下,周某点头同意后才进行的搜查行动。

斯卡林:警员有没有提供同意书?

警员:警局没有同意书这一类的东西。

周某则表示,"我是中国公民,我讲普通话。我不讲并且不懂英语""被拦下后,我从来没有同意过让警察搜查我的车或车上的任何箱包"。

十、对鉴定人、有专门知识的人发问

对于鉴定人的发问具有鲜明的特殊性,原因在于一方面,鉴定基本都涉及专业的科学技术知识、规则和经验,而大多数辩护律师不具有这些能力。即便辩护律师可以向有专门知识的人求教,甚至申请他们出庭,但辩护律师仍然必须对涉及的专业知识有足够的了解以达到可以提出相关问题的程度。另一方面,鉴定意见本身具有复杂性和在科学层面上的非终结性,很多鉴定意见很难获得专家的一致认可。但部分法官在实践中依赖于鉴定意见,鉴定意见采信率较高。

对鉴定人发问,首先要熟悉《公安机关鉴定规则》《司法鉴定程序通则》,以及司法鉴定技术规范等涉及司法鉴定的规范性、程序性的规定。对有专门知识的人可以大胆采用封闭式发问等方式;对有专门知识的人给予应有的尊重;适时求助法官。

对于鉴定意见,常见的考虑角度:鉴定人与案件的关系;鉴定人与被告人、被害人的关系;鉴定机构和鉴定人是否具有法定资质;鉴定人是否受到外界的干扰和影响;鉴定的依据和材料;鉴定的设备和方法;检材的来源、取得、保管、送检;鉴定程序;鉴定的过程和方法;鉴定意见与其他证据的关系;鉴定意见是否有科学依据。

除此之外,辩护人还可以从以下方面努力,如果有突破可以动摇法庭对鉴定意见的信任。

(1)鉴定人承认他不是案件涉及的具体领域的专家或者学科专家。(2)鉴定人承认他的实践领域不包括案件所涉及的论题。(3)鉴定人承认我方专家是这个领域的专家或者从业者。(4)鉴定人同意对我方案件有利的假设,或者回避不利的假设,如果有对假设强有力的支持证据则更有效。(5)当直接询问中的假设没有足够的证据来支持时,使用假设性问题,用以测试证人的知识或者观点。(6)显示鉴定人没有亲身经历相关事件,而是从其他当事人的口中得知细节,通过打击其他当事人的可信度来降低证人的可信度。(7)表明鉴定人没有对其他的,对我方有利的证据加以考虑。(8)问鉴定人或鉴定意见有没有可能出现错误,如果答案是肯定的,利用它;如果是否定的,询问他是否曾经错过。(9)询问鉴定人是否曾经和其他专家争论过。

针对鉴定意见在程序上向鉴定人发问往往可以收到事半功倍的效果。例如,《司法鉴定程序通则》第19条规定:"司法鉴定机构对同一鉴定事项,应当指定或者选择2名司法鉴定人进行鉴定;对复杂、疑难或者特殊鉴定事项,可以指定或者选择多名司法鉴定人进行鉴定。"这表明一个鉴定人作出的鉴定意见不能作为证据使用。

【举例】

辩护人:你是什么时间接受鉴定委托的?

鉴定人:2016年3月15日。

辩护人:鉴定意见是什么时间作出的?

鉴定人:3月28日。

辩护人:鉴定意见上有几个鉴定人签名、盖章?

鉴定人:我和李四。

辩护人:李四参与鉴定了吗?

鉴定人:盖了章的,当然参与了。

辩护人:据我了解,2016年2月至5月,李四在国外做访问学者,根本不在国内,他是如何参与鉴定的?

鉴定人:是这样的吗?

辩护人:现在是我问你,是这样的吗?

鉴定人:……(沉默)

十一、庭审发问过程中的反对或异议

在庭审发问环节,辩护人和公诉人对对方的发问有异议都可以提出异议,公诉人一般对辩护人提的异议包括认为辩护人的发问有诱导性或与案件无关;辩护人对公诉人提的异议还可能包括认为公诉人发问的问题具有威胁性。

作为辩护人一旦发现或意识到公诉人在发问过程中的不当倾向,可能导致被告人或证人不能真实回答,不能自然回答的情况,还包括不遵守法庭规则、威胁或误导、采用诱导性问题、损害证人的人格尊严、泄露证人个人隐私、发问内容与案件无关或问意见性、猜测性、评论性的问题等,辩护人要及时提出反对。但如下情况可以不提出反对,如入门性、过渡性的问题;专家证人;作证能力有欠缺的人;启发记忆的问题;叙述问题的回答等。

同时,辩护人也要做好有效应对公诉人的反对的准备,首先,对己方证人尽量避免诱导性询问;其次,对对方证人用中性诱导和半封闭性问题,试探诉讼参与人员对诱导性的敏感度;再次,找到先前的笔录或文书的内容在陈述基础上发问;最后,做两手准备,随时在诱导性和非诱导性之间转换。

具体来说,第一,慎用全封闭的问题。比如,可以问:"然后你看到了什么,你听到了什么",给对方的回答限定一个范围,但是又没有过分的延展,只是问对方看到了什么或者听到了什么,让对方在这个范围内陈述,这叫半开放性问题。第二,如果一个问题包含两个事实,尽量把前半句变成对方陈述过的事实。比如,前半句可以用"你刚才说过""你在某某时间陈述过""卷宗中你的笔录中说过或者说起诉书指控你"等。第三,把复合性问题拆分到不能再拆分,每一个小问题只包含一个事实。

第九章 证据的审查与质证
chapter 9

第一节

刑事证据实务中的若干问题

【思考】

1. 证据的"三性"是指客观性、合法性、关联性吗？还是指真实性、合法性、关联性？
2. 为什么法庭质证时说真实性，而不说客观性？
3. 什么是证据能力？什么是证明力？与证据"三性"是什么关系？
4. 庭审如何质证？
5. 主观性证据与客观性证据如何分类，各包括哪些，为什么要关注这样的新分类？
6. 证据与证据之间是什么关系？证据链条的说法是否正确？

一、关于证据的属性

长期以来，我国法学界对证据的研究是关注证据属性方面的问题，也就是我国是从证据的属性方面对证据展开研究的，法学界出现过"两性说"与"三性说"的长期争论。证据属性中的"两性说"是指客观性、关联性；"三性说"是指前两性加上合法性。客观性和关联性是证据固有自然属性，合法性是证据的社会属性，因此，有学者认为，证据原本只有客观性和关联性，合法性是人类社会一定时期的标准，不是证据原本的属性。但是，证据的属性通常情况下是在"案件"（或争议）有关的语境下才提到的概念，证据是为"争议"提供证明的作用，离开了"争议"谈证据便失去了意义。同时，证据在被发现、提取和收集之前只是一种自然物品，提取、收集后便成了证据材料，提交到法庭后需要审查它的来源是否合法，作为认定采纳的标准之一，因此，证据的"三性"说慢慢成了通说。后来各大高校的教材大多采用了三性说:客观性、合法性、关联性,因此,大部分学生在学校时学的都是这三性。

但实务中,尤其在法庭上,法官在质证阶段要求对证据的真实性、合法性、关联性发表意见,这时发现,真实性取代了客观性,如何理解?

二、证据能力和证明力

英美法系和大陆法系更多的是研究证据如何转化为定案证据的问题,包括证据作为定案证据的资格和条件,证据证明案件事实的价值、作用和程度,对此英美法系称为"可采性"和"相关性";大陆法系称为"证据能力"和"证明力"。

在证据资格的问题上,英美法系所称"可采性",是指证据能够出现在法庭上的资格和条件,任何不具有可采性的证据都不被准许出现在法庭上,更不得为事实裁判者所接触。大陆法系所称"证据能力"又被称为"证据资格",也就是证据在法律上所具有的法庭准入资格。原则上,证据只有先具备证据能力,在法律上具备法庭准入的资格,即法院在对证据作出具有证据能力的判断的前提下,才能再考虑证据的证明力问题。

可以看出"可采性"和"证据能力"都属于证据法为证据所确立的"法庭准入资格",是证据规则赖以确立的基础概念。当然,由于法系不同,两者的内涵并不完全相同。

我国的刑事证据法在向大陆法系靠近,表现为《刑事诉讼法解释》使用了限制证据的证据能力规则,否定"定案根据"资格的排除性规则出现。还在证据证明的价值和作用方面直接使用了证明力的概念(《刑事诉讼法解释》第139条)。最高人民检察院发布的《人民检察院公诉人出庭举证质证工作指引》完全采用了"证据能力"和"证明力"的概念。该指引第40条规定:质证阶段的辩论,一般应当围绕证据本身的真实性、关联性、合法性,针对证据能力有无及证明力大小进行。

证据能力是指能够成为证据的资格,也就是证据的合法性。证据需要经法庭调查后才能作为定案的证据,合法性还包括法庭调查程序的合法性。因此,证据的合法性包括取证主体、取证手段、证据表现形式、法庭调查程序4个方面。证明力则是指一项证据对事实的证明作用、证明价值的有无和大小。定案的证据必须是具有证据能力和证明力的证据,证据能力是证明力的前提和条件。这在我国理论界已经成为共识。

需要明确的是,证据的"三性"与"两力"不是一套体系下的概念,是针对证据不同方面的研究。"三性"是我国对证据属性的研究,"两力"是大陆法系中对证据如何转化为定案证据的研究。但是,对于我们学过证据"三性"和长期受之影响的人来说,分析证据总是不自觉地考虑证据"三性"的问题。如果说将证据能力、证明力与证据属性对应来看,证据能力对应的是证据的合法性,证明力对应的是证据的客观性和关联性。经过审查判断,通过证据的合法性考察证据的资格(证据能力);通过证据的客观性考察证据的真实性,证据是真实的;证据与待证事实相关;共同指向待证事实,没有不能排除的矛盾,就是有证明力的证据,可以作为定案的证据。

三、我国法庭采纳、认定证据的标准

第一,证据应当具有合法性。表现在《刑事诉讼法》第58条、第59条的规定。在法庭审理过程中,审判人员认为可能存在《刑事诉讼法》第56条规定的以非法方法收集证据情形的,应当对证据收集的合法性进行法庭调查。在对证据收集的合法性进行法庭调查的过程中,人民检察院应当对证据收集的合法性加以证明。

第二,证据应当具有真实性。对证据的真实性,应当综合全案证据进行审查。

第三,证据应当具有证明力。对证据的证明力,应当根据具体情况,从证据与待证事实的关联程度、证据之间的联系等方面进行审查判断。

由此可以看出,我国的证明力不包含真实性,而将真实性与证明力并列起来,将传统的关联性与证据之间的关系归结为证明力;总结一下就是,认定采纳证据的标准就是合法性、真实性、有证明力。简单来说就是合法性、真实性和关联性。

以上是通常情况、一般情况。在极少数情况下,法庭往往忽视、不考虑证据的合法性而定案。造成这种情况的原因,一是目前我国还没有形成证据合法性的审查机制,导致部分不合法的证据进入法庭;二是司法人员落后的法治观念,重实体轻程序积恶成习又积习难改。比如,近年来在纠正的大量冤假错案中,被告人后来供述前曾被刑讯逼供,之前的供述都是非法证据。但在当时,部分裁判者没有考虑它的合法性问题,而是以真实性(裁判者当时认为供述是真实的)为依据定了案。

因此，刑辩律师除了注重证据的合法性，还应将更多的精力用于证据本身的考察论证，也就是通过证据的客观性考察是否能得出真实性结论，通过证据印证关系，以及是否共同指向待证事实考察，是否有证明力及证明力的大小。

四、为什么法庭质证说"真实性"而不说"客观性"

由于我国法庭认定采纳证据的标准是合法性、真实性、有证明力（关联性），因此，法庭上质证的焦点、辩论的目标、判断的标准就是合法性、真实性、有证明力（关联性）。证据的客观性是证据外在的属性，是一个静态的名词，法庭上说的真实性是法庭的审查采纳的标准，是对证据内容主观判断的结果。

任何证据都包含两个方面，一是证据的外部载体（各种物的外在表现形式），二是证据所包含的内容，也就是该证据所要表达的内容或反映出来的意思。有学者表述为外部载体和内部载体，笔者认为从实务角度理解为外部载体和所蕴含的内容或意思更为准确。

从案件发展的顺序考察，证据首先是自然存在的物，是案件发生过程中在物质世界留下的客观反映，未经人为的伪造变造，处于原始状态，具有客观性；办案人员因某件自然物品与案件有关才提取、收集，转化为证据材料，体现的是证据的关联性；办案人员提取收集的过程符合法律规定，体现为合法性，这是证据作为定案证据之前的状态。该证据在法庭上经过对方的质证、法庭审查判断认为证据的内容或者说它所蕴含的信息真实（真实性），与案件有关（关联性），提取收集人员、程序和方式合法（合法性），据此可以作为定案的证据。也就是经审查，该证据具有真实性、关联性、合法性。

综上所述，法庭所说的证据的真实性、合法性和关联性是指证据的内容，它所表达的意思或含义是对证据审查判断后的结论或意见，而不是指证据属性的概念。证据的"三性"，是对证据的载体进行判断，真实性是对信息的判断。

为什么证据属性的客观性与法庭上的真实性容易混淆呢？因为法庭质证时，法官要求针对证据的"真实性、合法性、关联性"提出质证意见，实质上是各方对证据审查后，对证据所表达的、所蕴含的内容或信息的判断意见，即主观认识，而不是指证据属性中的"三性"。因为判断前后，只是把客观性的名称变成了真实性，其他两项名称没有变化;又因具有客观属性的证据往往其内容是真实的,人们在习惯上经常把客观和真实连起来,称为客观真实,导致不少人产生了只要是客观的,就是真实的,客观的一定等于真实的错误认识;还有证据载体的合法性和关联性,与载体所蕴含内容的合法性和关联性有时难以区分;因此不少人产生了混淆(见表9-1)。

表 9-1　证据的属性与法庭的采纳标准

证据的属性(外部载体)	法庭认定采纳的标准(对内容判断)
客观性	真实性
合法性	合法性
关联性	关联性

五、辩护人如何发表质证意见

《刑事诉讼法解释》第四章的证据,对证据的采信和认定一律表述为"可以作为定案的根据"和"不得作为定案的根据",而证据属性的概念在人们心中依然有强大的生命力。因此,建议辩护人将"三性"和"两力"同时运用。针对证据提出质证意见的论证逻辑为,首先论证不具有合法性,而没有证据能力,不能作为定案的根据;其次论证不具有客观性,而没有真实性或真实性无法保证;不具有关联性,没有证明力,不能作为定案的根据。比如,经审查,辩护人认为该证据的取得(取证主体、来源、形式)不具有合法性,没有证据能力,不能作为定案的根据;经审查,辩护人认为该证据不具有客观性,证据内容不具有真实性或真实性无法得到保证;与待证事实没有关联性,证据之间也不能相互印证,没有证明力,全案证据无法排除矛盾或有无法解释的疑问,因此不能作为定案的根据。以上是针对一般情况下的质证,如属于非法证据的,首先要求启动非法证据排除程序,属于瑕疵证据的,首先应要求控方补正或作出合理解释,之后再进行质证。

六、主观性证据与客观性证据

客观性与真实性不是一组相对应的概念,客观性不等于真实性。客观的在一般情况下是真实的,但不能说客观的就是真实的。与客观相对应的概念是主观,与真实相对应的是虚假。如果说客观的就是真实的,那么主观的就是虚假的吗?显然不是。主观是人们对世界的认识,会随着人的认识发生改变,具有变化性;客观是世界事实的自然反映或自然规律,是未经加工、伪造过事物的本来面貌,具有稳定性。因此,客观性证据相比主观性证据具有稳定性,对案件事实的审查判断,比主观性证据有得天独厚的优势,同时还能印证或检验主观性证据的真实性。

客观性证据是指以人以外之物为证据内容载体的证据,这些证据内容的载体通常是客观之物。包括物证,书证,鉴定意见,勘验、检查、辨认、侦查实验等笔录,视听资料,电子数据。主观性证据是指以人为证据内容载体的证据,需要通过对人的调查来获取其所掌握的证据信息,包括证人证言,被害人陈述,犯罪嫌疑人、被告人供述和辩解在内的3种证据为主观性证据。

一种观点认为,"鉴定意见是鉴定人对案件中的专门性事实问题提出的分析认定意见,用以解答事实认定问题,属意见证据,可归结为主观性证据,如关于死因的法医学鉴定意见……辨认笔录是侦查人员依照规范,组织辨认人对场所、物及人的辨识过程和结论的记录。虽然辨认对象、辨认方法、辨认过程具有客观性证据特征,但辨认结论直接承载着证明待证事项的功能,仍然受辨认人的观察判断能力、记忆能力及表达能力等主观因素的影响,与言词证据的叙述性记录内容和形式相同,视为主观性证据更为准确"。[1]

另一种观点认为,鉴定的过程往往要受到严格的限制,需要依照严格的程序、采用现代科技设备、依照科学规律才能完成,不能随意更改,其可靠性与稳定性明显高于口供等主观性证据。辨认虽然不需要特定人员的专业知识,但是和鉴定意见相同的是,辨认笔录的制作也需要依据科学规律、按照严格的程序才能完成,未经法定程序,不得随意更改。因此,应当归入客观性证据。[2]

2011年,浙江省检察院开始探索以客观性证据为核心的审查模式,将审查工作重心从以被告人口供等言词证据为中心转变到以客观性证据为核心上来,利用客观性证据具有可靠的稳定性和关联性的最佳证据特征,确认案件基础事实,并以此为基础对全案证据予以审查和检验,准确认定犯罪事实。2012年9月4日,浙江

---

[1] 沈立国:《论客观性证据审查应用模式》,载《行政与法》2014年第11期。
[2] 樊崇义、李思远:《刑事证据新分类:客观性证据与主观性证据》,载《南华大学学报(社会科学版)》2016年第17期。

省人民检察院检察委员会通过《死刑案件客观性证据审查工作指引(试行)》(浙检诉二〔2012〕4号)。2012年10月,最高人民检察院在浙江召开专门会议进行全国推广。2013年4月,《浙江省人民检察院关于在审查逮捕、审查起诉中全面推进客观性证据审查工作的通知》(浙检发诉一字201314号)将客观性证据审查模式推广到所有刑事公诉案件。最高人民检察院2016年9月1日发布的《"十三五"时期检察工作发展规划纲要》明确要构建以证据为核心的刑事指控体系,推行以客观性证据为主导的证据审查模式。

作为辩护人,应充分认识到主观性证据与客观性证据新分类的意义,掌握以客观性证据为主导的审查案件事实的方法。随着刑事诉讼制度的改革深入,以简繁分流为原则,一部分案件实行认罪认罚从宽制度;另一部分案件实行庭审实质化。庭审实质化必将从案卷中心主义向以人证为中心发展。审查客观证据及客观证据印证或检验主观证据的趋势和技能,是公诉人和辩护人面临对决的新战场。

七、证据形成完整的证据链条的说法是否正确

我们经常听到有人说这个案子证据已形成了证据链,可以定案了。这样的话经常出现电影、电视作品里,甚至有些司法人员也这样说。那么,这样说是正确的吗?

首先,链条表现出来的是线性的、纵向的、环环相扣或齿轮咬合状的一种状态或形象,但一个案件中的多个证据之间显然不是这种关系。根据证据法的理论,证据与证据之间应当是互相印证的关系。证据的关联性表现在与案件事实的关联,而不是证据之间的相互关联,这种关联性是客观的,是不以人的意志为转移的。因此,定案的多个证据之间不是纵向的、线性的,而是平行的、独立的共同指向待证事实。

一个案件要达到证明标准,必然要有若干证据,若干证据组合成若干小组,我们叫它犯罪构成要件,这些要件再组合起来,形成一个完整的体系,或是四要件说,或是三阶层说,或是两阶层说,以此对案件完成证明作用。因此,应当说全案证据形成了完整的证明体系,而说形成了证据链条是错误的。2010年《关于办理死刑案件审查判断证据若干问题的规定》第33条第3项规定了间接证据的证明标准,

即"据以定案的间接证据已经形成完整的证明体系",可见此处已明确使用了证明体系这一概念。2012年《刑事诉讼法解释》第105条第3项表述为"全案已形成了完整的证明体系",而实际上,在有直接证据的情况下,全案证据也是一个证明体系。2021年1月26日修订的《刑事诉讼法解释》将"体系"又改回了"证据链"。

那么,证据链条这种说法完全是错误的吗?为什么这种说法用了这么多年?我们发现,在说证据链条时往往是指一个人的客观行为有多个证据证明,这些证据串连起来可以证明某人实施了某种行为。比如,在某故意杀人案件中,商店老板证实张某某日在此购买了刀具等其他物品,经辨认与案发现场中的一致;证人刘某证言证明某日某时张某在案发现场出现过;鉴定意见证明现场收集的刀具上有张某的生物特征和死者的生物特征,将这些证据串连起来,可以证明张某实施了杀害死者的行为,这个过程的证据就像链条一样。但是要定张某故意杀人罪,还需要其他构成要件,否则不能排除正当防卫、意外事件或故意伤害致死的可能。因此,证据定罪的标准是全案证据形成了完整的证明体系,而证明行为人实施行为过程的证据是一连串的,有人就形象地比喻为证据链条。

由此,我们发现"证据链条"是比喻,并且仅用于某一个犯罪构成要件内,不具有可操作性;证据本身之间不会形成链条,需要方向、目标、逻辑联系等来组合成某个构成要件,组合成"证明体系",而"证明体系"是专业术语。因此,作为专业的刑事辩护律师需要废除旧"链条"的蒙蔽,走向新"体系"的科学。

八、证据体系的破与立

一起刑事案件,控方起诉到法院,在控方看来是已有证据形成了证明犯罪的证据体系,向法庭讲述了一个罪名成立的故事,构建了罪名成立的证据体系和逻辑体系。相应地,辩护人不认同指控,在理论上只需要打破控方的证据体系,指出或论证控方的逻辑体系不成立就可以了。

但是在某些情况下,当控方的逻辑体系被击垮后,法官很容易就可以作出无罪的判决吗?实践中没那么容易。已经纠错的许多冤案证明,决定案件走向的有很多法律和非法律因素及力量的影响。除此之外,还有作为司法办案人员,探究客观真相是办案人的天性。比如,我们常常听到:不是他干的,到底是谁呢;他没有干,那他干什么去了；那不是他干的，这个现象为什么解释不通呢；等等。此时，控方的逻辑体系虽已不成立，但辩方无罪的原因还没有讲清楚，无罪的逻辑体系没有建立起来，案件中的疑点没有得到消除，再加上可能的各种原因，疑罪从无很容易变成疑罪从轻。如果此时辩方能提出合理的逻辑体系让法官信服，再有相应的证据，那么，就为法官作出最后的决断增加了重要的砝码。这就需要辩护律师不仅要撼动控方的证据体系和逻辑体系，还要另建一套辩方的证据体系和逻辑体系。当然，这无疑对辩护律师提出了更高要求。

  律师要构建自己的证据体系与逻辑体系，必然需要证据。有时控方提供的证据可以为辩方所用，但很少。当证明被告人无罪、罪轻的证据在卷宗中没有体现，而申请办案机关调取又不可能的情况下，就需要律师必须自己调查取证，此时律师要注意风险防范，评估调查取证的必要性和风险程度。试想一个案件，办案机关都动用了大量的人力、物力，甚至经过了几年都弄不清楚的案件，如果律师不调查取证，要想翻案，势比登天。

第二节

证 明 标 准

质证是指当事人、诉讼代理人及第三人在法院主持下双方采用询问、辨认、质疑、辩驳等核实方式对证据进行说明和质辩的活动。质证围绕争议关键和存疑问题充分展开，未经质证不得认证是证据裁判的基本要求，对庭审中出示的每一个证据，法庭都要组织控辩双方进行质证。

一、证明标准

我国《刑事诉讼法》中规定的证明标准是事实清楚，证据确实充分，排除合理怀疑。根据《刑事诉讼法》第55条的规定，对一切案件的判处都要重证据，重调查研究，不轻信口供。只有被告人供述，没有其他证据的，不能认定被告人有罪和处以刑罚；没有被告人供述，证据确实、充分的，可以认定被告人有罪和处以刑罚。证据确实充分应当符合：定罪量刑的事实都有证据证明；据以定案的证据均经法定程序查证属实；综合全案证据，对所认定事实已排除合理怀疑。《刑事诉讼法解释》第139条、第140条规定，对证据的真实性，应当综合全案证据进行审查。对证据的证明力，应当根据具体情况，从证据与案件事实的关联程度、证据之间的联系等方面进行审查判断。

没有直接证据，但间接证据同时符合下列条件的，可以认定被告人有罪：证据已经查证属实；证据之间相互印证，不存在无法排除的矛盾和无法解释的疑问；全案证据已经形成完整的证据链（证明体系）；根据证据认定案件事实足以排除合理怀疑，结论具有唯一性；运用证据进行的推理符合逻辑和经验。

不管是依据直接证据定案还是依据间接证据定案，都应特别注意以下几种情况属于事实不清，证据不足，未达到证明标准：

第一,全案证据存在重大矛盾,不能得到合理解释的不能认定被告人有罪。比如,在聂树斌案件中,关于作案动机、被害人年龄和所穿连衣裙特征等事实和情节,聂树斌的供述前后不一。在卷供述中,聂树斌一方面始终认罪,另一方面又说不清楚作案的基本事实,特别是对关键事实的供述前后矛盾、反复不定,不合常理。案发之后前50天内多名重要证人证言全部缺失不合常理,且关键证人侯某后来对与康某1最后见面时间的证言作出重大改变,直接影响了对康某1死亡时间和聂树斌作案时间等基本事实的认定,导致在案证人证言的真实性和证明力受严重影响。原办案人员对有关证人证言缺失的原因没有作出合理解释。

第二,被告人反复翻供,而被告人的口供中关于犯罪行为的供述得不到其他证据印证的,可认为事实不清,证据不足。被告人作出有罪供述,但又翻供的,且被告人口供中关于犯罪行为过程的核心内容得不到其他证据印证的,可以视为事实不清,证据不足。比如,张氏叔侄案,被告人的生物信息没有在被害人身上反映,严刑之下的有罪供述得不到印证,事实证明凶手另有其人。

第三,综合全案证据,只能证明犯罪事实已经发生,但没有证据证明是被告所实施的,不能认定被告人有罪。一般来说,犯罪事实包含两个要素,一是犯罪行为已经发生,二是犯罪行为为被告人所为,如果现有的证据只能证明前者存在,那么就只能认定事实不清、证据不足。例如,呼格吉勒图案,女厕所发现的女尸属于非正常死亡,证明有犯罪事实发生,但现有证据不能证明就是呼格吉勒图干的。

第四,综合全案证据来看,存在重大的疑点,不能排除其他可能性。例如,在聂树斌案中最高人民法院改判的理由,即综合全案证据,不能达到排他性的,属于事实不清、证据不足。一般来说,排他性有两种情况:一是无法排除犯罪是否发生的可能性。二是无法排除其他人作案的可能性。这个证明标准引出了"排除合理怀疑"。排除合理怀疑是一个主观性标准,但往往也需要客观性的标准来抽象化、规范化。

二、如何准确理解证明标准

《刑事诉讼法》第55条第2款规定:"证据确实、充分,应当符合以下条件:(一)定罪量刑的事实都有证据证明;(二)据以定案的证据均经法定程序查证属实;(三)综合全案证据,对所认定事实已排除合理怀疑。"

也就是说,案件中所有的构成犯罪的事实和量刑的事实都要有相应的证据加以证明;定案证据经法庭控辩双方举证、质证,符合真实性、合法性、关联性;综合所有证据证明的事实已排除合理怀疑,没有相反可能。除此之外,还要需要注意以下6个方面。

1. 定罪证据存疑和量刑证据存疑的区别。定罪证据存疑和量刑证据存疑是有区别的。"疑罪从无"指的是在定罪证据存疑情况下的处理结果。量刑证据存疑,只涉及刑罚裁量,根据存疑时有利于当事人的原则对其作出较轻的处罚,不涉及犯罪是否成立。只有定罪证据存在疑问的情况下,才可能导致当事人无罪,才有疑罪从无的可能。

2. 定罪证据瑕疵和存疑的区别。对于瑕疵证据,应贯彻"先补救,后排除"的原则,主要是采用补正、合理解释等方式,使其具有形式上的完整性和合法性。证据存在瑕疵,可以要求补侦、补查或给予解释与说明,但证据存疑,属于证据可靠性的问题,属于案件事实性问题存疑。要注意区分证据何种情况是"瑕疵",何种情况是"存疑"。

例如,《刑事审判参考》指导案例第763号王维喜强奸案[①]:指控被告人王维喜犯强奸罪的关键证据为,2010年7月21日,浙江省公安厅物证鉴定中心作出脱氧核糖核酸(DNA)检验报告,证实孙某内裤上的精斑为王维喜所留。但对被害人孙某内裤的收集、复制、保管工作多处违反法律规定。侦查人员在提取内裤时没有制作提取笔录,导致有关内裤来源的证据不充分,起诉书的证据目录虽然记载侦查人员提取了被害人孙某的内裤,但未将该内裤随案移送。由于该起犯罪久未侦破,其间办案人员更换,加之移交、登记、保管等环节存在疏漏,被害人孙某的内裤已遗失,出现疑问后相关复核工作无法进行。一审期间,公安机关就被害人孙某内裤的收集、复制、保管工作出具说明材料:"案发后,某县公安机关将孙某的内裤进行了提取,后一直放在刑警支队保管。2008年5月30日,民警将孙某的内裤送到省公安厅刑警总队进行DNA鉴定。现内裤已作技术处理。"但该说明材料没有对未制作提取笔录或扣押物品清单、未拍摄照片复制,以及如何将内裤处理等情况作出合

---

① 《刑事审判参考》2012年第2辑(总第85辑)。

理的解释。

作为定案关键证据的被害人孙某内裤的收集、复制、保管工作均不符合相关法律规定,导致该内裤来源存疑,且有关办案人员无法补正或者作出合理解释,而被害人孙某的内裤又是 DNA 鉴定意见能够作为证据的基础。检材来源不明,则相关鉴定意见难以被采用,而被害人的内裤及其鉴定意见是关键性证据,如果将其排除,案件就达不到证据确实充分的程度,这种情况显然已不再属于证据瑕疵的范畴,应当属于"证据存疑"。所以,法院经审理认为,指控事实不清、证据不足,不能认定该起强奸犯罪事实。

3. 客观证据关联性存疑。客观证据包括实物证据与鉴定意见、勘验检查笔录等,多数属于间接证据,间接证据需要对其正确解读,准确认定其与被告人的关联性。比如,从开放性场所取得的物证,就需要由其他证据加以佐证。例如,从被害卖淫女租住房屋提取的生物证据,包括指纹、脚印、精斑等。在某个性工作者在出租房被杀的案件中,被害人的房间属于开放性场所,可能有多人到过被害人处实施嫖娼行为,留下指纹、脚印、精斑等,因此从房间现场收集到的生物证据,必须加以充分调查核实。这些证据如果是从非开放性场所收集的,其证明力通常是比较高的,有的甚至可以作为定案的直接证据。但因为此类案件的现场是开放性的,其他嫖娼人倘若留下生物痕迹,也属于正常情况。

4. 客观证据缺失。有些案件的案情表明现场极有可能存在实物证据,但因各种原因未能提取到,案卷材料中没有此类证据。比如,在杀人案件中一般应当有血迹,在强奸案中一般应有精斑等,如果案卷中没有,要引起重视,需要侦查机关补充提取或给出合理解释。

例如,《刑事审判参考》指导案例第 929 号[①]胡某被控故意杀人、强奸案:公诉机关提供了从被告人胡某家提取的作案工具镰刀等证据。但从胡某的镰刀及其所穿的衣服上未能检出被害人的血迹,从现场及被害人苏某体内也没有提取到胡某的精斑。法院经审理认为,公诉机关指控被告人胡某强奸杀害苏某的事实不清、证据不足,指控的犯罪不能成立,建议公诉机关撤回起诉。之后经公安机关在全国 DNA 数据库中比对,从被害人阴道内提取的精斑 DNA 分型与因犯强奸罪被判刑

---

① 《刑事审判参考》2013 年第 6 集(总第 95 集)。

的赵某某的 DNA 分型一致。经讯问,赵某某供认了抢劫、强奸及杀害苏某的事实。

5.间接证据的定案标准。用间接证据认定的案件往往是被告人不供述的案件,也没有其他目击证人的证言等直接证据,在认定上相对复杂。

《刑事诉讼法解释》第 140 条规定:"没有直接证据,但间接证据同时符合下列条件的,可以认定被告人有罪:(一)证据已经查证属实;(二)证据之间相互印证,不存在无法排除的矛盾和无法解释的疑问;(三)全案证据形成完整的证据链;(四)根据证据认定案件事实注意排除合理怀疑,结论具有唯一性;(五)运用证据进行的推理符合逻辑和经验。"

简单来说,从正向考虑可以得到证明,从反向考虑证伪进行验证。正向考虑就是所有的证据都指向被告人,可以证明事实成立;反向证伪,即排除合理怀疑,就是没有证据或线索指向其他人(证据没有疑点或疑点得以排除)。

运用间接证据认定案件要回归常识和经验法则。最高人民法院胡云腾大法官说,"从近年来纠正的冤假错案来看,很多案件从侦查之初,就不仅违背了法律规定的诉讼程序和办案规则,而且背离了常情常理,违背了生活的逻辑",由此将案件的"侦查方向引入歧途,最后酿成冤错案件"。生活经验虽然不能像理论法则那样揭示事物之间联系的规律性,但它揭示的事物之间的某种常态联系、某种程度的可能性或盖然性,也可以作为审查判断证据的重要依据。《刑事诉讼法解释》第 140 条也明确要求,运用证据进行的推理符合逻辑和经验。

6.疑罪从无的认定。疑罪就是指定罪事实不清、证据不足的案件。所谓定罪事实不清、证据不足,是指据以定罪的证据之间、证据与案件事实之间存在矛盾,或者根据证据认定案件事实的过程不符合逻辑和经验法则,全案证据不能得出被告人有罪的唯一结论。

《刑事诉讼法》第 55 条规定了运用证据定案的具体标准,只有满足定罪量刑的事实都有证据证明、据以定案的证据均经法定程序查证属实和综合全案证据对所有认定事实已排除合理怀疑 3 个条件,才能认定被告人有罪和处以刑罚。如果在案的证据对被告人是否犯罪既不能证实也不能证伪,那么这个案件就是"疑案",也就是该案定罪事实不清。

从法律规定来看,检察机关承担证明被告人有罪的举证责任,应当提供确实、充分的证据来证实被告人有罪,而"疑罪"的存在,意味着检察机关提供的证据不足以认定犯罪行为系被告人实施。所以,"疑罪"是检察机关未能实现证明责任的结果,其本身并不以被告人是否认罪为前提。即使被告人笼统认罪,但如其有罪供述的真实性缺乏保障,在案证据未能达到确实、充分标准,也不能认定被告人有罪。同时,"疑罪"也不同于存在无罪证据的案件,如果有证据证明被告人是无辜的,则案件不再属于疑罪,而应当依法宣告被告人无罪,这是事实上的无罪。因此,"疑罪"是既不能在正面证实上使人确信,也不能在反面证伪上排除合理怀疑、得出唯一结论。如果一个案子存在"真凶出现"或"亡者归来"的情形,它就不再是"疑罪案件",而可能是法定的无罪案件,如呼格吉勒图案、赵作海案等。"疑罪案件"证明不了也否定不了,但是根据法律关于疑罪从无的规定,在符合条件的情况下应宣告被告人无罪。

三、定罪量刑坚守司法理念

无罪推定、证据裁判、程序正当是刑事司法工作必须坚守的司法原则和基本理念,是法律职业共同体无论是法官、检察官、公安人员还是律师,都必须遵守的原则和理念。《最高人民法院关于全面推进以审判为中心的刑事诉讼制度改革的实施意见》第 1 部分就开宗明义地提出了"坚持严格司法原则,树立依法裁判理念",要求做到以下 4 点。

1. 坚持证据裁判原则,认定案件事实,必须以证据为根据。重证据,重调查研究,不轻信口供,没有证据不得认定案件事实。

2. 坚持非法证据排除原则,不得强迫任何人证实自己有罪。经审查认定的非法证据,应当依法予以排除,不得作为定案的根据。对采取刑讯逼供、暴力、威胁等非法方法收集的言词证据,应当依法予以排除。侦查机关收集物证、书证不符合法定程序,可能严重影响司法公正,不能补正或者作出合理解释的,应当依法予以排除。

3. 坚持疑罪从无原则,认定被告人有罪,必须达到犯罪事实清楚,证据确实、充分的证明标准。侦查机关侦查终结,人民检察院提起公诉,人民法院作出有罪判决,都应当做到犯罪事实清楚,证据确实、充分。

侦查机关、人民检察院应当按照裁判的要求和标准收集、固定、审查、运用证据,人民法院应当按照法定程序认定证据,依法作出裁判。人民法院作出有罪判决,对于证明犯罪构成要件的事实,应当综合全案证据排除合理怀疑,对于量刑证据存疑的,应当作出有利于被告人的认定。

4.坚持程序公正原则,通过法庭审判的程序公正实现案件裁判的实体公正。证明被告人有罪或者无罪、罪轻或者罪重的证据,都应当在法庭上出示,依法保障控辩双方的质证权利。发挥庭审在查明事实、认定证据、保护诉权、公正裁判中的决定性作用,确保诉讼证据出示在法庭、案件事实查明在法庭、诉辩意见发表在法庭、裁判结果形成在法庭。

上述4项要求,归纳起来就是无罪推定、证据裁判、程序正当这3大诉讼基本原则或理念。

第三节

证据规则的运用

证据规则是在长期司法实践中逐步积累起来的,关于判断证据和采信证据的规则。许多规则表现为习惯、判例和司法解释。

证据规则包括关联性规则、鉴真规则、最佳证据规则、意见证据规则、传闻证据规则、非法证据排除规则、瑕疵证据规则、证人不适格的证言规则、取证程序违法影响证据客观性规则、未经法定程序查证的证据规则等证据能力规则。

一、最佳证据规则

最佳证据规则(原始证据优先规则)指书证、物证的原件、原物采信规则。随着社会科技进步,最佳证据规则的一些原则,也扩展到录音、录像、电子邮件、网络数据等视听资料、电子数据的领域。

《刑事诉讼法解释》第82条、第83条、第84条、第85条、第110条都是最佳证据规则的具体规定。

最佳证据规则运用于审查书证表现为取得原件确有困难的,可以使用副本、复制件。书证的副本、复制件不能反映原件及其内容的,不得作为定案的依据。书证有更改或者更改痕迹,不能作出合理解释的,不得作为定案依据。

最佳证据规则运用于物证的审查表现为据以定案的物证应当是原物。原物不便搬运,不易保存,依法应当由有关部门保管、处理,或者依法应当返还的,可以拍摄、制作足以反映原物外形和特征的照片、录像、复制品。物证的照片、录像、复制品,不能反映原物的外形和特征的,不得作为定案的根据。物证的照片、录像、复制品,经与原物核对无误、经鉴定为真实或者以其他方式确认为真实的,可以作为定案的根据。

最佳证据规则运用于视听资料表现为是否为原件，有无复制及复制份数；是复制件的，是否附有无法调取原件的原因、复制件制作过程和原件存放地点的说明，制作人、原视听资料持有人是否签名；内容与案件事实有无关联。对视听资料有疑问的，应当进行鉴定，篡改、伪造或者无法确定真伪的不得作为定案的根据。

电子数据的审查表现为是否移送原始存储介质；在原始存储介质无法封存、不便移动时，有无说明原因并注明收集、提取过程及原始存储介质的存放地点或者电子数据的来源等情况；如有增加、删除、修改等情形的，是否附有说明；完整性是否可以保证。

系篡改、伪造或者无法确定真伪的，有增加、删除、修改等情形，影响电子数据真实性的，有其他无法保证电子数据真实性的情形的，不能作为定案的根据。

二、实物证据的鉴真规则

"鉴真"这个词来自美国，鉴真规则是英美证据法中的一项重要规则，2010年这一规则被引进我国。2010年最高人民法院颁布的《死刑案件证据规定》第9条、第24条引入这一规则，《刑事诉讼法解释》第86条、第98条将其写入司法解释，第一，在勘验、检查、搜查过程中提取、扣押的物证、书证，未附笔录或者清单，不能证明物证、书证来源的，不得作为定案的根据；第二，对物证、书证的来源、收集程序有疑问，不能作出合理解释的，该物证、书证不得作为定案的根据；第三，送检材料、样本来源不明，或者因污染不具备鉴定条件的，鉴定意见不得作为定案的根据。这是解决客观证据真实性的问题。

鉴真规则主要适用于实物证据。实物证据又被称为客观证据，主要有4大类：物证、书证、视听资料、电子数据。主流观点认为言词证据不适用于鉴真规则，对言词证据的真实性通过当庭接受控辩双方的询问进行审查判断。证人证言、被告人口供、被害人陈述、鉴定人的意见都属于广义的言词证据。

鉴真的实质是从来源到法庭质证过程中的同一性。从证据来源端即收集、提取、扣押等，如在案发现场提取的、在被告人的家里扣押的等；在法庭上举证，要出示、播放、展示。鉴真就是鉴定从提取的最初来源到在法庭举证的整个过程中，证据是否始终保持同一性，没有发生变化。

鉴真的过程有4个关键环节。

1. 来源真实可靠。就是证据的取得要有收集、提取的过程证据,能证明物证、书证、视听资料、电子数据来源的真实性。一般来说,就是要有勘验笔录、检查笔录、搜查笔录、扣押清单及提取笔录等。

2. 搜集、提取到保管过程的完整性。证据在何地被发现,是如何搜集的,何人、何时、何地、使用了什么方式的信息,需要通过勘验笔录、检查笔录、搜查笔录、提取笔录、扣押清单等加以记录,并证明证据提取、收集过程的完整性。整个过程都要加以记录,不能有中断,要能排除合理怀疑。

3. 保存的不变性。在整个诉讼过程中,实物证据可能需要长期完好无损地保存,此时必须要保障保存环境的适宜和完善,保障实物证据没有被污染,没有发生变化,尤其要注意一些容易变质的物证,像食品、药品、油脂、液体等,要保证其颜色、尺寸、外观、形状内容等不发生重大变化。

4. 举证的同一性。法庭出示的证据,包括证据来源真实可靠、收集提取经过记录完备、保管完善,使用时必须保证同一性,这就形成了一个动态的链条,称为证据保管链条的完整性证明。比如,某扣押清单上记载"笔记本电脑",这样的扣押清单就是不合格的,因为笔记本电脑有非常多的品牌和型号,扣押笔录一方面涉及涉案财物的追缴,另一方面也涉及证据的鉴真问题。

任何实物证据都可以分为两部分,一个叫外部载体,另一个叫内部载体。所以鉴真分两大类,一种是对外部载体的鉴真,另一种是对内部载体的鉴真,以上所提到的鉴真的4个要素,只适用于外部载体的鉴真。外部载体是实物证据的物理表现形式,内部载体是实物证据的内容。比如,手机、录音机、日记本的本身是外部载体;日记本的文字、图画、内容是内部载体,录音的声音、录像的图像、电子邮件里的内容等都是内部载体。

内部载体的鉴真具有特殊性。比如,证据是一部手机,有录音录像功能,对手机内存储的录音证据所展开的鉴真活动,就叫作"双重鉴真"。手机的外壳,称为物证的外部物理表现形式,在鉴真时需鉴别该手机的真伪,通过审查搜查、扣押和提取笔录,可以证明这个手机是否被调换过。在对手机中存储的内容的鉴真中,录音本身也是载体,它是内部载体;录音带里存储的声音、录像带中所包含的图像、电子数据中的电子数据等,叫作内部信息。4类实物证据几乎有外部载体,表现为实物证据的外部表现形式,如物体、痕迹、文本、录音带、录像带,还有光盘、软盘、优盘、服务器等。

对于书证中的文字符号、图表,视听资料中的声音图像,电子数据中的电子化数据信息的鉴真概括起来,一般有3种方式。第一,专家的鉴定。第二,完整性证明。应当根据保护电子数据完整性的相应方法进行审查、验证:审查原始存储介质的扣押、封存状态;审查电子数据的收集、提取过程,查看录像;比对电子数据完整性校验值;与备份的电子数据进行比较;审查冻结后的访问操作日志。第三,笔录、录像的证明。2016年《最高人民法院、最高人民检察院、公安部印发〈关于办理刑事案件收集提取和审查判断电子数据若干问题的规定〉的通知》强调,每个原始的存储介质在被检查时都需要对其进行详细的笔录并录像,还要有见证人在场。

鉴真规则的运用主要表现在:第一,来源不明的实物证据,一律不得作为定案的根据。第二,收集、提取经过记录不详,有重大合理疑问不能排除的,不得作为定案的根据。第三,系篡改、伪造或者无法确定真伪的,有增加、删除、修改等情形,影响电子数据真实性的,有其他无法保证电子数据真实性的情形一律应当排除。第四,鉴定意见使用的检材来源不明的,鉴定意见不得作为定案的根据。

三、意见证据规则

意见证据规则,是指证人作证如只能陈述自己体验的过去的经历,而不能将自己的判断意见和推测作为证言的内容。意见证据规则的理论依据主要表现在:第一,证人发表意见侵犯了审理事实者的职权。第二,证人发表意见有可能对案件事实的认定产生误导。第三,普通证人缺乏意见所需要的专门性知识或者基本的技能训练与经验。第四,普通证人的意见证据对案件事实的认定没有价值。证人的职责只是把经历提供给法院,而不是发表对该事实的意见。

1.证人证言的内容应当是其亲身感知的表述。《刑事诉讼法解释》第87条规定,对证人证言应当着重审查以下内容:证言的内容是否为证人直接感知;证人作证时的年龄、认知、记忆和表达能力,生理和精神状态是否影响作证;证人与案件当事人、案件处理结果有无利害关系;询问证人是否个别进行;询问笔录的制作、修改是否符合法律有关规定,是否注明询问的起止时间和地点,首次询问时是否告知证人有关作证的权利义务和法律责任,证人对询问笔录是否核对确认;询问未成年证人时,是否通知其法定代理人或者有关人员到场,其法定代理人或者有关人员是否到场;证人证言有无以暴力、威胁等非法方法收集的情形;证言之间以及与其他证据之间能否相互印证,有无矛盾。

2. 证人证言不应是猜测性、评论性、推断性的证言。《刑事诉讼法解释》第88条第2款规定,证人的猜测性、评论性、推断性的证言,不得作为证据使用。

3.《刑事诉讼法解释》第88条第2款规定,证人的猜测性、评论性、推断性的证言,不得作为证据使用,但根据一般生活经验判断符合事实的除外。比如,证人:"我一看见他那样,走路晃晃悠悠,说话舌头都捋不直,就知道是喝酒了,喝高了。"

四、证言印证规则

《刑事诉讼法解释》第91条第2款规定,证人当庭作出的证言与其庭前证言矛盾,证人能够作出合理解释,并有相关证据印证的,应当采信其庭审证言;不能作出合理解释,而其庭前证言有相关证据印证的,可以采信其庭前证言。

证言印证规则分为两类,一类是证人在庭前作了一种陈述,当庭又改变证言,出现了两份不一致的证人证言。根据《刑事诉讼法解释》第91条的规定,原则上证人出庭作证,当庭改变证言的要优先采纳当庭证言,这体现了一种直接言词证据原则。但是附加了两个条件,即要是证人当庭改变证言,采用当庭证言必须具备两个条件并有合理解释:第一,改变证言需要具有合理的理由。第二,当庭证言得到了其他证据的印证。改变证言要有正当的理由,当庭改变后的证言还得有其他证据加以印证,这里的其他证据应当是证言以外的证据。另一类是证人在庭前改变证言,不出庭作证,两份不一致的证言笔录如何采信呢?证人庭前证言笔录发生反复又不出庭的,原则上不得将其作为定案根据。但是存在一个例外,那就是庭前证言笔录得到其他证据印证的除外。

最高人民法院在2010年首次确定这一规则,2012年《刑事诉讼法解释》第78条对这一规则进行了再次确认,2021年修订的《刑事诉讼法解释》第91条沿袭下来。两个前后不一致的证言得不到其他证据印证,就不能作为定案依据。一般来说,证据法是对证据能力的限制,但这条是对证明力的限制,即对前后不一致的证言如何处理的规定。按照自由心证原则,法律不对证据的证明力大小、强弱作任何限制,由法官进行内心确信,但是如果没有这样的规则加以限制,就很容易出现冤假错案,正是在这样的背景下,出台了这一规定。一份证据所包含的事实如果得不到其他证据的印证,就视为孤证,孤证不能定案,因为它的真实性得不到验证。根据逻辑上的同一律,同一个人对同一个事的陈述自相矛盾,必有一假,不可能同时为真。

五、口供印证规则

《刑事诉讼法解释》第 96 条规定,审查被告人供述和辩解,应当结合控辩双方提供的所有证据及被告人的全部供述和辩解进行。被告人庭审中翻供,但不能合理说明翻供原因或者其辩解与全案证据矛盾,而其庭前供述与其他证据相互印证的,可以采信其庭前供述。被告人庭前供述和辩解存在反复,但庭审中供认,且与其他证据相互印证的,可以采信其庭审供述;被告人庭前供述和辩解存在反复,庭审中不供认,且无其他证据与庭前供述印证的,不得采信其庭前供述。该规定确立了口供印证规则,而口供印证规则分为 3 种情况。第一,被告人庭前供证一致,当庭翻供。第二,被告人当庭没翻供,庭前有反复。这种情况较为简单,只要当庭供认有罪,就以当庭为主。第三,被告人庭前供述笔录自相矛盾且当庭有翻供。

第一种情况,即被告人庭前供述一致,当庭翻供。最高人民法院相关司法解释对这种情况采取了比较慎重的态度。第一,翻供必须具有正当的理由,如被告人受到了刑讯逼供,被威胁、引诱欺骗或者被长时间的羁押,疲劳审讯,受到各种各样的外部压力,这都属于正当理由。凡是遭受了现行法律所规定的不正当审讯手段的都可以成为翻供的正当理由。第二,如果翻供后的口供得不到其他证据的印证,可以采纳庭前有罪供述,因为庭前供述一直保持稳定。翻供有正当的理由且当庭供述也有其他证据加以印证的时候,法院可以不再采用其庭前的有罪供述笔录。第三种情况,被告人当庭翻供且庭前也翻供。原则上庭前有罪供述不得作为定案根据,但是前提条件是有罪供述得不到其他证据的印证,如果能够得到其他证据印证,也不排除将有罪供述作为定案根据的可能性。庭前翻供、当庭又翻供,这种双重翻供会使被告人口供的真实性和可信度受到怀疑。所以,只要得不到其他证据印证的口供,一律应当排除。

从暴露出来的冤假错案来看,无论犯罪嫌疑人、被告人怎么翻供,只要有一次有罪供述,该有罪供述就会被作为定案根据,但近年来已经发生了比较大的变化。被告人一旦发生翻供,原来的有罪供述笔录和后来的无罪辩解这两者均不能够任意地采信,要看该供述能否得到其他证据的印证。

六、瑕疵证据规则

（一）瑕疵证据规则

瑕疵证据是法院在对物证、书证、证人证言、被告人供述、勘验检查笔录、辨认笔录的审查判断过程中,对于那些在收集过程中存在轻微违反法律程序情形的,可以将其视为"瑕疵证据",并适用可补正的采信规则。该散见于各解释中,主要被确立在《刑事诉讼法解释》中。

瑕疵证据规则条文

（1）《刑事诉讼法解释》第95条:讯问笔录有下列瑕疵,经补正或者作出合理解释的,可以采用;不能补正或者作出合理解释的,不得作为定案的根据:（一）讯问笔录填写的讯问时间、讯问地点、讯问人、记录人、法定代理人等有误或者存在矛盾的;（二）讯问人没有签名的;（三）首次讯问笔录没有记录告知被讯问人有关权利和法律规定的。

（2）《刑事诉讼法解释》第103条:勘验、检查笔录存在明显不符合法律、有关规定的情形,不能作出合理解释的,不得作为定案的根据。

（3）《刑事诉讼法解释》第84条第2款:对书证有更改或者更改迹象不能作出合理解释,或者书证的副本、复制件不能反映原件及其内容的,不能作为定案的依据。

（4）《刑事诉讼法解释》第86条第1款:在勘验、检查、搜查过程中提取、扣押的物证、书证,未附笔录或者清单,不能证明物证、书证来源的,不得作为定案的根据。

不得采信的证据

（1）《刑事诉讼法解释》第89条:证人证言具有下列情形之一的,不得作为定案的根据:（一）询问证人没有个别进行的;（二）书面证言没有经证人核对确认的;（三）询问聋、哑人,应当提供通晓聋、哑手势的人员而未提供的;（四）询问不通晓当地通用语言、文字的证人,应当提供翻译人员而未提供的。

(2)《刑事诉讼法解释》第 94 条:被告人供述具有下列情形之一的,不得作为定案的根据:(一)讯问笔录没有经被告人核对确认的;(二)讯问聋、哑人,应当提供通晓聋、哑手势的人员而未提供的;(三)讯问不通晓当地通用语言、文字的被告人,应当提供翻译人员而未提供的;(四)讯问未成年人,其法定代理人或者合适成年人不在场的。

(3)《刑事诉讼法解释》第 98 条:鉴定意见具有下列情形之一的,不得作为定案的根据:(一)鉴定机构不具备法定资质,或者鉴定事项超出该鉴定机构业务范围、技术条件的……

(4)《刑事诉讼法解释》第 109 条第 2 项:视听资料制作、取得的时间、地点、方式等有疑问,不能作出合理解释的不得作为定案的根据。

(5)《刑事诉讼法解释》第 113 条:电子数据的收集、提取程序有下列瑕疵,经补正或者作出合理解释的,可以采用;不能补正或者作出合理解释的,不得作为定案的根据:(一)未以封存状态移送的;(二)笔录或者清单上没有调查人员或者侦查人员、电子数据持有人、提供人、见证人签名或者盖章的;(三)对电子数据的名称、类别、格式等注明不清的;(四)有其他瑕疵的。

瑕疵证据存在于各种证据之中,特点是存在轻微的违法,可以补正;表现为证据笔录存在记录上的错误,如未书写日期;证据笔录遗漏了重要内容:未告知权利等;证据笔录缺少有关人员的签名或盖章:一个人签两个名字等;侦查活动存在"技术性手续上的违规";勘验、检查在场人未签字等。

(二)瑕疵证据与非法证据的区分

"瑕疵证据"大多属于侦查人员通过轻微违反法律程序的方式所获得的证据,一般来说,区分"瑕疵证据"与"非法证据"的标准大体有 4 个:(1)取证手段是否侵犯了重大的权益;(2)取证手段是否违反了实质性程序;(3)采用某一证据是否违背程序正义;(4)采用某一证据是否可能影响证据的真实性。

简单来说,除刑讯逼供、暴力取得的证人证言,非法物证以外皆可以作初步瑕疵证据判断。区分非法证据与瑕疵证据的意义在于辩护方案不同,若是非法证据,启动非法证据排除程序;若是瑕疵证据,要求解释,质疑其合理性。

(三)瑕疵证据与不得采信证据

不得采信的证据是由法律、司法解释直接规定出现某种情形,该证据不得作为定案依据。区分二者的意义在于辩护方案不同,若是瑕疵证据,要求解释,质疑其合理性,如两名侦查人员讯问两名嫌疑人;若是不得采信证据,直接提出不得作为定案依据的质证意见。

(四)瑕疵证据与证据合法性的关系

从证据的合法性考察,违反证据合法性的包括非法证据、不得采信的证据、瑕疵证据和其他轻微违法证据。不同表现形式法律后果不同,非法证据应启动非法证据排除程序依法排除;不得采信的证据应直接提质证意见,不得作为定案根据;瑕疵证据属于效力待定,经法定补强后可以合理解释,能够作为定案依据;经补强后不能合理解释,不得作为定案依据;其他轻微违法证据,法律没有规定后果。

准确分析证据的属性,识别非法证据、瑕疵证据、不得采信的证据及证据特征上的其他合法性缺失。若属于非法证据的要求启动排除程序,目的是排除该证据;若属于不得采信的证据要直接质证,提出不得采信的意见;若属于瑕疵证据要求其补正,审查其补正的合理性,发表意见;证据存在上述情形,尽可能不用"三性"中的合法性质证,因为"合法性"的法律后果不明确。

第四节

证据的审查判断

一、证据审查的步骤

在刑事案件中对具体证据进行审查和判断时,通常可以按照以下 3 个步骤依次推进。

1. 单个证据质疑"三性"。单个证据质疑它本身的关联性、合法性、客观性。通过考察证据与案件事实之间的关系考察它的关联性;通过证据的发现、提取及表现形式等考察它的合法性;通过证据的客观性考察它的真实性。通过对单个证据的分解、甄别,把不符合要求的证据排除在外。

2. 相关证据的双向比对。将证明同一事实的两个或两个以上的证据材料进行比较和对照,看其所证明的内容是否一致。具体有纵向对比和横向对比两种方法。前者主要针对言词证据而言,即对同一案件事实做过的多次陈述或供述进行对比,辨明其前后内容有无矛盾之处。后者是指对证明同一案件事实的不同种类的证据进行比对。比对印证是证据分析、审查最基本、最直接的方法。

3. 全案证据的综合判断。将经过分解验证和比对分析后的各个证据材料,按照法律逻辑有机地整合成一个证据体系,既在全案证据体系中考察、评估单个证据的证明力,又对整个证据体系是否达到确实、充分的法定要求进行综合判断。四要件说和三阶层说都需要有证据体系来完成对事实的证明。

二、证据的"三性"审查

(一)关联性审查

1. 关联性是证据的首要属性。一件自然物品经过办案人员的提取、收集成为证据材料,与案件有关的物品才会被收集、提取。根据证据裁判原则的要求,认定事实必须依据合格证据。"合格证据"有多重含义,首要的是该证据要与待证事实之间有关联性。如果缺乏关联性,则不是适格的证据,不能进入诉讼中,更不得作为定案依据。关联性是证据进入诉讼的第一道"门槛",是证据的首要属性。一项证据材料,无论它是多么地真实、合法,只要与本案事实无关,那就得直接排除。因此,证据的审查首先是审查其关联性。

2. 证据的关联性具有客观性。关联性反映的是证据与案件待证事实之间存在的联系,是不以人意志为转移的客观存在。所体现的是某项证据与特定案件待证事实之间的联系,可以是因果联系或时空联系,可以是必然联系或偶然联系,可以是肯定联系或否定联系,可以是直接联系或间接联系等,呈现的外在形态是多种多样的,但其在本质上应有自身特定的"边界",不能随意扩大理解关联性。证据关联性指的是证据与待证事实之间的关联,不是证据与证据之间的关联。

3. "破案经过""抓获经过"等是关联性的重要证据。"破案经过""抓获经过"等直接反映了案件过程的一些情况,直接源于案件侦破过程中,是嫌疑人在案卷中最先出现的证据。因此,证据材料可直接用于确定犯罪嫌疑人、被告人与案件的关联性。规范、客观、全面、细致的抓获经过,不仅直接关乎定案,而且对案件来源、立案时间、强制措施的运用等程序性事实,以及自首、坦白、悔罪等量刑情节都能起到重要的证明作用。

例如,在聂树斌案再审判决书中,首先就指出了聂树斌的抓获经过与康某1被害之间缺乏关联性。"原审卷宗内无证据证实聂树斌系群众反映的男青年。经查,原审卷宗内仅有'群众反映'的表述,没有关于具体是何人反映的证据,也没有组织群众对聂树斌辨认的证据,更没有群众反映的那个男青年与康某1被害案存在关联的证据",法庭据此认为,聂树斌的"抓获经过",与案件没有关联性,不能确定聂树斌为犯罪嫌疑人。

(二)合法性审查

证据的合法性主要体现在证据的来源、过程和结果中取证主体的合法性、证据表现形式的合法性、取证过程和手段的合法性、法庭调查程序的合法性。

从显露出来纠正的刑事冤错案件中可以看出,大多不同程度地存在非法取证行为,"刑讯逼供、非法取证是导致冤假错案发生的主要原因"。

区分刑事证据规则与非法证据排除规则。刑事证据规则是一个丰富的体系，除非法证据排除规则外，还包括关联性规则、传闻证据规则、意见证据规则、最佳证据规则、补强证据规则、自白任意性规则等。非法证据排除规则仅属于刑事证据规则的一种，是种属关系，不能只关注非法证据排除规则而忘记了其他刑事证据规则。

分清非法证据排除程序与证据合法性审查。非法证据排除程序是一个特殊的证据审查程序，适用对象和具体程序是法定的。根据目前的规定，它的启动仅针对4类证据，即采用刑讯逼供等非法方法收集的犯罪嫌疑人、被告人供述，采用暴力、威胁等非法方法收集的证人证言、被害人陈述，以及收集取证不符合法定程序，可能严重影响司法公正且不能补正或者作出合理解释的物证、书证（《关于办理刑事案件严格排除非法证据若干问题的规定》及《人民法院办理刑事案件排除非法证据规程（试行）》等司法文件，虽然对非法证据规则的具体适用对象作了扩张解释，但仍严格地限于上述证据类型）。非法证据排除制度是一个规范体系，除《刑事诉讼法》及配套司法解释和2017年发布的《关于办理刑事案件严格排除非法证据若干问题的规定》外，还包括《关于全面推进以审判为中心的诉讼制度改革的实施意见》《人民法院办理刑事案件排除非法证据规程（试行）》《关于建立健全防范刑事冤假错案工作机制的意见》等相关规定。这些规定共同构成了中国的非法证据排除制度体系，对此应当全面把握。有的条文不是规定在《关于办理刑事案件严格排除非法证据若干问题的规定》中，只要没有明确废除，就应当具有效力，都可以参照执行。如果是司法解释规定，办案中还可以直接引用。这些规定之间并没有本质上的不同或冲突，它们之间更多的是互补关系，有的规定属于原则类，有的规定较为具体，完全可以结合起来使用。

理解非法证据与瑕疵证据。非法证据的内涵和范围特定，一般指向严重违法和严重损害司法公正的取证行为。现实中，除非法证据外，更多的是瑕疵证据，对于瑕疵证据的审查，可不启动非法证据排除程序，按照通常的法庭调查程序即可完成；瑕疵证据也不是必然地排除不用，若能够予以补正或作出合理解释，相当多的瑕疵证据还是可以采用的。任何不合法的证据都不得作为定案的根据，但其排除没有必要且也不可能都通过非法证据排除程序来完成。还有更为灵活、简便的质证或庭审程序，经查证后决定采用与否即可。

(三)客观性审查

证据的客观性是指证据事实必须是随着案件的发生、发展而遗留下来的,不以人们的主观意志为转移的自然存在。

任何一种行为都是在一定的时间和空间内发生的,只要有行为的发生,就必然要留下各种痕迹和影像,即使行为诡秘,甚至行为人毁灭证据,也会留下相应行为及毁灭证据的各种痕迹和影像。这是不以人们的意志为转移的客观存在。从证据的来源考察,其客观性是必然存在的。没有客观存在为依据的任何一种陈述,都不能作为定案的证据使用,从这种意义上讲,客观性就是审查判断证据的一条基本标准。证据是客观存在的事实,对于客观存在的事实任何人都是无法改变的,所以,客观性是证据最基本的因素和特征。证据客观性审查是刑事证据审查运用的关键性环节。

与客观性相对应的是主观推测,主观推测是在一定事实基础上根据经验、情理推测和判断另一个事实,如被告人与被害人有矛盾,推测其可能有作案动机;被告人案发前与被害人在一起,推测其可能有作案机会;被告人案发后清洗衣物,推测其可能在清洗衣物上的血迹;等等。主观推测不同于证据分析,依靠主观认识推测出的"可能性"只是线索,不能视作案件事实本身。实践反复证明,脱离证据与程序规则的主观推测,是不可靠,甚至危险的。"盲目自信"不等于"内心确信"。

三、综合运用多种方法审查

对一些疑难复杂案件,有时还可能运用到其他一些非常规的方法,如实证调查、咨询专家、经验识别等,更多的是综合运用多种方法进行审查判断。

例如,最高人民法院(2016)最高法刑再3号聂树斌故意杀人、强奸妇女再审刑事判决书显示,承办法官在认真开展阅卷工作的同时,赴案发地核实了相关证据,查看了案发现场、被害人上下班路线、原审被告人聂树斌被抓获地点及其所供偷衣地点,询问了部分原办案人员和相关证人;就有关尸体照片及尸体检验报告等证据的审查判断咨询了刑侦技术专家,就有关程序问题征求了法学专家意见;并从经验识别的角度,对原办案人员当年的办案行为和事后的解释进行评判,认为"不合常理",从而排除认定一些事实和情节等。此外,该案再审中在对客观证据的审查上,也是积极运用了个别甄别、同一认定、比较印证等多种方法,从不同方面、多个角度地分析、评判。

1. 从客观证据缺失方面来说,"本案缺乏能够锁定聂树斌作案的客观证据"指出,现场勘查未能找到直接证明被告人实施故意杀人、强奸行为的任何痕迹物证。

2. 从证据关联性方面来说,"花上衣来源不清,将其认定为作案工具存在重大疑问"指出,现场勘查提取到的缠绕被害人尸体颈部的花上衣,其来源无法查清,由此,该花上衣与被告人之间的联系难以确定。

3. 从证据合法性方面来说,"所有辨认、指认均无照片附卷;对现场提取的连衣裙、内裤和凉鞋,未组织混杂辨认,只是在讯问过程中向聂树斌出示;对花上衣、自行车虽然组织了混杂辨认,但陪衬物与辨认对象差异明显;对康某1照片的混杂辨认,卷内既未见康某1照片,也未见两张陪衬照片。上述问题,致使辨认、指认笔录证明力明显不足"指出,辨认程序没有依法进行,导致用于被告人辨认的花上衣与缠绕尸体颈部的衣物是否同一存在疑问,由此认定花上衣为被告人故意杀人的作案工具的证据不足。

4. 从客观证据内容方面来说,"法医在尸体检验时没有提取、检验康某1的胃内容物以确定死亡时间"且"法医也未根据被害人尸体蛆虫情况对其死亡时间作出推断",由此导致被害人的死亡时间不能确认。

5. 从客观证据之间印证方面来说,"尸体检验报告关于康某1死亡原因的意见不具有确定性"指"出尸体检验报告记载"康某1符合窒息死亡",同时记载这只是"分析意见",不是确定的"鉴定结论",导致被害人死亡的具体原因不明。

6. 经客观证据与被告人供述、证人证言等证据比对后可知,"聂树斌有罪供述的真实性、合法性存疑,有罪供述与在卷其他证据供证一致的真实性、可靠性存疑",现场勘查笔录、尸体检验报告等证据与有罪供述存在不协调甚至相矛盾的情况。这不仅揭示了客观证据的局限性,也表明了被告人供述等言词证据的真实性存疑。

综合分析客观证据与主观性证据。客观证据是指以人以外之物为证据内容载体的证据,包括物证、书证、鉴定意见、视听资料和电子数据等。主观证据是指以人为载体的证据,包括犯罪嫌疑人、被告人供述与辩解、证人证言、被害人陈述等。客观证据包含的信息量相对较少,但是稳定性强。主观证据的优势在于能直接证明案例事实,但其在证据内容的稳定性和可靠性上远不如客观证据,严刑之下其造假的可能性很高。在冤假错案中,起主要作用的正是被害人陈述、犯罪嫌疑人、被告人供述和辩解等主观性证据。要提高审查客观证据的能力。从证据裁判的角度来说,任何据以定案的证据都要经过法定程序查证属实,但由于客观证据的载体为客观之物,其外部特征、性状及具体内容等方面受人的主观意志影响较小,通常具有较强的稳定性和可靠性。

对全案证据不仅要逐一进行审查判断,还要综合进行审查判断,无论是何种证据,只有经甄别后具备客观性、关联性、合法性的,才可作为定案根据。逐一审查判断证据,并非孤立地进行,也应将该证据与全案证据进行综合比较、分析,以便排查矛盾与疑点。

四、审查方法要有所侧重

根据证据的不同特点,有所侧重地适用不同的方法。被告人供述、被害人陈述、证人证言等主观证据的审查,更加侧重证据的内容方面;物证、书证、鉴定意见、勘验、检查、辨认、侦查实验等笔录、视听资料和电子数据等客观证据的审查,更加重视证据的形式方面。要针对证据的不同特点有针对性地进行审查判断。

对被告人的供述,可以着重从供述的时间、地点、有无逼供诱供等方面进行审查,必要时可一并结合讯问录音录像;证人证言可以从证人的辨别能力、与案件的利害关系等方面进行判断;物证、书证可以着重从来源、提取过程、签名及标注等方面进行甄别;鉴定意见要重点分析鉴定人的资质、检材的原始性、鉴定过程等方面;辨认笔录要重点关注有没有个别进行、混杂辨认,辨认过程是否符合程序等。

总之,各类证据的特性各有不同,审查方法要有所侧重,只有坚持"因材施法",才能够更为准确、有效地把握证据存在的相关问题及实质,得出最为接近客观真相的事实。

第五节

物证、书证的审查与质证

一、对物证、书证的审查

物证、书证表现为实物,俗称不会说话的"哑巴"证据,需要借助特殊设备和人的专业知识来证明其与案件事实之间的内在联系,凡是人就具有主观上的自己的认识,就不可避免地会将自己的认识影响到物证、书证的真实性、客观性。因此,对物证、书证的审查判断尤为重要。

(一)审查物证、书证是否为原物、原件

物证、书证是以其外部特征或思想内容证明案件事实的,其是否为原物、原件,对于案件的证明作用也就有所区别。一般情况下,原物、原件如果没有经过任何加工、更改,证明力就较高;相反,就应当慎重对待。

《刑事诉讼法解释》第83条规定:"据以定案的物证应当是原物。原物不便搬运、不易保存、依法应当返还或者依法应当由有关部门保管、处理的,可以拍摄、制作足以反映原物外形和特征的照片、录像、复制品。必要时,审判人员可以前往保管场所查看原物。物证的照片、录像、复制品,不能反映原物的外形和特征的,不得作为定案的根据。物证的照片、录像、复制品,经与原物核对无误、经鉴定为真实或者以其他方式确认为真实的,可以作为定案的根据。"第84条规定:"据以定案的书证应当是原件。取得原件确有困难的,可以使用副本、复制件。对书证的更改或者更改迹象不能作出合理解释,或者书证的副本、复制件不能反映原件及其内容的,不得作为定案的根据。书证的副本、复制件,经与原件核对无误、经鉴定或者以其他方式确认真实的,可以作为定案的根据。"

通常情况下,律师通过阅卷只能看到物证、书证的照片、复印件、复制品或通过对所提取的物证、书证进行鉴定而形成的鉴定意见等。律师在开庭前往往看不到实物,只能看是否有提取、扣押笔录等这些证据取得过程的材料,了解它的来源,在开庭时可要求控方提供原件、原物进行质证。律师应开庭前需要从这些照片、复印件、复制品,以及所形成的鉴定意见本身进行审查,另外要善于结合所掌握的其他证据种类,对物证、书证进行分析、判断。例如,在故意伤害案件中,作案工具会被作为物证提取并以照片的形式出现在案卷证据材料中。但是,照片上的刀、棍等工具是否为作案用的原物,从照片本身难以确定,需要将照片上反映的刀、棍的外部形态特征与嫌疑人的口供、被害人的陈述、伤情鉴定意见等其他证据联系、对比。考察被害人的伤口与刀、棍的特征是否吻合,与嫌疑人的供述是否一致,最后确定照片上的刀、棍等工具是否为真正的作案工具,与犯罪嫌疑人、被告人是否确有关联。还可以通过询问被告人物证的形状、外观、特征等进行核实,开庭时再要求出示、提供原物、原件审查、核对。

虽然物证在理论上具有不可改变的特性,但实践中也有伪造、偷换、调包的可能。律师应当着重审查该物的形状、颜色、体积、温度、质量、来源等,包括发现、收集、提取的时间、地点、环境等,审查其来源是否合法,是否因时间、空间的变化发生改变。对书证是否为原件的审查,一般通过辨认,必要时通过鉴定来判断,相比对物证原件的判断,对书证原件的判断需要更强的专业性,需要借助科学技术手段来实现。

例外情况:利用公司的营业执照进行诈骗,使用的是营业执照复印件,那么这个复印件本身就是诈骗案件的原件。

(二) 审查物证、书证复制品的制作是否合法

根据《刑事诉讼法解释》第82条,应审查物证的照片、录像、复制品或者书证的副本、复制件是否与原物、原件相符,是否由二人以上制作,有无制作人关于制作过程以及原物、原件存放于何处的文字说明和签名。

1. 审查是否符合不能提交原物、原件而提交复制品的前提条件。审查原物是否属于不便搬运,不易保存,依法应当由有关部门保管、处理,或者依法应当返还的,可以拍摄、制作足以反映原物外形和特征的照片、录像、复制品。书证取得原件确有困难的,可以使用副本、复制件。

2. 审查照片、复制品等非原件证据的制作过程是否合法。审查制作物证的照片、录像、复制品;书证的副本、复制件的制作人是否为二人以上,是否附有说明制

作原因、制作过程、制作人、原物、原件存放何处等问题的制作说明,是否有侦查员、制作人、见证人的签名或盖章。

(三)审查物证、书证是否经过辨认、鉴定

根据《刑事诉讼法解释》第82条,应审查物证、书证是否经过辨认、鉴定。物证、书证都是客观存在的不会说话的"物",其是否与案件有联系,需要通过辨认、鉴定才能确定能否对案件起证明作用。对于与犯罪行为有关的物证书证,诸如作案工具、遗留物品、赃款赃物等,需要经过犯罪嫌疑人、被告人、被害人以及其他有关人员辨认。律师在审查时,不仅要审查辨认笔录本身,还要审查辨认活动的过程,包括对辨认笔录的形式是否完整、是否有两名侦查人员在场制作、犯罪嫌疑人是否签字确认、是否有见证人在场等问题的审查。

有的物证、书证如案发现场遗留的血迹、指纹、毛发等,是否已经对其进行了鉴定;鉴定的过程、鉴定的方法、技术是否科学,鉴定意见是否明确,鉴定人及鉴定机构是否具有资质等都要进行审查。

(四)审查物证、书证的收集程序、方式是否合法

《刑事诉讼法解释》第82条规定,应审查物证、书证的收集程序、方式是否合法。刑事诉讼中的物证、书证主要是由侦查机关收集的。收集的程序和方式主要有勘验、检查、搜查、扣押等。

1.审查搜查的主体是否合法。刑事诉讼中合法的搜查主体包括公安机关、人民检察院、国家安全机关、军队保卫部门及监狱的警察,在依法进行侦查活动时可以进行搜查,其他任何人不享有侦查权、不得进行搜查行为。注意,是在依法进行侦查活动,也就是仅限于在本案中的办案人员,其他不负责侦查本案的人员不具有合法性。还有,办案单位是否有管辖权也是需要审查的内容。因此,律师在审查物证、书证的来源时,如发现是经搜查取得的,就应审查搜查的主体是否合法。

2.审查搜查行为是否合法。《刑事诉讼法》第138条规定,进行搜查,必须向被搜查人出示搜查证。在执行逮捕、拘留时,遇有紧急情况,不另用搜查证也可以进行搜查。据此,审查搜查行为首先要看是否有搜查证,如果没有搜查证,再审查是否属于法律规定的"在执行逮捕、拘留时,遇有紧急情况"可以不另用搜查证的情形。

3. 审查扣押取得的物证、书证是否具有合法的扣押手续。《刑事诉讼法》第142条规定,对查封、扣押的财物、文件,应当会同在场见证人和被查封、扣押财物、文件持有人查点清楚,当场开列清单一式二份,由侦查人员、见证人和持有人签名或者盖章,一份交给持有人,另一份附卷备查。《公安机关办理刑事案件程序规定》第229条规定,执行查封、扣押的侦查人员不得少于二人,并出示该规定第228条规定的有关法律文书。查封、扣押的情况应当制作笔录,由侦查人员、持有人和见证人签名。对于无法确定持有人或者持有人拒绝签名的,侦查人员应当在笔录中注明。第230条规定,对查封、扣押的财物和文件,应当会同在场见证人和被查封、扣押财物、文件的持有人查点清楚,当场开列查封、扣押清单一式三份,写明财物或者文件的名称、编号、数量、特征及其来源等,由侦查人员、持有人和见证人签名,一份交给持有人,一份交给公安机关保管人员,另一份附卷备查。对于无法确定持有人的财物、文件或者持有人不在现场或者拒绝签名的,侦查人员应当在清单中注明。依法扣押文物、金银、珠宝、名贵字画等贵重财物的,应当拍照或者录像,并及时鉴定、估价。

(五)审查物证、书证在来源、提取、收集、保管及鉴定过程中的物证保证链条是否完备,以及是否受到破坏或者改变

物证、书证的来源是有人提供的,还是被发现的;收集、提取、保管的过程是否完备。要特别注意审查物证、书证的提出、收集、保管记录,判断其中有无问题。对于无收集、保管记录或收集、保管记录不当的物证、书证,更要给予特别的关注,对其来源、真实性慎重考察。

物证是以其客观存在的外部特征证明案件待证事实的。在司法实践中,经常会出现物证因自然原因、人为原因等发生改变的情况。比如,易腐败变质的物品在不当的环境下发生的变质;因收集行为不当导致物品的损毁等。物证、书证在收集、保管或者鉴定过程中,如果发生特征、外观、性质及质量等改变,就会使证据失真,完全丧失或部分丧失证明力,比如,毒品案件中的毒品保管、醉驾案件中的备注保管,强奸案件中带精斑的内裤保管等。

(六)审查物证、书证是否与案件事实有关联性

前面章节中介绍过,关联性是证据的首要属性。物证、书证与案件待证事实之间是否具有关联性,需要着重审查。现场遗留具备检验鉴定条件的血迹、指纹、毛

发、体液等生物物证、痕迹、物品,是否做过 DNA 鉴定、指纹鉴定等事项,以及鉴定意见如何,特别是是否做了与被告人或被害人的相应生物检材、生物特征、物品等的同一认定,进而判断在案的物证、书证是否与本案事实有一定的关联性,这是根据物证本身的特性进行的审查,将没有关联的证据予以排除。除此之外,破案经过、抓获经过、被告人供述、被害人陈述等都是证明关联性的重要证据,物证是否在案件中出现过,是否与本案有关联,可以直接进行印证证明。

(七) 审查与案件有关联的物证、书证是否被全面收集

根据《刑事诉讼法》第 52 条的规定,审判人员、检察人员、侦查人员必须依照法定程序,收集能够证实犯罪嫌疑人、被告人有罪或者无罪、犯罪情节轻重的各种证据。《刑事诉讼法解释》第 82 条规定,审查与案件有关联的物证、书证是否被全面收集。用以定案的证据要达到确实、充分的证明标准,要求能够收集、应当收集的证据均要依法收集。同时,既要收集能够证明被告人有罪和可能加重被告人罪责的证据材料,也要收集证明被告人无罪和可能减轻被告人罪责的证据材料。证据收集不全,就不能证明案件的全貌,案件事实就不能得到全部证明,有罪、无罪、罪重、罪轻等无法得到全面展示,而控方往往是有意或无意地选择对指控有利的证据。因此,要审查控方所收集的物证、书证是否全面,有无遗漏,特别是其中对被告人有利的证据是否全面收集。

(八) 审查物证、书证形成的时间

审查物证、书证是什么时间形成的,是当时形成的还是事后形成的。笔者认为,合格的书证、物证都应是当时形成的,事后形成的不属于物证、书证。比如,重大事故的责任鉴定、责任报告、调查报告,行政机关作出认定的意见等这些都是事后形成的,都不属于物证、书证。

(九) 注重审查对物证、书证内容的解读是否准确

物证、书证对案件起证明作用的核心是它表达的内容,而物证、书证又属于"哑巴"证据,需要对其内容进行准确解读。有时需要结合其他证据印证,有时需要运用科学方法鉴定等。

另外,还应判断物证、书证内容是否能独立起到证明作用。比如,一张借条能证明什么,还要结合其他证据认定,是正常的借贷关系,还是掩盖受贿的事实,这还

需要结合转账记录、双方口供等互相印证。再如，参加会议的签到记录表上的签名是否能证明相关人员一定参会了，一定了解会议的内容，是否有事后补签或签到后离开的情况。

二、对物证、书证的质证

通过以上审查发现证据存在的问题或缺陷，以影响对案件的裁判或走向。对物证、书证的质证，通过提出质疑，否定其证据效力，达到质证的目的。

（一）对物证、书证证据不足的质证

1. "证据不足"一般是针对全案而言的，但在此处仅限于物证、书证，是指根据案件实际情况，应当有某一证据，而案卷中没有，或者指向犯罪行为的证据链条中某一环缺失。物证、书证不足的主要原因往往在于侦查人员在勘验、检查、搜查中已发现可疑的血迹、指纹、足迹、字迹、毛发、体液、人体组织等痕迹或物品，没有提取或者提取后没有检验，或者应当在现场发现、提取上述证据，但由于各种的原因或客观条件的限制而没有提取，这样会导致证据显现出来的基础事实不完整，证据链缺失。

2. 物证、书证证据不足的后果。对于物证、书证证据不足的，《刑事诉讼法解释》第85条规定，对与案件事实可能有关联的血迹、体液、毛发、人体组织、指纹、足迹、字迹等生物样本、痕迹和物品，应当提取而没有提取，应当鉴定而没有鉴定，应当移送鉴定意见而没有移送，导致案件事实存疑的，人民法院应当通知人民检察院依法补充收集、调取移送证据。如果不能补充收集调取、移送的，是对被告人所实施的客观行为证据链条的缺失，属于客观证据缺失导致的事实不清、证据不足，属于没有形成完整的证明体系。本章第二节提到的《刑事审判参考》刊载的胡某被控故意杀人、强奸案即属于此种情况。

（二）对不能作为定案根据的物证、书证的质证

《刑事诉讼法解释》第83条规定，据以定案的物证应当是原物。物证的照片、录像、复制品，不能反映原物的外形和特征的，不得作为定案的根据。第84条规定，据以定案的书证应当是原件。对书证的更改或者更改迹象不能作出合理解释，或者书证的副本、复制件不能反映原件及其内容的，不得作为定案的根据。

1.对物证的客观性质疑,不能确认其真实性。对于物证能否作为定案的根据,律师可以从以下两个方面进行质证。

(1)律师可以要求公诉人出示物证的原物,公诉人如果提取了原物应当在法庭上出示,供被告人辨认。如果没有提取原物,可以要求公诉人说明没有提取原物的理由,并审查该理由是否符合法律的规定。

(2)公诉人在法庭上出示的物证的照片、录像或复制品其本身模糊不清,不能客观反映原物的外形和特征的,应当对其客观性、真实性提出质疑,明确指出不能作为定案的根据。

2.控方提供的物证、书证无法确认其客观、真实性。作为定案根据的书证原则上也应是原件,只有在取得原件确有困难时才可以使用副本或复制件,且必须经与原件核实无误或以其他方式证明为真实的,才可以作为定案根据。书证的原件如果有更改不能作出合理解释,或者副本、复制件不能反映书证原件及其内容的,不能作为定案的根据。

3.控方提供的物证、书证来源不明。在勘验、检查、搜查过程中提取、扣押的物证、书证,未附笔录或者清单,不能证明物证、书证来源的,不得作为定案的根据。审查控方提供的物证、书证的来源,经勘验检查、搜查、扣押获取的,应当附有勘验、检查、搜查笔录及扣押清单,如果未附有相关的笔录或清单,不能提供合法物证、书证来源的,律师可以向法庭提出不能作为定案的根据。

(三)对瑕疵物证、书证的质证

1.如何对瑕疵物证、书证进行质证。瑕疵物证、书证是指因收集物证、书证的程序、方式、形式存在某种缺陷,但对物证、书证的证明价值没有实质影响的物证、书证。

(1)《刑事诉讼法》第52条第1句规定:"审判人员、检察人员、侦查人员必须依照法定程序,收集能够证实犯罪嫌疑人、被告人有罪或者无罪、犯罪情节轻重的各种证据。"收集证据的"法定程序",主要是指《刑事诉讼法》针对每种证据所作的具体规定,以及公安、司法机关的相关规定。

(2)勘验、检查、搜查、提取笔录,以及扣押清单制作的具体细节性、操作性的问题,在《刑事诉讼法》上规定得比较原则、笼统,主要规定在公安、司法机关发布的程序性法律文件中。只有熟悉规定的出处、规定的内容才能发现具有瑕疵的物证、书证并提出相应的质证意见。例如,《公安机关办理刑事案件程序规定》《公安机关执法细则(第三版)》《公安机关办理刑事案件电子数据取证规则》《公安机关刑事案件现场勘验检查规则》等。

2. 瑕疵物证、书证的后果。《刑事诉讼法解释》第 86 条规定,在勘验、检查、搜查过程中提取、扣押的物证、书证,未附笔录或者清单,不能证明物证、书证来源的,不得作为定案的根据。

物证、书证的收集程序、方式有下列瑕疵,经补正或者作出合理解释的,可以采用:(1)勘验、检查、搜查、提取笔录或者扣押清单上没有调查人员、侦查人员、物品持有人、见证人签名,或者对物品的名称、特征、数量、质量等注明不详的;(2)物证的照片、录像、复制品,书证的副本、复制件未注明与原件核对无异,无复制时间,或者无被收集、调取人签名的;(3)物证的照片、录像、复制品,书证的副本、复制件没有制作人关于制作过程和原物、原件存放地点的说明,或者说明中无签名的;(4)有其他瑕疵的。

对物证、书证的来源、收集程序有疑问,不能作出合理解释的,该物证、书证不得作为定案的根据。

因此,要能分辨真正有瑕疵的物证、书证与看似只是瑕疵但确已对证据的证明价值产生实质性不利影响的证据,对于前者通过质证使其补正、完善说明,仍可以作为证据,对于后者,通过质证,促使法院不将其作为定案的根据。

第六节

被告人供述和辩解的审查与质证

一、言词证据

言词证据是指以人的陈述为存在和表现形式的证据,又称人证,它包括被害人陈述,犯罪嫌疑人、被告人供述和辩解,证人证言。

由于言词证据表现为人的陈述,作为人的认识和反映,其优点是生动、形象、具体,缺点是客观性较差。因此,言词证据的一个突出特点是能够从动态上证明案件事实,因为当事人、证人是对案件事实直接或间接的感知者,他们的陈述能够使司法人员迅速地从总体到细节把握案件的全貌,这是实物证据无法比拟的。但是,也正因言词证据表现为人的陈述,又决定了它具有不稳定性和可变性的特点。言词证据的形成一般要经过感知、记忆、陈述3个阶段,在这3个阶段都可能会因各种因素的影响而出现失真,如刑事诉讼当事人因与诉讼结果有直接的利害关系,可能作虚假陈述;证人也可能会由于受感知能力、个人的品质,以及受到威胁、利诱等因素影响而不如实作证,从而使言词证据与案件真实情况不符。

言词证据的载体多为笔录形式,当然也有自书材料等。言词证据的一个特点是受主观因素的影响非常强。言词证据的提供者和言词证据笔录制作者的主观的心态都会直接影响最终言词证据的形成和结果。笔录制作者往往可以左右证据的内容,包括当事人、证人、被害人、嫌疑人,他们自己的陈述或供述的内容往往不能直接、原始地反映到笔录上。

案件承办人员首先在脑海中形成对案件的分析和判断,然后根据其推导出的结论进行侦查,制作记录的过程中往往会加工、概括,包括根据犯罪构成要件来进行概括和提炼,紧紧围绕可能构罪的犯罪事实进行,从而形成证言笔录或者讯问笔录。

在目前的司法体制下,审查言词证据主要是审查各种笔录,如其出庭接受询问也可以通过法庭发问。

二、对被告人供述和辩解的审查

对证据的审查包括证据资格和证据证明力两个方面。证据资格是指证明案件事实的证据在收集程序、外在形式等方面符合要求,也称证据能力。证据资格在国外有的国家又被称为证据的可采性。证据证明力是指证据的价值,即证据对案件事实是否具有证明作用和作用的程度,也就是证明作用的大小(强弱)。对被告人供述和辩解的审查也不例外。

(一)审查整个讯问过程是否合法

被告人的供述和辩解一般表现为办案人员对犯罪嫌疑人进行讯问,以讯问笔录的形式呈现出来。通过对讯问活动本身是否符合法律的规定审查,审查取得的被告人的供述和辩解的证据资格。根据刑事诉讼的相关法律规定,讯问被告人(犯罪嫌疑人)必须在法定的时间、地点,由依法获得授权的办案人员个别进行。

1. 讯问的时间是否合法。《刑事诉讼法》第119条第2款规定,传唤、拘传持续的时间不得超过12小时;案情特别重大、复杂,需要采取拘留、逮捕措施的,传唤、拘传持续的时间不得超过24小时。不得以连续传唤、拘传的形式变相拘禁犯罪嫌疑人。传唤、拘传犯罪嫌疑人,应当保证犯罪嫌疑人的饮食和必要的休息时间。《公安机关办理刑事案件程序规定》第79条规定,公安机关拘传犯罪嫌疑人应当出示拘传证,并责令其在拘传证上签名、捺指印。犯罪嫌疑人到案后,应当责令其在拘传证上填写到案时间;拘传结束后,应当由其在拘传证上填写拘传结束时间。犯罪嫌疑人拒绝填写的,侦查人员应当在拘传证上注明。《公安机关办理刑事案件程序规定》第80条规定,拘传持续的时间不得超过12小时;案情特别重大、复杂,需要采取拘留、逮捕措施的,经县级以上公安机关负责人批准,拘传持续的时间不得超过24小时。不得以连续拘传的形式变相拘禁犯罪嫌疑人。拘传期限届满,未作出采取其他强制措施决定的,应当立即结束拘传。《公安机关办理刑事案件程序规定》第128条规定,对被拘留的人,应当在拘留后24小时以内进行讯问。《公安机关办理刑事案件程序规定》第144条规定,对被逮捕的人,必须在逮捕后的24小时以内进行讯问。《人民检察院刑事诉讼规则》第 83 条规定与上述公安机关相似。

通过以上规定,侦查人员对犯罪嫌疑人的讯问如果是在拘传情况下或拘留、逮捕后首次讯问,应当符合上述规定。

2. 讯问的地点是否合法。《刑事诉讼法》第 119 条规定,公安机关对于不需要拘留、逮捕的犯罪嫌疑人,经办案部门负责人批准,可以传唤到犯罪嫌疑人所在市、县内的指定地点或者到他的住处进行讯问。

《刑事诉讼法》第 118 条第 2 款规定,犯罪嫌疑人被送交看守所羁押以后,侦查人员对其进行讯问,应当在看守所内进行。《人民检察院刑事诉讼规则》第 186 条规定,犯罪嫌疑人被送交看守所羁押后,检察人员对其进行讯问,应当填写提讯、提解证,在看守所讯问室进行。因侦查工作需要,需要提押犯罪嫌疑人出所辨认或者追缴犯罪有关财物的,经检察长批准,可以提押犯罪嫌疑人出所,并应当由 2 名以上司法警察押解。不得以讯问为目的将犯罪嫌疑人提押出所进行讯问。

上述这些规定表明,对未经逮捕、拘留的犯罪嫌疑人的讯问,可在犯罪嫌疑人所在市、县范围内指定的地点进行,也可在犯罪嫌疑人的住所进行。但是对在押的犯罪嫌疑人进行讯问,一般应在看守所内进行,确有必要的时候可以在办案机关的工作场所进行。

3. 讯问人员的身份是否合法。《刑事诉讼法》第 118 条第 1 款规定,讯问犯罪嫌疑人必须由人民检察院或者公安机关的侦查人员负责进行。讯问的时候,侦查人员不得少于 2 人。律师应当审查讯问人员的身份、职务,以及参与人数,是否符合法律的规定。

有时在案多人少的情况下有可能实习生或者辅警会参与讯问,但就算是 1 名侦查人员和 1 名实习生或辅警也不符合要求。有时在没有办案资格的人员讯问以后,再由有资格的侦查人员在讯问笔录上进行补签签名的情况下,可能出现在同一时间、不同地点的讯问笔录同时出现同一名侦查人员签名的情况。此时可以认为至少一份甚至多份笔录都没有合法性。此时律师要与当事人核对清楚当时讯问人员的名字。

4. 讯问是否个别进行。《公安机关办理刑事案件程序规定》第 202 条第 2 款规定,讯问同案的犯罪嫌疑人,应当个别进行。这是为了保证被告人在接受讯问时能够自由表达,不受干扰和影响。因此,应当审查是否有将几名犯罪嫌疑人集中在一起讯问的情况。注意，有一种说法是办案人员可以把几名犯罪嫌疑人集中在一起就某一事实让他们进行对质，只是这一说法没有明确的法律规定，但根据《人民法院办理刑事案件第一审普通程序法庭调查规程(试行)》第8条的规定，有多名被告人的案件，对被告人的讯问应当分别进行。被告人供述之间存在实质性差异的，法庭可以传唤有关被告人到庭对质。审判长可以分别讯问被告人，就供述的实质性差异进行调查核实。经审判长准许，控辩双方可以向被告人讯问、发问。审判长认为有必要的，可以准许被告人之间相互发问。根据案件审理需要，审判长可以安排被告人与证人、被害人依照前款规定的方式进行对质。对质仅在法庭审判阶段有明确的规定。

(二)审查讯问笔录的制作是否合法

1. 审查笔录是否经当事人核对。《刑事诉讼法》第122条规定，讯问笔录应当交犯罪嫌疑人核对，对于没有阅读能力的，应当向他宣读。如果记载有遗漏或者差错，犯罪嫌疑人可以提出补充或者改正。犯罪嫌疑人承认笔录没有错误后，应当签名或者盖章。侦查人员也应当在笔录上签名。《公安机关办理刑事案件程序规定》第206条规定，讯问笔录应当交犯罪嫌疑人核对；对于没有阅读能力的，应当向他宣读。如果记录有遗漏或者差错，应当允许犯罪嫌疑人补充或者更正，并捺指印。笔录经犯罪嫌疑人核对无误后，应当由其在笔录上逐页签名、捺指印，并在末页写明"以上笔录我看过(或向我宣读过)，和我说的相符"。拒绝签名、捺指印的，侦查人员应当在笔录上注明。

讯问笔录上所列项目，应当按照规定填写齐全。侦查人员、翻译人员应当在讯问笔录上签名。

2. 审查是否告知权利。《刑事诉讼法解释》第95条规定，首次讯问笔录没有记录告知被讯问人有关权利和法律规定的，如果不能补正或合理解释，不能作为定案的根据。辩护律师还要审查笔录是否记载侦查人员明确告知犯罪嫌疑人享有相关权利和法律规定，包括申请回避、聘请律师等各项诉讼权利和法律规定。

【注意】在审查起诉阶段检察官也应当告知嫌疑人相关权利和义务，如果检察官在讯问嫌疑人时向其明确告知了权利义务，由此可以判断嫌疑人之前因为受到刑讯逼供所受的内心的恐惧已经排除，如果再翻供，可能不会被采信。反之则不能排除其受到刑讯逼供的恐惧心理依然存在。

(三)审查对特殊犯罪嫌疑人的讯问是否符合法律的特别规定

根据《刑事诉讼法》及其司法解释的规定,对聋哑人、少数民族人员、外国人进行讯问,侦查人员应提供通晓聋哑手语的人员或者翻译人员,以帮助他们了解讯问人员提出的问题,并准确表达其供述和辩解内容。在办案过程中遇到这些特殊人员时,辩护律师应该审查他们的供述和辩解笔录,是否有通晓手语的人员或者翻译人员参加讯问的记载,这些人员是否签名确认,以及被讯问的聋哑人、少数民族人员、外国人等是否自行签字确认供述和辩解是其自身意愿的表示。此外,对未成年人进行讯问,法律要求侦查人员应当通知其法定代理人在讯问时到场,以保证未成年人的法定权益。法律之所以这样规定,是由于这些人语言沟通上的障碍或理解能力、表达能力所限,为保障其诉讼权利,保障其供述和辩解确系其真实意思而作出的。

(四)审查被告人供述的取得是否存在刑讯逼供等违法情形

《刑事诉讼法》第52条规定,审判人员、检察人员、侦查人员必须依照法定程序,收集能够证实犯罪嫌疑人、被告人有罪或者无罪、犯罪情节轻重的各种证据。严禁刑讯逼供和以威胁、引诱、欺骗以及其他非法方法收集证据,不得强迫任何人证实自己有罪。我国《刑事诉讼法》虽然没有规定被告人(犯罪嫌疑人)的沉默权,但对被告人(犯罪嫌疑人)认罪供述的获取,严格要求必须按法定程序获取,严格禁止刑讯逼供和以威胁、引诱、欺骗以及其他非法方法取得。

律师从讯问笔录里很难直接发现嫌疑人、被告人被刑讯逼供或以其他非法手段逼取口供。往往是在会见被告人时,从被告人陈述中获得其所作的认罪供述是侦查人员刑讯逼供或以威胁、引诱、欺骗等非法方式获取的。

《关于办理刑事案件严格排除非法证据若干问题的规定》第2条规定,采取殴打、违法使用戒具等暴力方法或者变相肉刑的恶劣手段,使犯罪嫌疑人、被告人遭受难以忍受的痛苦而违背意愿作出的供述,应当予以排除。第3条规定,采用以暴力或者严重损害本人及其近亲属合法权益等进行威胁的方法,使犯罪嫌疑人、被告人遭受难以忍受的痛苦而违背意愿作出的供述,应当予以排除。《人民法院办理刑事案件排除非法证据规程(试行)》第1条规定,采用下列非法方法收集的被告人供述,应当予以排除:(1)采用殴打、违法使用戒具等暴力方法或者变相肉刑的恶劣手段，使被告人遭受难以忍受的痛苦而违背意愿作出的供述；(2)采用以暴力或者严重损害本人及其近亲属合法权益等进行威胁的方法，使被告人遭受难以忍受的痛苦而违背意愿作出的供述；(3)采用非法拘禁等非法限制人身自由的方法收集的被告人供述。采用刑讯逼供方法使被告人作出供述，之后被告人受该刑讯逼供行为影响而作出的与该供述相同的重复性供述，应当一并排除，但下列情形除外：(1)侦查期间，根据控告、举报或者自己发现等，侦查机关确认或者不能排除以非法方法收集证据而更换侦查人员，其他侦查人员再次讯问时告知诉讼权利和认罪的法律后果，被告人自愿供述的；(2)审查逮捕、审查起诉和审判期间，检察人员、审判人员讯问时告知诉讼权利和认罪的法律后果，被告人自愿供述的。

如果被告人向辩护律师陈述其受到刑讯逼供或其他非法对待而作出认罪口供时，根据《人民法院办理刑事案件排除非法证据规程（试行）》第5条，被告人及其辩护人申请排除非法证据，应当提供相关线索或者材料。"线索"是指内容具体、指向明确的涉嫌非法取证的人员、时间、地点、方式等；"材料"是指能够反映非法取证的伤情照片、体检记录、医院病历、讯问笔录、讯问录音录像或者同监室人员的证言等。律师应该详细记录被告人所述受到刑讯逼供或其他非法对待的时间、场所，刑讯人员及所在单位，刑讯逼供的具体方式方法，受到伤害的程度，是否受到治疗，治疗的医院、医生，以及其他可能了解这些事实的相关人员等。还应查看被告人身上是否留有伤痕等，申请调取被告人进出看守所的健康检查记录，审查侦查机关每次提讯被告人的记录；还可向法院或检察院申请对被告人身上明显可疑且被告人声称是受到刑讯逼供所遗留的伤痕进行司法鉴定，伤痕的形成原因和形成时间，以确定这些伤痕是否为刑讯逼供所致，以此来申请非法证据排除。

此外，《最高人民法院关于建立健全防范刑事冤假错案工作机制的意见》第8条规定，采用刑讯逼供或者冻、饿、晒、烤、疲劳审讯等非法方法收集的被告人供述，应当排除。除情况紧急必须现场讯问之外，在规定的办案场所外讯问取得的供述，未依法对讯问进行全程录音、录像取得的供述，以及不能排除以非法方法取得的供述，应当排除。

《关于推进以审判为中心的刑事诉讼制度改革的意见》第4条规定，对采取威胁等非法方法收集的言词证据，应当依法予以排除。

（五）对被告人供述和辩解的客观、真实性进行审查

律师对被告人供述和辩解的审查，要关注讯问活动、讯问笔录、讯问程序、讯问方式等方面是否合法，这是为了发现讯问活动、讯问程序、讯问笔录中是否存在不合法的行为或现象，一旦发现即向办案机关提出由此获得的被告人供述和辩解，不能作为证据使用或不能作为定案的根据。还要审查被告人供述和辩解是否客观准确，这是为了掌握被告人供述和辩解的内容是否客观准确，以确定不同的工作思路、态度和方式。如果其认罪供述不客观准确，与其进行充分沟通交流，了解其中的原因，是否有难言之隐、是否有刑讯逼供或其他非法取证的情形。辩护人审查被告人供述和辩解，目的绝不能是揭露被告人或在诉讼中作出对被告人不利的行为。这样做违背了律师的职业伦理，将伤害辩护人与被告人的信任基础，损害以保障司法公正为根本目的的刑事辩护制度。

1. 审查被告人供述和辩解是否符合案情和常理。被告人的陈述，无论是认罪的供述还是无罪的辩解，均是对过去有关事项的回忆，每个人的记忆能力不尽相同，可能有一定程度的模糊性，因此，若被告人的陈述过于清晰，不符合一般记忆规律或明显与其他证据证明的案情不符，则辩护律师应注意：被告人的陈述可能是不可信的，或者被告人的陈述另有隐情。

审查嫌疑人供述所反映的案件情况是否属于常情常理，是否符合一般的逻辑经验法则。比如，对天气的描述不符合季节特征，用于装行贿现金的包根本无法容纳那些现金，作案钝器打不出利器的伤情，对日常琐事与特别事件的记忆清晰度，对行为结果的反常情绪反映等。

2. 审查被告人供述和辩解与其他证据是否能够相互印证。《刑事诉讼法》第55条第1款明确规定："对一切案件的判处都要重证据，重调查研究，不轻信口供。只有被告人供述，没有其他证据的，不能认定被告人有罪和处以刑罚；没有被告人供述，证据确定、充分的，可以认定被告人有罪和处以刑罚。"《刑事诉讼法解释》第93条规定，审查被告人的辩解内容是否符合案情和常理，有无矛盾；被告人的供述和辩解与同案被告人的供述和辩解以及其他证据能否相互印证，有无矛盾。必要时，可以调取讯问过程的录音录像、被告人进出看守所的健康检查记录、笔录，并结合录音录像、记录、笔录对上述内容进行审查。

被告人供述和辩解具体内容必然涉及案件发生的时间、地点、周边环境、方式、

进展、结果、其他人员是否介入等,被告人在历次供述中的说法是否一致,其辩解特别是庭前供述和辩解与庭上供述和辩解有无变化、为何变化,需要综合分析、综合判断。同时还要看其他相关的证据能否印证以上内容。

审查被告人供述和辩解与其他证人证言、被害人之间的陈述是否存在矛盾。比如,被告人供述认识张某是因为一个客户介绍,并且后来做业务慢慢熟悉了,而证人说被告人与张某是打麻将认识的。此时,被告人与张某如何认识的事实就要结合其他证据一起判断。同时,还要横向比较该审查笔录同案犯、其他证人、被害人的笔录是否存在矛盾,是否能够印证。

3. 审查被告人有罪供述是否稳定。在被告人不同时间段所做的笔录之间进行比较,判断前后供述是否有矛盾。每一次供述对于案件事实的描述是否与其他一致,尤其是在关键细节上是否一致、是否存在矛盾,如果存在矛盾,有无合理的解释,若无法解释,则其真实性是不能保证的。

4. 审查是否有指供、诱供。讯问的方式、讯问的问题是否存在诱导性、指认供认。讯问人员在问问题时,是否已包含了答案,如"你给王局长送了多少钱?"这句话本身预设了送过钱。合规的讯问中应当首先问是否认识,如何认识的,如何送钱等整个权力寻租的过程。

三、审查嫌疑人、被告人讯问笔录的步骤与方法

讯问笔录和证言笔录都有 3 部分,首先是标题,其次是正文,最后是落款。被告人供述的标题是讯问笔录,证人证言和被害人陈述的笔录叫询问笔录。正文部分包括讯问对象、讯问的人员、案件的类型等。最后的署名是被讯问人或被询问人签名。

(一)对标题的审查

讯问笔录,是对被告人或者犯罪嫌疑人讯问所制作的笔录,询问笔录是对证人问话所制作的笔录,两者告知权利义务的内容有所不同。

对嫌疑人的第一份笔录有时不是讯问笔录,而是询问笔录。有时办案机关会电话通知嫌疑人到案或者传唤归案,此时办案机关往往没有充分掌握相关嫌疑人的犯罪事实,初次讯问实际上并没有立案,嫌疑人的身份不是嫌疑人,而是作为证

人的身份出现。如果这时嫌疑人主动讲到了自己的犯罪事实,有可能认定其自首。

如果讯问笔录中嫌疑人在归案以后供述的其他犯罪事实是先于其他证言或者物证的发现而主动供述的,可能成立特殊自首。

讯问次数的审查。在标题的右下方,有讯问次数的角标,表明第几次讯问。辩护人通过对照笔录的份数和提讯证上记载的份数审查笔录的完整性,判断办案机关是否存在未提交的证据。认罪笔录和翻供笔录同时存在的情况下,如果侦查机关未提供嫌疑人翻供的、有利的供述,开庭时公诉人往往会以被告人曾经多次稳定地作出了有罪供述为由,证实当庭翻供不具有客观性。如果某次笔录没有在提讯证上记载,辩护人应考虑该次讯问的地点方式等是否合法。如果存在时供时翻的情况,那么讯问次数可以反映翻供的时间轨迹。

(二) 对笔录正文的审查

1. 审查正文首部记载的时间、单次讯问笔录的时长与笔录内容的长短。

通常情况下制作一份有实质内容的讯问笔录,可能要花很长时间。因为讯问的过程是侦查人员与嫌疑人心理博弈的过程,要经过很长时间的讯问,才能够获取想要的笔录。如果出现"时短纸长",即两三个小时的讯问,其笔录却有数十页内容,那么这种情况是不正常的。如果当事人辩解存在指供、诱供,打印好再签字的情况就可以得到印证。

如果出现明显的"时长纸短"的情况,即长达六七个小时的讯问,却只有两三页笔录,那么也是不正常的。根据刑事诉讼的规定,公安机关讯问的完整内容(包括休息、吃饭饮食、必要休息时间)都应当被记录,尤其是反映嫌疑人思想变化过程的内容。在会见当事人时要核实是否办案人员隐匿了或者没有记录某些内容,是否存在不正常的"思想教育"。

审查几次笔录的时间是否集中在一天或一个时间段,单次笔录时间都不长,几次加起来是否存在疲劳审讯的情况。

2. 审查笔录中相关供述的时间与其他证据出现的先后顺序。

通过这方面可以看出是先供后证,还是先证后供,即对物证的发现,是基于当事人口供取得,还是先起获了赃物,再由当事人供述。《关于办理死刑案件审查判断证据若干问题的规定》规定,被告人的供述、指认提取到了隐蔽性很强的物证、书证,且与其他证明犯罪事实发生的证据互相印证,并排除串供、逼供、诱供等可能性的,可以认定被告人有罪。后该规定被吸收进刑诉法解释。反之,如果是先获取了相应的物证,再通过这个物证去对嫌疑人进行讯问,取得的嫌疑人的供述真实性可能是不可靠的。

根据嫌疑人供述的时间和相应的证人证言出现的先后顺序来判断,也是分辨供述是否真实可靠、是否随着证人证言的变化而变化的一个方面。

3. 审查讯问笔录形成的地点。(略)

4. 审查讯问人员的合法性。(略)

5. 审查讯问的问题是否有指供、诱供。(略)

6. 审查与其他证人证言是否矛盾、是否印证。(略)

7. 审查笔录有无复制粘贴。(略)

8. 审查笔录内容是否符合常情、常理。(略)

9. 审查笔录是否有修改。(略)

10. 审查页码是否齐全。审查有无缺页、缺页的原因。如果当事人提出缺页的有无罪的辩解,就需要进一步查证。在无纸化办案的背景下,有时由于法院、检察院相应的案卷材料没有完全扫描,使辩护人在调取案卷材料时缺少或者漏掉相应的笔录时,要及时地向办案机关提出并且调取。少数情况还有错页的,应询问是否存在补签笔录,要向当事人核实补签时是否看清了内容。

11. 审查落款。审查是否有嫌疑人亲笔签名,以及是否有"以上笔录我看过(或向我宣读过),和我说的相符"这句话及日期。判断是不是本人签名通常要与当事人核对,笔体是否一致,日期是否有补签,是否有涂改。在申诉案件中,是否有时间过长,办案人员为整理归档而补签名的情况。

四、对不能作为定案根据的被告人供述的质证

(一)采用刑讯逼供等非法手段获取的被告人供述不能作为定案根据

根据以上列举《刑事诉讼法》及其司法解释的规定,采用刑讯逼供等非法方法收集的犯罪嫌疑人、被告人供述和采用暴力、威胁等非法方法收集的证人证言、被害人陈述,应当予以排除。

(二)其他程序违法取得的被告人供述不能作为定案根据

《刑事诉讼法解释》第94条规定,被告人供述具有下列情形之一的,不得作为

定案的根据；讯问笔录没有经被告人核对确认的；讯问聋、哑人，应当提供通晓聋、哑手势的人员而未提供的；讯问不通晓当地通用语言、文字的被告人，应当提供翻译人员而未提供的；讯问未成年人，其法定代理人或者合适成年人不在场的。律师在办案中一旦发现，应当向法庭提出不能把这些供述作为定案根据的意见。

五、对有瑕疵的被告人供述的质证

《刑事诉讼法解释》第95条规定，讯问笔录填写的讯问时间、讯问地点、讯问人、记录人、法定代理人等有误或者存在矛盾的；讯问人没有签名的；首次讯问笔录没有记录告知被讯问人有关权利和法律规定的，属于有瑕疵的讯问笔录，经补正或者作出合理解释的，可以采用；不能补正或者作出合理解释的，不得作为定案的根据。

律师在审查时应当注意以下方面。

(1) 讯问时间填写有误是指真实地依法进行了讯问，只是讯问时间填写错了，而不是根本没有讯问或没有依法讯问。前者可以补正或作出合理解释，后者则不能作为证据使用或不能作为定案的根据。

(2) "讯问人没有签名的"或者"填写有误的"，是指该讯问人真实地参与了讯问，只是因为其他原因没有签名，或者别人代填代签的，填写有误或代签不当，可以通过"补正"解决，但是如果某侦查人员根本没有参与讯问，而没有签名或被他人填写错了，是不能补正的。

(3) 首次讯问中没有记录告知被告人诉讼权利和法律规定的，是指讯问人员确实已告知过，只是没有记录在笔录上，通过"补正"说明并通过被讯问人认可，或者通过讯问录音录像证实，可以采用；但是如果是根本没有告知过，是不能"补正"的。

第七节

对证人证言、被害人陈述的审查与质证

一、对证人证言、被害人陈述的审查

（一）证人证言

证人证言是指证人在诉讼过程中向司法机关陈述的与案件情况有关的内容。狭义上的刑事诉讼中的证人证言，仅指知道案件真实情况的当事人以外的第三人，对部分或全部有关案件的事实所作的陈述。

1. 证人证言是证人对案件事实的主观性陈述，如果证人对案件事实的感知是客观的，表达也真实可靠，没有受其他因素的影响，可以直接证明案件的某一事实，具有一定的或相当的客观性，可信度较高。但因证人证言属于言词证据，证人对案件的感知受到主、客观因素的制约，又受制于语言文字的表达能力，证人证言可能存在主观、片面的陈述，且容易变化，因此又具有易变性、不确定性的特点。

2. 证人证言是证人直接接触、感知案件当时发生的情况，具有不可替代性。

3. 在刑事案件中，证人必须是自然人。但是，要注意在生理上、精神上审查其有无缺陷或者是否年幼，是否能辨别是非和正确表达。

4. 证人证言是案发后证人对之前已发生的案件有关事实所作的回忆性陈述。

证人证言的上述特点，会或多或少地影响证人证言内容的客观性、真实性。

（二）对证人证言的审查

1. 审查证人证言的内容是否直接感知、是否描述客观。证人证言是证人对其亲身感知案件真实情况的陈述，应当对其亲自看到或听到，亲身感受的情况作客观描述，猜测性、推断性的内容不能作为证据使用。亲自感知案件的有关情况，但证言内容不是对所见所闻的客观描述，而是进行了加工的评论或意见都不得作为证据使用。

案件的事实应是证人亲耳听到、亲眼看到的,若是听其他人转述的、道听途说来的,则属于传来证据。

2.审查证人证言的内容是否客观、真实。证人证言的内容本身是否合情合理,符合实际,符合当时的环境和条件,符合日常经验法则、逻辑,是否有歪曲故意隐瞒等情况。比如,在本书第218页提到的林肯律师代理的月光下的杀人案中,证人在当时夜里、距离较远的情况下不可能看清凶手的脸及手枪;再如,普通人在证言中出现某一行业特别专业术语等都是违反常理的。

审查证人证言相互之间以及与其他证据之间能否相互印证、有无矛盾等。

3.审查证人的资格以及证人与案件的关系。审查证人作证时的年龄、认知、记忆和表达能力,生理和精神状态是否影响作证。证人的感知能力、辨别是非能力以及表达能力对证人证言的内容都会产生影响。证人作证时的年龄、认知水平、记忆能力和表达能力以及生理上和精神上的状态如何,都是影响其客观作证的因素。审查未成年人包括年幼之人所作的证言内容与其年龄及生理特征、精神状况是否相符。有时刚成年的证人心智未必成熟、健全。

审查证人与案件当事人、案件处理结果有无利害关系。证人的立场是控方证人还是辩方证人,控方证人的证言要特别审查。与案件当事人的亲疏远近或案件处理后果有利害关系,可能会影响其客观如实陈述。一般认为,与当事人有亲近关系的人作出对当事人不利的证言可信度高,对当事人有利的证言可信度低。与当事人有矛盾的证人证言可信度低。能从案件处理结果获益包括获得较轻处罚、不起诉等证人的证言可信度低。审查证人证言要结合客观证据和第三方没有利害关系的证人证言进行综合的审查判断。

4.审查取得证人证言的程序、方式是否符合法律的有关规定。询问笔录的制作、修改是否符合法律、有关规定,是否注明询问的起止时间和地点,首次询问时是否告知证人有关作证的权利义务和法律责任,证人对询问笔录是否核对确认。

(1)审查证言笔录是否经过证人核对,是否有证人的亲笔签名或盖章确认;如果证人是聋哑人、外国人或少数民族人员,证人证言的形成有无翻译人员的签名或盖章等。

(2)证言笔录上是否有询问人、记录人签名,以及询问的时间、地点等情况的记载。笔录记载是否客观、真实,以及是否有其他问题。比如,询问时间过长,长达十几个小时；询问地点不是在法律规定的地点；侦查人员询问的证人笔录上只有 1 名侦查人员签名，询问笔录上的 2 名侦查人员的签名，同时出现在另一份笔录上等。

（3）审查询问未成年人的笔录是否通知其法定代理人或合适的成年人到场。注意核对证人的年龄，如果是未成年人，询问时是否有证人的法定代理人到场，以及是否有法定代理人的签名等。

（4）审查询问笔录中是否有记录告知证人应当如实提供证言和有意作伪证要负法律责任的内容。一般的询问笔录都有固定的格式，侦查人员询问前都会向证人告知作证权利和法律责任，要求证人签字确认。但实践中也有由于侦查人员的疏忽，忘记了告知或作记录，或者其他原因未记录的情况。

（5）证人证言的取得是否存在暴力、威胁、引诱等非法手段。如果存在非法手段，所取得的证人证言就不能作为定案的根据。

5. 审查证人证言是否完整细致，是否需要补充调查。比如，行贿人说给受贿人送了多少钱，而受贿人说一部分是正常礼尚往来的礼品，这就需要进一步调查有无礼品的情况，是否需要在受贿数额里扣除。

6. 审查证言是否有矛盾。单人单次证言矛盾、单人多次证言矛盾、多人证言矛盾等，证人证言与其他客观证据对比、与被告人供述和辩解对比、与被害人陈述对比。

7. 律师自己调查收集证人证言应注意的事项。律师对证人证言的审查主要针对控方提供的证人证言以及其他方面提供的证人证言，但律师自己调查收集的证人证言并提交办案机关，也要经得起审查。因此，在调查收集证人证言时应当依法进行，一般应当注意以下事项。

（1）询问证人一般由 2 人进行，律师对证人进行询问时，应单独进行。犯罪嫌疑人、被告人的亲友或者其他与本案无关的任何人都不得在场。询问证人应当个别进行，不得在同一时间对多名证人进行询问。

（2）律师询问证人一般在工作时间、办公场所进行。对敏感的证人或敏感的案件事实进行询问，必要时，可以对询问过程进行录音、录像等，可以根据案情需要邀请与案件无关的人员在场见证，还可以到公证处在公证员的见证下进行，对询问笔录进行公证。

(3) 对证人进行询问前,应当明确告知证人所享有的法律权利和如实作证的法律义务,且记录在卷,必要的时候,可以事先制作《证人权利义务告知书》。《证人如实作证承诺书》内容可以是:本人作为×××案的证人,依法自愿接受律师的询问。在接受询问时,本人保证如实向律师反映本案的客观事实,不作伪证,否则将自愿承担作伪证的法律责任等。

(4) 辩护律师制作调查笔录不得误导、引诱证人。不得事先书写笔录内容;不得先行向证人宣读犯罪嫌疑人、被告人或其他证人的笔录;不得替证人代书证言;不得擅自更改、添加笔录内容;律师询问证人时,一般应采用先让证人陈述,然后进行询问的方式,并且询问应当采用开放式的问句,如"你什么时候""你看到了什么,你听到了什么""你是怎么"而不能采用诱导式的问句。笔录应经被调查人核对,被调查人如有修改、补充,应当由其在修改处签字、盖章或者捺指印确认。调查笔录经被调查人核对后,应当由其在笔录上逐页签名并在末页签署记录无误的意见。

(5) 询问证人,证人当时的生理状况是否合适,若存在饮酒、吸毒等情况不宜询问。如果是外国人或者少数民族人员,不通晓当地的语言文字,应当聘请独立的、与本案没有任何利害关系的人担任翻译。询问结束前应当让证人、翻译人员、法定代理人等核对笔录、修改或补充笔录,确认无误后签字或盖章。

(三) 被害人陈述

被害人陈述是指受到犯罪侵害的被害人就其受到犯罪侵害的情况以及所知的案件情况所作的陈述。被害人陈述也属于言词证据。被害人直接受到犯罪行为的侵害,往往对犯罪情况有较多的了解,其陈述对揭露犯罪、查获犯罪人、认定案情有重要作用。但被害人和案件有密切利害关系,有可能因个人怨愤而夸大事实;也可能因突然遭受犯罪行为的侵害,精神高度紧张、激动,而发生认识上、记忆上的错误。因此,被害人陈述与事实不一定完全相同,它和其他证据一样,需经过认真审查核实,才能作为定案的依据。

被害人因受到犯罪侵害,一般直接接触过犯罪人,其所作的陈述往往能够独立证明犯罪事实及确认犯罪人,属于直接证据。被害人陈述与证人证言一样都属于言词证据,其明显特点都是由人表达出的对案件的感知情况,并受各种主、客观因素的影响。由于被害人受到犯罪人的侵害,在感情上、利益上与犯罪人有着天然的对立,因此其陈述的内容可能更容易受感情、利益因素的影响,主观性特征更强。

(四)对被害人陈述的审查

被害人的陈述在本质上与证人证言并无区别,其与证人证言有诸多共性,因此,审查的内容与证人证言大致相同。但被害人毕竟是受到犯罪侵害的人,其陈述仍具有不同于证人证言的特点,对其审查时应当特别注意以下方面。

(1)被害人与犯罪人有过直接接触,可以直接证明犯罪的事实。如果其感知全面、客观,头脑清晰,表达清楚,排除受感情、利益的影响,可信度较高。

(2)被害人在受侵害过程中可能紧张惶恐或受到刺激,可能对案情的感知不全面;在受害后心灵、肉体或经济上受到严重损害等,可能会使其陈述时夸大其词,甚至虚构事实。

(3)审核报案的原因、报案的时间。审核报案是主动报案还是被动报案、报案时间跟案发时间,如在强奸类案件中,报案人是否基于真实的意思,是否有赔偿、补偿、谈判等情节,案发后立即报案还是过去很久才报案,对法官的判断影响很大。

经济类案件中应审核报案人与被告人是否有经济上的合作关系,是否属于经济纠纷,是否利用刑事报案来解决经济纠纷。

二、对证人证言、被害人陈述的质证

1. 对瑕疵证人证言、被害人陈述的质证。有瑕疵的证人证言、被害人陈述是指在内容上是真实客观的,只是在收集程序和方式上有一定瑕疵的证人证言、被害人陈述。例如,以下5点。

(1)询问笔录没有填写询问人、记录人、法定代理人姓名以及询问的起止时间、地点的;

(2)询问地点不符合规定的;

(3)询问笔录没有记录告知证人有关作证的权利义务和法律责任的;

(4)询问笔录反映出在同一时段、同一询问人员询问不同证人的。

对于有瑕疵的证人证言、被害人陈述,经审查发现后在质证时应当提出。根据《刑事诉讼法解释》第90条的规定,有关办案人员能够补正或者作出合理解释的,法院可以作为证据采用,但如果不能补正或作出合理解释,不能采用。

2. 对不能作为定案根据的证人证言、被害人陈述的质证。《刑事诉讼法解释》第88条、第89条规定,下列证人证言、被害人陈述不能作为定案的根据:

(1)询问证人没有个别进行的。

(2)书面证言没有经证人核对确认的。

(3)询问聋、哑人,应当提供通晓聋、哑手势的人员而未提供的。

(4)询问不通晓当地通用语言、文字的证人,应当提供翻译人员而未提供的。

(5)处于明显醉酒、中毒或者麻醉等状态,不能正常感知或者正确表达的证人所提供的证言,不得作为证据使用。

(6)证人的猜测性、评论性、推断性的证言,不得作为证据使用,但根据一般生活经验判断符合事实的除外。

对于上述证人证言、被害人陈述,辩护律师在审查证据时一旦发现,就应当有权在法庭质证时明确提出,要求法庭不得将上述证据作为定案根据。

3. 对于有异议且对定罪量刑有重大影响的证人证言、被害人陈述,被告人、辩护人有权要求证人、被害人出庭作证,与其当面质证证人证言、被害人陈述中存在的问题,或者针对实质性差异进行对质。证人证言、被害人陈述在内容的真实性、客观性上存在问题,被告人、辩护人对其有异议,存在实质上的差异,并且这些异议对定罪量刑有重大影响的,在此情形下,根据《人民法院办理刑事案件第一审普通程序法庭调查规程(试行)》第13条及《刑事诉讼法》第192条的规定,被告人、辩护人有权要求证人、被害人出庭作证、接受质证,人民法院应当通知相关证人、被害人出庭作证。如果经依法通知证人、被害人不出庭,对其书面证言、陈述经质证无法确认的,不能作为定案的根据。此外,未出庭的证人、被害人的书面证言出现矛盾,经质证不能排除矛盾且无其他证据印证的,也不能作为定案的根据。辩护律师应当熟练掌握这些规定,在诉讼中依法行使这些权利,对证人、被害人进行质证。

第八节

勘验、检查笔录,辨认笔录的审查与质证

一、现场勘验、检查

根据《刑事诉讼法》、《公安机关办理刑事案件程序规定》和《公安机关刑事案件现场勘验检查规则》的规定,刑事案件现场勘验、检查是指侦查人员为收集犯罪证据,查明犯罪事实,依法运用一定的方法和技术手段,对与犯罪有关的场所和人、事、物进行的现场勘验检查和现场调查访问的一项侦查措施。通常现场勘验和现场访问会同时进行,是勘查犯罪现场最基本、最重要的措施。犯罪现场勘查是初始的侦查行为,侦查人员在现场勘查中必须按照《刑事诉讼法》和公安部《刑事案件现场勘查规则》的有关要求和程序进行。侦查人员的勘查行为是否符合法定程序,是刑事辩护律师审查鉴别现场勘验、检查有关证据的合法性的重要根据。

根据《刑事诉讼法》、《公安机关办理刑事案件程序规定》和《公安机关刑事案件现场勘验检查规则》的有关规定,侦查机关在现场勘验、检查中要按照法定程序进行,包括犯罪现场勘查的启动,进入犯罪现场的常规处置,现场勘验、检查,现场保护,现场实地勘验、检查,现场访问,现场搜索与追踪,侦查实验,现场分析,现场处理,现场复验与复查等。其中,对现场勘验、检查的步骤要求如下:

(1)巡视现场,划定勘验、检查范围。

(2)按照"先静后动,先下后上;先重点后一般,先固定后提取"的原则,根据现场实际情况确定勘验、检查流程。

(3)初步勘验、检查现场,固定和记录现场原始状况。

(4)详细勘验、检查现场,发现、固定、记录和提取痕迹、物证。

(5)记录现场勘验、检查情况。

现场勘验、检查中发现与犯罪有关的痕迹、物品应当固定、提取。提取现场痕

迹、物品,应当分别提取、分开包装、统一编号,注明提取的地点、部位、日期,提取的数量名称、方法和提取人。对特殊检材,应当采取相应的方法提取和包装,防止损坏或者污染。扣押物品、文件时,应当场开具《扣押物品、文件清单》,写明扣押的日期、地点,以及物品、文件的编号、名称、数量、特征和来源等,由扣押经办人、见证人和物品、文件持有人分别签名或者盖章。

二、对勘验、检查笔录的审查

现场勘验、检查笔录是侦查人员在现场勘验、检查完毕以后制作的,当辩护律师针对现场勘验、检查笔录进行研究或者在发现问题的时候,犯罪现场可能早已不存在。包括承办该案件的公诉人、审判人员在内,要想了解和还原现场的真实情况,只能依靠现有勘验、检查笔录中的文字、图形、照片等资料。如果侦查机关在勘查过程中存在工作失误,或者在制作勘验、检查笔录时出现遗漏,都可能对事后查阅笔录的人造成误导或错误认识。同时,现场的每一个场景、每一个痕迹、每一个物证,甚至每一根头发、每一滴血迹都是一种无声语言,它们所诉说的事实与指控的事实可能会不一样。

对现场勘验、检查笔录的审查可以分为对笔录形式的审查和对笔录内容及相关活动的审查两个方面。

1. 对笔录形式的审查。《公安机关刑事案件现场勘验检查规则》对现场勘验、检查笔录的格式,前言、正文和结尾三部分及相关内容作了详细规定。因此,对笔录的形式审查,应当注意看其前言、正文和结尾部分是否完整,有无缺项、漏项,是否符合法律及有关规定。

(1)前言部分包括笔录文号,接报案件时间和内容,现场地点,现场保护情况,勘验、检查的起止时间,天气情况,勘验、检查利用的光线,组织指挥人员,现场方位和周围环境等。

需要审查的内容包括是否准确记录了提起勘验、检查的事由;勘验、检查的时间、地点是否与实际相符;现场勘验、检查笔录中所描述的接报情况,是否与报案情况相符;赶赴现场勘验人员是否符合法律规定;侦查机关对刑事案件现场进行勘验、检查时人数是否少于2人,是否邀请1名至2名与案件无关的公民在现场作见证人;是否具有相应专业知识的人员到场,如勘验、检查有尸体的现场,是否有法医参加;现场指挥人员是否符合规定,根据有关规定,一般案件的现场勘查,由侦查部门负责人指定的人员现场指挥;重大、特别重大案件的现场勘查由侦查部门负责人现场指挥。必要时,发案地公安机关负责人应当亲自到现场指挥;在参加勘验、检查人员名单中,是否存在违反《刑事诉讼法》关于侦查机关负责人、侦查人员应当回避等规定的情形。

(2)正文部分包括与犯罪有关的痕迹和物品的名称、部位、数量、性状、分布等情况,尸体的位置、衣着、姿势、损伤、血迹分布、形状和数量等。

主要审查勘验、检查笔录所记录的内容是否全面、详细、准确、规范,包括勘验、检查笔录上文字记载的内容与现场图、照片、录像等所反映的情况是否一致,有无相互矛盾之处;是否准确记载了尸体的位置、特征、衣着、姿势、损伤、血迹分布、形状和数量等;与犯罪有关的痕迹和物品的名称、部位、数量、性状、分布等情况,现场、物品痕迹等是否被破坏或者伪造,是否为原始现场;人身特征、伤害情况、生理状况有无伪装或者变化等;文字、用词是否规范、准确,现场图是否规范、准确,照片是否与实物一致。

(3)结尾部分包括提取痕迹、物证情况,扣押物品情况,制图和照相的数量,录像、录音的时间;笔录人、制图人、照相人、录像人、录音人及执行现场勘验、检查任务人员的单位、职务及签名,见证人签名。

审查勘验、检查过程中或结束后是否提取痕迹、物证,以及提取痕迹、物证的方法和程序,包括扣押物品、文件情况,是否具有相应的《扣押物品清单》,笔录所记载的物品、文件名称、数量等是否和《扣押物品清单》上的一致,被扣押物品的实物现在何处;制图和照相的数量,录像、录音的时间,是否与勘验、检查开始和结束的时间一致;笔录、现场图等制作完毕后,制作笔录人、制图人、照相人、录像人、录音人及执行现场勘验、检查任务人员的名字、单位、职务等是否在笔录落款上标明,并由本人签名,参加现场见证的人员是否也在笔录上签名。对现场进行多次勘查的,在制作首次《现场勘验检查笔录》后,逐次制作《补充勘验检查笔录》。

律师应当对照以上规定认真审查,可能会发现问题。譬如,在勘验、检查笔录上没有见证人签字,或没有侦查人员的签字。有些勘验、检查笔录中虽有侦查人员的名字和签字,但是由其他人员替其书写和签名的,这些情况不符合现场勘验、检查笔录的要求,实质上其本人根本没有到现场,此时实际勘验、检查的人员技术能力直接影响勘验、检查的质量,可能会出现过失或错误。还有的现场勘验、检查开始和结束的时间,与报案时间及其他侦查活动之间不衔接。

2. 对笔录内容及相关活动的审查。

(1)审查勘验、检查人员是否违反《刑事诉讼法》规定的应当回避的事由。

(2)审查现场保护中是否存在问题。现场保护应当根据案件具体情况,划定保护范围,设置警戒线和告示牌,禁止无关人员进入现场。除抢救伤员、紧急排险等情况外,不得进入现场,不得触动现场上的痕迹、物品和尸体;处理紧急情况时,应当尽可能地避免破坏现场上的痕迹、物品和尸体,对现场保护情况应当予以记录,对现场原始情况应当拍照或者录像。对现场可能受到自然、人为因素破坏的,应当对现场上的痕迹、物品和尸体等采取相应的保护措施。保护现场的时间,从发现刑事案件现场开始,至现场勘验、检查结束。需要继续勘验、检查或者需要保留现场的,应当对整个现场或者部分现场继续予以保护。犯罪现场研究专家认为,案发后的第一小时是非常重要的。事实上,第一个到现场的人能够改变侦查的方向,缺少经验的人进入现场,在犯罪现场走来走去,充满宝贵证据的现场可能就被破坏掉了。

律师应当注意发现、辨别其中是否存在由于现场保护不当而对现场造成破坏和毁损的情况,善于发现、提出对犯罪嫌疑人、被告人有利的证据。

(3)审查有关痕迹、物证的提取、包装、运输和保管是否存在问题。根据《公安机关刑事案件现场勘验检查规则》的规定,对侦查机关有关痕迹提取、包装、运输和保管的规定和要求如下。

①痕迹物证的提取、包装。现场勘验、检查中发现与犯罪有关的痕迹、物品,应当固定、提取。提取现场痕迹、物品,应当分别提取、分开包装、统一编号,注明提取的地点、部位、日期,提取的数量、名称、方法和提取人。对特殊检材,应当采取相应的方法提取和包装,防止损坏或者污染。

扣押物品、文件时,当场开具《扣押清单》,写明扣押的日期和物品、文件的名称、编号、数量、特征及其来源等,由侦查人员、见证人和物品、文件持有人分别签名或者盖章。对于持有人拒绝签名或者无法查清持有人的,应当在《扣押清单》上注明。《扣押清单》一式三份,一份交物品、文件持有人,另一份交公安机关保管人员,还有一份附卷备查。提取现场痕迹、物品应当填写《提取痕迹、物证登记表》,写明物品、文件的编号、名称、数量、特征和来源等,由侦查人员、见证人和物品、文件持有人分别签名或者盖章。对于物品持有人拒绝签名或者无法查清持有人的,应当在《提取痕迹、物证登记表》上注明。

②痕迹物证的运输。物证的运输是收集物证中的一个环节,要将已收集到的物证安全带回实验室和送到专门机关进行检验鉴定,必须注意做好运输工作,防止在运输过程中发生丢失、损坏。

③痕迹物证的保管。对于现场提取的痕迹、物品和扣押的物品、文件,应当按照有关规定建档管理,存放于专门场所,由专人负责,严格执行存取登记制度,严禁侦查人员自行保管。

审查痕迹物证的提取、包装、运输和保管的"监管链条"即从犯罪现场发现物证时起,直到将物证提交到法庭的过程,是否都有完整的记录。确保该痕迹物证就是在犯罪现场发现的物品,是犯罪活动的产物;确保检验鉴定的专家所进行检验和分析的物品就是与犯罪事实存在关联的物品,并且该物品自发现时起直到进行分析时止并未发生改变。

(4)审查补充进行的勘验、检查中有关问题。《刑事诉讼法》第134条规定,人民检察院审查案件的时候,对公安机关的勘验、检查,认为需要复验、复查时,可以要求公安机关复验、复查,并且可以派检察人员参加。《公安机关刑事案件现场勘验检查规则》第79条、第80条对现场复验作了具体规定。《刑事诉讼法解释》第102条第3项规定的审查内容是补充进行勘验、检查的,是否说明了再次勘验、检查的原由,前后勘验、检查的情况是否矛盾。

因此,律师对勘验、检查笔录的审查,不仅有初次的勘验检查笔录,还应包括补充的勘验、检查笔录。"现场复验、复查"是指对已经勘验、检查过的现场,根据需要,有目的、有重点地再次进行勘验、检查。它是现场勘验、检查工作的继续,也是对上一次勘验、检查的积极补充。对现场上的个别客体没有进行勘验、检查或者勘验、检查不够细致的,应对该客体重新勘验、检查,补充勘验、检查的对象是现场中的个别客体而非整个现场。若发现原勘验、检查未能达到预定的目标,或勘验、检查的结果不足以支持侦查,应对现场的全部进行重新勘验、检查。

辩护律师在审查现场勘验、检查笔录时,如发现对现场进行了复验、复查的情形,应当查清以下几个方面的问题:再次勘验、检查的缘由;提起要求复验、复查的机关;本次复验、复查的合法性;本次复验、复查的主要目的和复验、复查的具体内容、事项;再次勘查对本案的意义;需要解决的问题。本次复验、复查的结果,通过复验、复查,侦查机关得到新的结论;新的结论与原勘验、检查中的结论的不同和各自的效力;提取的新痕迹物证;新的痕迹物证提取的法定程序,对提取的痕迹物证进行的新的检验或鉴定;本次复验、复查与前次勘查的关系;勘验、检查对本案定性、量刑的影响;有没有对犯罪嫌疑人、被告人有利的内容。

三、对勘验、检查笔录的质证

《刑事诉讼法解释》第102条规定,对勘验、检查笔录应当着重审查以下内容:(1)勘验、检查是否依法进行,笔录的制作是否符合法律、有关规定,勘验、检查人员和见证人是否签名或者盖章。(2)勘验、检查笔录是否记录了提起勘验、检查的事由,勘验、检查的时间、地点,在场人员、现场方位、周围环境等,现场的物品、人身、尸体等的位置、特征等情况,以及勘验、检查、搜查的过程;文字记录与实物或者绘图、照片、录像是否相符;现场、物品、痕迹等是否伪造、有无破坏;人身特征、伤害情况、生理状态有无伪装或者变化等。(3)补充进行勘验、检查的,是否说明了再次勘验、检查的原由,前后勘验、检查的情况是否矛盾。第103条规定,勘验、检查笔录存在明显不符合法律、有关规定的情形,不能作出合理解释或者说明的,不得作为定案的根据。

辩护律师对现场勘验、检查笔录质证时,认真、仔细查阅和了解现场勘查中的情况,充分了解案件的全部情况,通过系统的分析研究,对勘验、检查笔录提出有理有据的质证意见。

1.对现场勘验、检查笔录的质证,与其他证据的质证相比有其特殊性。

针对侦查机关在勘验、检查中违法、违规或违反有关法定程序的行为,提出其不遵守相关规定,可能导致勘验、检查的结果不准确,进而影响案件事实的真实性,要求控方作出合理解释或说明,否则不能作为定案证据。

根据现场有关痕迹、证据表明犯罪嫌疑人在犯罪中所处的地位、作用的质疑;指控的作案手段、作案工具、作案时间、作案过程等具体情节与现场情况不符的质疑,对现场相关的痕迹、证据所表达的另外含义的质疑;提出公诉机关所指控的犯罪事实不能成立的质证意见。

2.申请有关侦查人员出庭质证。针对现场勘验、检查笔录中存在的问题,可以向法庭申请要求参加现场勘验、检查的有关侦查人员出庭作证,就现场勘验、检查笔录中所反映的,无法与有关指控的犯罪事实相互印证或相互矛盾的现场情况,以及现场勘查过程,物证的提取、保管、运输与移送检验的过程等问题作出相应的合理解释与说明,否则相关事实不能被认定。

3.申请有关检验、鉴定人员出庭质证。针对现场有关痕迹、尸体、物证及其相应的检验报告、鉴定书等存在的问题,要求检验、鉴定人出庭进行合理解释或说明。可以提出的问题包括,假设被告人确实实施了指控的犯罪行为,在现场理应存在的某种痕迹为什么没有出现?根据现场某种痕迹物证的客观存在,指出由此可以证明指控的犯罪手段是错误的;还可以是涉及痕迹物证等检材的属性问题等。

4.判断针对勘验、检查笔录存在明显不符合法律、有关规定的情形,勘验、检查过程中的不符合客观、不符合常理的问题,有关人员能不能作出合理解释或者说明,若不能,则根据《刑事诉讼法解释》第103条的规定提出不得作为定案根据的质证意见。

四、对辨认活动及辨认笔录的审查、质证

辨认是指在侦查中为了查明案情,必要时让被害人、证人,以及犯罪嫌疑人对与犯罪有关的物品、文件、尸体、场所或者犯罪嫌疑人进行辨认的一种侦查行为。辨认过程、结果应当形成辨认笔录。辨认与指认、确认不同,在经济案件中对银行的来往款项的认可或者对手机中聊天记录的认可,叫作确认。辨认结果要与被告人供述、证人证言、被害人陈述、物证书证以及其他证据相结合,能够相互印证。辨认笔录虽然不是法定的证据种类,但在刑事案件中使用相当广泛,与其他证据印证的辨认笔录其证明力是比较强的。

根据我国《刑事诉讼法》第195条的规定,公诉人、辩护人应当向法庭出示物证,让当事人辨认。为了规范运用辨认这项侦查措施,《人民检察院刑事诉讼规则》和《公安机关办理刑事案件程序规定》、《公安机关执法细则(第三版)》都对辨

认的规则和程序作了具体规定,公安机关、检察机关在组织辨认时应当予以遵守。同时,这些辨认规则和程序也成为辩护律师对辨认笔录进行审查、质证的主要法律依据。在组织侦查辨认时必须严格遵守一定的规则,才能保证辨认结果真实、可靠,充分发挥侦查辨认的证据作用。因此,当公安、检察等侦查机关明显违反辨认规则和程序时,其制作的辨认笔录的客观真实性难以保障,不能作为定案的根据。

《刑事诉讼法解释》第 105 条规定,辨认笔录具有下列情形之一的,不得作为定案的根据:(1)辨认不是在调查人员、侦查人员主持下进行的;(2)辨认前使辨认人见到辨认对象的;(3)辨认活动没有个别进行的;(4)辨认对象没有混杂在具有类似特征的其他对象中,或者供辨认的对象数量不符合规定的;(5)辨认中给辨认人明显暗示或者明显有指认嫌疑的;(6)违反有关规定、不能确定辨认笔录真实性的其他情形。第 104 条规定,对辨认笔录应当着重审查辨认的过程、方法,以及辨认笔录的制作是否符合有关规定。

辩护律师对辨认笔录进行审查、质证时,对于明显违反法律和有关规定而产生的辨认笔录,应当提出予以排除的辩护意见。对于存在形式瑕疵的辨认笔录,辩护律师有权要求有关办案人员认真补正或者作出合理解释,不能补正或作出合理解释的,应提出不得采用的意见。

具体而言,律师可以从以下几个方面进行审查、质证。

1. 辨认是否在侦查人员的主持下进行。作为一种侦查行为,辨认必须由侦查人员主持,是保证辨认客观性最基本的条件。如果是由侦查人员以外的其他任何组织和个人实施的辨认活动,则不属于侦查行为,不具有合法性,也不能保证辨认活动的客观性,其所形成的辨认笔录不能作为证据使用。

2. 辨认前是否使辨认人见到了辨认对象,辨认中是否给辨认人明显暗示或者明显有指认嫌疑。辨认人在辨认前见到了辨认对象或者在辨认过程中受到诱导或明显暗示的,辨认的科学基础就不复存在,就不能保证辨认结果的真实性、可靠性,对辨认的事实起不到证明作用。辩护律师应当提出排除该辨认结果的意见。

3. 辨认人的辨认活动是否个别进行。《人民检察院刑事诉讼规则》第 225 条规定,几名辨认人对同一被辨认对象进行辨认时,应当由每名辨认人单独进行。必要的时候,可以有见证人在场。《公安机关办理刑事案件程序规定》第 259 条规定,几名辨认人对同一辨认对象进行辨认时,应当由辨认人个别进行。多名辨认人在对同一辨认对象进行辨认时可能会相互影响,继而影响辨认的客观性和准确性。因此,辨认活动采取个别辨认原则,需要几名辨认人对同一被辨认对象进行辨认,也必须由每名辨认人单独进行,防止他们相互串通和互相影响。违反个别辨认原则形成的辨认笔录,其真实可靠性就不能得到有效保障,辩护律师应提出排除该辨认笔录的意见。

4. 辨认对象是否混杂在具有类似特征的其他对象中,或者供辨认的对象数量是否符合规定(尸体、场所等特定辨认对象除外)。

《公安机关办理刑事案件程序规定》第 260 条规定,辨认时,应当将辨认对象混杂在特征相类似的其他对象中,不得在辨认前向辨认人展示辨认对象及其影像资料,不得给辨认人任何暗示。辨认犯罪嫌疑人时,被辨认的人数不得少于 7 人;对犯罪嫌疑人照片进行辨认的,不得少于 10 人的照片。辨认物品时,混杂的同类物品不得少于 5 件;对物品的照片进行辨认的,不得少于 10 件物品的照片。《人民检察院刑事诉讼规则》第 226 条规定,辨认时,应当将辨认对象混杂在其他对象中,不得给辨认人任何暗示。辨认犯罪嫌疑人、被害人时,被辨认的人数不得少于 7 人,照片不得少于 10 张。辨认物品时,同类物品不得少于 5 件,照片不得少于 5 张。

混杂辨认规则主要适用于对人和物品的辨认,不适用于对无名尸体和犯罪场所的辨认。当辨认对象是人的时候,混杂客体的性别、年龄、身高、体态等应与被辨认对象相似;当被辨认对象是物体时,混杂客体的种类、形状、型号、颜色等应与被辨认对象相似。照片、录像、录音辨认或辨听也应遵循混杂的原则。特别需要注意的是,辨认的对象与其他人的特征不能明显突出,如辨认对象不戴眼镜其他人都戴眼镜,辨认对象不是光头,其他人是光头,辨认对象身材高大而其他人都比较矮小等情形都不合规。辨认的物与其他陪衬的物在特征上不能明显突出。

当对人和物品的辨认违反混杂辨认原则或者供辨认的对象数量不符合规定时,辨认结果的真实、可靠性将难以保障,辩护律师应提出该辨认笔录不得作为定案证据使用的意见。辨认活动违反法定规则和不符合法定形式时,有关办案人员通过补正或者作出合理解释进行补救后,能够保障辨认结果真实、可靠,仍然可以作为证据使用。

5. 如果根据案情应当辨认又具备辨认条件而没组织辨认的,可以认为案件事实不清或者该节事实不清。例如,在一次多人斗殴中,其中一人用刀将另一人捅死,应当对刀和持刀的人组织辨认而没有辨认的,认定本节事实未查清。

五、对侦查实验笔录的审查、质证

(一)侦查实验

根据《刑事诉讼法》、《公安机关办理刑事案件程序规定》和《公安机关执法细则(第三版)》等相关规定,为了查明案情,在必要的时候,经公安机关负责人批准,可以进行侦查实验。侦查实验的情况应当写成笔录,由参加实验的人签名或者盖章。侦查实验禁止一切足以造成危险、侮辱人格或者有伤风化的行为。批准权限为县级以上公安机关负责人批准,根据《公安机关办理刑事案件程序规定》进行侦查还应当全程录音、录像。

侦查实验的目的是证实现场某一具体情节的形成过程、条件和原因等。包括(1)验证在现场条件下能否听到某种声音或者看到某种情形;(2)验证在一定时间内能否完成某一行为;(3)验证在现场条件下某种行为或者作用与遗留痕迹、物品的状态是否吻合;(4)确定某种条件下某种工具能否形成某种痕迹;(5)研究痕迹、物品在现场条件下的变化规律;(6)分析判断某一情节的发生过程和原因;(7)其他需要通过侦查(现场)实验作出进一步研究、分析、判断的情况。

进行侦查实验,应当制作《呈请侦查(现场)实验报告书》,经县级以上公安机关负责人批准。侦查(现场)实验应当符合以下要求:(1)应当邀请见证人予以见证。必要时,可以聘请有关的专门或专业人员参加实验,也可以要求犯罪嫌疑人、被害人、证人参加。(2)侦查(现场)实验一般在发案地点进行,燃烧、爆炸等危险性实验,应当在其他地点进行。(3)侦查(现场)实验的时间、环境条件应与发案时间、环境条件基本相同。(4)侦查(现场)实验使用的工具、材料应当与发案现场一致或者基本一致;必要时,可以使用不同类型的工具或者材料进行对照实验。(5)如条件许可,类同的侦查(现场)实验应当进行两次以上。(6)评估实验结果应当考虑客观环境、条件变化对实验的影响和可能出现的误差。(7)遵守法律规定,尊重民族风俗习惯,禁止一切可能造成危险、有伤风化、侮辱人格的行为。

对侦查(现场)实验的过程和结果,应当制作《侦查(现场)实验笔录》,参加实验的人员应当在《侦查(现场)实验笔录》上签名或者盖章,存入诉讼卷。《侦查(现场)实验笔录》包括以下主要内容:(1)序言部分:包括时间、地点、进行实验的人员及职务职称,侦查实验的目的;(2)实验过程:包括详细叙述实验内容、条件及实施过程情况,客观描述实验所获得的结果;(3)结论部分:包括实验的结论、参加人员签名及日期。进行侦查(现场)实验可以照相、录像、录音。

(二)对侦查实验笔录的审查、质证

《刑事诉讼法解释》第106条、第107条规定,对侦查实验笔录应当着重审查实验的过程、方法,以及笔录的制作是否符合有关规定。侦查实验的条件与事件发生时的条件有明显差异,或者存在影响实验结论科学性的其他情形的,侦查实验笔录不得作为定案的根据。

1. 审查侦查(现场)实验的时间、环境条件是否与发案时间、环境条件基本相同,根据一般经验,不同的条件大概率不能得出相同的结果。

审查侦查(现场)实验使用的工具、材料是否与发案现场一致或者基本一致,是否使用了不同类型的工具或者材料进行对照实验。根据物质的化学、物理特征,不同的材料实验结果也不尽相同。

审查类同的侦查(现场)实验的次数,实验次数影响实验结果的稳定性,次数不够是否能代表普遍现象或规律是有疑问的。

审查侦查实验笔录是否客观地描述了侦查实验的结果,对实验结果描述不客观、不准确,就不能提供判断案情的基础依据,就不能保证办案人员有正确的判断。

侦查实验的时间与案发时间应当基本相同,如同为白天或同为夜晚,同为上午或同为下午,具体时间应当尽量接近。环境条件基本相同,包括天气条件,地面条件,光线条件,人数,人员性别、身高、体重等。如同为铺装道路或同为土路,同为野外或同为市区,同为下雨天或雪天等。

对以上情况进行质疑,质疑它的合理性,进而指出侦查实验结果不可靠,而不能作为定案的根据。

2. 审查侦查实验是否邀请了见证人参加,审查侦查实验笔录的制作是否符合相关规定,包括时间、地点、签名是否有错误,要求进行合理解释或说明,不能进行合理解释的,不能作为定案的证据使用。

3. 经审查,认为侦查实验不客观的,申请重新进行侦查实验。

第九节

视听资料、电子数据的审查与质证

一、视听资料的特征

视听资料,是指借助电磁、光电、电子计算机设备等技术手段记载和再现的声音、图像、数据等信息资料。刑事诉讼中的视听资料是指案件发生时的原始声音、影像的信息,记录并储存于相应的物质载体,可以通过专用的仪器、设备重新展现声音、图像,用来作为证明案件发生过程的证据。

1.视听资料必须依附于特定的物质载体,其作为一种可视、可听的信息资料,本身不能独立存在,需要依附于具有存储能力的物质载体,包括录音带、录像带、感光胶片、电子存储器、计算机硬盘、各种存储卡、手机等。

2.视听资料的内容是具有动态连续性的图像和声音。顾名思义,视听资料的最大特点即在于"视"与"听"。简单来说,是指能听到"声音"或可以看到"影像"。与书证、物证的"可视性"不同,视听资料呈现的是一段连续的图像、形象和声音。

3.视听资料的内容必须借助特定的仪器、设备才能呈现,是案发过程中原始的场景记忆。办案机关对犯罪嫌疑人、被告人的讯问过程进行录像所形成的视听资料不在此列,因为视听资料是"犯罪嫌疑人、被告人供述和辩解"的表现形式,用来证明取证合法性,不是在案发过程中形成的。

二、对视听资料的审查与质证

视听资料作为可以记载案件发生真实情况的信息资料,具有客观、真实、准确、形象、生动、直观、全面等特点,有着物证、书证、人证无法替代的优点。

《刑事诉讼法解释》第108条规定,对视听资料应当着重审查以下内容:(1)是否附有提取过程的说明,来源是否合法。(2)是否为原件,有无复制及复制份数;

是复制件的,是否附有无法调取原件的原因、复制件制作过程和原件存放地点的说明,制作人、原视听资料持有人是否签名。(3)制作过程中是否存在威胁、引诱当事人等违反法律、有关规定的情形。(4)是否写明制作人、持有人的身份,制作的时间、地点、条件和方法。(5)内容和制作过程是否真实,有无剪辑、增加、删改等情形。(6)内容与案件事实有无关联。对视听资料有疑问的,应当进行鉴定。《刑事诉讼法解释》第109条规定,视听资料具有下列情形之一的,不得作为定案的根据:(1)系篡改、伪造或者无法确定真伪的;(2)制作、取得的时间、地点、方式等有疑问,不能作出合理解释的。

1.审查视听资料的成因和来源,以此来审查视听资料的证据资格和证明力。

视听资料产生的原因和来源往往直接关系视听资料是否具备证据资格和证明力,所以对视听资料开展审查和质证要从视听资料产生的原因、来源查起。

在司法实践中,视听资料的产生有以下4种情形。

第一种情形是在特定场所产生的视听资料。主要包括在公众场所设置的设备产生的视听资料,如机场、商场、电梯、银行、写字楼、道路(包括高速路收费口)的拍照监视设备,公安机关的天网系统等。第二种情形是行为人制作的视听资料。第三种情形是在特定的范围内,针对特定的人群、特定的事件产生的视听资料,如对讲课、演讲、签约、走访、慰问、拍卖会、竞标会、工作会议等场景进行录音、录像、拍照等。第四种情形是有意秘密获取的视听资料,包括嫌疑人、被害人、利害关系人、侦查人员有意对某些场景采取秘密的方式拍摄录制的情况。

以上第一种和第三种视听资料的证据能力一般不存在问题。第二种情况需要考虑拍摄的行为是否客观全面,有无故意摆拍。第四种情况如果是被害人、犯罪嫌疑人以及其他任何公民,面对犯罪的侵害或遇到正在发生的犯罪时,采用随身携带的设备秘密录制或拍摄事发过程形成的视听资料,并不违反法律的规定,对查明案件事实,正确认定案件性质能起到证明作用。但是,对于侦查人员违反法定程序,未经授权或批准,采取秘密手段录制的视听资料应当进行合法性审查。

2.审查侦查机关取得视听资料的程序是否合法。

审查侦查机关秘密侦查的合法性,还包括侦查机关从其他视听资料的制作者、持有者、保管者手中提取视听资料的合法性。具体可从以下8个方面入手。

(1)调取证据的侦查人员是否两人以上;

(2) 是否制作了相关的检查笔录、搜查笔录、扣押笔录;

(3) 视听资料的制作人、持有人、见证人的身份是否可靠;

(4) 视听资料制作的时间、地点、条件和制作方法是否经查证属实;

(5) 调取的原件是否经持有人、见证人进行辨认、确认,是否制作提取笔录;

(6) 保管人员对于原件的存放地点、存放时间、存放方式、保管方式是否作出详细说明和确认;

(7) 原件无法取得的理由是否充分,是否得到持有人等相关人员的确认;

(8) 复制人员是否对制作复制品的机器设备、技术条件、技术人员的详细情况予以描述及确认。

3. 对视听资料内容的真实性及与案件的关联性进行审查和质证。

(1) 视听资料是否清晰可辨。视听资料是通过不同的载体记录与案件事实有关的场景、场面、过程和声音,以语言、行为、形象等信息,原汁原味地再现案发过程,人们可以通过听和看,直观地了解案件的发生。因此,能否听得清楚、看得清楚是考察视听资料真实性的重要方面。

(2) 视听资料所记载的信息内容是否真实。

①审查视听资料产生的时间及过程,应与案件发生、发展的情节是否吻合,是否有提前或倒置的情况。

②审查视听资料是否在受到威胁、欺骗、利诱、胁迫的情况下制作的。

③审查是否存在犯罪引诱、侦查陷阱等可能使行为人作出违背本意行为的情况。

④审查被拍摄、录制对象的状态,有无醉酒、吸毒,行为受限、语无伦次、神志不清等不正常情况。

⑤审查视听资料是否经过剪辑、增加、删改、编辑等伪造、变造情形。

4. 对不能作为定案根据的视听资料进行审查和质证。

根据《刑事诉讼法解释》第109条的规定,系篡改、伪造或者无法确定真伪的或制作、取得的时间、地点、方式等有疑问,不能作出合理解释的视听资料不能作为定案的根据。如果该视听资料无法确认真伪,应当提出不能作为证据使用的辩护意见。对于有瑕疵的视听资料的制作和取得时间、地点、方式等方面存在不能作出合理解释或者提供必要证明的,提出这些视听资料不能作为定案的根据。

由于被告人可能是视听资料过程的亲历者,所以律师要依靠被告人审查、发现内容上存在的事实上、逻辑上的问题,并结合其他证据综合分析判断,提出质证意见。

三、对电子数据的审查与质证

随着互联网技术和计算机广泛深入地运用于日常生活,信息载体的存储、传递、统计、发布等环节实现无纸化,于是电子数据这一以高科技电子介质为载体的证据形式进入司法领域,对我国原有的证据体系提出了新的挑战。2004年通过的《电子签名法》第7条规定:"数据电文不得仅因为其是以电子、光学、磁或者类似手段生成、发送、接收或者储存的而被拒绝作为证据使用。"这一规定使得电子数据成为法定证据形式。这是对原有证据种类和证据范围的突破,不仅在法学理论、证据制度上有重要意义,在司法实务中也有重要价值。网络犯罪问题日益复杂,针对和利用计算机系统的犯罪案件也越来越多,刑事案件中越来越多地涉及运用、审查和确定数据电文或电子记录形成的证据。

刑事诉讼中的电子数据是指案件发生过程中形成的,以数字化形式存储、处理、传输的,能够证明案件事实的数据。电子数据包括但不限于下列信息、电子文件:(1)网页、博客、微博客、朋友圈、贴吧、网盘等网络平台发布的信息;(2)手机短信、电子邮件、即时通信、通讯群组等网络应用服务的通信信息;(3)用户注册信息、身份认证信息、电子交易记录、通信记录、登录日志等信息;(4)文档、图片、音视频、数字证书、计算机程序等电子文件。以数字化形式记载的证人证言、被害人陈述,以及犯罪嫌疑人、被告人供述和辩解等不属于电子数据。

电子数据进入司法领域,尤其是进入证据法领域一度被称为"电子证据",但写入法律规定时最后定名"电子数据"。电子数据在成为证据前,就是自然状态下的电子数据,在被提取收集经法庭审查后,能证明案件事实的电子数据最后可以作为定案的证据。这体现了从自然状态下到定案证据的发展过程,也是证据领域理论发展的结果。

对电子数据的审查与其他证据一样,遵循从它的产生、提取收集、封存保管、检查鉴定一直到法庭要保证它的同一且不发生改变原则。

目前审查关于电子数据所依据的法律法规主要有《刑事诉讼法》《刑事诉讼法解释》《关于办理刑事案件收集提取和审查判断电子数据若干问题的规定》《公安机关办理刑事案件电子数据取证规则》，其他还有《公安机关办理刑事案件程序规定》《公安机关鉴定规则》《关于办理信息网络犯罪刑事案件适用刑事诉讼程序若干问题的意见》等。

（一）审查电子数据的真实性

对电子数据是否真实，应当着重审查以下内容：是否移送原始存储介质；在原始存储介质无法封存、不便移动时，有无说明原因，并注明收集、提取过程及原始存储介质的存放地点或者电子数据的来源等情况。

电子数据是否具有数字签名、数字证书等特殊标识；电子数据的收集、提取过程是否可以重现；电子数据如有增加、删除、修改等情形的，是否附有说明；电子数据的完整性是否可以保证。

（二）审查电子数据的完整性

对电子数据是否完整，应当根据保护电子数据完整性的相应方法进行验证：审查原始存储介质的扣押、封存状态；审查电子数据的收集、提取过程，查看录像；比对电子数据完整性校验值；与备份的电子数据进行比较；审查冻结后的访问操作日志。

（三）审查电子数据的合法性

对收集、提取电子数据是否合法，应当着重审查以下内容。

1. 收集、提取电子数据是否由 2 名以上侦查人员进行，取证方法是否符合相关技术标准；公安机关办理刑事案件应当遵守法定程序，遵循有关技术标准，全面、客观、及时地收集、提取涉案电子数据，确保电子数据真实、完整。必要时，可以指派或者聘请专业技术人员在侦查人员主持下收集、提取电子数据。

2. 收集、提取电子数据是否附有笔录、清单，并经侦查人员、电子数据持有人（提供人）、见证人签名或者盖章；没有持有人（提供人）签名或者盖章的，是否注明原因；对电子数据的类别、文件格式等是否注明清楚。

3. 是否依照有关规定由符合条件的人员担任见证人，是否对相关活动进行录像。

4.进行电子数据检查的,检查程序是否符合有关规定。检查是否将电子数据存储介质通过写保护设备接入检查设备;有条件的,是否制作电子数据备份,并对备份进行检查;无法制作备份且无法使用写保护设备的,是否附有录像。

5.采用技术调查、侦查措施收集、提取电子数据的,是否依法经过严格的批准手续。

【注意】收集、提取电子数据应当由2名以上侦查人员,至少是2名,相应地,提取笔录必须要由2名以上侦查人员签名。与审讯必须由2名侦查人员以上一样,电子数据提取收集也规定2名以上人员是防止出错,更是监督的需要。

(四)审查电子数据产生的原因、来源

审查电子数据产生的原因、来源,是审查电子数据是否在犯罪行为发生的过程中产生的,审查的是电子数据与案件的关联性。比如,赌博平台内的电子客户的注册信息、入金、出金的记录等是在赌博过程产生的,属于案件发生过程中的电子数据,不是事后的。应区分与案件是否有关的电子数据,将无关的电子数据剔除,避免产生对象错误。这方面一般问题不大,但办案机关在办案之初可能会因案件需要扣押大量的电子设备,其中可能扣押一些正常的合法设备。因此,可以据此要求办案机关返还与案件无关的电子设备或者电子数据。

(五)审查扣押的电子数据是否符合规定

收集、调取电子数据时,能够扣押电子数据原始存储介质的,应当扣押原始存储介质,并制作笔录、予以封存。确因客观原因无法扣押原始存储介质的,可以现场提取或者网络在线提取电子数据。

无法扣押原始存储介质,也无法现场提取或者网络在线提取的;存在电子数据自毁功能或装置的;需要及时固定相关证据的;需现场展示、查看相关电子数据的,才可以采取打印、拍照或者录音、录像等方式固定相关证据,并在笔录中注明原因。

采取打印、拍照或者录像方式固定相关证据的,应当清晰反映电子数据的内容,并在相关笔录中注明采取打印、拍照或者录像等方式固定相关证据的原因,电子数据的存储位置、原始存储介质特征和所在位置等情况,由侦查人员、电子数据持有人(提供人)签名或者盖章;电子数据持有人(提供人)无法签名或者拒绝签名的,应当在笔录中注明,由见证人签名或者盖章。

采取打印、拍照或者录像等方式固定相关证据后,能够扣押原始存储介质的,应当扣押原始存储介质;不能扣押原始存储介质但能够提取电子数据的,应当提取电子数据。

经审查,收集、调取的电子数据,应当足以保证完整性,无删除、修改、增加等情形的,可以作为证据使用。经审查无法确定真伪,或者制作、取得的时间、地点、方式等有疑问,不能提供必要证明或者作出合理解释的,不能作为证据使用。

(六)审查是否采取了保护电子数据完整性的方法

对作为证据使用的电子数据,应当采取以下一种或者几种方法保护电子数据的完整性:(1)扣押、封存电子数据原始存储介质;(2)计算电子数据完整性校验值;(3)制作、封存电子数据备份;(4)冻结电子数据;(5)对收集、提取电子数据的相关活动进行录像;(6)其他保护电子数据完整性的方法。

(七)审查封存扣押原始存储介质是否符合要求

1.审查封存原始存储介质的要求。对扣押的原始存储介质,应当按照以下要求封存:应当保证在不解除封存状态的情况下,无法使用或者启动被封存的原始存储介质,必要时,具备数据信息存储功能的电子设备和硬盘、存储卡等内部存储介质可以分别封存。

封存前后应当拍摄被封存原始存储介质的照片。照片应当反映原始存储介质封存前后的状况,清晰反映封口或者张贴封条处的状况;必要时,照片还要清晰反映电子设备的内部存储介质细节。

封存手机等具有无线通信功能的原始存储介质,应当采取信号屏蔽、信号阻断或者切断电源等措施。

2.审查扣押的程序。对扣押的原始存储介质,应当会同在场见证人和原始存储介质持有人(提供人)查点清楚,当场开列《扣押清单》一式三份,写明原始存储介质名称、编号、数量、特征及其来源等,由侦查人员、持有人(提供人)和见证人签名或者盖章,一份交持有人(提供人),另一份交公安机关保管人员,还有一份附卷备查。

对无法确定原始存储介质持有人(提供人)或者原始存储介质持有人(提供人)无法签名、盖章或者拒绝签名、盖章的,应当在有关笔录中注明,由见证人签名或者盖章。由于客观原因无法由符合条件的人员担任见证人的,应当在有关笔录中注明情况,并对扣押原始存储介质的过程全程录像。

扣押原始存储介质,应当收集证人证言以及犯罪嫌疑人供述和辩解等与原始存储介质相关联的证据。

扣押原始存储介质时,可以向相关人员了解、收集并在有关笔录中注明以下情况:(1)原始存储介质及应用系统管理情况,网络拓扑与系统架构情况,是否由多人使用及管理,管理及使用人员的身份情况;(2)原始存储介质及应用系统管理的用户名、密码情况;(3)原始存储介质的数据备份情况,有无加密磁盘、容器,有无自毁功能,有无其他移动存储介质,是否进行过备份,备份数据的存储位置等情况;(4)其他相关的内容。

(八)审查现场提取电子数据是否符合相关要求

1.审查现场提取电子数据的条件。具有下列无法扣押原始存储介质情形之一的,可以现场提取电子数据:原始存储介质不便封存的;提取计算机内存数据、网络传输数据等不是存储在存储介质上的电子数据的;案件情况紧急,不立即提取电子数据可能会造成电子数据灭失或者其他严重后果的;关闭电子设备会导致重要信息系统停止服务的;需通过现场提取电子数据排查可疑存储介质的;正在运行的计算机信息系统功能或者应用程序关闭后,没有密码无法提取的;其他无法扣押原始存储介质的情形。无法扣押原始存储介质的情形消失后,应当及时扣押、封存原始存储介质。

2.审查现场提取电子数据是否采取了相应的保护措施,若未采取,可能影响提取的完整性。根据规定,可以采取以下措施保护相关电子设备:及时将犯罪嫌疑人或者其他相关人员与电子设备分离;在未确定是否易丢失数据的情况下,不能关闭正在运行状态的电子设备;对现场计算机信息系统可能被远程控制的,应当及时采取信号屏蔽、信号阻断、断开网络连接等措施;保护电源;有必要采取的其他保护措施。

3.审查现场提取电子数据是否遵守操作要求。根据规定,现场提取电子数据应当遵守以下规定:不得将提取的数据存储在原始存储介质中;不得在目标系统中安装新的应用程序。如果因为特殊原因,需要在目标系统中安装新的应用程序的,应当在笔录中记录所安装的程序及目的;应当在有关笔录中详细、准确记录实施的操作。

对提取的电子数据可以进行数据压缩,并在笔录中注明相应的方法和压缩后文件的完整性校验值。

4.审查现场提取电子数据是否制作笔录。根据规定,现场提取电子数据应当制作《电子数据现场提取笔录》,注明电子数据的来源、事由和目的、对象、提取电子数据的时间、地点、方法、过程、不能扣押原始存储介质的原因、原始存储介质的存放地点,并附《电子数据提取固定清单》,注明类别、文件格式、完整性校验值等,由侦查人员、电子数据持有人(提供人)签名或者盖章;电子数据持有人(提供人)无法签名或者拒绝签名的,应当在笔录中注明,由见证人签名或者盖章。

由于客观因素无法由符合条件的人员担任见证人的,应当在《电子数据现场提取笔录》中注明情况,并全程录像,对录像文件应当计算完整性校验值并记入笔录。

对无法扣押的原始存储介质且无法一次性完成电子数据提取的,经登记、拍照或者录像后,可以封存后交其持有人(提供人)保管,并且开具《登记保存清单》一式两份,由侦查人员、持有人(提供人)和见证人签名或者盖章,一份交持有人(提供人),另一份连同照片或者录像资料附卷备查。

持有人(提供人)应当妥善保管,不得转移、变卖、毁损,不得解除封存状态,不得未经办案部门批准接入网络,不得对其中可能用作证据的电子数据增加、删除、修改。必要时,应当保持计算机信息系统处于开机状态。

(九)审查网络在线提取电子数据是否符合规定

1.审查网络在线提取电子数据的范围和要求。对公开发布的电子数据、境内远程计算机信息系统上的电子数据,可以通过网络在线提取。网络在线提取应当计算电子数据的完整性校验值;必要时,可以提取有关电子签名认证证书、数字签名、注册信息等关联性信息。

网络在线提取时,对可能无法重复提取或者可能会出现变化的电子数据,应当采用录像、拍照、截获计算机屏幕内容等方式记录以下信息:远程计算机信息系统的访问方式;提取的日期和时间;提取使用的工具和方法;电子数据的网络地址、存储路径或者数据提取时的进入步骤等;计算完整性校验值的过程和结果。

网络在线提取电子数据应当在有关笔录中注明电子数据的来源、事由和目的、对象,提取电子数据的时间、地点、方法、过程,不能扣押原始存储介质的原因,并附

《电子数据提取固定清单》，注明类别、文件格式、完整性校验值等，由侦查人员签名或者盖章。

2.审查网络在线提取时是否符合远程勘验的条件、要求。网络在线提取时需要进一步查明下列情形之一的，应当对远程计算机信息系统进行网络远程勘验：需要分析、判断提取的电子数据范围的；需要展示或者描述电子数据内容或者状态的；需要在远程计算机信息系统中安装新的应用程序的；需要通过勘验行为让远程计算机信息系统生成新的除正常运行数据外电子数据的；需要收集远程计算机信息系统状态信息、系统架构、内部系统关系、文件目录结构、系统工作方式等电子数据相关信息的；其他网络在线提取时需要进一步查明有关情况的情形。

网络远程勘验由办理案件的县级公安机关负责。上级公安机关对下级公安机关刑事案件网络远程勘验提供技术支援。对于案情重大、现场复杂的案件，上级公安机关认为有必要时，可以直接组织指挥网络远程勘验。

网络远程勘验应当由符合条件的人员作为见证人。由于客观因素无法由符合条件的人员担任见证人的，应当在《远程勘验笔录》中注明情况，并按照《公安机关办理刑事案件电子数据取证规则》第25条的规定录像，录像可以采用屏幕录像或者录像机录像等方式，录像文件应当计算完整性校验值并记入笔录。

远程勘验结束后，应当及时制作《远程勘验笔录》，详细记录远程勘验有关情况及勘验照片、截获的屏幕截图等内容。由侦查人员和见证人签名或者盖章。

远程勘验并且提取电子数据的，应当按照规定，在《远程勘验笔录》注明有关情况，并附《电子数据提取固定清单》。

《远程勘验笔录》应当客观、全面、详细、准确、规范，能够作为还原远程计算机信息系统原始情况的依据，符合法定的证据要求。

对计算机信息系统进行多次远程勘验的，在制作首次《远程勘验笔录》后，逐次制作补充《远程勘验笔录》。

网络在线提取或者网络远程勘验时，应当使用电子数据持有人、网络服务提供者提供的用户名、密码等远程计算机信息系统访问权限。

网络在线提取、远程勘验使用代理服务器、点对点传输软件、下载加速软件等网络工具的，应当在《网络在线提取笔录》或者《远程勘验笔录》中注明采用的相关软件名称和版本号。

3.审查对应当录像的要求。对以下犯罪案件,网络在线提取、远程勘验过程应当全程同步录像:严重危害国家安全、公共安全的案件;电子数据是罪与非罪、是否判处无期徒刑、死刑等定罪量刑关键证据的案件;社会影响较大的案件;犯罪嫌疑人可能被判处5年有期徒刑以上刑罚的案件;其他需要全程同步录像的重大案件。

(十)审查冻结电子数据

1.审查冻结电子数据是否符合规定的条件、要求。具有下列情形之一的,可以对电子数据进行冻结:数据量大,无法或者不便提取的;提取时间长,可能造成电子数据被篡改或者灭失的;通过网络应用可以更为直观地展示电子数据的;其他需要冻结的情形。

冻结电子数据,应当经县级以上公安机关负责人批准,制作《协助冻结电子数据通知书》,注明冻结电子数据的网络应用账号等信息,送交电子数据持有人、网络服务提供者或者有关部门协助办理。

冻结电子数据的期限为6个月。有特殊原因需要延长期限的,公安机关应当在冻结期限届满前办理继续冻结手续。每次续冻期限最长不得超过6个月。继续冻结的,应当按照《公安机关办理刑事案件电子数据取证规则》第37条的规定重新办理冻结手续。逾期不办理继续冻结手续的,视为自动解除。

2.审查冻结电子数据时是否采取足以防止修改的措施。冻结电子数据,应当采取以下一种或者几种方法:计算电子数据的完整性校验值;锁定网络应用账号;采取写保护措施;其他防止增加、删除、修改电子数据的措施。如果未采取上述方法,无法保证电子数据不被修改。

(十一)审查调取电子数据是否合法

公安机关向有关单位和个人调取电子数据,应当经办案部门负责人批准,开具《调取证据通知书》,注明需要调取电子数据的相关信息,通知电子数据持有人、网络服务提供者或者有关部门执行。被调取单位、个人应当在通知书回执上签名或者盖章,并附完整性校验值等保护电子数据完整性方法的说明,被调取单位、个人拒绝盖章、签名或者附说明的,公安机关应当注明。必要时,应当采用录音或者录像等方式固定证据内容及取证过程。

公安机关应当协助因客观条件限制无法保护电子数据完整性的被调取单位、

个人进行电子数据完整性的保护。

收集、提取电子数据,应当制作笔录,记录案由、对象、内容、收集、提取电子数据的时间、地点、方法、过程,并附《电子数据提取固定清单》,注明类别、文件格式、完整性校验值等,由侦查人员、电子数据持有人(提供人)签名或者盖章;电子数据持有人(提供人)无法签名或者拒绝签名的,应当在笔录中注明,由见证人签名或者盖章。有条件的,应当对相关活动进行录像。

收集、提取电子数据,应当根据《刑事诉讼法》的规定,由符合条件的人员担任见证人。由于客观原因无法由符合条件的人员担任见证人的,应当在笔录中注明情况,并对相关活动进行录像。

(十二)审查电子数据检查

1. 审查电子数据检查时是否符合相关规定。电子数据检查,应当由 2 名以上具有专业技术的侦查人员进行。必要时,可以指派或者聘请有专门知识的人参加。电子数据检查应当符合相关技术标准。

电子数据检查应当保护在公安机关内部移交过程中电子数据的完整性。移交时,应当办理移交手续,并按照以下方式核对电子数据:核对其完整性校验值是否正确;核对封存的照片与当前封存的状态是否一致。对于移交时电子数据完整性校验值不正确、原始存储介质封存状态不一致或者未封存可能影响证据真实性、完整性的,检查人员应当在有关笔录中注明。

检查电子数据应当遵循以下原则:通过写保护设备接入检查设备进行检查,或者制作电子数据备份、对备份进行检查;无法使用写保护设备且无法制作备份的,应当注明原因,并全程录像;检查前解除封存、检查后重新封存前后应当拍摄被封存原始存储介质的照片,清晰反映封口或者张贴封条处的状况;检查具有无线通信功能的原始存储介质,应当采取信号屏蔽、信号阻断或者切断电源等措施保护电子数据的完整性。

2. 审查电子数据检查笔录。检查电子数据,应当制作《电子数据检查笔录》,记录以下内容:基本情况,包括检查的起止时间,指挥人员、检查人员的姓名、职务,检查的对象,检查的目的等;检查过程,包括检查过程使用的工具、检查的方法与步骤等;检查结果,包括通过检查发现的案件线索、电子数据、等相关信息。其他需要记录的内容。

电子数据检查时需要提取电子数据的,应当制作《电子数据提取固定清单》,记录该电子数据的来源、提取方法和完整性校验值。

(十三)审查电子数据侦查实验

1.审查电子数据侦查实验需要解决的问题。电子数据侦查实验解决的问题:验证一定条件下电子设备发生的某种异常或者电子数据发生的某种变化;验证在一定时间内能否完成对电子数据的某种操作行为;验证在某种条件下使用特定软件、硬件能否完成某种特定行为、造成特定后果;确定一定条件下某种计算机信息系统应用或者网络行为能否修改、删除特定的电子数据;其他需要验证的情况。

2.审查电子数据侦查实验是否符合相关规定要求。电子数据侦查实验应当符合以下要求:应当采取技术措施保护原始存储介质数据的完整性;有条件的,电子数据侦查实验应当进行两次以上;侦查实验使用的电子设备、网络环境等应当与发案现场一致或者基本一致;必要时,可以采用相关技术方法对相关环境进行模拟或者进行对照实验;禁止可能泄露公民信息或者影响非实验环境计算机信息系统正常运行的行为。

进行电子数据侦查实验,应当使用拍照、录像、录音、通信数据采集等一种或多种方式客观记录实验过程。

进行电子数据侦查实验,应当制作《电子数据侦查实验笔录》,记录侦查实验的条件、过程和结果,并由参加侦查实验的人员签名或者盖章。

(十四)审查电子数据委托检验与鉴定是否符合要求

需要聘请有专门知识的人进行鉴定,或者委托公安部指定的机构出具报告的,应当经县级以上公安机关负责人批准。

侦查人员送检时,应当封存原始存储介质、采取相应措施保护电子数据的完整性,并提供必要的案件相关信息。

公安部指定的机构及其承担检验工作的人员应当独立开展业务并承担相应责任,不受其他机构和个人影响。

公安部指定的机构应当按照法律规定和司法审判机关要求承担回避、保密、出庭作证等义务,并对报告的真实性、合法性负责。

公安部指定的机构应当运用科学方法进行检验、检测,并出具报告。

公安部指定的机构应当具备必需的仪器、设备并且依法通过资质认定或者实验室认可。

(十五)电子数据的质证

1.申请鉴定人出庭作证,申请有专门知识的人出庭对鉴定意见提出意见。

公诉人、当事人或者辩护人、诉讼代理人对电子数据鉴定意见有异议,可以申请人民法院通知鉴定人出庭作证。人民法院认为鉴定人有必要出庭的,鉴定人应当出庭作证。经人民法院通知,鉴定人拒不出庭作证的,鉴定意见不得作为定案的根据。对没有正当理由拒不出庭作证的鉴定人,人民法院应当通报司法行政机关或者有关部门。公诉人、当事人或者辩护人、诉讼代理人可以申请法庭通知有专门知识的人出庭,就鉴定意见提出意见。

2.经审查,电子数据的收集、提取程序有下列瑕疵,经补正或者作出合理解释的,可以采用;不能补正或者作出合理解释的,不得作为定案的根据:未以封存状态移送的;笔录或者清单上没有侦查人员、电子数据持有人(提供人)、见证人签名或者盖章的;对电子数据的名称、类别、格式等注明不清的;有其他瑕疵的。

经审查,电子数据具有下列情形之一的,不得作为定案的根据:电子数据系篡改、伪造或者无法确定真伪的;电子数据有增加、删除、修改等情形,影响电子数据真实性的;其他无法保证电子数据真实性的情形。

第十节

鉴定意见的审查与质证

司法鉴定,是指在诉讼活动中鉴定人运用科学技术或者专门知识对诉讼涉及的专门性问题进行鉴别和判断并提供鉴定意见的活动。鉴定人对案件中需要解决的专门性问题进行鉴定后得出的结论性意见,称为鉴定意见。鉴定意见是法定证据种类。

根据《刑事诉讼法解释》的规定,因无鉴定机构,或者根据法律、司法解释的规定,指派、聘请有专门知识的人就案件的专门性问题出具的报告,可以作为证据使用。对此类报告的审查与认定,参照适用对鉴定意见的审查质证。

一、鉴定意见的特点

鉴定意见是针对案件事实中一些专门性问题,依据科学技术方法作出解释和判断。其主要特点有以下3点。

1. 鉴定意见解决的是事实问题。鉴定人只能对案件中的有关事实问题从专业技术角度作出分析、解释和判断,而不能对法律问题发表意见。例如,鉴定人只能对财务会计账册涉及的资金出入、流向进行鉴定,而不能对账册涉及的人构成非法吸收公众存款或逃税罪等发表意见。后者属于法律判断而不是会计账册涉及资金本身的问题。

2. 鉴定意见针对的是专门问题。鉴定意见针对的是具有特殊性的专门问题,一般人的常识经验解决不了的问题,必须由专业人员凭借专门知识和有关技术设备加以认识和解决。

3. 鉴定意见仅供参考并可质疑,并非对案件事实作出的最终结论。鉴定意见作为一种由专业人员针对案件事实中的专门问题凭借科学技术得出的意见,由于人类的认识和科学水平的局限性,鉴定意见可能会有所偏差甚至是错误的,并不能保证鉴定意见一定符合客观实际、科学合理。因此,鉴定意见只是一种仅供参考并可质疑的诉讼证据,而不是不可质疑的最终结论。

二、司法鉴定的分类

1. 国家对司法鉴定业务的鉴定人和鉴定机构实行登记管理制度的有4类,包括法医类司法鉴定、物证类司法鉴定、声像资料司法鉴定、环境损害司法鉴定。

(1)法医类司法鉴定,是指在诉讼活动中,法医学各专业鉴定人运用科学技术或者专门知识,对诉讼涉及的专门性问题进行鉴别和判断并提供鉴定意见的活动。法医类司法鉴定依据所解决的专门性问题分为法医病理鉴定、法医临床鉴定、法医精神病鉴定、法医物证鉴定、法医毒物鉴定等。

①法医病理鉴定,是指鉴定人运用法医病理学的科学技术或者专门知识,对与法律问题有关的人身伤、残、病、死及死后变化等专门性问题进行鉴别和判断并提供鉴定意见的活动。

法医病理鉴定,包括死亡原因鉴定、死亡方式判断、死亡时间推断、损伤时间推断、致伤物推断、成伤机制分析、医疗损害鉴定以及与死亡原因相关的其他法医病理鉴定等。

②法医临床鉴定,是指鉴定人运用法医临床学的科学技术或者专门知识,对诉讼涉及的与法律有关的人体损伤、残疾、生理功能、病理生理状况及其他相关的医学问题进行鉴别和判断并提供鉴定意见的活动。

法医临床鉴定,包括人体损伤程度鉴定,人体残疾等级鉴定,赔偿相关鉴定,人体功能评定,性侵犯与性别鉴定,诈伤、诈病、造作伤鉴定,医疗损害鉴定,骨龄鉴定及与损伤相关的其他法医临床鉴定等。

③法医精神病鉴定,是指运用法医精神病学的科学技术或者专门知识,对涉及法律问题的被鉴定人的精神状态、行为/法律能力、精神损伤及精神伤残等专门性问题进行鉴别和判断并提供鉴定意见的活动。

法医精神病鉴定,包括精神状态鉴定、刑事类行为能力鉴定、民事类行为能力鉴定、其他类行为能力鉴定、精神损伤类鉴定、医疗损害鉴定、危险性评估、精神障碍医学鉴定以及与心理、精神相关的其他法医精神病鉴定等。

④法医物证鉴定，是指鉴定人运用法医物证学的科学技术或者专门知识，对各类生物检材进行鉴别和判断并提供鉴定意见的活动。

法医物证鉴定，包括个体识别、三联体亲子关系鉴定、二联体亲子关系鉴定、亲缘关系鉴定、生物检材种属和组织来源鉴定、生物检材来源生物地理溯源、生物检材来源个体表型推断、生物检材来源个体年龄推断以及与非人源生物检材相关的其他法医物证鉴定等。

⑤法医毒物鉴定，是指鉴定人运用法医毒物学的科学技术或者专门知识，对体内外药毒物、毒品及代谢物进行定性、定量分析，并提供鉴定意见的活动。

法医毒物鉴定，包括气体毒物鉴定、挥发性毒物鉴定、合成药毒物鉴定、天然药毒物鉴定、毒品鉴定、易制毒化学品鉴定、杀虫剂鉴定、除草剂鉴定、杀鼠剂鉴定、金属毒物类鉴定、水溶性无机毒物类鉴定以及与毒物相关的其他法医毒物鉴定等。

（2）物证类司法鉴定，是指在诉讼活动中鉴定人运用物理学、化学、文件检验学、痕迹检验学、理化检验技术等原理、方法和专门知识，对文书物证、痕迹物证、微量物证等涉及的专门性问题进行鉴别和判断并提供鉴定意见的活动。

物证类司法鉴定解决的专门性问题，包括文书物证的书写人、制作工具、制作材料、制作方法及其内容、性质、状态、形成过程、制作时间等鉴定；痕迹物证的勘验提取，造痕体和承痕体的性质、状况及其形成痕迹的同一性、形成原因、形成过程、相互关系等鉴定；微量物证的物理性质、化学性质和成分组成等鉴定。

①文书鉴定，是指鉴定人运用文件检验学的理论、方法和专门知识，对可疑文件（检材）的书写人、制作工具、制作材料、制作方法、内容、性质、状态、形成过程、制作时间等问题进行检验检测、分析鉴别和判断并提供鉴定意见的活动。

文书鉴定，包括笔迹鉴定、印章印文鉴定、印刷文件鉴定、篡改（污损）文件鉴定、文件形成方式鉴定、特种文件鉴定、朱墨时序鉴定、文件材料鉴定、基于痕迹特征的文件形成时间鉴定、基于材料特性的文件形成时间鉴定、文本内容鉴定等。

②痕迹鉴定，是指鉴定人运用痕迹检验学的理论、方法和专门知识，对痕迹物证进行勘验提取，并对其性质、状况及其形成痕迹的同一性、形成原因、形成过程、相互关系等进行检验检测、分析鉴别和判断并提供鉴定意见的活动。

痕迹鉴定，包括手印鉴定、潜在手印显现、足迹鉴定、工具痕迹鉴定、整体分离痕迹鉴定、枪弹痕迹鉴定、爆炸痕迹鉴定、火灾痕迹鉴定、人体特殊痕迹鉴定、日用物品损坏痕迹鉴定、交通事故痕迹物证鉴定等。

③微量物证鉴定简称微量鉴定,是指鉴定人运用理化检验的原理、方法或专门知识,使用专门的分析仪器,对物质的物理性质、化学性质和成分组成进行检验检测和分析判断并提供鉴定意见的活动。其中,物理性质包括物质的外观、重量、密度、力学性质、热学性质、光学性质和电磁学性质等;化学性质包括物质的可燃性、助燃性、稳定性、不稳定性、热稳定性、酸性、碱性、氧化性和还原性等;成分组成包括物质中所含有机物、无机物的种类和含量等。

微量物证鉴定,包括化工产品类鉴定、金属和矿物类鉴定、纺织品类鉴定、日用化学品类鉴定、文化用品类鉴定、食品类鉴定、易燃物质类鉴定、爆炸物类鉴定、射击残留物类鉴定、交通事故微量物证鉴定和火灾微量物证鉴定。

(3)声像资料司法鉴定,是指在诉讼活动中鉴定人运用物理学、语言学、信息科学与技术、同一认定理论等原理、方法和专门知识,对录音、图像、电子数据等涉及的专门性问题进行鉴别和判断并提供鉴定意见的活动。

声像资料司法鉴定,包括录音鉴定、图像鉴定、电子数据鉴定。解决的专门性问题包括录音和图像(录像/视频和照片/图片)的真实性、同一性、相似性、所反映的内容等鉴定;电子数据的存在性、真实性、功能性、相似性等鉴定。

①录音鉴定,是指鉴定人运用物理学、语言学、信息科学与技术、同一认定理论等原理、方法和专门知识,对检材录音的真实性、同一性、相似性及所反映的内容等问题进行检验、分析、鉴别和判断并提供鉴定意见的活动。

录音鉴定,包括录音处理、录音真实性鉴定、录音同一性鉴定、录音内容分析、录音作品相似性鉴定等。

②图像鉴定,是指鉴定人运用物理学、信息科学与技术、同一认定理论等原理、方法和专门知识,对检材图像(录像/视频、照片/图片)的真实性、同一性、相似性及所反映的内容等专门性问题进行检验、分析、鉴别和判断并提供鉴定意见的活动。

图像鉴定,包括图像处理、图像真实性鉴定、图像同一性鉴定、图像内容分析、图像作品相似性鉴定、特种照相检验等。

③电子数据鉴定,是指鉴定人运用信息科学与技术和专门知识,对电子数据的

存在性、真实性、功能性、相似性等专门性问题进行检验、分析、鉴别和判断并提供鉴定意见的活动。

电子数据鉴定,包括电子数据存在性鉴定、电子数据真实性鉴定、电子数据功能性鉴定、电子数据相似性鉴定等。

(4)环境损害司法鉴定,是指在诉讼活动中鉴定人运用环境科学的技术或者专门知识,采用监测、检测、现场勘察、实验模拟或者综合分析等技术方法,对环境污染或者生态破坏诉讼涉及的专门性问题进行鉴别和判断并提供鉴定意见的活动。

环境损害司法鉴定解决的专门性问题,包括确定污染物的性质,确定生态环境遭受损害的性质、范围和程度,评定因果关系,评定污染治理与运行成本,以及防止损害扩大、修复生态环境的措施或方案等。

①污染物性质鉴定,包括固体废物鉴定,危险废物鉴定,有毒物质(不包括危险废物)鉴定,放射性废物鉴定,含传染病病原体的废物(不包括医疗废物)鉴定,污染物筛查及理化性质鉴定,有毒物质、放射性废物致植物损害鉴定,有毒物质、放射性废物致动物损害鉴定。

②地表水与沉积物环境损害鉴定,包括污染环境行为致地表水与沉积物环境损害鉴定、污染环境行为致水生态系统损害鉴定、地表水和沉积物污染致植物损害鉴定、地表水和沉积物污染致动物损害鉴定。

③空气污染环境损害鉴定,包括污染环境行为致环境空气损害鉴定、环境空气污染致植物损害鉴定、环境空气污染致动物损害鉴定、室内空气污染损害鉴定、室内空气污染致人体健康损害鉴定。

④土壤与地下水环境损害鉴定,包括污染环境行为致土壤环境损害鉴定、污染环境行为致地下水环境损害鉴定、污染环境行为致土壤生态系统损害鉴定、土壤污染致植物损害鉴定、地下水污染致植物损害鉴定、土壤污染致动物损害鉴定、地下水污染致动物损害鉴定。

⑤近岸海洋与海岸带环境损害鉴定,包括污染环境行为致近岸海洋与海岸带环境损害鉴定、污染环境行为致近岸海洋与海岸带生态系统损害鉴定、近岸海洋与海岸带环境污染致海洋植物损害鉴定、近岸海洋与海岸带环境污染致海洋动物损害鉴定。

⑥生态系统环境损害鉴定,包括生态破坏行为致植物损害鉴定,生态破坏行为致动物损害鉴定,生态破坏行为致微生物损害鉴定,生态破坏行为致森林生态系统损害鉴定,生态破坏行为致草原生态系统损害鉴定,生态破坏行为致湿地生态系统损害鉴定,生态破坏行为致荒漠生态系统损害鉴定,生态破坏行为致海洋生态系统损害鉴定,生态破坏行为致河流、湖泊生态系统损害鉴定,生态破坏行为致冻原生态系统损害鉴定,生态破坏行为致农田生态系统损害鉴定,生态破坏行为致城市生态系统损害鉴定,矿产资源开采行为致矿山地质环境破坏、土地损毁及生态功能损害鉴定。

⑦其他环境损害鉴定,包括噪声损害鉴定、振动损害鉴定、光损害鉴定、热损害鉴定、电磁辐射损害鉴定、电离辐射损害鉴定。

2. 由各省、自治区、直辖市对鉴定人和鉴定机构注册管理的有司法会计鉴定、建筑工程司法鉴定、知识产权司法鉴定等。

①司法会计鉴定。运用司法会计学的原理和方法,通过检查、计算、验证和鉴证对会计凭证、会计账簿、会计报表和其他会计资料等财务状况进行鉴定。

②建筑工程司法鉴定。运用建筑学理论和技术,对与建筑工程相关的问题进行鉴定,其主要内容包括建筑工程质量评定、工程质量事故鉴定、工程造价纠纷鉴定等。

③知识产权司法鉴定。根据技术专家对本领域公知技术及相关专业技术的了解,并运用必要的检测、化验、分析手段,对被侵权的技术和相关技术的特征是否相同或者等同进行认定;对技术转让合同标的是否成熟、实用,是否符合合同约定标准进行认定;对技术开发合同履行失败是否属于风险责任进行认定;对技术咨询、技术服务以及其他各种技术合同履行结果是否符合合同约定,或者有关法定标准进行认定;对技术秘密是否构成法定技术条件进行认定;对其他知识产权诉讼中的技术争议进行鉴定。

三、对鉴定意见的审查与质证

由于鉴定意见是由专业人员针对专门问题依据科学知识、技术手段、专业经验作出的,其证明力往往被认为比其他证据强,更容易被采信。不过,理论和实践证明,鉴定意见同样也会发生错误,而且一旦发生错误,其对案件认定处理的负面影响比其他证据还要大。

(一) 审查鉴定意见与案件待证事实有无关联

证据的审查首要是审查证据的关联性,一个证据无论如何真实、可靠,如果与待证事实没有关系,也不能纳入案件的证据体系。因此,首先要审查鉴定意见与待证事实有无事实上的联系。比如,某人在多人斗殴中被同伴误伤鼻子造成骨折,经鉴定为轻伤,但与对方没有关系。

(二) 对鉴定意见文书形式要件的审查

审查鉴定意见是否符合《司法部关于印发司法鉴定文书格式的通知》的要求,鉴定意见是司法鉴定机构和司法鉴定人依照法定条件和程序,运用科学技术或者专门知识对诉讼中涉及的专门性问题进行分析、鉴别和判断后出具的记录和反映司法鉴定过程与司法鉴定意见的书面载体,是鉴定意见质量的重要保障。不符合相关要求的鉴定意见,很难保证其可靠性。

鉴定意见的形式要件包括提起鉴定的事由、鉴定委托人、鉴定机构、鉴定要求、鉴定过程、检验方法、鉴定文书的日期等相关内容,由鉴定机构加盖鉴定专用章等并由鉴定人签名盖章。对鉴定意见文书形式要件的审查应着重以下4个方面。

1. 鉴定意见是否由2人以上作出。《司法鉴定程序通则》第19条规定,司法鉴定机构对同一鉴定事项,应当指定或者选择2名司法鉴定人共同鉴定;对疑难、复杂或者特殊的鉴定事项,可以指定或者选择多名司法鉴定人进行鉴定。因此,司法鉴定机构中1个鉴定人所作的鉴定意见不能作为证据使用。

应当注意的是,实践中存在鉴定人不实际参加而代签名的现象,对此辩护人应申请鉴定人出庭作证,对鉴定细节进行发问,可以收到不错的效果。

2. 鉴定人是否在鉴定意见上签名。根据《刑事诉讼法》及相关规定,鉴定意见应当由鉴定人签名或者盖章。多人参加鉴定,对鉴定意见有不同意见的,应当注明。因此,没有在鉴定书上签名而只是打印署名的,或者多人参加鉴定不同意见者没有在鉴定意见中注明的,该鉴定意见依法不能作为定案的依据。

3. 鉴定机构是否在鉴定意见上盖章。根据《司法鉴定程序通则》第38条及相关规定,司法鉴定意见书应当加盖司法鉴定机构的司法鉴定专用章。因此,鉴定意见书中没有鉴定机构司法鉴定专用章的,该鉴定意见不具有证据资格。

4.鉴定意见在文字上是否有涂改、增补现象。审查鉴定意见是否有涂改、增补,审查涂改或增补的原因。对于不符合规定的涂改、增补,律师应当提出质证意见,直至证明其不具有证据资格。

(三)对鉴定主体的审查与质证

对鉴定意见主体的审查,包括鉴定机构和鉴定人两个方面。

1.对鉴定机构资质的审查。

《刑事诉讼法解释》第98条第1项规定,鉴定机构不具备法定资质,或者鉴定事项超出该鉴定机构业务范围、技术条件的,所出具的鉴定意见,不能作为定案的根据。

(1)鉴定活动须由鉴定机构接受委托。鉴定活动须由鉴定机构接受委托,鉴定意见须以受托鉴定机构的名义作出。审查鉴定意见有无鉴定单位的印章,审查鉴定意见是不是以鉴定机构的名义出具的,该鉴定机构是否为受委托的鉴定机构。

(2)鉴定机构须具备合法资质。根据《全国人民代表大会常务委员会关于司法鉴定管理问题的决定》、《公安机关鉴定机构登记管理办法》及《人民检察院鉴定机构登记管理办法》的相关规定,鉴定机构须经法定部门审核登记后才能取得鉴定机构资格。具体来讲,一般社会鉴定机构的资格取得,需经省级人民政府司法行政部门审核并登记入册,并取得《司法鉴定许可证》;公安机关鉴定机构,需经公安部或省、自治区、直辖市公安厅、局登记管理部门核准登记,并取得《鉴定机构资格证书》;人民检察院鉴定机构,则需经最高人民检察院检察技术部门或省级人民检察院检察技术部门核准登记,取得《人民检察院鉴定机构资格证书》。

注意,鉴定机构许可证或资格证书是否超过有效期限。

(3)鉴定事项属于鉴定机构业务范围。每个鉴定机构都有鉴定业务范围的限制,鉴定人员的专业知识、技术设备均有不同的要求,鉴定机构应在该业务范围之内开展鉴定业务。如果案件中具体鉴定事项不在该鉴定机构已确定的鉴定业务范围,则视为该鉴定机构没有资质。例如,物证类鉴定机构,不可以进行法医类鉴定活动。

2.对鉴定人的审查。

(1)鉴定人须具备合法资质。根据《全国人民代表大会常务委员会关于司法鉴定管理问题的决定》《公安机关鉴定人登记管理办法》及《人民检察院鉴定人登记管理办法》的相关规定，鉴定人须经法定部门审核登记后才能取得鉴定人资格。一般社会鉴定人的资格取得，需经省级人民政府司法行政部门审核并登记入册；公安机关鉴定人，需经公安部或省、自治区、直辖市公安厅、局登记管理部门核准登记，并取得《鉴定人资格证书》；人民检察院鉴定人，则需经最高人民检察院检察技术部门或省级人民检察院检察技术部门核准登记，取得《人民检察院鉴定人资格证书》。据此，鉴定意见应附有鉴定人资质证明。鉴定人的资格证书也有一定有效期限，已超过有效期限而未获得资格延续的，不能视为具有鉴定资格。同时，根据有关规定，公安机关及人民检察院司法鉴定人实行年度考核或审验制度，未通过年度考核或审验的，也不能视为具有鉴定资格。

(2) 鉴定事项符合鉴定人执业类别并具有相关专业技术或职称。取得鉴定资质的鉴定人均具有明确的执业类别，鉴定人应在其执业类别范围之内开展鉴定业务。

注意，《刑事诉讼法》第146条规定，鉴定应当指派、聘请有专门知识的人进行。同一类别内又有不同专业方向的区分，因此，鉴定人需具备鉴定事项所需要的相关专业知识，而不能认为只要登记某一执业类别，就能对该类别内所有事项进行鉴定。另外，根据规定鉴定人每年要参加一定时间的培训，才能保证专业知识的不落伍。对此，对鉴定人发问时可以有针对性地询问其是否完成了规定的培训，虽然鉴定人未完成培训不必然导致鉴定意见无效，但可以证明鉴定人相关专业度不够，如果鉴定意见瑕疵本身就多，那么这一点就会成为"压垮"该鉴定意见的"最后一根稻草"。

据此，律师在办案中审查有关鉴定人的资质时，不仅要审查其是否具有鉴定资格，还应该审查其鉴定执业类别，其具有的专业技术或者专业职称能否进行所涉及的鉴定事项，其实际的专业知识是否足支撑其完成鉴定事项。

(3) 鉴定人是否存在应予回避的情况。司法鉴定人本人或者其近亲属与诉讼当事人、鉴定事项涉及的案件有利害关系，可能影响其独立、客观、公正地进行鉴定的，应当回避。一般情况下，辩护人很难发现鉴定人应当回避的情形，但要记得有这个规定，万一有机会发现就可以提出质证意见。

司法鉴定人曾参加过同一鉴定事项的，或者曾作为专家提供过咨询意见的，或者曾被聘请为有专门知识的人参与过同一鉴定事项法庭质证的,应当回避。

(四)对鉴定材料的审查

根据《司法鉴定程序通则》第12条的规定,委托人委托鉴定的,应当向司法鉴定机构提供真实、完整、充分的鉴定材料,并对鉴定材料的真实性、合法性负责。司法鉴定机构应当核对并记录鉴定材料的名称、种类、数量、性状、保存状况、收到时间等。鉴定材料包括生物检材和非生物检材、比对样本材料以及其他与鉴定事项有关的检材。鉴定材料符合法定条件是获得合法、有效的鉴定意见不可或缺的客观基础,因此,辩护律师在办案中应当对其进行充分审查和质证。

1. 审查检材的来源是否合法。审查送检的材料是否通过合法的手段按照法定程序取得,如果取得检材程序违法,则得出的鉴定意见不具有证据效力。例如,对于委托机关送检的在现场勘查时提取到的血迹、指印,要审查在现场勘查笔录中是否有提取到血迹、指印的记载,审查在现场勘查时有没有见证人在场,见证人有没有在现场勘查笔录上签名等情况。

2. 审查检材的取样是否科学。审查检材提取的方法是否科学,是否正确、完整地反映鉴定事项。检材取样不科学时所得出的鉴定意见不能作为定案根据。例如,在毒品案件中,对批量毒品作定性鉴定时,应按科学比例进行随机检材取样。

3. 审查检材的保管、送检过程是否符合法律及有关规定。鉴定材料从委托至鉴定进行,其保管、运输、送检、接收等环节,是否保持同一,是否存在鉴定材料被污染、改变或掉包的情况。因此,要审查鉴定材料的保管与送检是否符合法律及有关规定。例如,在抽血比对鉴定中,如果对血样保管不当造成污染或将不同血样无意中调换,作出的鉴定意见就会发生错误。

4. 审查鉴定材料是否充分。鉴定材料是否足够充分、是否满足鉴定需要对量的要求直接影响鉴定意见的准确度,若不充分、不满足,则可能无法鉴定。因此,如果鉴定所依据的送检材料不充分,则鉴定结论往往是片面的,不应作为证据采信。

5. 审查鉴定材料是否具有确定性。言词证据不得作为鉴定材料,如在司法会计鉴定中,办案单位往往会移送很多证人证言以此来判定资金的流向,这是错误的。证人证言即使是鉴定意见在法庭查证之前本身也是待证事实,并不具有确定性。利用不确定的、待查证的证人证言、鉴定意见等作为司法鉴定的依据,是不可靠的。

（五）对鉴定依据的审查

审查鉴定意见所依据的法律规定、相关专业领域的技术标准或规范是否合法、可靠。与鉴定无关或已失效的法律法规、规章不能作为鉴定依据。

根据《司法鉴定程序通则》第23条的规定，司法鉴定应依下列顺序采用该专业领域的技术标准和技术规范：国家标准、行业标准和技术规范、该专业领域多数专家认可的技术方法。因此，司法鉴定所采用的技术标准与规范应严格遵循上述顺序，如果存在先顺位依据，就不可适用后顺位依据。

（六）对鉴定方法的审查

审查鉴定所采用的鉴定方法是否科学。应审查鉴定方法本身的科学性、鉴定方法选择的合理性、鉴定方法运用的正确性，对此，律师最好向相关专业领域的专家请教，必要时申请有专门知识的人出庭。

（七）对鉴定设备的审查

审查鉴定所使用的设备是否先进、是否能满足鉴定事项的需要，该行业是否有更先进的技术设备，这直接影响鉴定结果的准确性。

（八）审查鉴定意见是否明确

由于科学技术水平和人的认知局限性，现有的技术水平包括设备、检材充分程度、是否受污染都可能影响鉴定意见是否明确，而鉴定意见是明确的意见还是概率性意见会影响鉴定意见的可靠性。

（九）鉴定意见告知程序的审查

根据《刑事诉讼法》第148条的规定，侦查机关应当将用作证据的鉴定意见告知犯罪嫌疑人、被害人。如果犯罪嫌疑人、被害人提出申请，可以补充鉴定或者重新鉴定。这不仅是当事人诉讼程序的权利，也是通过当事人对鉴定意见的真实性和可靠性进行审查，还可以在一定程度上减少审判时双方当事人之间的矛盾，确保审判的顺利进行。

（十）对鉴定意见与其他证据之间是否存在矛盾的审查

审查鉴定意见与其他证据是否矛盾，应将鉴定意见置于证据体系中，审查其是否与其他证据互相吻合、相互能够得到印证，是否能排除合理怀疑。

（十一）要求鉴定人出庭接受质证

根据《全国人民代表大会常务委员会关于司法鉴定管理问题的决定》第 11 条的规定，在诉讼中，当事人对鉴定意见有异议的，经人民法院依法通知，鉴定人应当出庭作证。对鉴定人发问也属于质证，对鉴定人发问内容参见本书庭审发问一章。

（十二）必要时依法申请重新鉴定、补充鉴定

除了对鉴定意见进行质证，提出确有法律、法规、规章以及科学依据的质证意见，动摇原鉴定意见的基础，还可以适时提出重新鉴定、补充鉴定的申请。

（十三）对鉴定意见的质证

经以上审查，鉴定意见具有下列情形之一的，不得作为定案的根据：

（1）鉴定机构不具备法定资质，或者鉴定事项超出该鉴定机构业务范围、技术条件的；

（2）鉴定人不具备法定资质，不具有相关专业技术或者职称，或者违反回避规定的；

（3）送检材料、样本来源不明，或者因污染不具备鉴定条件的；

（4）鉴定对象与送检材料、样本不一致的；

（5）鉴定程序违反规定的；

（6）鉴定过程和方法不符合相关专业的规范要求的；

（7）鉴定文书缺少签名、盖章的；

（8）鉴定意见与案件待证事实没有关联的。

第十一节

技术调查、技术侦查证据材料的审查与质证

一、审查技术调查、侦查措施的合法性

1.审查技术调查、侦查措施所针对的案件是否符合法律规定。

根据《刑事诉讼法》第15条、《公安机关办理刑事案件程序规定》的有关规定，公安机关在立案后，根据侦查犯罪的需要，可以对下列严重危害社会的犯罪案件采取技术侦查措施：(1)危害国家安全犯罪、恐怖活动犯罪、黑社会性质的组织犯罪、重大毒品犯罪案件；(2)故意杀人、故意伤害致人重伤或者死亡、强奸、抢劫、绑架、放火、爆炸、投放危险物质等严重暴力犯罪案件；(3)集团性、系列性、跨区域性重大犯罪案件；(4)利用电信、计算机网络、寄递渠道等实施的重大犯罪案件，以及针对计算机网络实施的重大犯罪案件；(5)其他严重危害社会的犯罪案件，依法可能判处7年以上有期徒刑的。人民检察院在立案后，对于利用职权实施的严重侵犯公民人身权利的重大犯罪案件。

公安机关追捕被通缉或者批准、决定逮捕的在逃的犯罪嫌疑人、被告人，可以采取追捕所必需的技术侦查措施。

2.审查技术调查、侦查措施批准手续及实施过程是否合法。需要采取技术侦查措施的，应当报设区的市一级以上公安机关负责人批准。

人民检察院等部门决定采取技术侦查措施，交公安机关执行的，由设区的市一级以上公安机关按照规定办理相关手续后，交负责技术侦查的部门执行，并将执行情况通知人民检察院等部门。

批准采取技术侦查措施的决定自签发之日起3个月以内有效。有效期限届满，负责技术侦查的部门应当立即解除技术侦查措施。在有效期限内，对不需要继续采取技术侦查措施的，办案部门应当立即书面通知负责技术侦查的部门解除技

术侦查措施；对复杂、疑难案件，采取技术侦查措施的有效期限届满仍需要继续采取技术侦查措施的，经负责技术侦查的部门审核后，报批准机关负责人批准。批准延长期限，每次不得超过3个月。

技术侦查措施是指由设区的市一级以上公安机关负责技术侦查的部门实施的记录监控、行踪监控、通信监控、场所监控等措施。采取技术侦查措施，必须严格按照批准的措施种类、适用对象和期限执行。在有效期限内，需要变更技术侦查措施种类或者适用对象的，应当按照《公安机关办理刑事案件程序规定》第265条的规定重新办理批准手续。

二、审查技术调查、侦查措施证据材料的客观性

审查采取技术调查、侦查措施收集的证据材料与其他证据是否矛盾；存在矛盾的，能否得到合理解释。审查移送技术调查、侦查证据材料清单和有关说明材料是否客观。

审查移送采用技术调查、侦查措施收集的视听资料、电子数据是否制作新的存储介质，并附制作说明，制作说明是否写明了原始证据材料、原始存储介质的存放地点等信息，且由制作人签名并加盖单位印章，对其真实性或者同一性是否能进行鉴定或验证。

审查应当移送的技术调查、侦查措施证据材料是否全部移送。根据规定，人民法院认为应当移送的技术调查、侦查证据材料未随案移送的，应当通知人民检察院在指定时间内移送。人民检察院未移送的，人民法院应当根据在案证据对案件事实作出认定。但是，如果是关于被告人无罪或罪轻的证据材料没有移送的，人民法院按照现有证据判决将对被告人产生不利，而未规定不移送的后果，此时建议辩护人按照存疑时有利于被告原则极力争取，而如何发现存疑，或者如何发现未移送对于被告人有利证据对辩护人来说是个挑战。

三、审查技术调查、侦查措施证据材料的关联性

审查《呈请采取技术侦查措施报告书》的内容所列的理由是否与案件有关；审查技术调查、侦查措施证据材料的内容与案件待证事实是否有关联。

四、对技术调查、侦查措施证据材料的质证

通过以上对技术调查、侦查措施证据材料的合法性、真实性、关联性审查,分别按照"三性"提出不能作为定案依据使用的质证意见。必要时提出鉴定申请,或者申请侦查人员出庭作证。

【注意】审查由侦查人员或者公安机关指定的其他人员隐匿身份实施侦查的证据材料,适用以上审查方法。特别审查是否属于使用促使他人产生犯罪意图的方法诱使他人犯罪的情况。根据相关规定和判例,犯意引诱属于无罪情形。

第十章 程序辩护的几个痛点问题

chapter 10

一、违反公安机关内部机构管辖分工是否违法

【案例1】H省某县某村孙某为自己经营的食品超市资金周转向程某借款50万元,后不能按时还款,被程某控告诈骗。程某到属地派出所、县公安局刑警大队都没有立案,最后县公安局食药环大队立案侦查。后孙某被判诈骗罪成立。

【案例2】H省某县某村梁某酒后骂村支书胡某,胡某控告梁某寻衅滋事,属地派出所没有立案,而是邻近的派出所立为行政案件处罚,后刑警队立为刑事案件,梁某被判刑。

【案例3】H省某市某开发公司因与一拆迁户误拆纠纷,在属地派出所调解下达成拆迁协议,几年后拆迁户反悔,县禁毒大队以故意毁坏财物立案,开发公司经理吴某被判刑。

【案例4】H省某市秦某因与周某有矛盾,多次到周某家、单位侮辱谩骂、拉横幅,周某控告秦某寻衅滋事,属地派出所调查后不予立案,周某上访。

根据《公安部刑事案件管辖分工规定》,上述【案例1】的诈骗罪应当由刑警大队侦办;【案例2】应当由治安大队立案;【案例3】应当由治安大队侦办;【案例4】应当由治安大队侦办。

上述案例都违反了《公安部刑事案件管辖分工规定》,且没有书面指定管辖文件。还有现实中,派出所办理了大量的不属于自己分工的案件。这些现象是否违法?

上述案例控方的意见都是根据《公安机关办理刑事案件程序规定》第24条"县级公安机关负责侦查发生在本辖区内的刑事案件",认为派出所和刑警队等都是县级公安机关的组成机构,不违反法律规定。其他理由大致还有派出所及其他办案单位也是公安机关,侦查的事实对案件没有影响等。

笔者认为,这些现象均是违法的,控方的意见不能成立。理由如下。

《公安机关办理刑事案件程序规定》第25条规定,公安机关内部对刑事案件的管辖,按照刑事侦查机构的设置及其职责分工确定。本条是关于公安机关内部机构管辖分工原则的规定。《公安机关办理刑事案件程序规定释义与实务指南》[①]一

---

① 孙茂利主编:《公安机关办理刑事案件程序规定释义与实务指南》,中国人民公安大学出版社2020年版。

书中指出,公安机关在办理刑事案件过程中,无论各警种如何分工,最终的目的都是将刑事案件顺利办理,因此,在实践工作中,各办案单位原则上按照上述规定进行分工,也可以根据案件或本单位具体实际情况,指定其他警种办理案件。

从以上规定可以看出,原则上按照职责分工,也可以根据实际情况指定其他警种办理。问题是,在什么情况下指定其他警种办理没有明确,并且必须是经负责人或决策机构来"指定"。一般情况下,"指定"也应当有书面指定文件,否则岂不是乱套了,公安部又何必颁布《刑事案件管辖分工规定》这份文件。因此,可以得出结论,根据实际情况县级公安机关负责人或办公会可以"指定"其他警种办理案件,这种"指定"一般会有书面指定文件的,否则就应当按照职责分工办理。

现实中,县级公安机关遇到复杂的案件,需要协调多个办案单位联合作战,或者办案单位有回避等特殊情形的指定其他警种办理。但是,类似上述案例中没有特殊情况,没有书面指定文件,擅自办理了不属于自己职责分工的案件就是违法。其蕴含的法理是,第一,刑事诉讼法赋予了公安机关的刑事侦查权,具体到其内部分工,也就是公安机关内部哪个部门来行使,要依照法律规定来确定,《公安部刑事案件管辖分工规定》就是依照《刑事诉讼法》的授权确定职责分工的,《公安部刑事案件管辖分工规定》是刑事诉讼法的渊源,也是刑事诉讼法的组成部分;第二,刑事侦查权是公权力,公权力是法无授权不可为,其他部门没有被授权管辖,没有得到授权办理案件,就是违法的;第三,没有授权,也就是没有权利能力,没有行为能力,没有办案资格。从实际考虑,《公安部刑事案件管辖分工规定》之所以按照警种划分职责,是因为各警种有自己的特点,在人员配置、装备、办案经验等方面都有不同,专业能力不同,其他警种没有办理这类案件的专业能力,无法满足办案需要,无法保证案件的质量。

因此,在一般情况下,各警种都是按照职责分工办理属于自己职责范围内的案件。在没有特殊情况,没有书面指定文件的情况下,办理不属于自己职责分工的案件,不是反常吗?不能不让人联想到"人情案、关系案"。

所以,律师遇有此种情况应当提出属于违法办案,没有办案资格,所取得的证据不具有合法性的辩护意见。但是,由于此种情况非常普遍,仅以此作为辩点显得太过薄弱,目前尚未查到法院仅因此确认其属于违法的判例。建议律师们首先要下大力气吃透案件,充分论证案件不能成立的理由,再结合深挖其背后反常的原因,打"组合拳"。比如,上述【案例1】,属地派出所和有职责分工的刑警队都不立案,没有职责分工的食药环大队为什么立案,有什么特殊情况,没有特殊情况的就有办"人情案、关系案"的嫌疑,再加上充分论证案件不能成立的理由、法律依据,如能发现其办"人情案、关系案"或者与其他违法办案的证据结合起来就很可能会逆转。

二、指定居所监视居住

2022年7月7日凌晨,34岁的暴某瑞在石家庄市裕华区的家中被公安人员以涉嫌寻衅滋事为由带到新乐市新乐宾馆执行指定居所监视居住。7月20日,暴某瑞在被执行指定居所监视居住期间离世。在石家庄市裕华区同一天被带走的,还有他的父亲、叔叔、同村村民等8人,他们被指参与殴打民工、非法拘禁、放高利贷等活动。2023年6月19日,新乐市公安局以"经认定不应当追究刑事责任"为由,对8人解除取保候审。

《南方周末》2023年9月19日以"河北省石家庄裕华区男子暴某瑞被'指定居所监视居住'13天后死亡"发了报道。

《南方周末》2023年9月19日报道暴某瑞死亡事件后,指定居所监视居住再次引发全国人民的关注。人们寄希望于借此像当年借孙志刚事件废除《城市流浪乞讨人员收容遣送办法》一样,废除"指定居所监视居住制度"。

【法条链接】中华人民共和国刑事诉讼法(2018年修正)

第七十五条 监视居住应当在犯罪嫌疑人、被告人的住处执行;无固定住处的,可以在指定的居所执行。对于涉嫌危害国家安全犯罪、恐怖活动犯罪,在住处执行可能有碍侦查的,经上一级公安机关批准,也可以在指定的居所执行。但是,不得在羁押场所、专门的办案场所执行。

指定居所监视居住的,除无法通知的以外,应当在执行监视居住后二十四小时以内,通知被监视居住人的家属。

被监视居住的犯罪嫌疑人、被告人委托辩护人,适用本法第三十四条的规定。

人民检察院对指定居所监视居住的决定和执行是否合法实行监督。

从法条来看,指定居所监视居住有两种情况,一是普通犯罪"无固定住处"的,二是"涉嫌危害国家安全犯罪、恐怖活动犯罪,在住处执行可能有碍侦查的,经上一级公安机关批准"。

目前,争议最大的是第一种情况。按照《刑事诉讼法》第75条的规定,指定居所监视居住的,除无法通知的以外,应当在执行监视居住后24小时以内,通知被监视居住人的家属。但是是通知家属,不是"通知到"家属。一些办案人员会采用邮寄"平信、挂号信"的方式通知,而平信、挂号信通常一周至两周才能到达。他们还存在用不告知家属嫌疑人指定居所的地点、变换指定居所的地点等方式来拖延时间。如此一来,家属便无从得知被指定居所监视居住的地点,在委托辩护律师时,自然也无法提供准确地点。辩护律师的会见,实际上必须要全部通过办案机关的准许、告知和安排,形成了一种现实的"批准"流程。

《刑事诉讼法》第39条第5款规定,"辩护律师同被监视居住的犯罪嫌疑人、被告人会见、通信,适用第一款、第三款、第四款的规定"。

律师对于办案单位直接、间接、变相阻止律师会见的情况,可以依照《最高人民法院、最高人民检察院、公安部关于依法保障律师执业权利的规定》等规定投诉(详见第三章)。还可以依据《人民检察院对指定居所监视居住实行监督的规定》进行申诉和控告,以敦促公安机关告知监视居住地点,准许会见,对犯罪嫌疑人采取其他强制措施。同时,如果发现属于检察院不批捕的不应当对嫌疑人指定居所监视居住的情况,以及办案单位有刑讯逼供等侵害嫌疑人诉讼权利的情况也可以据此要求检察院监督。

【未被批准逮捕的案件,公安机关可否对犯罪嫌疑人监视居住?】

2014年,最高人民检察院侦查监督厅发布的《侦查监督部门实施刑事诉讼法若干问答》中明确提到:

问5.人民检察院作出不批准逮捕决定的案件,公安机关直接变更为监视居住是否合法?

答:刑诉法修改后,监视居住成为逮捕的替代措施,因此,除刑诉法第72条第二款规定的情形外,适用监视居住的前提条件是符合逮捕条件。如果人民检察院认为不符合逮捕条件而决定不批准逮捕,公安机关就不能直接变更为监视居住。如果案件经进一步侦查取得新的进展,已符合逮捕条件,公安机关可以重新提请审查逮捕或者依法决定监视居住。发现公安机关对不符合逮捕条件的犯罪嫌疑人违反法律规定直接予以监视居住的,人民检察院应当监督纠正。

因此,对这一问题的答案是明确的,即对不批准逮捕的案件,不能直接变更为监视居住措施,此时律师应建议公安机关对犯罪嫌疑人、被告人采取取保候审。

最后,《刑事诉讼法》第75条规定,监视居住应当在犯罪嫌疑人、被告人的住处执行;"无固定住处的",可以在指定的居所执行。在民法上购买和租住的地方都可以理解为"固定住处"。有的律师及家属为此就在办案单位所在地临时买房或租房,而要求解除、离开"指定的居所"到其临时购买或租住的房屋执行监视居住。目前还没有听说有成功先例的,但笔者认为可以大胆尝试,万一成功了呢!权利向来就是需要争取的。

三、关于分案和并案

有些共同犯罪的案件,检察院分成若干个案件分别起诉,被分开审理的案件当事人可能出现不同结果,如量刑失衡,有的甚至不起诉。而其讯问笔录却成为其他当事人有罪的证据,却不能获得有效的质证、对质。

根据《人民法院办理刑事案件第一审普通程序法庭调查规程(试行)》第8条的规定,被告人供述之间存在实质性差异的,法庭可以传唤有关被告人到庭对质。分案审理的情况下,显然无法实现对另案被告人当庭发问和被告人之间的对质,而申请其到庭,法庭基本不会同意。严重剥夺了被告人基本的诉讼权利。

笔者多次遇到这种情况,律师界同行也多有反映,对于共同犯罪或关联犯罪案件,尤其是涉黑案件和职务犯罪案件,检察院经常选择分案起诉,将作无罪辩护的被告人和其他被告人分开,让作无罪辩护的被告和其他被告之间无法在法庭上相互对质,让作无罪辩护的被告不能充分质证,实际上变相剥夺了无罪辩护质证的权利和机会。

《刑事诉讼法解释》的修改给了法院合并审理的权力。《刑事诉讼法解释》第220条规定,对一案起诉的共同犯罪或者关联犯罪案件,被告人人数众多、案情复杂,人民法院经审查认为,分案审理更有利于保障庭审质量和效率的,可以分案审理。分案审理不得影响当事人质证权等诉讼权利的行使。对分案起诉的共同犯罪或者关联犯罪案件,人民法院经审查认为,合并审理更有利于查明案件事实、保障诉讼权利、准确定罪量刑的，可以并案审理。

辩护律师如果遇到此类情况，要尽量说服法官将检察院分案起诉的共同犯罪和关联犯罪合并审理，使得当事人能够当庭对质，创造当事人交叉询问的机会。

四、另案处理的同案犯供述能否作为指控被告人的证据

这个问题需要明确同案犯的讯问笔录到底是证人证言还是被告人供述。因为这是两个证据种类。

《刑事诉讼法》第55条规定，对一切案件的判处都要重证据，重调查研究，不轻信口供。只有被告人供述，没有其他证据的，不能认定被告人有罪和处以刑罚；没有被告人供述，证据确实、充分的，可以认定被告人有罪和处以刑罚。

由于上述条文并未对作出供述的被告人指明几人，故条文中的"被告人供述"宜作广义理解，包括单一的被告人供述和共同犯罪中的被告人供述。考虑共犯为了获得不起诉、自首、立功等免除或减轻自己罪责的利益栽赃他人或推卸责任等情形时有发生，将共犯供述排除于口供的补强证据之外对于避免误判具有现实意义。然而，鉴于实践中的特殊情形，某些类型的案件存在惯常性的取证困难，司法解释或规范性文件对共犯供述作为补强证据作出了特殊规定。例如，最高人民法院发布的《全国部分法院审理毒品犯罪案件工作座谈会纪要》规定，在毒品犯罪案件中，被告人的口供可以由同案其他被告人的供述予以补强，如果相互印证，并排除诱供、逼供、串供等可能性，可据此定案。但这一定案思路能否再扩展到其他有类似取证困境的诸如黑社会性质犯罪、恐怖活动犯罪、职务犯罪等案件中呢？暂没有具体规定表明可以适用这些案件，更不能适用于普通案件。

在遵循上述条文基本精神，即坚持"排除诱供、逼供、串供等可能性，同案被告人供述印证补强"的前提下，可考虑规定几种特殊情形，控制适用范围：一是共犯被告人转列证人身份，所作陈述另有其他证据补强，其真实可靠性已有保障，再作为其他被告人口供的补强证据即无大碍。二是共犯之间除具备上述情形外，在互为补强的供述中还提出了一些隐蔽性证据或细节，并得以确证。三是共犯被判无罪或因责任年龄、追诉时效、期待可能性等原因不需要对参与被告人犯罪的行为承担责任，此时以证人身份参与被告人的审判，由于没有直接的利害冲突，其陈述可作

为补强证据。当然，实践中还应最大限度地要求同案被告人到庭，给予受审被告人及其辩护人发问质证的机会，以最大限度地确保同案被告人供述的可靠性与真实性。

如此，对没有被起诉的嫌疑人在限定条件下转为证人，将其证人证言作为补强证据。应当对其诉讼身份进行界定和充分告知，转换后重新取证。

五、审判阶段发现侦查人员属于应当回避的情形

审判阶段发现侦查人员有《刑事诉讼法》第 29 条、第 30 条规定的应当回避的情形怎么办？

根据《刑事诉讼法》及《刑事诉讼法解释》的规定，"审判人员、检察人员、侦查人员"都是应当回避的范围，法律并没有规定在什么时间提出对其回避的申请，况且发现回避事由的时间不能确定，不能因为过了侦查阶段就剥夺了当事人的诉讼权利。因此，出现这种情况建议仍然要提出回避申请。相关侦查人员回避的后果是其所取得的讯问、询问笔录及其他证据失去合法性，应当由其他侦查人员重新取证。如果因为时间、条件等无法重新取得相关证据的，需要回避的侦查人员所取得的证据没有合法性，不能作为定案的证据使用。

六、关于律师查阅、复制讯问录音录像

（一）讯问犯罪嫌疑人录音录像制度的确立

在世界范围内，讯问犯罪嫌疑人录音录像制度是英国于 1995 年最早确立的。该制度在刑事司法领域发挥了重要作用，之后许多国家和地区也纷纷引入这一制度，意图以此遏制讯问中的刑讯逼供等问题。

在我国，最初是由最高人民检察院于 2005 年 12 月下发《人民检察院讯问职务犯罪嫌疑人实行全程同步录音录像的规定（试行）》，在全国推行讯问职务犯罪嫌疑人录音录像制度。此后，最高人民法院、最高人民检察院、公安部、司法部于 2007 年 3 月联合发布《关于进一步严格依法办案确保办理死刑案件质量的意见》，规定讯问犯罪嫌疑人，在文字记录的同时，可以根据需要录音录像。2012 年修正《刑事诉讼法》正式确立了讯问录音录像制度，该法规定，侦查人员在讯问犯罪嫌疑人的

时候，可以对讯问过程进行录音或者录像；对于可能判处无期徒刑、死刑的案件或者其他重大犯罪案件，应当对讯问过程进行录音或者录像。录音或者录像应当全程进行，保持完整性。

根据2014年9月5日公安部发布的《公安机关讯问犯罪嫌疑人录音录像工作规定》第4条的规定，对下列重大犯罪案件，应当对讯问过程进行录音录像：可能判处无期徒刑、死刑的案件；致人重伤、死亡的严重危害公共安全犯罪、严重侵犯公民人身权利犯罪案件；黑社会性质组织犯罪案件，包括组织、领导黑社会性质组织，入境发展黑社会组织，包庇、纵容黑社会性质组织等犯罪案件；严重毒品犯罪案件，包括走私、贩卖、运输、制造毒品，非法持有毒品数量大的，包庇走私、贩卖、运输、制造毒品的犯罪分子情节严重的，走私、非法买卖制毒物品数量大的犯罪案件；其他故意犯罪案件，可能判处十年以上有期徒刑的。

"讯问"，既包括在执法办案场所进行的讯问，也包括对不需要拘留、逮捕的犯罪嫌疑人在指定地点或者其住处进行的讯问，以及紧急情况下在现场进行的讯问。

"可能判处无期徒刑、死刑的案件"和"可能判处十年以上有期徒刑的案件"，是指应当适用的法定刑或者量刑档次包含无期徒刑、死刑、10年以上有期徒刑的案件。

公安部2016年7月5日发布的《公安机关执法细则（第三版）》规定，讯问犯罪嫌疑人，应当全程录音、录像。讯问犯罪嫌疑人的录音录像资料，应当保持真实性和完整性，不得剪辑、修改、伪造，并封存备查。

《公安机关办理刑事案件程序规定》（2020年修正）第208条第1款、第2款规定，讯问犯罪嫌疑人，在文字记录的同时，可以对讯问过程进行录音录像。对于可能判处无期徒刑、死刑的案件或者其他重大犯罪案件，应当对讯问过程进行录音录像。

前款规定的"可能判处无期徒刑、死刑的案件"，是指应当适用的法定刑或者量刑档次包含无期徒刑、死刑的案件。"其他重大犯罪案件"，是指致人重伤、死亡的严重危害公共安全犯罪、严重侵犯公民人身权利犯罪，以及黑社会性质组织犯罪、严重毒品犯罪等重大故意犯罪案件。

《监察法》第41条第2款规定"调查人员进行讯问以及搜查、查封、扣押等重要取证工作，应当对全过程进行录音录像，留存备查"。《国家监察委员会与最高人民检察院办理职务犯罪案件工作衔接办法》第 27 条第 2 款规定:国家监察委员会对调查过程的录音、录像不随案移送最高人民检察院。最高人民检察院认为需要调取与指控犯罪有关并且需要对证据合法性进行审查的讯问录音录像,可以同国家监察委员会沟通协商后予以调取。

(二)讯问录音录像的证据属性

1. 不是证明案件事实本身而是证明讯问过程的合法性。

2013 年 9 月 22 日《最高人民法院关于辩护律师能否复制侦查机关讯问录像问题的批复》([2013]刑他字第 239 号)指出,自人民检察院对案件审查起诉之日起,辩护律师可以查阅、摘抄、复制案卷材料,但其中涉及国家秘密、个人隐私的,应严格履行保密义务。你院请示的案件,侦查机关对被告人的讯问录音录像已经作为证据材料向人民法院移送并已在庭审中播放,不属于依法不能公开的材料,在辩护律师提出要求复制有关录音录像的情况下,应当准许。

《〈关于辩护律师能否复制侦查机关讯问录像问题的批复〉的理解与适用》[①]指出,侦查过程的同步录音录像属于侦查人员对犯罪嫌疑人讯问笔录的视听资料载体,对于案件的作用不是证明案件事实本身而是证明讯问过程的合法性。如果辩方或法庭没有提出对于有关被告人讯问笔录合法性的质疑,没有启动非法证据排除程序,一般是不需要向法院移送或调取该讯问录音录像的。然而,一旦有关讯问录音录像移送法院,作为证据材料在庭审中公开使用,或者非法证据排除程序已经启动,法院已经调取并在审判阶段使用的,其应属于案卷材料,辩护律师在有权查阅的同时,当然有权复制。

2. 证明讯问行为的合法性。

2013 年 1 月 1 日最高人民法院、最高人民检察院、公安部、国家安全部、司法部、全国人大常委会法制工作委员会发布的《关于实施刑事诉讼法若干问题的规定》第 19 条规定,侦查人员对讯问过程进行录音或者录像的,应当在讯问笔录中注明。人民检察院、人民法院可以根据需要调取讯问犯罪嫌疑人的录音或者录像,有关机关应当及时提供。

---

① 王晓东、康瑛:《〈关于辩护律师能否复制侦查机关讯问录像问题的批复〉的理解与适用》,载《人民司法(应用)》2014 年第 3 期。

全国人大常委会法工委专门对其规定作了进一步的解读:2012 年《刑事诉讼法》增加讯问录音或者录像制度的目的,在于规范侦查讯问行为,防止刑讯逼供,保护犯罪嫌疑人的合法权益,提高办案质量。侦查讯问过程的录音录像资料,主要是用于真实完整地记录讯问过程,在对办案机关对犯罪嫌疑人供述取得的合法性进行调查时证明讯问行为的合法性。当辩方或者法院对讯问过程合法性有疑问的时候,控方为证明讯问过程的合法性,可以出示这个录音录像。反之,如果辩方或者法院对讯问过程的合法性没有疑问,那么控方就无须出示。

3. 讯问录音录像从过程性证明向实体性证明转变。

《人民法院办理刑事案件排除非法证据规程(试行)》第 22 条规定,对与定罪量刑有关的内容,讯问笔录记载的内容与讯问录音录像存在实质性差异的,以讯问录音录像为准。

《人民法院办理刑事案件第一审普通程序法庭调查规程(试行)》第 50 条规定,法庭应当结合讯问录音录像对讯问笔录进行全面审查。讯问笔录记载的内容与讯问录音录像存在实质性差异的,以讯问录音录像为准。

4. 律师界普遍认为,讯问录音录像与讯问笔录同属于"犯罪嫌疑人、被告人供述和辩解",只是载体不同。

《刑事诉讼法》第 120 条、第 123 条规定,犯罪嫌疑人有如实供述的义务,"对侦查人员的提问,应当如实回答",讯问时,侦查人员应当制作讯问笔录,"可以对讯问过程进行录音或者录像,对于可能判处无期徒刑、死刑的案件或者其他重大犯罪案件,应当对讯问过程进行录音或者录像"。

《人民检察院刑事诉讼规则》第 188 条规定,"讯问笔录应当忠实于原话,字迹清楚,详细具体,并交犯罪嫌疑人核对"。

可以得出,讯问笔录与讯问录音录像都是对讯问过程的记录,内容相同,只是载体不同的结论。

讯问录音录像是声音图像记录,直观准确,既能够准确记录犯罪嫌疑人口供内容,还能够准确记录讯问的场景。其效果和作用超过用文字进行记录的讯问笔录。

(三)律师复制讯问录音录像的障碍

根据笔者的经验以及律师界同行的反映,随着法治理念逐渐深入人心,越来越多的检察院、法院允许律师复制讯问录音录像。但是,仍然有相当数量的检察官、法官不允许律师复制。尤其是嫌疑人、被告人提出受到了非法讯问，律师提出排除非法证据申请的案件，承办人大多极力反对律师复制讯问录音录像。他们的理由是最高人民检察院法律政策研究室《关于辩护人要求查阅、复制讯问录音、录像如何处理的答复》，全文如下：

上海市人民检察院法律政策研究室：

你室《关于辩护人要求查阅、复制讯问录音、录像如何处理的请示》（沪检研〔2013〕22号）收悉，经与公诉厅研究并征求最高法院意见，现答复如下：

一、根据《刑事诉讼法》第三十八条的规定，辩护律师自人民检察院对案件审查起诉之日起，可以查阅、摘抄、复制本案的案卷材料，即法律规定的辩护人的阅卷范围仅限于案件的案卷材料。对案卷材料以外的其他与案件有关的材料，刑事诉讼法及有关司法解释并未授权辩护人查阅、摘抄、复制。辩护人是否可以查阅、摘抄和复制，需要由人民检察院根据案件情况决定。

二、根据《人民检察院刑事诉讼规则（试行）》第四十七条第二款的规定，案卷材料包括案件的诉讼文书和证据材料。讯问犯罪嫌疑人录音、录像不是诉讼文书和证据材料，属于案卷材料之外的其他与案件有关的材料，辩护人未经许可，无权查阅、复制。

三、根据《刑事诉讼法》第五十六条和《人民检察院刑事诉讼规则（试行）》第七十四条、第七十五条的规定，在人民检察院审查起诉阶段，辩护人对讯问活动合法性提出异议，申请排除以非法方法收集的证据，并提供相关线索或者材料的，可以在人民检察院查看（听）相关的录音、录像。对涉及国家秘密、商业秘密、个人隐私或者其他犯罪线索的内容，人民检察院可以对讯问录音、录像的相关内容作技术处理或者要求辩护人保密；在人民法院审判阶段，人民法院调取讯问犯罪嫌疑人录音、录像的，人民检察院应当将讯问录音、录像移送人民法院。必要时，公诉人可以提请法庭当庭播放相关时段的录音、录像。但辩护人无权自行查阅、复制讯问犯罪嫌疑人录音、录像。

此复。

最高人民检察院法律政策研究室
2014年1月27日

最高人民检察院这个答复出台，给了反对者底气和理由，笔者认为，这个答复是错误的。

第一，最高人民检察院法律政策研究室无权作出司法解释，且不能对所有司法机关有约束力。

第二，其认为的"讯问犯罪嫌疑人录音、录像不是诉讼文书和证据材料，属于案卷材料之外的其他与案件有关的材料"是错误的。讯问录音录像客观地记录了审讯的过程，应当说录音录像是讯问的影像记录，而讯问笔录是讯问的文字记录材料，都属于证据材料。且讯问笔录则是记录者的归纳、整理和总结，带有记录者的主观印记。因此，录音录像比笔录更具有真实性，更能体现嫌疑人、被告人的真实意思。《刑事诉讼法》第 50 条规定"可以用于证明案件事实的材料，都是证据"，讯问录音录像当然属于证据。

第三，《最高人民法院关于辩护律师能否复制侦查机关讯问录像问题的批复》（〔2013〕刑他字第 239 号）指出，可以复制。主要内容如下：

广东省高级人民法院：

你院〔2013〕粤高法刑二终字第 12 号《关于辩护律师请求复制侦查机关讯问录像法律适用问题的请示》收悉。经研究，答复如下：

根据《中华人民共和国刑事诉讼法》第三十八条和《最高人民法院关于适用〈中华人民共和国刑事诉讼法〉的解释》第四十七条的规定，自人民检察院对案件审查起诉之日起，辩护律师可以查阅、摘抄、复制案卷材料，但其中涉及国家秘密、个人隐私的，应严格履行保密义务。你院请示的案件，侦查机关对被告人的讯问录音录像已经作为证据材料向人民法院移送并已在庭审中播放，不属于依法不能公开的材料，在辩护律师提出要求复制有关录音录像的情况下，应当准许。

此复。

但是，这个答复设定了"已经作为证据材料向人民法院移送并已在庭审中播放"的条件。

第四，《刑事诉讼法解释》第 54 条规定："对作为证据材料向人民法院移送的讯问录音录像，辩护律师申请查阅的，人民法院应当准许。"

《〈关于适用刑事诉讼法的解释〉的理解与适用》[①]一文中认为："根据刑事诉讼

---

① 《人民司法》2021 年第 7 期。

法第四十条的规定,辩护律师自人民检察院对案件审查起诉之日起,可以查阅本案的案卷材料。对于移送人民法院的录音录像,无论是否已经在庭审中举证质证,无论是直接用于证明案件事实还是用于证明取证合法性,均应当属于案卷材料的范围。"

可以据此认为讯问录音录像属于"案件材料的范围",根据《刑事诉讼法》第40条"辩护律师自人民检察院对案件审查起诉之日起,可以查阅、摘抄、复制本案的案卷材料"的规定,可以复制。

第五,司法实践和最高人民法院法官著述认可讯问录音录像"属于证据"。

《中国非法证据排除制度:原理、案例、适用》[1]一书中的"王某华贩卖、运输毒品案如何看待讯问录音录像的证据属性,以及被告人提出排除非法证据申请,但公诉机关未能提供讯问录音录像的,对有关证据应当如何处理"一文中有这样的描述:"经查,上诉人王某华两次供认犯罪的笔录均系其被送交看守所羁押之前作出,上诉人王某华进入看守所后即推翻原供述,称原供述系刑讯逼供所得;根据法律规定,上诉人王某华可能被判处无期徒刑以上刑罚,讯问时应当进行同步录音录像,本案侦查人员虽然出具书面证明证实依法取证,但未依法对讯问过程进行录音或者录像,故上诉人王某华在被送交看守所羁押之前作出的供述不应作为定案的证据。"

该书作者认为:"讯问录音录像应属诉讼证据。理由如下:首先,刑事诉讼法对'讯问犯罪嫌疑人'一节所作的规定,既有制作讯问笔录的要求(第一百二十条),也有制作讯问录音录像的要求(第一百二十一条)。对讯问及供述内容的上述两种记录方式没有主次之分,只是载体形式不同而已。其次,与讯问笔录相比,讯问录音录像既能全面反映讯问过程,又能更加客观地反映讯问及供述的内容。鉴于此,讯问录音录像不仅是证明取证合法性的证据,也是证明案件事实的证据。基于这种考虑,《人民检察院刑事诉讼规则(试行)》第三百一十一条规定,讯问笔录与讯问犯罪嫌疑人录音录像内容有重大实质性差异的,该讯问笔录不得作为批准逮捕或者决定逮捕的依据。最后,从比较法来看,许多国家都规定对讯问过程录音录像,并将讯问录音录像作为重要的诉讼证据。例如,在美国,讯问录音录像的制作

---

[1] 戴长林、罗国良、刘静坤:《中国非法证据排除制度:原理·案例·适用》,法律出版社2016年版。

应当参照收集物证的程序进行,即对讯问录音录像制作完整的证据保管链条,一些州法院还对讯问录音录像的当庭出示作出更加具体的要求。"

综上所述,讯问录音录像属于"证据",至少属于"案卷材料"当属无疑。但是,即使在问题如此明晰的情况下,最高人民检察院 2022 年 4 月 8 日《检答网集萃》第 77 期所载《检答网集萃 | 辩护律师可否复制同步录音录像》仍然认为不能复制。

《检答网集萃 | 辩护律师可否复制同步录音录像》

咨询类别:案件管理。

咨询内容:辩护律师阅卷,要求刻录监控录像或同步录音录像,是否可以?(咨询人:辽宁省大连市甘井子区检察院侯杰)

解答专家陈鼎元:根据最高人民检察院法律政策研究室《关于辩护人要求查阅、复制讯问录音、录像如何处理的答复》,案卷材料包括案件的诉讼文书和证据材料。讯问犯罪嫌疑人录音、录像不是诉讼文书和证据材料,属于案卷材料之外的其他与案件有关的材料,辩护人未经许可,无权查阅、复制。在人民检察院审查起诉阶段,辩护人对讯问活动合法性提出异议,申请排除以非法方法收集的证据,并提供相关线索或者材料的,可以在人民检察院查看(听)相关的录音、录像。对涉及国家秘密、商业秘密、个人隐私或者其他犯罪线索的内容,人民检察院可以对讯问录音、录像的相关内容作技术处理或者要求辩护人保密;在人民法院审判阶段,人民法院调取讯问犯罪嫌疑人录音、录像的,人民检察院应当将讯问录音、录像移送人民法院。必要时,公诉人可以提请法庭当庭播放相关时段的录音、录像。但辩护人无权自行查阅、复制讯问犯罪嫌疑人录音、录像。

(四)《刑事诉讼法解释》第 54 条的影响

《刑事诉讼法解释》第 54 条规定:"对作为证据材料向人民法院移送的讯问录音录像,辩护律师申请查阅的,人民法院应当准许。"对讯问录音录像仅规定了律师可以查阅,未规定是否可以复制。

这就造成了有人理解为未规定可以复制,那就是不可以复制;而有人认为未规定禁止复制则应当可以复制。

《〈关于适用刑事诉讼法的解释〉的理解与适用》一文中指出,讯问录音录像确实具有一定特殊性。特别是证明取证合法性的录音录像,可能涉及侦查办案的策略方法,也可能涉及其他关联案件和当事人隐私,一律允许复制,恐难以控制传播面以及一旦泄露可能带来的影响。从实践来看,允许查阅,就可以满足辩护律师的辩护需要,充分保障其权益。基于此,本条明确为"辩护律师申请查阅的,人民法院应当准许",即对于查阅申请应当一律准许,但对复制未再作明确要求。

可以看出,《刑事诉讼法解释》认可讯问录音录像属于"证据材料",允许律师查阅,但对于是否允许律师复制没有明确。

(五)辩护律师到底能不能复制讯问录音录像

笔者认为:

1. 讯问录音录像属于"案卷材料""证据材料"范围,依照《刑事诉讼法》第40条的规定,依法应当准许辩护律师"查阅、复制"。

《刑事诉讼法》第40条规定,辩护律师自人民检察院对案件审查起诉之日起,可以查阅、摘抄、复制本案的案卷材料。其他辩护人经人民法院、人民检察院许可,也可以查阅、摘抄、复制上述材料。

2. 《〈关于适用刑事诉讼法的解释〉的理解与适用》及前述几个司法解释,都认可已经移送人民法院的讯问录音录像属于"案卷材料",根据《刑事诉讼法》第40条的规定应当可以复制。

3. 《人民法院办理刑事案件庭前会议规程(试行)》第18条规定,人民法院收到控辩双方移送或者提交的证据材料后,应当通知对方查阅、摘抄、复制。这里当然也包括讯问录音录像。

4. 对《刑事诉讼法解释》第54条的规定,不能理解为禁止辩护律师"复制"录音录像。否则,该条规定就与《刑事诉讼法》第40条的规定不符。

5. "讯问录音录像",不限于作为证据材料移送人民法院的"侦查录音录像",也包括作为证据材料向人民法院移送的相关监察调查过程的录音录像。现阶段如嫌疑人表示讯问笔录有疑问的,辩护律师可以依据上述法律规定积极申请、要求复制讯问录音录像,如果检察院未移送人民法院的,可以依法申请调取。

(六)律师调取讯问录音录像的策略

笔者认为,调取讯问录音录像是手段,目的是排除非法讯问的笔录。因此,调取讯问录音录像的申请与排除非法证据申请配套使用,《调取讯问录音录像申请书》与《排除非法证据申请书》同时提交,打"组合拳"。申请书理由写明法律依据及后果[《最高人民法院关于建立健全防范刑事冤假错案工作机制的意见》(法发〔2013〕11号)第8条、《刑事诉讼法解释》第74条];如果案件不属于应当录音录像的,但如在讯问笔录中记载了讯问人员告知进行了录音录像,录音录像客观上存在的,根据证据全面提交和证据不得隐匿原则应当提交。共同犯罪案件中,如果需要也应当调取同案犯的讯问录音录像,否则,根据以上规定,其讯问笔录不得作为证据使用。

(七)讯问应当录音录像而没有录音录像或控方拒不提供的后果

2014年9月5日公安部发布的《公安机关讯问犯罪嫌疑人录音录像工作规定》第4条列举的5种应当录音录像的情形、监察委员会办理案件的调查录音录像以及人民检察院讯问职务犯罪嫌疑人的录音录像,都属于应当录音录像的情形。

如果没有录音录像或者控方拒不提供录音录像的,《最高人民法院关于建立健全防范刑事冤假错案工作机制的意见》(法发〔2013〕11号)第8条规定,"未依法对讯问进行全程录音录像取得的供述,以及不能排除以非法方法取得的供述,应当排除"。《刑事诉讼法解释》第74条规定,"依法应当对讯问过程录音录像的案件……人民检察院未移送,导致不能排除属于刑事诉讼法第五十六条规定的以非法方法收集证据情形的,对有关证据应当依法排除;导致有关证据的真实性无法确认的,不得作为定案的根据"。

七、关于价格认定结论书

上述【案例2】中有一起事实,即梁某2018年4月10日酒后脚踹村委会电动伸缩门,折断了几根树枝。2021年某县价格认证中心出具《价格认定结论书》认定电动门和树枝损失2026元,达到了寻衅滋事罪的追诉标准,据此立案。后某市价格认定中心复核损失1725元,达不到立案标准,但此时梁某已被批捕。法院判决采纳了辩护人观点,认定某县《价格认定结论书》及某市《价格认定复核结论书》均不能作为证据采信。

上述【案例3】中涉案房屋拆除于2017年7月17日,区县级价格认定中心2021年先后两次出具了两份《价格认定结论书》,2023年某市价格认定中心先后两次出具了两份《价格认定结论书》,法院认定"鉴定依据客观,程序合法"。

【问题】对《价格认定结论书》如何有效质证

(一) 关于价格认定的体制、法律规定的渊源

价格认定的上位法是《价格法》,该法自1998年5月生效以来,还尚未修改过。其他有关规定有:

1. 2000年9月5日,国务院清理整顿经济鉴证类社会中介机构领导小组发布《关于印发〈关于规范价格鉴证机构管理意见〉的通知》(国清〔2000〕3号),该通知由原国家发展计划委员会2000年10月25日转发,该文件指出:

在计划经济体制下,商品和服务价格实行政府统一定价。司法机关和行政执法机关办理案件时,一般由当地的公、检、法、物价、商业、物资部门组成"赃物估价协调委员会"来审定涉案物品价格,据此裁定涉案人的罪刑。随着社会主义市场经济的建立和发展,绝大多数商品和服务价格改由市场定价,商业、物资部门逐步转制,原有的组织形式已经不适应涉案物品价格鉴定的需要,司法机关和行政执法审案、判决和裁定工作遇到了很大困难,影响了办案效率和质量。根据这一情况变化,为适应司法工作的需要,从1990年起,各地价格主管部门相继成立了价格事务所,承担起为司法机关办理涉案物品价格的鉴证服务。为规范价格鉴证工作,最高人民法院、最高人民检察院、国家计委和公安部于1994年联合发出《关于统一赃物估价工作的通知》(法发〔1994〕9号),规定赃物估价工作统一由各级政府价格主管部门所属的价格事务所承担。1997年,国家计委、最高人民法院、最高人民检察院和公安部联合发布了《扣押、追缴、没收物品估价管理办法》(计办〔1997〕808号),规定各级政府价格主管部门所属的价格事务所是受执法机关委托进行扣押、追缴、没收物品价格鉴证的唯一机构。此后,全国22个省(市)也相继出台了地方性法规,明确涉案物品价格鉴证工作由各级政府价格主管部门设立的价格鉴证机构承担。

目前,价格鉴证机构是隶属于各级政府价格主管部门,由编制管理部门批准,按行政区划设置,实行事业化管理的单位。全国共有价格鉴证机构2800多家,从业人员16000多人。1999年,国家计委与人事部联合下发了《价格鉴证师资格制度暂行规定》,建立了价格鉴证师考试、注册制度,但尚未形成健全的执业准则体系。

……

在我国经济体制由计划经济向社会主义市场经济转轨的过程中,涉案物品价格鉴证工作也遇到了不少新问题和困难。

(一)执业范围定位不清。由于历史原因,价格鉴证机构成立以来,在业务上除主要从事涉案物品的价格鉴证工作以外,还不同程度地承接了社会中介评估业务,存在着执业范围定位不清的问题。此外,价格鉴证机构的名称不统一,有的叫价格事务所,有的叫价格认证中心,有的叫价格鉴证中心,也有的叫涉案物品价格认证中心,还有的叫价值认证中心或价格管理处,等等。这种情况容易混淆价格鉴证机构与中介机构的界限,给管理工作造成一定的混乱。

(二)执业遇有制度障碍。涉案物品涉及面较广,"小"到家庭和个人用品,"大"到国家各类资产。价格鉴证业务涉及对涉案标的物的价值认定,由于国家事务管理体制的原因,不同资产的价格鉴证经司法和行政执法判定之后,还要由不同的业务主管部门认可。

(三)事业经费缺乏保障。目前,绝大多数价格鉴证机构的事业经费来源缺乏统一、规范的渠道,其经费来源有的是财政拨款,有的是执行政府制定的非盈利收费,实行自收自支。此外,根据公安机关的要求,财政部曾经列出专门科目,规定刑事案件涉案物品价格鉴证费用由地方财政拨付地方公安机关,再由公安机关转付价格鉴证机构。但由于种种原因,此项经费基本上没有得到落实。由于拨款数额有限,收费不到位,致使价格鉴证机构为生存而涉足一些社会中介评估业务。

(四)队伍建设不适应形势发展需要。价格鉴证机构在服务于司法和行政执法、维护社会主义法制建设方面发挥了积极的作用,但由于工作内容新,行业兴起时间短,队伍扩张快,专业人员不足,价格鉴证机构在人员素质、队伍建设、执业规范等方面还不能适应涉案物品价格鉴证工作的需要。

……

四、规范管理价格鉴证机构的意见

由于涉案物品价格鉴证工作直接服务于司法和行政执法,直接影响到罪与非罪的判定和"罪刑相适应原则"的实现,政策把握性很强,时限性要求高。目前市场发育还很不完善,市场竞争也很不规范,社会监督体系不健全,放开涉案物品价格鉴证业务,将价格鉴证机构推向市场的条件还不成熟。在这种情况下,价格鉴证机构的清理整顿任务主要是如何加强和规范管理问题,总体原则是"保留机构、性质不变、退出中介、统一名称、保障生存、强化管理"。

（一）保留机构、性质不变。各级政府价格主管部门设立的价格鉴证机构仍作为事业单位保留，县级以上每个行政区划内只设一个价格鉴证机构，为国家司法机关指定的涉案物品价格鉴证机构。各级政府价格部门为价格鉴证机构的主管部门，负责本行政区域内价格鉴证机构的监督管理工作。进一步明确司法机关、行政执法机关和仲裁机构在办理各自管辖的案件中，凡涉及需要对案件标的物进行价格鉴证的，都应由司法机关指定的价格鉴证机构鉴证，非价格鉴证机构不得承办涉案物品价格鉴证业务。价格鉴证机构从事涉案房地产、土地价格等鉴证业务时，可不要求机构具备相应的评估资质，只要具有符合相应评估行业规定数量及条件的评估专业人员，并在鉴证报告上签字，其鉴证结果应予认可。若价格鉴证机构没有相应资质的评估专业人员，则应通过相关专业机构聘请相应专业人员进行评估，出具评估报告。

（二）退出中介、统一名称。价格鉴证机构应为国家司法机关指定的专司涉案物品的价格鉴证机构，不再具有社会中介服务职能。凡要求继续从事社会中介评估业务的价格鉴证机构及人员，一律与价格主管部门脱钩，达到相应中介评估行业规定的设立条件，接受其管理，并不得从事涉案物品价格鉴定工作。为明确价格鉴证机构的性质，将全国各级价格鉴证机构名称统一规范为"价格认证中心"。

（三）规范经费来源渠道，保障生存。价格鉴证机构的发展要按照国家事业单位改革目标进行。在目前情况下，为确保价格鉴证机构的有效运作，在其经费来源上应作适当改革。可考虑通过两种途径来解决：一是，刑事案件中的涉案物品鉴证费用，由同级财政部门根据价格鉴证机构业务量大小，核定专项经费拨款或补贴；二是，其它涉案物品鉴定费用，实行"谁委托、谁付费"的原则，由委托方按标准支付，这部分收费应作为行政事业性收费立项，纳入预算外资金管理，做到收支两条线。

（四）加快立法、强化管理。加快价格鉴证工作的立法步伐，尽快报请国务院制定全国统一的涉案物品价格鉴证管理条例或规范性文件。同时，要完善和修订与涉案物品价格鉴证有关的地方性法规。各级价格主管部门要加强对涉案物品价格鉴证业务的监督管理。进一步完善价格鉴证机构资质管理制度和价格鉴证人员资格管理制度，督促价格鉴证机构加强内部管理，整章建制，强化约束机制。加强价格鉴证队伍的思想政治和职业道德教育工作。颁布统一的执业标准和规范,制定切实可行的收费标准,加大对违法违纪机构和人员的处罚力度,全面规范价格鉴证机构。

2.2005年7月19日,国家发展改革委、司法部发布了《关于涉案财物价格鉴定工作有关问题的通知》(发改价格〔2005〕1318号),主要内容如下:

鉴于《全国人民代表大会常务委员会关于司法鉴定管理问题的决定》(以下简称《决定》)将于今年10月1日起实施,根据建立统一司法鉴定管理体制的目标要求和《决定》的有关规定,以及涉案财物价格鉴定工作的性质和现状,经研究,现就有关问题通知如下:

一、为推动统一司法鉴定管理体制改革的发展,规范司法鉴定活动,促进司法公正,保障诉讼当事人的合法权益,在相关规定尚未出台前,涉案财物价格鉴定工作仍按国务院清理整顿经济鉴证类社会中介机构领导小组《关于印发〈关于规范价格鉴证机构管理意见〉的通知》(国清〔2000〕3号)和原国家计委、最高人民法院、最高人民检察院、公安部《关于印发〈扣押、追缴、没收物品估价管理办法〉的通知》(计办〔1997〕808号)以及国家发展改革委有关涉案财物价格鉴定的规定执行。

二、国家发展改革委将根据《决定》的有关规定,并参照司法部修订后的《司法鉴定机构管理办法》和《司法鉴定人管理办法》等有关司法鉴定的管理规定,进一步规范涉案财物价格鉴定机构和鉴定人员的管理。

三、根据诉讼需要,司法部将就涉案财物价格鉴定纳入司法鉴定登记管理事项商最高人民法院、最高人民检察院,并以此为契机,推动司法鉴定领域对涉案财物价格鉴定实行行政管理和行业管理相结合制度的建立。

遗憾的是该通知提出的"涉案财物价格鉴定纳入司法鉴定登记管理"近20年了也没有得到落实。

3.2019年4月24日,国家发展改革委价格认证中心发布《关于做好价格认定规范性文件梳理修订有关工作的通知》(发改价认办〔2019〕69号),要求对国家层面现行有效价格认定规范性文件,包括国家发展改革委(含原国家计委)制定或者联合有关部门制定的价格认定规定、办法等,以及国家发展改革委价格认证中心制定的价格认定规范、规则等文件,进行梳理修订。

国家层面现行有效的价格认定规范性文件目录

一、部委联合印发的规范性文件

1. 最高人民法院　最高人民检察院　公安部　国家计委关于统一赃物估价工作的通知（法发〔1994〕9号）

2. 国家计划委员会　最高人民法院　最高人民检察院　公安部关于印发《扣押、追缴、没收物品估价管理办法》的通知（计办〔1997〕808号）

3. 国家发展改革委　司法部关于涉案财物价格鉴定工作有关问题的通知（发改价格〔2005〕1318号）

4. 国家发展改革委　最高人民法院　最高人民检察院　公安部　财政部关于扣押追缴没收及收缴财物价格鉴定管理的补充通知（发改厅〔2008〕1392号）

5. 中共中央纪委　国家发展改革委　监察部　财政部关于印发《纪检监察机关查办案件涉案财物价格认定工作暂行办法》的通知（中纪发〔2010〕35号）

6. 国家发展改革委　国家税务总局关于开展涉税财物价格认定工作的指导意见（发改价格〔2010〕770号）

二、国家发展改革委出台的规范性文件

1. 关于印发《价格认定规定》的通知（发改价格〔2015〕2251号）

2. 关于印发《价格认定复核办法》的通知（发改价格规〔2018〕1343号）

三、国家发展改革委价格认证中心出台的规范性文件

1. 关于印发《涉烟案件物品价格鉴定操作规范》的通知（发改价证办〔2013〕104号）

2. 关于印发《林木价格认定规则》的通知（发改价证办〔2013〕202号）[因《林木价格认定规则（2020年）》出台而失效]

3. 关于印发《涉案侵权和伪劣商品价格认定规则》的通知（发改价证办〔2013〕203号）

4. 关于印发《毁坏财物损失价格认定规则》的通知（发改价证办〔2014〕190号）

5. 关于印发《被盗财物价格认定规则（试行）》的通知（发改价证办〔2014〕235号）[因《被盗财物价格认定规则（2020年）》出台而失效]

6. 关于印发《野生动物及其产品（制品）价格认定规则》的通知（发改价证办〔2014〕246号）

7. 关于印发《价格认定财物使用年限有关问题的指导意见》的通知(发改价证办〔2015〕208号)

8. 关于印发《钟表价格认定规则》的通知(发改价证办〔2015〕310号)

9. 关于印发《价格认定行为规范》的通知(发改价证办〔2016〕84号)

10. 关于印发《价格认定文书格式规范》的通知(发改价证办〔2016〕85号)

11. 关于印发《价格认定依据规则》的通知(发改价证办〔2016〕94号)

12. 关于印发《价格认定档案管理办法》的通知(发改价证办〔2016〕234号)

13. 关于印发《手机价格认定规则》的通知(发改价证办〔2016〕267号)

14. 关于印发《机动车价格认定规则》的通知(发改价证办〔2016〕268号)〔因《机动车价格认定规则(2020年)》出台而失效〕

15. 关于印发《价格认定专家管理办法(试行)》的通知(发改价证办〔2018〕174号)

4.《刑事诉讼法解释》。

第100条规定,因无鉴定机构,或者根据法律、司法解释的规定,指派、聘请有专门知识的人就案件的专门性问题出具的报告,可以作为证据使用。对前款规定的报告的审查与认定,参照适用本节的有关规定。经人民法院通知,出具报告的人拒不出庭作证的,有关报告不得作为定案的根据。

(二)对《价格认定结论书》的质证

关于《价格认定结论书》的性质,以前有人认为属于书证。这显然是不正确的,书证是在案件发生过程中形成的,《价格认定结论书》是事后经专业人员作出的。2021年修订后的《刑事诉讼法解释》规定了第100条出台后,认为其属于准司法鉴定意见的人渐多,对其质证适用对司法鉴定意见的质证。

《价格认定结论书》不是《刑事诉讼法》第50条规定的鉴定意见,不能作为证据使用,但根据《刑事诉讼法解释》第100条的规定,出具《价格认定结论书》的人员必须是有专门知识的人,审查《价格认定结论书》适用审查鉴定意见的规定。但也有其特殊性。

1.《价格法》第2条规定,本法所称价格包括商品价格和服务价格。商品价格是指各类有形产品和无形资产的价格。《价格认定规定》第2条规定,本规定所称价格认定,是指经有关国家机关提出,价格认定机构对纪检监察、司法、行政工作中所涉及的,价格不明或者价格有争议的,实行市场调节价的有形产品、无形资产和各类有偿服务进行价格确认的行为。

因此,《价格认定结论书》的标的应当是"商品",是"实行市场调节价"的"有形产品、无形资产"和"各类有偿服务"。上述【案例3】被拆除的自建房不能在市场流通,不属于市场调节价的"商品"。

2. 对价格认定中心提出其没有资质的意见,对《价格认定结论书》提出没有鉴定人签名的意见,都没有实际意义了。因为,通过梳理的价格认定的体制及文件的历史演变,提其没有资质的意见,显然没有意义。《价格认定规定》等文件不要求《价格认定结论书》必须有价格认定人签名,所以提起没有鉴定人签名的意见也没有意义。

3. 从鉴材、价格认定的规范和依据质证更有效。

(三) 上述【案例2】对《价格认定结论书》的质证意见(节录)

这样明显错误的《价格认定结论书》只是为了给能将行政案件转为刑事案件提供一个借口,一个所谓"合法"的理由。

……

2. 违反价格认定的法律法规和操作规范

"伸缩面板"查验的为已更换的伸缩板,没有查看损坏的原物;"伸缩板上下连接件两个"查验时已更换修复,没有查看损坏的原物。2021年5月查看的在村委会丢弃的"机头面板"无法认定为2018年4月损坏的原物。

价格认定人员当庭表示,只依据公安部门给的材料上的描述的状态进行的价格认定。这违反其应当对真实性和关联性审查的责任。

(1) 根据《价格认定规定》(发改价格〔2015〕2251号)第十五条"价格认定人员应当全面、客观、公正地收集资料作为价格认定依据,并对其真实性、合法性和关联性进行审查"的规定,本案标的物已灭失,无法保证其真实性与关联性,已经失去了价格认定的条件。

(2) 根据《价格认定行为规范》(发改价证办〔2016〕84号)第十七条,"价格认定人员应当对价格认定标的进行实物查验、核实或者勘验,并记录查验或者勘验情况",这也是在保证认定标的的真实性与关联性。

(3) 根据《价格认定依据规则》第二十五条,无法辨明真伪的资料不得作为价格认定的依据,本案上述标的物不能再作为价格认定的依据。

(4) 对于标的物已经灭失的,一般不能再作出价格认定,如果必须要做,可以依据《某省涉案资产价格鉴证管理条例》第三十条"对无法追缴或者已经灭失、形态改变的涉案资产,可以根据委托机关认定的证据材料和有关当事人共同认可的材料,按照当时的实物形态,比照本条例第二十八条、第二十九条的有关规定进行价格鉴证"的规定进行认定。

而本案价格认定人员当庭表示不知道有这样的规定。也未经当事人梁某认可。

(5)该价格认定结论书采用了成本法,但没有具体成本资料,违反了《价格认定行为规范》第六十条具备可以采用的成本资料的规定。

(6)某市发改委的复核认定整扇门才1553元,而某县宁发改认定〔2021〕25号认定更换了三块面板就1855元,显然违背客观事实,侮辱司法人员的智商。

(7)《林木价格认定规则》第三条第二项和第十一条第二项规定:选用成本法,应以价格认定基准日重新培植与林木相类似的林木所投入的苗木成本、土地使用成本、水电化肥农药费、人工费、管理费、相关税费等正常客观成本费用以及正常利润作为重置成本。可恢复林木损失按恢复期间必须投入的客观合理的成本费用,加上恢复期间损失的纯收益,扣减被毁坏部分的残值确定。

而涉案北美海棠树和樱花树已经自然恢复,根本没有经过重新培植,也没有任何投入的苗木成本、土地使用成本、水电化肥农药费、人工费、管理费、相关税费等,没有上述任何投入,如何计算损失,因此《价格认定结论书》违反了上述规定。

指控梁某将樱花树摇晃松动,价格认定人员当庭表示其在三年后未看到、无法确定樱花树松动。而其结论书却有樱花树松动的损失额。这又是明显违背了上述价格认定的有关规定。

(8)某市价格复核,应当认定不具备鉴定条件,撤销原价格认定结论后,不能再给出价格损失额。而其仅是调整了参数,是因为实在看不下去这如此荒唐的结论,并没有从根本上改变其错误的做法。某县价格认定结论书和某市价格复核决定书,都不能作为本案证据使用。

综上所述,正是因为某县发展和改革局作出宁发改认定〔2021〕25号《价格认定结论书》,认定电动伸缩门损失1855元、花木损失170.6,共计2025.6元,出现如此大的错误,超过了寻衅滋事罪的标准,导致某县公安局将上述行政案件转为刑事案件,如果没有上述错误,不可能出现转为刑事案件的严重后果。

经辩护人申请,法院通知检察院、公安机关向某县价格认定中心调取认定工作底档,然而其拒不提供,就是为了掩盖其违法和错误,请法院督促检察院、公安机关继续调取价格认定工作底档,或者法院直接向价格认定中心发出调取证据通知书,如其再不配合,应当对其主要负责人采取拘留措施,对其单位罚款。

八、关于律师查阅、复制庭审录音录像

《最高人民法院关于人民法院通过互联网公开审判流程信息的规定》(法释〔2018〕7号)

第十条 庭审、质证、证据交换、庭前会议、调查取证、勘验、询问、宣判等诉讼活动的笔录,应当通过互联网向当事人及其法定代理人、诉讼代理人、辩护人公开。

第十一条 当事人及其法定代理人、诉讼代理人、辩护人申请查阅庭审录音录像、电子卷宗的,人民法院可以通过中国审判流程信息公开网或者其他诉讼服务平台提供查阅,并设置必要的安全保护措施。

《最高人民法院关于人民法院庭审录音录像的若干规定》(法释〔2017〕5号)

第十条 人民法院应当通过审判流程信息公开平台、诉讼服务平台以及其他便民诉讼服务平台,为当事人、辩护律师、诉讼代理人等依法查阅庭审录音录像提供便利。

第十一条 当事人、辩护律师、诉讼代理人等可以依照规定复制录音或者誊录庭审录音录像,必要时人民法院应当配备相应设施。

《最高人民法院、最高人民检察院、公安部、国家安全部、司法部关于依法保障律师执业权利的规定》(司发〔2015〕14号)

第三十九条 律师申请查阅人民法院录制的庭审过程的录音、录像的,人民法院应当准许。

通过上述规定可以看出,律师可以查阅庭审录音录像,但是没有明确规定可以复制庭审录音录像。《最高人民法院关于人民法院庭审录音录像的若干规定》第11条规定的是"复制录音或者誊录庭审录音录像"。

誊录是一个汉语词语,意思是誊写、抄录,同誊写。

庭审录音录像与讯问录音录像一样,都是可以查阅,但是能否复制就不能一概而论了。区别是庭审录音录像可以复制录音。

附录一 辩护工作法律文书

M1. 法律法规检索报告

_____涉嫌/被指控_____罪一案
法律法规检索报告

一、摘要

类别		内容(摘要来源、标题等)	时间	备注
法律规定	法律			
	法规			
	司法解释			
	指导文件			
	立法背景			
案例	指导案例			
	公报案例			
	一般案例（裁判文书网）			
专家学者意见				
媒体报道				

表1

法律规定解析 (摘录主要可用法条、简述主要立法背景)	
法律	
法规	
司法解释	
立法背景	

表2

案例综述(简述案例可参考要点)	
指导案例	
公报案例	
一般案例 (裁判文书网)	

表 3

专家学者意见综述(简要摘录要点、来源)

表 4

媒体报道综述(简要摘录要点、来源)

二、原文(以上检索)

M2. 会见申请书(两类案件用)

_____涉嫌_____罪一案
会见申请书

_____【_____】第_____号

申请人:_____,××××律师事务所律师,系_____涉嫌_____罪一案_____的辩护人。

申请事项:申请会见犯罪嫌疑人_____。

事实和理由:

犯罪嫌疑人_____因涉嫌_____罪,于_____年____月____日被_____采取刑事拘留强制措施(并于_____年____月____日被_____决定批准逮捕),现羁押于_____看守所。申请人接受犯罪嫌疑人(夫/妻)_____的委托(接受法律援助机构的指派),担任犯罪嫌疑人_____的辩护人。为维护犯罪嫌疑人的诉讼权利和其他合法权益,现拟会见犯罪嫌疑人。根据《中华人民共和国刑事诉讼法》第三十七、三十九条之规定,特向贵局(院)提出申请,请予以许可。

此致

_____

申请人:_____
××××律师事务所(印章)
_____年____月____日

附:_____律师联系电话:_____

M3. 侦查阶段第一次会见提纲、会见指引

_____涉嫌_____罪一案
会 见 提 纲
（侦查阶段第一次）

一、介绍委托人（与嫌疑人关系）的委托情况，辩护人自我介绍。

二、核实嫌疑人与委托人的关系，转达近亲属等人的问候。

三、询问到案经过、羁押情况并告知侦查阶段诉讼权利、义务及其保障措施。

四、让嫌疑人介绍自己的基本情况，询问其被采取强制措施情况、涉嫌罪名并解释该罪名的相关法律规定、具体案情及被讯问情况。

（一）核实身份信息、出生年月日（公历/农历）、身体健康状况和精神状况、家族病史等；

（二）了解其职业、平时表现、家庭状况、前科劣迹情况等；

（三）进看守所时是否经过体检及体检情况、目前羁押的监室、在看守所的生活状况等；

（四）被拘留、逮捕的经过、细节；

（五）进入看守所后是否被带离看守所及带离的原因及经过；

（六）被讯问次数和日期、每次被讯问的起止时间、讯问人员身份、讯问的详细内容等。

五、询问案件证据收集情况。

六、询问侦查机关办案程序是否合法。

七、有无从轻、减轻、免除处罚的情节。

八、嫌疑人自我辩解的事实与理由。

九、沟通律师的辩护方向及内容。

十、要求嫌疑人阅读会见笔录，并签名、捺手印。

会见指引

(侦查阶段第一次)

侦查阶段第一次会见,要在律师的主导下按照顺序完成以下七项工作,全程必须由律师掌握主动权。避免当事人因会见产生新的风险,避免律师因针对性的法律咨询产生妨碍诉讼的后果而导致职业风险。

一、告知委托事项。

可以让当事人看一下亲属签名的委托书,但是不急于让当事人在委托书上面签字确认,要在会见结束时签名确认委托。

二、告知监听的风险。

告知当事人虽然法律规定不受监听,但看守所是公安系统的单位,不能保证没有监听。

因为是第一次会见,律师对案件类型、案件情况、社会敏感度和影响程度情况、犯罪事实有无,以及是否已经将犯罪事实如实向办案单位陈述等都不清楚,办案单位有无可能对律师会见进行监听获取信息等都是不确定的。所以告知嫌疑人在陈述时注意斟酌,目的是避免对当事人不利。

三、进行法律咨询。

根据当事人涉嫌的罪名和大体情况,结合法律规定和经验,把罪名以及预判的相关、类似罪名讲解清楚,包括重罪和轻罪甚至无罪,实体法和程序法,刑事拘留、逮捕期限、审查起诉、审判期限,本案可能使用的时间以及可能的结果,直到其清楚罪名的含义及与相关、类似罪名的区别。律师在不了解具体案情的情况之下,也就是相当于从刑法书摘出几个罪名,根据经验和法律的规定讲解,不是了解案件以后再进行的针对性的法律咨询。目的是防止针对性的法律咨询给律师带来风险。

四、了解案情。

了解案情限于当事人笔录内容。如果当事人已经如实陈述犯罪事实,认罪态度好,后续可以考虑适用认罪认罚从宽制度。如果还未如实陈述犯罪事实,对其涉嫌的罪名再进行充分的法律咨询,让其在充分了解法律的前提下作出准确的供述和辩解。注意提醒当事人围绕已经制作的笔录来讲。

当事人问律师提审时如何回答的,律师要避免简单地用一句"如实回答"来解答。如果当事人还有尚未向办案单位如实陈述的犯罪事实,将会很尴尬,律师会进退两难。从律师的职业伦理的角度,是维护当事人合法权益,包括实体权益也包括程序权益,不能因为律师的行为让当事人遭受不利。要保障其在充分了解法律的前提下,作出准确的供述和辩解,并了解其后果。所谓准确,就是要得到客观证据的证明,或者符合常识、常情、常理,由他自己判断。

当事人犯罪应当受到法律追究,但不是律师的职责,律师时时刻刻要为当事人的权益考虑。

五、问当事人辩解理由。

刑事辩护事实辩都是围绕着犯罪嫌疑人、被告人的辩解而展开的。

有罪、无罪、从轻的情节,有无主从犯,有无疲劳审讯,引诱欺骗违背意愿的笔录等。注意不是问案情的经过,而是问实际情况。

六、提出法律服务方案。

所谓法律服务方案,就是这个案子我们要怎么辩?最高的目标是什么?可以接受的目标是什么?最低的目标是什么?律师做什么工作?家属做什么配合工作?以及犯罪嫌疑人、被告人做什么配合工作。在每一个阶段分别是什么目标?简单说就是三类主体围绕目标在每一个阶段的工作是什么。法律服务方案应该征得当事人的同意,包括与家属商量。

七、家事传达。

传达事项避免有串供、隐藏赃物、毁灭证据等一些带有暗号的语言,避免有妨碍诉讼的情况出现,同时也不能敏感过度。

最后,委托书签字确认。

【可能遇到问题的应对方案】

1. 我家里请你付了多少律师费?

参考回答:是按照正常标准付费,你家属特别交代为了不让你有心理负担不让告诉你。

2. 你觉得有多大把握或者百分比?

参考回答:在个案上说百分比没有意义。说有80%的把握,结果落到20%里,还是没有意义。现在需要做的是你能够准确地陈述案情，结合相应的法律规范做好你的笔录，然后律师结合在案的材料依法为你辩护，配合好才能得到公正的处理，这不是律师一方的责任，需要我们两个共同完成。

3.你跟办案单位、办案人员熟不熟？

参考回答：我们专业办理刑事案件，公、检、法单位内办理刑事案件的也是相对固定的人员，很多人都很熟，但都是工作上的关系。

4.你能不能私下跟办案人员"疏通关系"？

参考回答：目前全国都大力反腐，特别是中央要求刀口向内清理内部的害群之马，这样的想法不仅不会对你有任何的帮助，反而会让你的责任更重，刑事案件的办理还是要依据事实、证据和法律，你自己辩解理由合理、充分、有依据，其他事情交给我们律师来处理就好。

M4. 侦查阶段第一次会见笔录(注解版)

_____涉嫌_____罪一案

会 见 笔 录

(侦查阶段第一次)

时间:_____年____月____日____时____分—____时____分

会见地点:_____看守所第_____律师会见室

会见律师:_____、_____,××××律师事务所律师

记录人:_____,××××律师事务所律师

被会见人:_____

第一部分 被会见人个人信息、家庭情况、身体健康情况

律师:您好!您是_____先生/女士吗?您的家属系_____先生/女士,对吗?您的国籍是哪里?

当事人:_____

注:确认被会见人身份,国籍问题仅适用于外国人涉嫌犯罪的案件。

律师:我们是××××律师事务所的律师_____,根据《中华人民共和国刑事诉讼法》和《中华人民共和国律师法》的规定,我们接受您亲属_____的委托,在您涉嫌犯罪被采取强制措施后依法会见您,为您提供法律咨询,代理申诉、控告,申请取保候审。您是否同意?

当事人:_____

注:说明授权来源并确认取得辩护权。

律师:(可以简要介绍一下自己和委托经过。)_____

注:转达家人问候,根据与委托人了解的情况及会见情况,与当事人聊一些亲属的人、事等,缓解他/她紧张的情绪,相互熟悉一下,建立信赖基础。

律师:_____是您的真实名字吗?您有无曾用名、别名、外号?

当事人:_____

注：判断是否有身份不详的情形。

律师：您的具体出生年月日是什么？是按公历算还是农历算？

当事人：_____

注：判断是否达到承担刑事责任的年龄，以及是否为75周岁以上的老人。

律师：您的身体情况怎么样？是否有什么疾病？

当事人：_____

注：判断是否符合取保候审或监视居住的条件，以及是否具备刑事责任能力。

律师：您的家族是否有精神病史？

当事人：_____

注：判断当事人的刑事责任能力，有无必要为当事人申请法医精神病鉴定。

律师：您现在是否怀孕？

当事人：_____

注：只适用于判断女性当事人是否有不应羁押的情形。

律师：您之前是做什么工作的，收入如何？单位或朋友对您的评价怎么样？

当事人：_____

注：便于了解其犯罪前的社会表现。

律师：您的民族是什么？有无参加相关党派？是不是人大代表、政协委员？

当事人：_____

注：是否适用特殊政策保护。

律师：您的家庭情况可以介绍一下吗？

当事人：_____

注：是否符合取保候审或监视居住的情形；是否有正在哺乳婴儿？是否是生活不能自理的人的唯一扶养人。

律师：您之前是否受过处罚？有无特殊爱好？

当事人：_____

注：了解是否为初犯、偶犯或累犯、再犯，以及社会表现。

律师：简单介绍一下您的社会阅历与受教育的情况吧。

当事人：_____

注：了解是否有为国家或社会作出过贡献。

律师:最近这里面生活情况怎么样?钱够用吗?是否需要通知您家人为您存钱?

当事人:＿＿＿＿＿＿＿＿＿＿＿＿＿＿＿＿＿＿＿＿＿＿＿＿＿＿＿＿＿

注:表达对当事人的关心与问候,并反馈给委托人,同时也为展开后面的谈话做铺垫。

律师:您关在哪个监室?里面有多少人?您们相处得怎么样?

当事人:＿＿＿＿＿＿＿＿＿＿＿＿＿＿＿＿＿＿＿＿＿＿＿＿＿＿＿＿＿

注:继续关心,引导性地进入案情陈述。

第二部分　具体案情及讯问情况

律师:现在我们说说案件的情况,根据法律规定律师会见不被监听,但不能保证一定没有监听,您明白吗?

当事人:＿＿＿＿＿＿＿＿＿＿＿＿＿＿＿＿＿＿＿＿＿＿＿＿＿＿＿＿＿

律师:您知道您涉嫌的具体罪名吗?

当事人:＿＿＿＿＿＿＿＿＿＿＿＿＿＿＿＿＿＿＿＿＿＿＿＿＿＿＿＿＿

注:了解是轻罪还是重罪,是否为自诉案件、轻微刑事案件,是否满足取保候审的条件。

律师:现在我把您涉嫌的罪名,以及相关的、类似的罪名都跟您解释一下,您好好听,有不明白的可以提问,听明白了再继续下一项。

当事人:＿＿＿＿＿＿＿＿＿＿＿＿＿＿＿＿＿＿＿＿＿＿＿＿＿＿＿＿＿

律师:现在我把相关的诉讼程序和时限跟您解释一下,您好好听,有不明白的可以提问,听明白了再继续下一项。

当事人:＿＿＿＿＿＿＿＿＿＿＿＿＿＿＿＿＿＿＿＿＿＿＿＿＿＿＿＿＿

注:根据当事人涉嫌的罪名和大体情况,结合法律规定和经验,把罪名以及预判的相关、类似罪名讲解清楚,包括重罪和轻罪甚至无罪,实体法和程序法,刑事拘留、逮捕期限,审查起诉、审判期限,本案可能使用的时间以及可能的结果,直到其清楚罪名的含义及与相关、类似罪名的区别。律师在不了解具体案情的情况之下,也就是相当于从刑法书摘出几个罪名,根据经验和法律的规定讲解,不是了解案件以后再进行的针对性的法律咨询。目的是防止针对性的法律咨询给律师带来

风险。

　　律师:详细说一下您在办案机关所做的笔录内容。

　　当事人:_____

_____

_____

　　注:引导当事人陈述,注意倾听,不轻易打断他,让他放松心态。在当事人陈述后,可以就犯罪构成要件的事实关键点提问,注意从"七何"要素提问。

　　律师:您自己认为有什么无罪/罪轻的理由?

　　当事人:_____

_____

　　注:了解当事人自己认为无罪、罪轻的理由——事实辩的核心。

　　律师:您在公安机关所作的供述还有没有需要补充的地方?

　　当事人:_____

　　注:全面收集有效辩护的材料,综合全部会见内容重点判断是否符合撤销案件、取保候审、监视居住、不予逮捕、无羁押必要性的条件。

　　律师:您实行犯罪行为的现场在哪里?现场有无人员看见您实行犯罪行为?

　　当事人:_____

　　注:

　　1.判断现场勘验、检查笔录的真实性、合法性;

　　2.了解案件有无证人,以及证人证言是原始证据还是传来证据;

　　3.现场,不仅包括作案现场,也包括毁灭、隐藏证据的场所;

　　4.若当事人回答有人在现场看见其实行犯罪行为,需进一步了解证人年龄、健康状况(能否辨别是非、能否正确表达,以确定证人资格)。

　　律师:您在什么时间、什么地点实行的犯罪行为?

　　当事人:_____

　　注:判断社会危害程度,是否有酌情从轻情节,以及当事人实施犯罪行为时是否达到承担刑事责任的年龄、是否超过刑事追诉期限。

　　律师:是您一个人做的还是几个人做的?

　　当事人:_____

注:是否存在共同犯罪、单位犯罪的情形。(非共同犯罪则无须问)

律师:您们是如何分工的?

当事人:_____

注:了解在共同犯罪中的地位与作用,以及在单位犯罪中的身份。(非共同犯罪则无须问)

律师:您实行犯罪行为的动机、目的、方式、手段是什么?

当事人:_____

注:判断主观恶性、被害人是否存在过错、手段行为与目的行为之间是否具有牵连关系或者吸收关系。(可拆分进行了解)

律师:您在实行犯罪行为时有无其他情况发生?您是如何处理的?

当事人:_____

注:判断犯罪是否存在未完成形态——预备、中止、未遂。

律师:您实行犯罪行为后,产生了什么后果?

当事人:_____

注:判断被害人损害程度,犯罪行为与犯罪结果之间是否存在介入因素。

律师:您与被害人是什么关系,有无发生过纠纷或过节(案件的起因)?

当事人:_____

注:

1. 部分犯罪行为发生在亲属之间,不认为是犯罪或不追究刑事责任,或可以减轻处罚;

2. 在侵犯人身权利的犯罪中,特殊关系之间发生过纠纷或者过节(案件的起因),可以减轻处罚或改变案件的定性,如盗窃、侵占、非法拘禁、婚姻关系或邻里关系的人身侵权案件;

3. 可能涉嫌职务侵占的案件,则需问明当事人在被害单位的工作职责范围。

律师:您知道承办您案件的具体侦查机关和办案人员的名称和姓名吗?

_____

注:便于直接与案件的承办人员沟通,判断案件管辖是否正确。

律师:您是否知道办案人员与案件的被害人或者与案件有什么关联?比如说是被害人的近亲属,或本人或其近亲属与本案有利害关系,或曾担任案件的证人、鉴定人、辩护人、诉讼代理人等。

当事人：_____

注：判断侦查机关办案人员是否具备回避的情形。

律师：侦查机关对您共提审过几次？进看守所后提审过您几次？您是如何陈述的？

当事人：_____

注：

1. 了解供述的事实及供述的稳定性，判断是否符合犯罪构成要件，是一罪还是数罪问题，以及具备哪些法定、酌定处罚情节；

2. 是否符合不追究刑事责任的条件；

3. 根据犯罪行为的程度、犯罪的次数、犯罪的数额、犯罪的后果、犯罪对象的个数等因素判断当事人犯罪行为的社会危害程度；

4. 若当事人有陈述后面所需问的问题，则后面的不用再问；

5. 记录人员应详细记录，重点地方可重复发问。

律师：侦查机关每次提审您的间隔时间有多长？单次提审您的时间有多长？有无保证您的休息与饮食？

当事人：_____

注：判断是否存在变相刑讯逼供的情形。

律师：侦查机关给您做的笔录您是否都认真看过？跟您说的是否一致？每页笔录您有无签名确认？

当事人：_____

注：了解笔录的真实性，判断程序是否违法。

第三部分　案件证据以及侦查机关办案程序的合法性

律师：除了您的供述外，是否了解还有无其他证据能够证明相关事实是您所为？

当事人：_____

注：了解当事人的供述是否为孤证，有时当事人并不清楚有无其他证据，此问题需在后面更为具体地展开。

律师：自被羁押之后您有没有被带离过看守所？

当事人：_____

注：若有，应进一步询问什么时间被什么人带至什么地点做什么，在场有哪些人。

律师：有无您在场的情况下侦查机关对相关场所或人身进行过搜查的情况？有无让您进行过辨认？

当事人：_____

注：若有，应继续问搜查或辨认的程序是否合法：

1. 搜查时有几名办案人员，搜查女性身体的办案人员是否为女性，有无出示搜查证，扣押了哪些物品；

2. 有无见证人在场；

3. 辨认现场或物证时有无办案人员暗示，是对图片进行辨认还是对现场进行辨认，辨认的图片是几张，辨认时有无见证人在场；

4. 目的是确认当事人的供述是否为孤证，抽查、辨认的合法性。

律师：有无让您签署过搜查笔录、辨认笔录？

当事人：_____

注：有些案件，当事人并未参与相关的搜查、辨认活动，但却在看守所内签署了相关的搜查或辨认笔录等，以判断相关证据的合法性。

律师：侦查机关有无告知您本案的鉴定意见结果？

当事人：_____

注：了解犯罪数额或损害程度。

律师：侦查机关有无查封、扣押、冻结您的其他物品（随身携带的除外）？

注：了解是否有其他证明案件事实的证据，以及查封、扣押、冻结的物品中有无与案件无关的物品。

律师：每次提审您的时候，有几个侦查人员？

当事人：_____

注：判断程序是否违法。

律师：第一次提审您的时候有无告知您权利义务以及相关法律规定？

当事人：_____

注：判断程序是否违法。

律师：讯问您的时候有无为您提供翻译人员？

当事人：_____

注：仅限不通晓当地通用语言文字的人或者聋哑人。

律师：侦查机关询问或讯问您的时候，有无成年家属在场？

当事人：_____

注：仅限当事人为未成年人。

律师：对您进行的每一次讯问有无全程录音或录像？若有，每次录音或录像有无告知您起止时间？

当事人：_____

注：可能被判处无期徒刑及以上刑罚，或者职务犯罪的必须全程录音或录像。

第四部分　其他有利于从轻、减轻、免除处罚的情节

律师：您愿意退赃或赔偿吗？

当事人：_____

注：酌情从轻情节。若当事人回答愿意，则应继续问通过什么途径来落实退赃或赔偿的事宜。

律师：您有没有能证明您无罪、罪轻、减轻或免除处罚的证人或其他相关材料？

当事人：_____

注：确认还有无其他遗漏的可辩护的情节，包括但不限于经特赦令免除刑罚的、有外交豁免权的等。

律师：您有无立功的情形？

当事人：_____

注：解释法定立功的具体情形：

1. 检举、揭发他人犯罪行为，包括共同犯罪案件中的犯罪分子揭发同案犯共同犯罪以外的其他犯罪，经查证属实的；

2. 提供侦破其他案件的重要线索，经查证属实的；

3. 阻止他人犯罪活动的；

4. 协助司法机关抓捕其他犯罪嫌疑人的(包括同案犯)；

5.具有其他有利于国家和社会的突出表现的。

律师:您有无自首或视为自首的情况? 现在向您介绍刑法中关于自首的规定。

当事人:_____

注:《刑法》第六十七条第一、第二款规定,犯罪以后自动投案,如实供述自己罪行的,是自首。对于自首的犯罪分子,可以从轻或者减轻处罚。其中,犯罪较轻的,可以免除处罚。被采取强制措施的犯罪嫌疑人、被告人和正在服刑的罪犯,如实供述司法机关还未掌握的本人其他罪行的,以自首论。(详细说明自首的构成要件)

律师:以上内容您听清楚了吗?

当事人:_____

第五部分 到案情况、关押情况、权利告知及保障

律师:您是在什么时间、什么地点被抓获的?

当事人:_____

注:为了解强制措施做铺垫。

律师:您是自己到公安机关投案的,还是侦查人员在其他地方将您抓获归案的?

当事人:_____

注:了解是否具有自首情节。

律师:在被抓获时您正在做什么?

当事人:_____

注:进一步了解是否有自首情形或者可视为自首的情节。

律师:您是什么时间被拘留的? 什么时间被逮捕的?

当事人:_____

注:判断是否存在超期羁押的情形,以便申请变更或解除强制措施。

律师:您哪一天被送进来的? 进来时有无进行体检?

当事人:_____

注:重点了解是否在拘留后24小时送入看守所,有无刑讯逼供的可能。

律师:入看守所前,随身携带了哪些物品?

当事人：_____

注：了解是否有与案件无关的物品。

律师：您家属_____让我通知您，侦查机关已经让其领回的物品有_____

当事人：_____

注：告知当事人相关物品与案件无关已返还，若仍有未返还的，应告知当事人或委托人有权提出申诉或者控告，律师也可以提出申诉或者控告。

律师：根据法律规定，关于您现在享有的权利义务我们整理了一份《权利义务告知书》，请您仔细阅读。

注：权利义务告知部分笔录可单独打印成模板重复使用。

当事人：好的，我收到了《权利义务告知书》。

律师：现在我们详细向您阐述和说明以下诉讼权利和义务

1. 关于核对讯问笔录的权利（如何对待自己口供）

根据法律规定和我们多年的司法实践经验，犯罪嫌疑人的口供对定罪量刑有重要影响，所以本着对事实负责，对您自己负责，我们强调3点：第一，请您务必在每一次做完笔录后看清楚所记录的内容是否准确，切忌没看完就签字，没看清楚就签字，认为意思差不多就签字；第二，如果发现侦查人员记录的内容不准确或不完整您有权要求补正，若不补正您可以拒绝签字，若确实要签字也要说明是在什么情况下签字；第三，每次提讯应当清楚（您有权知道）侦查人员的姓名、提讯时间、提讯地点、讯问的主要内容、您是否作了无罪辩解，一共做了几次笔录。这些您可以做个简单的记录，并签字捺手印，以便将来作为证据。同时在我们每次来会见您的时候将讯问次数、讯问内容等情况告知我们，我们会记录到会见笔录中，请您务必记住以上我们强调的三点内容。

2. 关于如实供述的义务（是否有权保持沉默的问题）

我国没有规定沉默权制度，法律规定您有如实陈述的义务，同时也规定了您有权拒绝回答与本案无关的问题。供述要如实，您不知道的事情或记不清楚的问题可以说明您确实不知道或记不清，不要猜测或推测，不要使用"可能是""好像是"等不确定的内容。

3. 关于扣押清单签名和重新鉴定等的权利

在收集涉及本案的物证的时候，请注意3点：第一，侦查人员搜查应当出示工作证和搜查证,并制作搜查笔录,在搜查笔录上应当有见证人和您的签字;第二,对扣押的物品,您应当对物品数量、状态看清楚后再签字确认;第三,对相关司法鉴定意见,您要认真听,若对鉴定意见有异议有权提出重新鉴定。

4.您的人身权利有无受到侵害等问题

若您的人身权利有受到侵害,我们给您以下几点建议来维护您的合法权益。

第一,记下欺负、殴打的参与人员、时间、地点、内容、方式,是否录像及录像的情形,强迫您做了什么事情,您供述的哪些内容与客观事实不符。将上述情况用笔书写下来并签字捺手印,并尽可能多写几份。

第二,在被欺负、殴打后应当在第一时间向驻所检察官或管教反映,若有伤情请立即将伤情告诉检察官、管教,也可以将此情况写成材料由一起关押的室友签字证明。

第三,每次在我们会见时,将详细情况告知我们,我们代为申诉和控告。

以上内容您听清楚了吗?

当事人:_____

律师:针对以下情况,您有权申诉、控告:

1.采取强制措施法定期限届满,不予以释放、解除或变更的;

2.应当退还取保候审保证金而不退还的;

3.对与案件无关的财物采取查封、扣押、冻结措施的;

4.应当解除查封、扣押、冻结而不解除的;

5.办案人员贪污、挪用、私分、调换,以及违反规定使用查封、扣押、冻结的财物的。

注:目的是了解当事人的诉讼权利是否得到了保障。

律师:上述权利您是否明白?不明白我可以为您解释。

当事人:_____

注:再次确认当事人明了自己的权利,目的是让当事人回忆其有无权利未获保障的情形。

律师:您是否有行使过上述权利?在行使时是否遇到阻碍?

当事人:_____

注:保障当事人的诉讼权利。若其权利遇到侵犯,应当告知其救济途径:把具

体的情况向管教反映、向驻所检察官反映——书面、口述均可。

律师：再次跟您确认一下，侦查机关在提审您的时候有无打骂、恐吓、威胁过您？如有，请说出具体时间、地点、当时的办案人员是谁。

当事人：＿＿＿＿＿＿＿＿＿＿＿＿＿＿＿＿＿＿＿＿＿＿＿＿＿＿＿＿＿＿＿

注：若发现当事人说到这个问题时吐词不清、停顿、哆嗦、眼神游离等情形，则有再问的必要，并细心向其说明特殊的重要性。

第六部分　与当事人沟通律师的法律服务方案及内容，以及规避会见风险

律师：根据今天会见的情况，我认为您可能具有以下情节：＿＿＿

我们下一步的工作重点是：

1. 团队召开案情分析会，剖析案情；

2. 研究捕前辩护意见；

3. 申请捕前取保候审；

4. 出具不提请逮捕的辩护意见；

5. 与办案机关承办人员当面沟通案情，以及对律师递交的相关文书的意见；

6. 收集或申请办案机关收集相关无罪、罪轻、减轻或免除处罚的材料；

7. 根据案件进展随时会见，相互交流与沟通案件情况；

8. 反馈家人对您交代家事的完成状况；

9. 其他未列明的事项。

您是否同意上述的律师下一步工作的内容？

当事人：＿＿＿＿＿＿＿＿＿＿＿＿＿＿＿＿＿＿＿＿＿＿＿＿＿＿＿＿＿＿＿

注：告知律师在侦查阶段的作用及下一步工作内容，由于案件的进度不同，上列选项应选择性适用。

律师：您需要配合的是仔细回忆您所做的笔录内容，准确回答办案单位下一次的提审，确认对原笔录内容有什么补充和解释的内容。您听明白了吗？

当事人：＿＿＿＿＿＿＿＿＿＿＿＿＿＿＿＿＿＿＿＿＿＿＿＿＿＿＿＿＿＿＿

律师：我会跟您家属沟通他们需要配合的工作是＿＿＿＿＿＿＿＿＿＿＿＿＿＿＿

当事人：＿＿＿＿＿＿＿＿＿＿＿＿＿＿＿＿＿＿＿＿＿＿＿＿＿＿＿＿＿＿＿

律师：我会在与办案机关承办人员沟通过案情后，再根据案件的进展确定下次来见您的时间。估计下次见您的时间是_____天以后了。

注：告知下次会见的时间，间接告知当事人律师完成前一阶段的工作需要一定的时间。

律师：您对律师这次会见及今后的工作是否有意见或者建议？

当事人：_____

注：注意听取当事人的意见与建议，积累经验，不断提升自我的办案能力。

律师：您有无需要向家属转达、转告的事？

当事人：_____

注：合法的予以转达，非法的予以拒绝，与案件有关联的不予转达。

律师：您有自我辩护或委托律师辩护的权利，您是否同意我继续为您辩护？若同意，请您在《授权委托书》上签您的名字并捺手印。

当事人：_____

注：辩护权实质来源于当事人的授权，避免办案过程中不必要的麻烦。

律师：在今天的会见中律师有无教唆您作虚假陈述或作伪证？有无通过语言或肢体动作威胁、恐吓您？律师有无其他任何违法、违规或不良行为？

当事人：_____

律师：您回答律师提问的内容是否真实？

当事人：_____

注：保障辩护意见中陈述的事实具有真实性，能够递交办案机关。

律师：您除了委托我作为您的辩护人，是否还聘请其他律师作为您的辩护人？

当事人：_____

注：若有，需问明其他律师的姓名、工作单位、联系方式等信息，以便在办案过程中相互配合，共同维护当事人的合法利益，同时也是为了确定当事人委托的辩护人人数未超过法定人数。若超过规定人数的，需当事人确认解除本人或其他律师的授权。

律师：最后再次提醒您，不论对律师还是对办案人员都要如实供述，请记住讯问的次数及内容，最好记住办案人员的名字，包括后期检察官来讯问都要如实回答。

当事人：_____

律师：今天的会见就到这里吧，我下次再来见您。

当事人：_____

注：习惯性结束语。

律师：最后请您核对会见笔录，与您陈述的是否一致，不一致的地方请您更正，并在更正处捺手印确认，无误或更正完后无误的，请在最后一页签名并捺手印（骑缝），注明年月日。

当事人：_____

注：确认会见内容及保障律师会见安全。

以上内容请根据具体案件和具体情况进行选择使用。

M5. 侦查阶段权利义务告知书

权利义务告知书

（侦查阶段）

【权利】

一、有用本民族语言文字进行诉讼的权利。不通晓当地通用的语言文字的，有权要求配备翻译人员。（《刑事诉讼法》第九条）

二、对侦查人员在讯问过程中侵犯诉讼权利或者进行人身侮辱的行为，有权提出控告。（《刑事诉讼法》第十四条）

三、在接受传唤、拘传、讯问时有权要求饮食和必要的休息时间，持续时间不超过十二小时，重大复杂的不超过二十四小时。不得以连续传唤、拘传的形式变相拘禁。（《刑事诉讼法》第一百一十九条）

四、侦查人员、检察人员、记录人、翻译人员有下列情形之一的，当事人及其法定代理人有权申请回避：（《刑事诉讼法》第二十九、第三十、第三十一条）

（一）是本案的当事人或者是当事人的近亲属的；

（二）本人或者他的近亲属和本案有利害关系的；

（三）担任过本案的证人、鉴定人、辩护人、诉讼代理人的；

（四）与本案当事人有其他关系，可能影响公正处理案件的；

（五）接受当事人及其委托的人的请客送礼，违反规定会见当事人及其委托的人的。

对驳回申请回避的决定，可以申请复议一次。（《刑事诉讼法》第三十二条）

五、自行辩护权利。（《刑事诉讼法》第三十三条）

六、犯罪嫌疑人、被告人及其法定代理人、近亲属或者辩护人对于人民法院、人民检察院或者公安机关采取强制措施法定期限届满的，有权要求解除强制措施。（《刑事诉讼法》第九十九条）

七、在侦查人员讯问时，对与本案无关的问题，有拒绝回答的权利。不得强迫自证其罪。（《刑事诉讼法》第一百二十、第五十二条）

八、犯罪嫌疑人有权核对讯问笔录。犯罪嫌疑人没有阅读能力的，侦查人员应当向其宣读。如果记载有遗漏或者差错,犯罪嫌疑人可以提出补充或者改正。犯罪嫌疑人有权自行书写供述。(《刑事诉讼法》第一百二十二条)

九、犯罪嫌疑人自被侦查机关第一次讯问或者采取强制措施之日起,有权委托辩护人。辩护律师在侦查期间可以为犯罪嫌疑人提供法律帮助;代理申诉、控告;申请变更强制措施;向侦查机关了解犯罪嫌疑人涉嫌的罪名和案件有关情况,提出意见。(《刑事诉讼法》第三十四、第三十八、第九十七条)

十、有权知道鉴定意见的内容,可以申请补充鉴定或重新鉴定。(《刑事诉讼法》第一百四十八条)

十一、有权申请人民法院对以非法方法收集的证据依法予以排除。(《刑事诉讼法》第五十八条)

十二、要求检察机关依法讯问的权利。人民检察院办理审查逮捕案件,可以讯问犯罪嫌疑人;具有下列情形之一的,应当讯问犯罪嫌疑人:(《人民检察院刑事诉讼规则》第二百八十条)

(一)对是否符合逮捕条件有疑问的;

(二)犯罪嫌疑人要求向检察人员当面陈述的;

(三)侦查活动可能有重大违法行为的;

(四)案情重大、疑难、复杂的;

(五)犯罪嫌疑人认罪认罚的;

(六)犯罪嫌疑人系未成年人的;

(七)犯罪嫌疑人是盲、聋、哑人或者是尚未完全丧失辨认或者控制自己行为能力的精神病人的。

讯问未被拘留的犯罪嫌疑人,讯问前应当听取公安机关的意见。

办理审查逮捕案件,对被拘留的犯罪嫌疑人不予讯问的,应当送达听取犯罪嫌疑人意见书,由犯罪嫌疑人填写后及时收回审查并附卷。经审查认为应当讯问犯罪嫌疑人的,应当及时讯问。

十三、监督、控告检察人员讯问合法性的权利。讯问犯罪嫌疑人时检察人员或者检察人员和书记员不得少于两人,应当在看守所内进行。讯问时检察人员应当依法告知犯罪嫌疑人的诉讼权利和义务,听取其供述和辩解,有检举揭发他人犯罪线索的,应当予以记录,并依照有关规定移送有关部门处理。讯问犯罪嫌疑人应当制作讯问笔录,并交犯罪嫌疑人核对或者向其宣读,经核对无误后逐页签名或者盖章、捺手印并附卷。犯罪嫌疑人请求自行书写供述的,应当准许,但不得以自行书写的供述代替讯问笔录。

检察人员讯问时如果没有按照上述规定进行,犯罪嫌疑人可以要求检察人员按照规定进行或者提出控告。(《人民检察院刑事诉讼规则》)

十四、对错误拘留、逮捕可获得国家赔偿的权利。(《国家赔偿法》第十七条)

十五、批捕后及时接受讯问的权利。人民法院、人民检察院对于各自决定逮捕的人,公安机关对于经人民检察院批准逮捕的人,都必须在逮捕后的二十四小时以内进行讯问。在发现不应当逮捕的时候,必须立即释放,发给释放证明。(《刑事诉讼法》第九十四条)

十六、提出羁押必要性审查的权利。(《刑事诉讼法》第九十五条、《人民检察院刑事诉讼规则》)

十七、获知不同意变更强制措施结果的权利。人民法院、人民检察院和公安机关收到申请后,应当在三日以内作出决定;不同意变更强制措施的,应当告知申请人,并说明不同意的理由。(《刑事诉讼法》第九十七条)

十八、要求适用认罪认罚从宽制度的权利。

【义务】

一、对侦查人员的合法讯问应当如实回答,并在笔录上签名。(《刑事诉讼法》第一百二十条)

二、依法接受拘传、取保候审、监视居住、拘留、逮捕等强制措施和人身检查、搜查、扣押、鉴定等侦查措施。(《刑事诉讼法》第六十六、第六十八、第七十一、第七十四、第七十七条等)

嫌疑人签名:＿＿＿＿＿＿

＿＿＿＿年＿＿＿月＿＿＿日

M6. 与办案单位沟通提纲（侦）

_____涉嫌_____罪一案
与办案单位沟通提纲

一、自我介绍及委托情况

二、了解案件相关情况

（一）涉嫌罪名；

（二）被采取强制措施情况；

（三）已查明的主要犯罪事实；

（四）是否认罪及是否被告知认罪认罚的权利、后果和法律规定。

三、沟通内容

（一）程序问题：

1. 嫌疑人提出的程序问题；

2. 律师对侦查程序的意见。

（二）实体问题：

是否有证据证明有犯罪事实、是嫌疑人所为，是否具备刑事责任能力。

（三）羁押问题：

有无社会危险性，是否需要继续羁押，有无变更强制措施的可能。

（四）量刑问题：

是否可能判处有期徒刑以上刑罚，可能的量刑区间，认罪认罚的程序问题。

（五）合法权益的维护：

控告、申诉、管辖权异议、回避问题。

四、其他事项

整理记录沟通情况并附卷，以及侦查机关接收证据复印件（如有）。

M7. 与办案人沟通记录(侦)

_____涉嫌_____罪一案
与办案人沟通记录

时间:_____年_____月_____日

地点:_____

办案人:_____ 联系电话:_____

邮寄地址:_____

律师:_____ 整理人:_____

律师:您好！我们是××××律师事务所的_____律师,依法接受_____案嫌疑人家属/本人委托,作为辩护律师。现依据《刑事诉讼法》第三十八条有关规定,向您了解其涉嫌犯罪的有关情况。

办案人:_____

律师:_____涉嫌的罪名是_____吗?

办案人:_____

律师:只涉嫌这一个罪名吗?

办案人:_____

律师:嫌疑人是_____年_____月_____日,被刑事拘留/逮捕/取保候审/监视居住的吗?

办案人:_____

律师:嫌疑人是羁押/监视居住在_____吗?

办案人:_____

律师:嫌疑人的侦查羁押期限被延长了吗?

办案人:_____

律师:羁押期限被延长的理由是什么? 由_____级检察机关批准了吗?

办案人:_____

律师:嫌疑人涉嫌的_____罪,是其_____年在_____的_____行为吗?

律师:嫌疑人还涉嫌别的犯罪行为吗?

办案人:_____

律师:嫌疑人涉嫌的_____罪,有同伙吗?

办案人:_____

律师:同伙是_____吗?

办案人:_____

律师:还有别人吗?

办案人:_____

律师:其同伙对犯罪事实都供认吗?(假设问题)

办案人:_____

律师:涉及的案值是_____吗?

律师:根据我们了解,大致案情是_____,是这样吗?

办案人:_____

律师:嫌疑人反映,_____(案情部分)_____,是这样吗?

办案人:_____

律师:(关于案情的其他问题)_____?

办案人:_____

律师:嫌疑人是否属于自首,态度怎么样?

办案人:_____

律师:被害人那边情况怎么样?什么态度?可能达成谅解吗?

办案人:_____

律师:嫌疑人反映,其在讯问过程中_____,有这种情况吗?(程序部分)

办案人:_____

律师:基于以上情况,可否考虑变更强制措施呢?

办案人:_____

律师:他认罪吗?是否告知了他认罪认罚的权利和法律后果?

办案人:_____

律师:您的电话是多少?怎么能够方便找到您?

办案人:_____

律师：好的，谢谢您，_____警官/检察官，您辛苦了！占用了您这么长的时间，有什么新情况及时联系，我也会再给您打电话或约见您！

（注：此记录不能当面使用，仅用于约见办案人员前的准备和事后整理记录）

M8. 与委托人沟通提纲

_____涉嫌_____罪一案
与委托人沟通提纲

一、沟通发起

(一)辩护人提出沟通;

(二)嫌疑人提出沟通;

(三)委托人提出沟通。

二、沟通内容

(一)程序问题:

1.嫌疑人提出的程序问题;

2.辩护人对侦查程序的意见。

(二)实体问题:

1.立案侦查的罪名及相关问题;

2.案件事实、罪数及情节问题。

(三)羁押问题:

嫌疑人的社会危险性及侦查机关调查取证方向、家属能否承担取保候审的保证义务等情况。

(四)量刑问题:

是否有赔偿意愿、赔偿能力、代付罚金等。

(五)合法权益的维护:

控告、申诉、管辖权异议、回避问题。

三、辩护方案

四、情绪安抚

M9. 与委托人沟通记录

_____涉嫌_____罪一案
与委托人沟通记录

时间：_____年_____月_____日
地点：_____
委托人：_____
律师：_____ 记录整理人：_____

律师：您好！我们就目前了解到的有关情况，跟您来沟通一下，您那掌握的情况也跟我们沟通一下。

委托人：_____
律师：目前该案程序上_____
_____
_____

委托人：_____
律师：本案目前的罪名是_____；
本案目前基本情况是_____；
该罪名的法律规定是_____

委托人：_____
律师：目前取保候审可能_____

委托人：_____
律师：你们是否愿意赔偿对方，是否愿意交纳罚金，以及能力是多少？

委托人：_____
律师：本案目前控告、申诉、管辖权异议、回避的问题有_____
_____
_____
_____

委托人：_____

律师：目前的辩护方案_____，下一步的工作是_____

_____

_____

委托人：_____

律师：会见时嫌疑人的生活及其他要求转达的信息_____

_____

委托人：_____

律师：目前情况就是这样，您也不必过于着急，我们会尽最大努力保障他的诉讼权利，让他获得一个相对公平的结果，您还要保证家人的正常生活_____

_____等。

律师：今天先到这里，我们保持联系，有情况及时沟通。

委托人签字：_____

_____年_____月_____日

M10. 不提请逮捕辩护意见

<u>　　　　</u>涉嫌<u>　　　　</u>罪一案
不提请逮捕辩护意见

<u>　　　　</u>【<u>　　　　</u>】第<u>　　</u>号

<u>　　　　　　　　　　</u>：

××××律师事务所依法接受<u>　　　　</u>的家属<u>　　　　</u>的委托并经其本人同意,指派<u>　　　　</u>律师为其涉嫌<u>　　　　</u>罪一案提供辩护。经会见及了解其他事实,现结合法律规定提供如下辩护意见供参考:

辩护人认为:本案不构成犯罪/没有证据证明发生了犯罪事实/没有证据证明是嫌疑人所为(证据不足不符合批捕条件)/可能判处管制、拘役或者独立适用附加刑/可能判处有期徒刑以上的刑罚采取取保候审不致发生社会危险性(无逮捕必要)。

事实理由:

一、事实部分

二、本案没有犯罪事实/不构成犯罪/没有证据证明发生了犯罪事实/没有证据证明是嫌疑人所为

三、没有逮捕必要,不逮捕符合法律规定

可能判处管制、拘役或者独立适用附加刑;可能判处有期徒刑以上的刑罚采取取保候审不致发生社会危险性。

(一)法律规定

1.<u>　　　　　　　　　　　　　　　　　　　　　　　　　</u>

2.<u>　　　　　　　　　　　　　　　　　　　　　　　　　</u>

(二)本案符合上述法律规定的法定情形

1.<u>　　　　　　　　　　　　　　　　　　　　　　　　　</u>

2.<u>　　　　　　　　　　　　　　　　　　　　　　　　　</u>

四、论述社会危害性

五、不影响案件继续侦查

六、当前刑事政策

七、本人身体情况/家庭情况

据此,辩护人认为,对犯罪嫌疑人_____涉嫌_____一案,应依法予以撤销案件/不向检察院报请逮捕/对犯罪嫌疑人_____予以取保候审/监视居住。

以上辩护意见,诚望予以采纳!

此致

_____

辩护人:_____
××××律师事务所
_____年____月____日

附:_____律师联系电话:_____

M11. 报捕前会见指引

_____涉嫌_____罪一案

会 见 指 引

（报捕前会见）

一、报捕前要会见一次，7 天的刑拘要在第 3 天或者第 4 天去会见；30 天的刑拘第 24 天左右去会见。

二、告知他案子下一步可能的走向，有两种结果，一种报捕，接下来案子要到检察院了，检察官要来提审。告知他律师在提审以前还会来会见。如果不报捕，就会取保候审，出来后见面讨论下一步的工作方案。

三、告知他律师这段时间做了什么工作，如提交了手续，与办案机关进行沟通，提出了取保候审申请书/不提请批捕申请书。

四、告知他下一步的任务，如果报捕了，检察官可能要来提审，律师在检察官提审之前会安排会见。但如果检察官在律师会见之前来提审，如何面对检察官提审，预测检察官提审可能问的问题。如果取保候审，及时到律师事务所来总结这段时间的工作，安排后面的工作。

五、与当事人重温案件的关键环节。全面预测提审可能问的各种问题，以始终保持准确的回答，理解问题背后的意思，避免被绕进去。一字之差，谬以千里。

M12. 报捕前会见笔录

_____涉嫌_____罪一案
会 见 笔 录
(报捕前会见)

时间：_____年____月____日____时____分—____时____分

会见地点：_____看守所第_____律师会见室

会见律师：_____、_____，××××律师事务所律师

记录人：_____

被会见人：_____

律师：您好，我们是××××律师事务所的律师_____，根据《中华人民共和国刑事诉讼法》和《中华人民共和国律师法》的规定，为您涉嫌_____犯罪提供辩护，今天是第_____次会见，请您如实陈述，不能隐瞒与案件有关的事实，否则我们有权拒绝为您辩护，听清了吗？

  当事人：_____

  律师：您家里的情况_____

家属转告您_____

  当事人：_____

  律师：目前案件的程序进展是公安机关很快要向检察院提请批准逮捕了，我们跟办案单位进行了沟通，也提交了取保候审申请书/不提请逮捕申请书，如果没有报捕，就会取保候审；如果取保候审了，您到律师事务所，我们商讨下一步的工作方案；如果报捕了，检察官会来提审，我们会在检察官来之前会见您，但也可能检察官会在我们之前提审来，您要有心理准备。_____

  当事人：_____

  律师：我们回顾一下案件情况：

    上次会见的情况_____

    我们目前所做的工作_____

目前总体情况是_____

您还有什么补充的情况吗？

当事人：_____

律师：对于目前逮捕的法律规定对照案件事实_____

_____

_____

_____

当事人：_____

律师：检察官在批准逮捕前可能会来讯问，您的权利义务是_____

_____

您要注意_____

检察官可能会问到_____

_____

律师：您回答讯问一定要实事求是。

当事人：_____

律师：一旦批捕后，案件在侦查阶段最长可以到 7 个月，刑事案件流程图我给您解释一下。

当事人：_____

律师：最后再次提醒您，不论对律师还是对办案人员都要如实供述，请记住。

当事人：_____

律师：今天的会见就到这里吧，我下次再来见您。您还有什么补充或者有什么转告家属的？

当事人：_____

律师：最后请您核对会见笔录，在最后一页签名并捺手印（骑缝），注明年月日。

当事人：_____

M13. 捕中会见提纲与指引

＿＿＿＿＿＿涉嫌＿＿＿＿＿＿罪一案

会 见 提 纲
（捕中会见）

一、关怀、转达家庭情况。

二、回顾上次会见和辩护工作情况，询问嫌疑人是否有补充。

三、告知案件进展，可能/已提请批准逮捕及批准逮捕的程序。

四、根据会见及与办案单位沟通情况，分析本案证据；根据批准逮捕法律规定，分析是否符合逮捕条件。

（一）是否有证据证明有犯罪事实；是否有证据证明是嫌疑人所为。

（二）是否可能判处有期徒刑以上刑罚。

（三）社会危险性。

结合案情确定辩护方案，为与审查批准逮捕部门沟通、调查取证、发表辩护意见等维护犯罪嫌疑人合法权益的辩护工作提供依据。

五、辅导面对检察官提审。

检察官提审时的权利、注意事项，提审内容预测，批准逮捕的可能性，强调回答提审时实事求是。

六、告知逮捕后的诉讼程序推进。

捕中会见指引

一、批捕前要会见，如果律师不去会见，当事人会认为律师不尽职，这期间他对案件的回顾认识，包括同监室的室友的意见，都需要律师来进行释疑，从法律上进行辅导。

二、针对提审的法律辅导。预测提审检察官可能问的问题：笔录是否属实，案件相关事实，当事人的辩解意见，有没有变相肉刑、威胁引诱欺骗、指供诱供、疲劳审讯等。

三、如何应对检察官的提问。首先,要让检察官感觉到态度上真诚。其次,辩解要感人,强调悔罪、主观恶性较轻等。如果供述与之前不一致,要有合理理由,如果没有合理的理由而让检察官认为狡猾,更增加批捕概率。检察官更看重如果不批捕时的社会危险性,着重解释社会危险性的规定。鼓励当事人树立自己就是最好的辩护人理念。

四、下一步的工作安排。如果逮捕了,我们律师还会来会见,分析逮捕的原因,告知逮捕以后我们要做的工作。如果不逮捕,就会取保候审,也有可能监视居住,及时来律师事务所商量下一步安排。

【注意】这期间当事人可能情绪低落,指责律师。律师要从帮助他的角度耐心地解释法律规定,站在他的角度给他提出合法合规合理又有效的措施,协助他进行分析。另外,他还可能会要求律师找关系等,对此继续前面的解释工作。

M14. 捕中会见笔录

_____涉嫌_____罪一案
会 见 笔 录
（捕中会见）

时间：_____年_____月_____日_____时_____分—_____时_____分

会见地点：_____看守所第_____律师会见室

会见律师：_____、_____，××××律师事务所律师

记录人：_____

被会见人：_____

律师：您好，我们是××××律师事务所的律师_____，根据《中华人民共和国刑事诉讼法》和《中华人民共和国律师法》的规定，为您涉嫌_____犯罪提供辩护，今天是第_____次会见，请您如实陈述，不能隐瞒与案件有关的事实，否则我们有权拒绝为您辩护，听清了吗？

当事人：_____

律师：您家里的情况_____家属转告您

_____

当事人：_____

律师：目前案件的程序进展是_____

当事人：_____

律师：上次会见的情况_____

  我们目前所做的工作_____

  目前总体情况是_____

  您还有什么补充的情况吗？

当事人：_____

律师：对于目前逮捕的法律规定对照案件事实_____

_____

_____
_____

当事人：_____

律师：检察官在批准逮捕前可能会来讯问，您的权利义务是_____
_____

您要注意_____
检察官可能会问到_____
_____

律师：您回答讯问一定要实事求是。

当事人：_____

律师：一旦批捕后，案件在侦查阶段最长可以到七个月，刑事案件流程图我给您解释一下。

当事人：_____

律师：最后再次提醒您，不论对律师还是对办案人员都要如实供述，请记住。

当事人：_____

律师：今天的会见就到这里吧，我下次再来见您。您还有什么补充或者有什么转告家属的？

当事人：_____

律师：最后请您核对会见笔录，在最后一页签名并捺手印（骑缝），注明年月日。

当事人：_____

M15. 不批准逮捕辩护意见

_____涉嫌_____罪一案
不批准逮捕辩护意见

_____【_____】第_____号

_____检察院：

××××律师事务所依法接受_____的家属_____的委托并经其本人同意,指派_____律师为其涉嫌_____罪一案提供辩护。经会见及了解其他事实,现结合法律规定提供如下辩护意见供参考：

辩护人认为：本案不构成犯罪/没有证据证明发生了犯罪事实/没有证据证明是嫌疑人所为（证据不足不符合批捕条件）/可能判处管制、拘役或者独立适用附加刑/可能判处有期徒刑以上的刑罚采取取保候审不致发生社会危险性（无逮捕必要）。

事实理由：

一、事实部分

二、本案没有犯罪事实/不构成犯罪/没有证据证明发生了犯罪事实/没有证据证明是嫌疑人所为

三、没有逮捕必要,不逮捕符合法律规定

可能判处管制、拘役或者独立适用附加刑；可能判处有期徒刑以上的刑罚采取取保候审不致发生社会危险性。

（一）法律规定

1._____

2._____

（二）本案符合上述法律规定的法定情形

1._____

2._____

四、论述社会危害性

五、不影响案件继续侦查

六、当前刑事政策

七、本人身体情况/家庭情况

　　据此,辩护人认为,对犯罪嫌疑人_____涉嫌_____一案,不予批准逮捕,由公安机关依法撤销案件/对犯罪嫌疑人_____予以取保候审/监视居住。

　　以上辩护意见,诚望贵院予以采纳!

　　此致

_____检察院

辩护人:_____

××××律师事务所

_____年____月____日

附:_____律师联系电话:_____

M16. 捕后会见提纲

_____涉嫌_____罪一案
会 见 提 纲
（捕后会见）

一、关怀、转达家庭情况。

二、回顾上次会见和辩护工作情况，询问嫌疑人是否补充新情况。

三、告知批准逮捕、案件进展。

四、对案情进行再梳理，对批捕全过程复盘，分析批捕原因，研究批捕是否正确，提起申诉、申请取保候审等方式进行救济。

（理性分析逮捕的原因。刑期是10年以上的，按照《刑事诉讼法》的规定是必须逮捕的。10年以下的，不至于发生社会危险的可以取保候审。有些案件同案犯在逃需要进一步查清的，被害人赔偿问题没解决，没有获得谅解的，取保候审容易引发社会稳定事件的等，都会导致逮捕。把逮捕的原因分析到位，确定到底属于哪一种。）

五、全面梳理涉嫌犯罪、无罪和罪轻证据，分析犯罪嫌疑人行为是否构成犯罪，是否符合移送审查起诉条件，有无无罪、罪轻的证据及事实被遗漏。

六、完善辩护方案，为进一步与办案单位沟通、调查取证、发表辩护意见、申请变更强制措施等辩护工作提供依据。

七、预先告知侦查终结、移送审查起诉、审查起诉等程序事项。

八、转达其他合法权利事项。

九、心理辅导。

【注意】逮捕以后，当事人情绪很低落，感觉到萎靡不振，最需要律师去安慰，家属的情绪也很低落，甚至有换律师的想法。其实律师的情绪也很低落，要经常到看守所会见当事人，辩护人除了辩护，进行一些安慰和心理疏导是很有必要的。

【特别提示】

1.捕后一个月申请羁押必要性审查，做好相应的会见辅导工作。

2.侦查期间,可能经过延长羁押期限,也可能不经过延长羁押期限,都要持续会见,尤其要做好移送审查起诉前会见的法律辅导工作,因为侦查机关在移送审查起诉前的讯问笔录可能比较全面、重要。

M17. 捕后会见笔录

_____涉嫌_____罪一案

会 见 笔 录

（捕后会见）

时间：_____年____月____日____时____分—____时____分

会见地点：_____看守所第_____律师会见室

会见律师：_____、_____，××××律师事务所律师

记录人：_____

被会见人：_____

律师：您好，我们是××××律师事务所的律师_____，根据《中华人民共和国刑事诉讼法》和《中华人民共和国律师法》的规定，为您涉嫌_____犯罪提供辩护，今天是第_____次会见，请您如实陈述，不能隐瞒与案件有关的事实，否则我们有权拒绝为您辩护，听清了吗？

  当事人：_____

  律师：您家里的情况_____

家属转告您_____

  当事人：_____

  律师：目前案件的程序进展是_____

  当事人：_____

  律师：上次会见的情况_____

    我们目前所做的工作_____

    目前总体情况是_____

    您还有什么补充的情况吗？

  当事人：_____

  律师：我们梳理一下，对审查批准逮捕全过程进行复盘，批准逮捕原因是____

律师：我们可以提起申诉、申请取保候审等方式进行救济。

当事人：＿＿＿＿＿＿＿＿＿＿＿＿＿＿＿＿

律师：我们全面梳理一下，无罪和罪轻证据，分析到底是否构成犯罪，是否符合移送审查起诉条件，以及侦查机关所认定的犯罪事实可能存在哪些误差，哪些无罪和罪轻的证据和事实可能被遗漏。＿＿

律师：我们的辩护方案是＿＿

当事人：＿＿＿＿＿＿＿＿＿＿＿＿＿＿＿＿

律师：我们会继续与办案单位沟通、跟进调查取证、发表辩护意见、申请变更强制措施等以维护您的合法权益。

当事人：＿＿＿＿＿＿＿＿＿＿＿＿＿＿＿＿

律师：批捕后，案件在侦查阶段最长可以到 7 个月，刑事案件流程图我给您解释一下。侦查完成后，检察机关会向法院移送起诉。

当事人：＿＿＿＿＿＿＿＿＿＿＿＿＿＿＿＿

律师：您还有什么其他需要交待给家属的合法事项（公司单位事项）吗？

当事人：＿＿＿＿＿＿＿＿＿＿＿＿＿＿＿＿

律师：最后再次提醒您，不论什么对办案机关都要如实供述，请记住。

当事人：＿＿＿＿＿＿＿＿＿＿＿＿＿＿＿＿

律师：今天的会见就到这里吧，我下次再来见您。您还有什么补充吗？

当事人：＿＿＿＿＿＿＿＿＿＿＿＿＿＿＿＿

律师：最后请您核对笔录，在最后一页签名并捺手印（骑缝），注明年月日。

当事人：＿＿＿＿＿＿＿＿＿＿＿＿＿＿＿＿

M18. 侦查阶段辩护意见/撤销案件辩护意见

_____涉嫌_____罪一案
撤销案件/侦查阶段辩护意见

_____【_____】第_____号

_____：

　　××××律师事务所依法接受_____的家属_____的委托并经其本人同意,指派_____律师为其涉嫌_____罪一案提供辩护。经会见及了解其他事实,现结合法律规定提供如下辩护意见供参考：

　　辩护人认为：本案不构成犯罪/没有证据证明发生了犯罪事实/没有证据证明是嫌疑人所为；应当撤销案件。(或者已有/请调查核实_____量刑情节。)

　　事实理由：

　　一、事实部分

　　二、本案没有犯罪事实/不构成犯罪/没有证据证明发生了犯罪事实/没有证据证明是嫌疑人所为

　　三、已有/请调查核实_____量刑情节

　　四、社会危害性、当前刑事政策、个人及家庭情况

　　五、嫌疑人具有认罪认罚依法可以从宽

　　据此,辩护人认为：对犯罪嫌疑人_____涉嫌_____一案,应依法予以撤销案件/对犯罪嫌疑人_____从轻处罚,可以先变更强制措施为取保候审或监视居住。

　　以上辩护意见,诚望予以采纳！

　　此致

_____

辩护人：_____
××××律师事务所
_____年_____月_____日

　　附：_____律师联系电话：_____

M19. 延长羁押会见提纲

<u>　　　　</u>涉嫌<u>　　　　</u>罪一案
会 见 提 纲
（延长侦查羁押期限）

一、关怀、转达家庭情况。

二、告知与办案单位核实延期审批手续情况，延期原因及审批部门，是否存在违法情况。

三、回顾上次会见和辩护工作情况，嫌疑人有无补充的情况。

四、再次梳理证据，分析嫌疑人行为是否构成犯罪，是否符合移送审查起诉条件，是否有无罪和罪轻的证据、事实可能被遗漏。

五、完善辩护方案，为进一步与办案单位沟通、调查取证、发表辩护意见、申请变更强制措施等辩护工作提供依据。

六、就诉讼程序进展沟通。

七、转达其他合法权利事项。

八、心理辅导。

M20. 延长羁押会见笔录

_____涉嫌_____罪一案
会 见 笔 录
（延长侦查羁押期限）

时间：_____年____月____日____时____分—____时____分
会见地点：_____看守所第_____律师会见室
会见律师：_____、_____，××××律师事务所律师
记录人：_____
被会见人：_____

　　律师：您好，我们是××××律师事务所的律师_____，根据《中华人民共和国刑事诉讼法》和《中华人民共和国律师法》的规定，为您涉嫌_____犯罪提供辩护，今天是第_____次会见，请您如实陈述，不能隐瞒与案件有关的事实，否则我们有权拒绝为您辩护，听清了吗？
　　当事人：_____
　　律师：您家里的情况_____
家属转告您_____
　　当事人：_____
　　律师：目前案件的程序进展是_____
　　当事人：_____
　　律师：上次会见的情况_____
　　　　　您还有什么补充的情况吗？
　　当事人：_____
　　律师：我们梳理一下，对审查批准逮捕全过程进行复盘，批准逮捕原因是____
_____
_____
_____

律师:我们再次全面梳理一下,无罪和罪轻证据,分析到底是否构成犯罪,是否符合移送审查起诉条件,以及侦查机关所认定的犯罪事实可能存在哪些误差,哪些无罪和罪轻的证据和事实可能被遗漏。_____
_____
_____
_____
_____

律师:我们的辩护方案是_____
_____

当事人:_____

律师:我们会继续与办案单位沟通、跟进调查取证、发表辩护意见、申请变更强制措施等以维护您的合法权益。

当事人:_____

律师:最后再次提醒您,不论什么对办案机关都要如实供述,请记住。

当事人:_____

律师:今天的会见就到这里吧,您还有什么需要补充、转达的?

当事人:_____

律师:最后请您核对笔录,在最后一页签名并捺手印(骑缝),注明年月日。

当事人:_____

M21. 收集、调取证据申请书

_____涉嫌_____罪一案
收集、调取证据申请书

_____【_____】第_____号

申请人：_____，××××律师事务所律师，系_____涉嫌_____罪一案_____的辩护人。

申请事项：申请收集、调取_____。

事实和理由：

_____涉嫌_____罪一案，辩护人了解到_____（个人/单位）持有/保存的_____，_____见证/了解/掌握的_____，对本案定罪量刑有重要作用，需要向其收集、调取。由于申请人无法自行收集、调取，根据《刑事诉讼法》第四十三条的规定，特向贵院提出申请。

此致

_____

申请人：_____
××××律师事务所（印章）
_____年_____月_____日

附：_____律师联系电话：_____

M22. 证人调查笔录

_____涉嫌_____罪一案
调 查 笔 录
（证人）

时间：_____年____月____日____时____分—____时____分
地点：_____
询问律师：_____、_____，××××律师事务所律师
记录人：_____
被询问人：_____出生年月：_____民族：_____身份证号：_____
住址：_____联系方式：_____

问：我们是××××律师事务所的_____律师，是犯罪嫌疑人_____的辩护人，根据法律规定（我们已经经过人民检察院的许可，取得《准许律师调查书》），向您了解一下_____情况，您是否愿意？
答：_____
问：希望您就您知道的情况客观、如实地提供，不得作伪证或者隐匿、毁灭证据，否则应负法律责任，您是否清楚？
答：_____
问：这是《证人权利义务告知书》，请您仔细阅读，我们也可以向您宣读，如没有疑问请在上面签字。
答：_____
问：对今天我们之间的谈话，是否允许我们制作调查笔录？
答：_____
问：我们之间的谈话，是否允许全程同步录音录像？
答：_____
问：_____
答：_____

问：_____

答：_____

问：请您仔细阅读笔录，看是否有误。如果有误请提出，我们将进行修改；如果没有出入，请逐页签名。

答：_____

_____（签名捺印）

_____年_____月_____日

M23. 证人权利义务告知书

证人权利义务告知书

根据《中华人民共和国刑事诉讼法》的规定，证人在刑事诉讼中依法享有的权利和承担的义务如下：

【权利】

一、有权要求询问人出示证件、表明身份、说明情况。

二、作证内容涉及隐私或个人不愿公开的事项，有权要求保密。

三、作证过程中如遇到侵犯诉讼权利和人身侮辱的行为，或者采用暴力、威胁、引诱、欺骗非法方法收集证据的行为，有权提出控告。

四、聋、哑人或者不通晓当地通用语言文字的，可以要求聘请通晓聋、哑手势或者当地通用语言文字且与本案无利害关系的人员翻译。

五、因作证本人或者近亲属的人身安全受到威胁，有权拒绝作证，可以请求公安机关、检察机关采取保护措施。

六、有权阅读核对笔录，如果记载有遗漏或者差错，有权要求补充或改正。有权请求自行书写证词。

七、未成年人，可以要求通知法定代理人到场。

【义务】

一、客观、如实提供证据，不得作伪证或隐匿、毁灭证据，否则将承担相应的法律责任。

二、经核对无误的笔录、自行书写的证明材料应当逐页签名、盖章或者捺指印。

三、允许询问人对不便搬运、不易保存的书证、物证拍摄照片或录像。

证人签名：_____　_____年____月____日

（证人书写内容：本人具有阅读能力，以上内容已阅知，或已向我宣读过，我知晓以上内容的意思。）

M24. 调取证据笔录

＿＿＿＿涉嫌＿＿＿＿罪一案
调取证据笔录

＿＿＿＿【＿＿＿＿】第＿＿＿＿号

证据调取人：＿＿＿＿＿＿、＿＿＿＿＿＿，××××律师事务所律师

记录人：＿＿＿＿＿＿＿＿＿

调查取证事由：＿＿＿＿＿＿＿＿＿＿＿＿＿＿＿＿＿＿＿＿

证据持有人/单位：＿＿＿＿＿＿＿＿＿＿＿＿＿＿＿＿＿＿

时间：＿＿＿＿＿＿＿＿＿＿＿＿＿＿＿＿＿＿＿＿＿＿＿

证据地点：＿＿＿＿＿＿＿＿＿＿＿＿＿＿＿＿＿＿＿＿＿

调查取证情况（经过）：＿＿＿＿＿＿＿＿＿＿＿＿＿＿＿＿

证据持有单位（盖章）/人/经办人：＿＿＿＿＿＿＿、＿＿＿＿＿＿

证据调取人：＿＿＿＿＿＿＿＿、＿＿＿＿＿＿＿

＿＿＿＿年＿＿月＿＿日

M25. 证据材料接收清单

<h2 style="text-align:center">证据材料接收清单</h2>

_____【_____】第_____号

证据材料接收清单					
编号	证据名称	数量	特征(是否原件、介质、形态等)		备注
证据提供人： 年　月　日		见证人： 年　月　日		接收单位： 接收人： 年　月　日	
第　页 共　页					

M26. 鉴定/勘验/检查/提取/侦查实验申请书

＿＿＿＿＿＿涉嫌＿＿＿＿＿＿罪一案
鉴定/勘验/检查/提取/侦查实验申请书

＿＿＿＿【＿＿＿＿】第＿＿＿＿号

申请人：＿＿＿＿＿＿＿＿，××××律师事务所律师，系＿＿＿＿＿＿涉嫌＿＿＿＿＿＿罪一案＿＿＿＿＿＿的辩护人。

申请事项：对＿＿＿＿＿＿＿＿＿＿＿＿＿＿进行鉴定/勘验/检查/提取/侦查实验。

事实和理由：

＿＿＿＿＿＿涉嫌＿＿＿＿＿＿罪一案，辩护人发现＿＿＿＿＿＿存在以下问题：＿＿＿＿＿＿。对本案定罪量刑有重要作用，为查明案件事实，需要对＿＿＿＿＿＿进行鉴定/勘验/检查/提取/侦查实验，特提出申请，望予以准许。

此致

＿＿＿＿＿＿＿＿＿＿

申请人：＿＿＿＿＿＿
××××律师事务所(印章)
＿＿＿＿年＿＿＿＿月＿＿＿＿日

附：＿＿＿＿＿＿律师联系电话：＿＿＿＿＿＿＿＿＿＿＿＿

M27. 补充/重新鉴定申请书

_____涉嫌_____罪一案
补充/重新鉴定申请书

_____【_____】第_____号

申请人：_____，××××律师事务所律师，系_____涉嫌_____罪一案_____的辩护人。

申请事项：对_____进行补充/重新鉴定。

事实和理由：

_____涉嫌_____罪一案，辩护人发现对_____的鉴定存在以下问题：_____。对本案定罪量刑有重要作用，为查明案件事实，需要对_____进行补充/重新鉴定，特提出申请，望予以准许。

此致

_____

申请人：_____
××××律师事务所(印章)
_____年_____月_____日

附：_____律师联系电话：_____

M28. 证据材料提交清单

证据材料提交清单

_____【_____】第_____号

编号	证据名称	数量	特征(是否原件、介质、形态等)	备注

提交人： 接收人：
　　年　月　日 　　年　月　日

M29. 主持刑事和解/调解申请书

<u>　　　　</u>涉嫌<u>　　　　</u>罪一案
主持刑事和解/调解申请书

<u>　　　</u>【<u>　　　</u>】第<u>　　　</u>号

申请人：<u>　　　　　　　　</u>，××××律师事务所律师，系<u>　　　</u>涉嫌<u>　　　</u>罪一案<u>　　　</u>的辩护人。

申请事项：申请依法主持与被害人方的和解/调解。

事实和理由：

申请人认为本案具有<u>　　　</u>，符合和解/调解条件，有达成和解/调解的可能，根据《中华人民共和国刑事诉讼法》第二百八十八、第二百八十九条之规定，申请贵局主持双方当事人的和解/调解程序。特向贵局提出申请。

此致

<u>　　　　　　　　</u>

申请人：<u>　　　</u>

××××律师事务所(印章)

<u>　　　</u>年<u>　　</u>月<u>　　</u>日

附：<u>　　　</u>律师联系电话：<u>　　　　　　　　</u>

M30. 刑事和解/调解协议

<h1 style="text-align:center">刑事和解/调解协议</h1>

甲方(犯罪嫌疑人/近亲属)：_____，性别：_____，出生日期：_____，身份证号：_____，联系方式：_____，住址：_____。

乙方(被害人/近亲属)：_____，性别：_____，出生日期：_____，身份证号：_____，联系方式：_____，住址：_____。

关于_____涉嫌_____罪一案，被害人对犯罪嫌疑人真诚悔罪态度予以认可，并表示谅解。就民事赔偿和刑事谅解以及其他相关事宜自愿达成如下协议：

一、甲方自愿赔偿乙方(包括但不限于医疗费、误工费、护理费、住院伙食补助费等)损失共计人民币_____元(大写：_____)。乙方另行出具收到赔偿款的收据。

付款方式及付款时间：_____

二、本协议为本次损害赔偿的终结性赔偿协议，乙方不得就本次的损害赔偿事宜再次向甲方或者其他个人及其他任何组织提出赔偿要求。

三、乙方在收到上述赔偿款的同时，同意对_____的违法犯罪行为进行谅解，并出具谅解书，向司法机关提出从轻、减轻追究甲方刑事责任的谅解意见。

四、上述内容均为甲、乙双方自愿真实的意思表示。

五、本协议自甲、乙双方签字后生效。双方对本协议有保密的义务，双方承诺不向无关的任何第三方披露本协议内容。

六、本协议一式三份，甲乙双方各执一份，交_____一份。

犯罪嫌疑人：　　　　　　　　　　　被害人：

近亲属：　　　　　　　　　　　　　近亲属：

_____年_____月_____日　　　　_____年_____月_____日

M31. 刑事谅解书

<h2 style="text-align:center">刑事谅解书</h2>

谅解人（被害人）：_____，性别：_____，出生日期：_____，身份证号：_____。

谅解人（近亲属）：_____，性别：_____，出生日期：_____，身份证号：_____。

关于_____一案考虑到犯罪嫌疑人_____及家属多次表示愿意予以赔偿，谅解人愿意接受犯罪嫌疑人、家属的赔偿。现已收到赔偿款人民币_____元（大写：_____）。谅解人对犯罪嫌疑人表示谅解，并请求办案机关本着"教育为主，惩罚为辅"的原则，对_____予以从轻处理。

谅解人自愿出具本刑事谅解书。

谅解人：_____（签名捺印）
_____年____月____日

M32. 取保候审申请书

_____涉嫌_____罪一案
取保候审申请书

_____【_____】第_____号

申请人：_____，××××律师事务所律师，系_____涉嫌_____罪一案_____的辩护人。

申请事项：对_____变更强制措施为取保候审。

事实理由：

一、事实部分

二、本案没有犯罪事实/不构成犯罪/没有证据证明发生了犯罪事实/没有证据证明是嫌疑人所为

三、取保候审符合法律规定

可能判处管制、拘役或者独立适用附加刑；可能判处有期徒刑以的刑罚采取取保候审不致发生社会危险性。

（一）法律规定

1. _____

2. _____

（二）本案符合上述法律规定的法定情形

1. _____

2. _____

四、论述不会发生社会危害性

五、不影响案件继续侦查

六、当前刑事政策

七、本人身体情况/家庭情况

据此，辩护人认为：对犯罪嫌疑人_____涉嫌_____一案，应依法变更强制措施为取保候审。

此致

_____

　　　　　　　　　　　　　　辩护人：_____
　　　　　　　　　　　　　　××××律师事务所
　　　　　　　　　　　　_____年_____月_____日

附：_____律师联系电话：_____

M33. 羁押必要性审查申请书

_____涉嫌_____罪一案
羁押必要性审查申请书

_____【_____】第_____号

申请人:_____,××××律师事务所律师,系_____涉嫌_____罪一案_____的辩护人。

申请事项:对_____启动羁押必要性审查。

事实理由:

一、事实部分

二、本案没有犯罪事实/不构成犯罪/没有证据证明发生了犯罪事实/没有证据证明是嫌疑人所为

三、对其启动羁押必要性审查符合法律规定

(一)法律规定

1._____

2._____

(二)本案符合上述法律规定的法定情形

1._____

2._____

四、论述对其变更强制措施不会发生社会危害性

五、不影响案件继续侦查

六、当前刑事政策

七、本人身体情况/家庭情况

据此,辩护人申请对犯罪嫌疑人_____启动羁押必要性审查,依法变更强制措施为取保候审。

此致

_____

辩护人：_____
××××律师事务所
_____年_____月_____日

附：_____律师联系电话：_____

M34. 申诉书

_____涉嫌_____罪一案
申 诉 书

_____【_____】第_____号

申诉人：_____，××××律师事务所律师，系_____涉嫌_____罪一案_____的辩护人。

申诉人(当事人或法定代理人)：_____

被申诉人：_____

申请事项：纠正被申诉人阻碍申诉人依法行使_____诉讼权利的违法行为。

事实与理由：

因被申诉人_____违法阻碍申诉人依法行使_____的诉讼权利，申诉人根据《中华人民共和国刑事诉讼法》第四十九条之规定，请贵机关责令其纠正其违法行为。

此致

_____

申请人：_____

_____年____月____日

附：_____律师联系电话：_____

当事人(法定代理人)联系电话：_____

M35. 控告书

_____涉嫌_____罪一案
控 告 书

_____【_____】第_____号

控告人：_____，××××律师事务所律师，系_____涉嫌_____罪一案_____的辩护人。
控告人：_____
被控告人：_____
控告事项：对被控告人_____的行为提起控告，停止违法行为。
事实与理由：
因被控告人_____的行为，严重侵害了_____合法权益，特对其提出控告，请贵机关责令其纠正其违法行为。
此致

_____

控告人：_____
_____年____月____日

附：_____律师联系电话：_____

M36. 立案监督申请书

_____涉嫌_____罪一案

立案监督申请书

_____【_____】第_____号

申请人:_____,××××律师事务所律师。

申请人:_____

被申请人:_____公安局(分局)。

申请事项:依法对被申请人履行监督职责,通知被申请人对_____依法撤销案件/依法立案侦查。

事实与理由:

被申请人对_____不应/应当立案侦查,但被申请人违法立案/不立案,事实如下:_____

_____

_____

因此,特申请对被申请人行使立案监督职责,通知撤销案件/立案侦查。

此致

_____

申请人:_____

_____年____月____日

附:申请人联系电话:_____

M37. 管辖权异议申请书

_____涉嫌_____罪一案
管辖权异议申请书

_____【_____】第_____号

申请人:_____,××××律师事务所律师,系_____涉嫌_____一案_____的辩护人。

申请事项:依法将本案移送至_____管辖。

事实与理由:

辩护人接受委托后进行了会见等辩护工作,查阅了本案相关的法律、司法解释,认为_____公安局(分局)/_____检察院办理本案没有管辖权,理由如下:
_____
_____

综上,为保障嫌疑人合法诉讼权利,根据《刑事诉讼法》_____的规定,请移送至_____管辖。请予审查并回复。

此致

_____

申请人:_____
_____年____月____日

附:_____律师联系电话:_____

M38. 回避申请书

_____涉嫌_____罪一案
回避申请书

_____【_____】第_____号

申请人：_____，男/女，_____出生，住址：_____。
身份证号：_____，联系方式：_____。
被申请人：_____，任_____职务。
申请事项：申请_____回避。
事实与理由：
申请人了解到被申请人_____
_____
_____
_____依法属于应当回避事由，为保障诉讼活动公平公正进行，根据《刑事诉讼法》的规定要求被申请人回避。请予审查并回复。

此致

_____

申请人：_____
_____年_____月_____日

M39. 集体讨论记录

＿＿＿＿涉嫌＿＿＿＿罪一案
集体讨论记录

＿＿＿＿【＿＿＿＿】第＿＿＿＿号

时间：＿＿＿＿年＿＿＿＿月＿＿＿＿日
地点：＿＿＿＿＿＿＿＿＿＿＿＿＿＿＿＿＿＿＿＿＿＿＿＿
承办律师：＿＿＿＿＿＿＿＿＿＿　记录人：＿＿＿＿＿＿＿＿＿＿
参加人：＿＿＿＿＿＿＿＿＿＿＿＿＿＿＿＿＿＿＿＿＿＿＿＿
承办律师介绍基本案情：＿＿＿＿＿＿＿＿＿＿＿＿＿＿＿＿
承办律师意见：＿＿＿＿＿＿＿＿＿＿＿＿＿＿＿＿＿＿＿＿
＿＿＿＿＿＿＿＿＿＿＿＿＿＿＿＿＿＿＿＿＿＿＿＿＿＿＿＿
＿＿＿＿＿＿＿＿＿＿＿＿＿＿＿＿＿＿＿＿＿＿＿＿＿＿＿＿

参加人员的主要意见摘录：＿＿＿＿＿＿＿＿＿＿＿＿＿＿＿
＿＿＿＿＿＿＿＿＿＿＿＿＿＿＿＿＿＿＿＿＿＿＿＿＿＿＿＿
＿＿＿＿＿＿＿＿＿＿＿＿＿＿＿＿＿＿＿＿＿＿＿＿＿＿＿＿

讨论结果：＿＿＿＿＿＿＿＿＿＿＿＿＿＿＿＿＿＿＿＿＿＿＿
＿＿＿＿＿＿＿＿＿＿＿＿＿＿＿＿＿＿＿＿＿＿＿＿＿＿＿＿
＿＿＿＿＿＿＿＿＿＿＿＿＿＿＿＿＿＿＿＿＿＿＿＿＿＿＿＿

参加人员签名：

M40. 认罪认罚谈话笔录

_____涉嫌_____罪一案
认罪认罚谈话笔录

_____【_____】第_____号

时间:_____ 地点:_____

律师:_____,××××律师事务所律师

当事人:_____

谈话目的:询问公安机关有否告知认罪认罚的法律规定及法律后果;讲解认罪认罚的法律规定及后果;询问是否认罪,并要求适用这一制度。

律师:我们是××××律师事务所_____律师,接受_____的委托/指派,为_____提供辩护。关于认罪认罚从宽制度的问题跟您作个沟通。

当事人:_____

律师:公安机关跟您告知过认罪认罚从宽制度吗?

当事人:_____

律师:您能理解认罪认罚从宽制度的内容吗?

当事人:_____

律师:我再向您介绍一下_____

当事人:我理解了。

律师:您知道涉嫌的罪名及适用的法律条款吗?我给您解释一下。

当事人:_____

律师:在侦查阶段适用认罪认罚从宽制度的体现为可能变更强制措施,办案人员不能承诺实体从宽的内容。但也要根据具体情况确定,不能保证一定可以变更。您理解这句话的意思吧?

当事人:_____

律师:现在您认罪并要求适用认罪认罚从宽制度吗?我可以向办案机关转达

您的要求。

　　当事人：_____
　　律师：您还有需要咨询的问题吗？
　　当事人：_____
　　律师：请您仔细阅读本次谈话笔录，有不同意见或不理解之处请您提出，最后请在确认无误后签名。

M41. 办案日志

_____涉嫌_____罪一案

办 案 日 志

_____【_____】第_____号

案件名称			案号	
当事人			委托人/亲属	
接案时间			结案时间	
主办律师			协办律师	
事项:接待/会见/约见承办人/提交辩护意见/申请/调查取证等				
序号	时间	工作事项	办理人	工作时长
1				
2				
3				
4				
5				
6				
7				
8				
9				
10				

M42. 办案小结/结案报告

_____涉嫌/被指控_____罪一案
办案小结/结案报告

_____【_____】第_____号

案件名称		案号	
当事人		委托人/亲属	
委托时间		结案时间	
主办律师		协办律师	
案件概述			
辩护工作			
总结			

M43. 审查起诉阶段第一次会见提纲与指引

_____涉嫌_____罪一案

会 见 提 纲

（审查起诉阶段第一次）

一、介绍委托人（与嫌疑人关系）的委托情况，辩护人自我介绍。

二、核实嫌疑人与委托人的关系，转达近亲属等人的问候。

三、询问案件情况。如目前被讯问次数、分别讯问的地点、讯问的重点、同案犯、立功、讯问时录音录像、侦查结束后驻所检察官有无提讯等，并告知审查起诉阶段诉讼权利、义务及其保障措施。

四、嫌疑人自我辩解的事实与理由。

五、有无从轻、减轻、免除处罚的情节。

六、沟通律师的辩护方向及内容。

七、家事传达事项。

八、阅读会见笔录，并签名、捺手印。

会 见 指 引

（审查起诉阶段第一次）

一、告知委托事项。

可以让当事人看一下亲属签名的委托书，但是不急于让他在委托书上面签字确认，要在会见结束时签名确认委托。

二、复印卷宗后及时会见。

1. 复印卷宗后要尽快会见，一般3天内完成会见，因为此时到检察院阶段了，当事人可能心理上比较着急。即使没有时间看完卷宗也要先会见。

2. 听取他对起诉意见书指控的事实有什么辩解意见，对定性有什么辩解意见，有没有依据。注意，起诉意见书以宣读的方式告知，同案犯的供述或证人的证言也不能直接展示，要作适当处理。

3.听取他对本人笔录的意见,本人笔录可以直接让他看。看笔录的内容跟他想表达的内容是否一样,办案人员记录得是否准确。

4.商讨下一步工作安排,律师梳理案卷证据,让当事人自己再仔细回忆案件细节,为下一步核实证据做准备。

【可能遇到问题的应对方案】

1.我家里请您付了多少律师费?

参考回答:是按照正常标准付费,您家属特别交代为了不让您有心理负担不让告诉您。

2.您觉得有多大把握或者百分比?

参考回答:在个案上说百分比没有意义。说有80%的把握,结果落到20%里,还是没有意义。现在需要做的是您能够准确地陈述案情,结合相应的法律规范做好您的笔录,然后律师结合在案的材料依法为您辩护,配合好才能得到公正的处理,这不是律师一方的责任,需要我们两个共同来完成。

3.您跟办案单位、办案人员熟不熟?

参考回答:我们专业办理刑事案件,公、检、法单位内办理刑事案件的也是相对固定的人员,很多人都很熟,但都是工作上的关系。

4.您能不能私下跟办案人员"疏通关系"?

参考回答:目前全国都大力反腐,特别是中央要求刀口向内清理内部的害群之马,这样的想法不仅不会对您有任何的帮助,反而会让您的责任更重,刑事案件的办理还是要依据事实、证据和法律,您自己辩解理由合理、充分、有依据,其他事情交给我们律师来处理就好。

M44. 审查起诉阶段第一次会见笔录

_____涉嫌_____罪一案
会 见 笔 录
（审查起诉阶段第一次）

时间：_____年____月____日____时____分—____时____分

会见地点：_____看守所第_____律师会见室

会见律师：_____、_____，××××律师事务所律师

记录人：_____

被会见人：_____

律师：您好！您是_____先生/女士吗？您的家属系_____先生/女士对吗？您的国籍是哪里？

当事人：_____

律师：我们是××××律师事务所的律师_____，根据《中华人民共和国刑事诉讼法》和《中华人民共和国律师法》的规定，我们接受您亲属_____的委托，在您涉嫌犯罪被采取强制措施后依法会见您，为您提供法律咨询、代理申诉、控告，申请取保候审。您是否同意？

当事人：_____

律师：审查起诉阶段的权利义务您清楚吗？（权利义务告知书交当事人阅读）

当事人：_____

律师：我们先梳理一下目前案件的情况：
_____
_____

当事人：_____

律师：您对指控的事实有什么意见？辩解的理由、事实依据是什么？

当事人：_____

律师：您对案件定性有什么意见？辩解的理由、事实依据是什么？

当事人：_____

律师：您有无从轻、减轻、免除处罚的情节？

当事人：_____

律师：我们下一步的工作安排是_____

当事人：_____

律师：您要再仔细回忆一下案件有关细节。

当事人：_____

律师：最后再次提醒您，不论对律师还是对办案人员都要如实供述，请记住讯问的次数及内容，最好记住办案人员的名字，包括后期检察官来讯问都要如实回答。

当事人：_____

律师：今天的会见就到这里吧，我下次再来见您。

当事人：_____

律师：最后请您核对会见笔录，与您陈述的是否一致，不一致的地方请您更正，并在更正处捺手印确认，无误或更正完后无误的，请在最后一页签名并捺手印（骑缝），注明年月日。

当事人：_____

M45. 审查起诉阶段诉讼权利义务告知书

权利义务告知书
（审查起诉阶段）

【诉讼权利】

一、有如实供述获得从宽处理的权利

在接受讯问时，如实供述自己的罪行，可以获得从宽处理。（《刑事诉讼法》第十五、第一百二十条）

二、有不被强迫自证其罪的权利

公诉案件中被告人有罪的举证责任由人民检察院承担，自诉案件中被告人有罪的举证责任由自诉人承担，检察人员不得强迫任何人证实自己有罪。（《刑事诉讼法》第五十一、第五十二条）

三、有辩护及获得法律援助的权利

有权为自己辩护，还可以委托一人至二人作为辩护人。经济困难或者有其他原因没有委托辩护人的，可以向法律援助机构提出申请。（《刑事诉讼法》第三十三条）

四、有使用本民族语言文字进行诉讼及获得翻译的权利

有权使用本民族语言文字进行诉讼。不通晓当地通用的语言文字时有权要求配备翻译人员。

对于聋、哑人或者不通晓当地通用语言文字的人，检察机关应当聘请通晓聋、哑手势或者当地通用语言文字且与本案无利害关系的人员提供翻译。（《刑事诉讼法》第九条）

五、有申请回避的权利

对于检察人员、鉴定人、书记员、翻译人员有下列情形之一的，有权申请他们回避：

（一）是本案的当事人或者是当事人的近亲属的；

（二）本人或者他的近亲属和本案有利害关系的；

（三）担任过本案的证人、鉴定人、辩护人、诉讼代理人的；

(四)与本案当事人有其他关系,可能影响公正处理案件的;

(五)接受当事人及其委托的人的请客送礼,违反规定会见当事人及其委托的人的。

对于驳回申请回避的决定,可以申请复议一次。(《刑事诉讼法》第二十九、第三十、第三十一、第三十二条)

六、有核对笔录、讯问知情、亲笔书写供词和不回答无关问题的权利

笔录记载有遗漏或者差错的,可以提出补充或者改正。还有权要求自行书写供述。

对与本案无关的问题,有权不回答。在接受讯问时有为自己辩解的权利。(《刑事诉讼法》第一百二十、第一百二十二条)

七、有核实有关证据的权利

有核实证据的权利。需要补充鉴定或重新鉴定的,可以申请补充鉴定或申请重新鉴定。能够证明自己无罪或罪轻的证据材料,有权要求补充或申请调取。(《刑事诉讼法》第三十九条)

八、有申请变更及解除强制措施的权利

有自行或法定代理人申请或通过近亲属、辩护人申请变更强制措施的权利;

不能在法律规定的期限内办结的,有获得释放的权利;

采取强制措施超过法定期限的,有权要求解除强制措施。(《刑事诉讼法》第九十七、第九十八、第九十九条)

九、证明文件知悉权

被传唤到指定地点或住处接受讯问时,有要求检察人员出示证明文件的权利。(《刑事诉讼法》第一百一十九条)

十、有控告、申诉及获得国家赔偿的权利

对侦查人员、检察人员侵犯其诉讼权利和人身侮辱的行为,有提出申诉或者控告的权利。

对司法机关及其工作人员的下列行为有申诉或控告的权利:

(一)采取强制措施法定期限届满,不予以释放、解除或者变更的;

(二)应当退还取保候审保证金不退还的;

(三)对与案件无关的财物采取查封、扣押、冻结措施的;

（四）应当解除查封、扣押、冻结不解除的；

（五）贪污、挪用、私分、调换、违反规定使用查封、扣押、冻结的财物的。

对办案人员采用刑讯逼供等非法方法收集证据的行为，有权提出控告。人身权利、财产权利因检察机关及其工作人员违法行使职权而受到侵犯，有权要求国家赔偿。（《刑事诉讼法》第十四、第一百一十七条，《国家赔偿法》第十七、第十八条）

十一、有对重大案件侦查终结前要求驻监所检察官对侦查活动是否合法作出调查的权利（《关于推进以审判为中心的刑事诉讼制度改革的意见》第五条）

十二、有刑事和解、获得被害人谅解、适用认罪认罚从宽制度的权利（《刑事诉讼法》第二百八十八、第二百八十九、第二百九十条）

十三、有获得涉案法律规定的权利

首次讯问笔录没有记录告知被讯问人相关权利和法律规定，不能补正或作出合理解释的，不得采信。（《最高人民法院关于适用〈中华人民共和国刑事诉讼法〉的解释》第九十五条）

十四、有通讯、会见的权利（《刑事诉讼法》第三十九条）

十五、其他权利

传唤、拘传、讯问时，有要求饮食和必要的休息时间的权利。涉及商业秘密、个人隐私的证据，有要求保密的权利。

未满18周岁的犯罪嫌疑人有权在接受讯问时要求通知其法定代理人到场。（《刑事诉讼法》第五十四、第一百一十九、第二百八十一条）

【诉讼义务】

一、接受相关诉讼行为的义务

应当遵守《刑事诉讼法》及有关规定，接受检察机关依法采取的强制措施及其他诉讼行为的义务。（《刑事诉讼法》第七十一、第七十七条）

二、不得干扰作证的义务

对证人及其近亲属进行威胁、侮辱、殴打或者打击报复，构成犯罪的，依法追究刑事责任；尚不够刑事处罚的，依法给予治安管理处罚。（《刑事诉讼法》第六十三条）

三、接受讯问并在笔录上签名、按要求亲笔书写供词的义务

对检察人员的讯问，应当如实回答。讯问笔录没有错误，应当逐页签名、盖章

或者捺指印。

必要的时候,经检察人员要求,亲笔书写供述。(《刑事诉讼法》第一百二十、第一百二十二条)

四、依照法定程序接受检查、搜查的义务

为确定某些特征或者生理状态而进行的人身检查,提取指纹信息,采集血迹、尿液等生物样本的活动应当配合。

检察人员认为必要的时候,可以强制检查。检查女性身体应当由女工作人员或者医师进行。应当配合检察人员为收集犯罪证据而进行的搜查。(《刑事诉讼法》第一百三十二条)

嫌疑人签名:_____　　　　　_____年_____月_____日

M46. 会见提纲(核实证据)

_____涉嫌_____罪一案
会 见 提 纲
(核实证据)

一、关怀、转达家庭情况。

二、回顾上次会见情况,当事人是否有补充情况。

三、告知起诉意见书的相关情况并询问对起诉意见书的意见。

四、告知阅卷情况。

五、核实有关证据、事实。

对持有异议的证据,询问异议内容、理由、相关证据线索(包括证人、相关证据的保存情况等);对无异议的证据予以记录。在核实证据的基础上核实相关案情细节。

【注意】1. 核实证据注意事项。犯罪嫌疑人的供述和辩解、书证、物证、现场勘验笔录、检查笔录、鉴定意见、电子数据等客观性证据都可以直接展示,同案犯的供述和证人证言不能直接展示。

2. 同案犯供述和证人证言采用人证分离原则即把证人名字和证言分开,对嫌疑人有利的可以直接对其宣读,对其不利的不能直接宣读,只让其对证言提出意见。

六、审查证据的情况(合法性、真实性、关联性、证明力等)。

七、审查起诉阶段的权利、义务。

八、介绍检察院在审查起诉阶段的主要工作内容。

九、沟通辩护人的辩护方向及内容。

十、转达其他合法权利事项。

十一、心理辅导。

十二、要求嫌疑人阅读会见笔录,并签名、捺手印。

M47. 会见笔录(核实证据)

_____涉嫌_____罪一案

会 见 笔 录

(核实证据)

时间:_____年____月____日____时____分—____时____分

会见地点:_____看守所第_____律师会见室

会见律师:_____、_____,××××律师事务所律师

记录人:_____

被会见人:_____

律师:您好,我们是××××律师事务所的律师_____,根据《中华人民共和国刑事诉讼法》和《中华人民共和国律师法》的规定,为您涉嫌_____犯罪提供辩护,今天是第_____次会见,请您如实陈述,不能隐瞒与案件有关的事实,否则我们有权拒绝为您辩护,听清了吗?

  当事人:_____

  律师:您家里的情况_____

家属转告您_____

  当事人:_____

  律师:阅卷的情况_____

_____

  当事人:_____

  律师:我们核实一些证据问题(是否有异议)_____

_____

_____

  当事人:_____

  律师:关于案情的一些细节_____

_____

律师：我们审查证据的情况（合法性、关联性、客观性、证明力等）_____

当事人：_____
律师：检察院在这个阶段的工作主要是_____

律师：我们的辩护方向是_____

当事人：_____
律师：我们会继续与办案单位沟通、跟进调查取证、申请变更强制措施等以维护您的合法权益。

当事人：_____
律师：这个阶段的权利义务告知书（上次已给过）。

当事人：_____
律师：您还有什么其他需要交代给家属的合法事项（公司单位事项）吗？

当事人：_____
律师：最后再次提醒您，不论什么对办案机关都要如实供述，请记住。

当事人：_____
律师：今天的会见就到这里吧，我下次再来见您。您还有什么补充吗？

当事人：_____
律师：最后请您核对笔录，在最后一页签名并捺手印（骑缝），注明年月日。

当事人：_____

M48. 会见提纲(沟通辩护方案)

＿＿＿＿涉嫌＿＿＿＿罪一案

会 见 提 纲

（沟通辩护方案）

一、关怀、转达家庭情况。

二、回顾上次会见情况，当事人是否有补充情况。

三、沟通上次会见后落实的辩护工作情况，以及与家属、案件承办人、专业人士、其他人员的沟通情况。

四、与犯罪嫌疑人协商确定辩护方案。

（一）询问嫌疑人对辩护方向的意见；

（二）提出自己的辩护方案（包括对起诉意见书的审查）并作必要的解释；

（三）如意见产生分歧，帮助嫌疑人分析辩护方案的优劣；

（四）协商沟通筛选确定最佳辩护方案。

【注意】商定辩护方案的原则是律师从当事人利益最大化角度穷尽思维提出可能的全部辩护方案，起引导作用，最终由当事人自己决定选用，包括征得家属的同意。

五、与辩护方案相关工作的落实。

（一）与承办人沟通；

（二）与具有专门知识的人沟通；

（三）需申请调查取证；

（四）自行调查取证。

六、与犯罪嫌疑人沟通案件将有的进展。

七、转达其他合法权利事项。

八、心理辅导。

九、要求嫌疑人阅读会见笔录，并签名、捺手印。

【特别提示】

本次会见还要提示嫌疑人下一步的诉讼程序,可能退回补充侦查,如果退回补充侦查,下一步公安机关会来提讯;也可能决定起诉,检察官随时可能来提讯,做好提讯前辅导工作;还有可能进行认罪认罚协商。每一次律师都要进行相应的会见工作。

M49. 会见笔录(沟通辩护方案)

_____涉嫌_____罪一案
会 见 笔 录
(沟通辩护方案)

时间:_____年____月____日____时____分—____时____分
会见地点:_____看守所第_____律师会见室
会见律师:_____、_____,××××律师事务所律师
记录人:_____
被会见人:_____

  律师:您好,我们是××××律师事务所的律师_____,根据《中华人民共和国刑事诉讼法》和《中华人民共和国律师法》的规定,为您涉嫌_____犯罪提供辩护,今天是第_____次会见,请您如实陈述,不能隐瞒与案件有关的事实,否则我们有权拒绝为您辩护,听清了吗?
  当事人:_____
  律师:您家里的情况_____
家属转告您_____
  当事人:_____
  律师:这段时间您有什么新情况补充吗?
  当事人:_____
  律师:上次有些落实的问题_____
_____
_____
  当事人:_____
  律师:我们的辩护方案是_____
_____
_____

律师:下一步的工作是_____
_____
_____

当事人:_____
律师:您对辩护方案的意见是?
当事人:_____
律师:下一步的案件进展是_____
_____

律师:您还有什么其他需要交代给家属的合法事项(公司单位事项)吗?
当事人:_____
律师:最后再次提醒您,不论什么对办案机关都要如实供述,请记住。
当事人:_____
律师:今天的会见就到这里吧,我下次再来见您。您还有什么补充吗?
当事人:_____
律师:最后请您核对笔录,在最后一页签名并捺手印(骑缝),注明年月日。
当事人:_____

M50. 会见提纲(退补重报后)

_____涉嫌_____罪一案
会 见 提 纲
(退补重报后)

一、关怀、转达家庭情况。

二、回顾上次会见情况,当事人是否有补充情况。

三、核实补充侦查增加的新证据。

对持有异议的新证据,询问异议内容、理由、相关证据线索(包括证人、相关证据的保存情况等),无异议的新证据予以记录。

四、进一步协商确定辩护方案。

进一步询问犯罪嫌疑人对辩护方向的意见;律师提出自己的辩护方案;意见产生分歧时,帮助嫌疑人进一步分析辩护方案的优劣;筛选确定最佳辩护方案。

五、与犯罪嫌疑人沟通案件将有的进展。

六、转达其他合法权利事项。

七、心理辅导。

八、要求嫌疑人阅读会见笔录,并签名、捺手印。

M51. 会见笔录(退补重报后)

＿＿＿＿＿涉嫌＿＿＿＿＿罪一案
会 见 笔 录
(退补重报后)

时间：＿＿＿＿年＿＿＿月＿＿＿日＿＿＿时＿＿＿分—＿＿＿时＿＿＿分

会见地点：＿＿＿＿＿＿＿＿＿看守所第＿＿＿＿＿＿＿律师会见室

会见律师：＿＿＿＿＿＿＿＿、＿＿＿＿＿＿＿＿，××××律师事务所律师

记录人：＿＿＿＿＿＿＿＿＿＿

被会见人：＿＿＿＿＿＿＿＿＿＿

律师：您好，我们是××××律师事务所的律师＿＿＿＿＿＿，根据《中华人民共和国刑事诉讼法》和《中华人民共和国律师法》的规定，为您涉嫌＿＿＿＿＿犯罪提供辩护，今天是第＿＿＿＿＿次会见，请您如实陈述，不能隐瞒与案件有关的事实，否则我们有权拒绝为您辩护，听清了吗？

当事人：＿＿＿＿＿＿＿＿＿＿＿＿＿＿＿＿＿＿＿＿＿＿＿＿＿＿＿＿＿

律师：您家里的情况＿＿＿＿＿＿＿＿＿＿＿＿＿＿＿＿＿＿＿＿＿＿＿＿
家属转告您＿＿＿＿＿＿＿＿＿＿＿＿＿＿＿＿＿＿＿＿＿＿＿＿＿＿＿＿

当事人：＿＿＿＿＿＿＿＿＿＿＿＿＿＿＿＿＿＿＿＿＿＿＿＿＿＿＿＿＿

律师：这段时间您有什么新情况补充吗？

当事人：＿＿＿＿＿＿＿＿＿＿＿＿＿＿＿＿＿＿＿＿＿＿＿＿＿＿＿＿＿

律师：上次有些落实的问题＿＿＿＿＿＿＿＿＿＿＿＿＿＿＿＿＿＿＿＿＿
＿＿＿＿＿＿＿＿＿＿＿＿＿＿＿＿＿＿＿＿＿＿＿＿＿＿＿＿＿＿＿＿＿＿

当事人：＿＿＿＿＿＿＿＿＿＿＿＿＿＿＿＿＿＿＿＿＿＿＿＿＿＿＿＿＿

律师：您看一下新证据，对新证据有什么意见？

当事人：＿＿＿＿＿＿＿＿＿＿＿＿＿＿＿＿＿＿＿＿＿＿＿＿＿＿＿＿＿

律师:我们的辩护方案是否修改为_____
_____
_____

　　当事人:_____
　　律师:您对辩护方案的意见是?
　　当事人:_____
　　律师:下一步的案件进展是_____
_____
_____

　　律师:您还有什么其他需要交代给家属的合法事项(公司单位事项)吗?
　　当事人:_____
　　律师:最后再次提醒您,不论什么对办案机关都要如实供述,请记住。
　　当事人:_____
　　律师:今天的会见就到这里吧,我下次再来见您。您还有什么补充吗?
　　当事人:_____
　　律师:最后请您核对笔录,在最后一页签名并捺手印(骑缝),注明年月日。
　　当事人:_____

M52. 诉讼证据材料完整性检验表

_____ 涉嫌 _____ 罪一案
诉讼证据材料完整性检验表

案件名称					
嫌疑/被告人		调取日期		填表人	
案管人员姓名			联系方式		
证据种类	物证□ 书证□ 证人证言□ 被害人陈述□ 犯罪嫌疑人、被告人供述和辩解□ 鉴定意见□ 勘验、检查、辨认、侦查实验等笔录□ 视听资料□ 电子数据□					
卷宗数量			页数		
正常打开	是□ 否□		完整齐备	是□ 否□	
缺失内容			缺失原因		
电子卷宗密码			电子卷宗为原版扫描	是□ 否□	
彩色扫描					
Word版本	有□ 无□		转换可编辑版本	能□ 否□	
长图片扫描	是□ 否□		分页图片版本	有□ 无□	
起诉意见书份数	页数		完整齐备		
物证种类	数量		申请查看	是□ 否□	
未查看原因					
拍照数量			录像数量		
未拍照原因			未录像原因		
扣押物品移送情况	全部□ 部分□ 未移送□				
未移送物品			未移送原因		
讯问等视频	有□ 无□		申请查看	是□ 否□	
未查看原因					
有无补充侦查材料			有□ 无□		
备注					

M53. 诉讼证据材料归类对照表

_____涉嫌_____罪一案
诉讼证据材料归类对照表

罪名			嫌疑人姓名		
制表人			制作时间		
工作时长					
证据分类	证据情况	内容摘要	卷宗页码	审查意见	是否印证
主体证据					
主观证据					
客观证据					
量刑情节					
从以上证据可确定的基本事实					

M54. 证据审查/质证意见表

_____涉嫌_____罪一案

证据审查/质证意见表

序号	证据名称	证据种类	卷宗页码	审查/质证意见	备注
1					
2					
3					
4					
5					
6					
7					
8					
9					
10					
11					
12					
13					
14					

M55. 犯罪客观方面要件审查清单指引表

犯罪客观方面要件审查清单指引表

何人	行为人	审查外观特征(认定同一性)、作案时间、专业知识和能力等
	参与人	
	教唆人	
	被害人	
	目击证人	
何时	自然时间	与北京时间是否一致(时钟精确度,是否有人为改变)
	追诉时效	
	当时身份	特殊主体的适格性问题
	时间要件	特定罪名要件:战时、疫情时等
何地	地点	环境因素等
	专属管辖	铁路、军事法院管辖
	境内外	
	地点要件	特定罪名:入室、公共交通工具、公共场所、机关单位等
何因	动机、目的	
	在先纠纷	
	预谋、策划	
	是否激情犯罪	
	被害人过错	
何法	作案工具	审查同一性、归属性
	作案方式	
	专门知识或技能	主体同一性、主观罪错
何事	行为过程	
	共犯主从	

续表

何果	伤亡情况	
	现场遗留痕迹	
	因果关系	
	介入因素	
	完成形态	预备、中止、未遂、既遂
	归案情况	

M56. 犯罪客体要件审查清单指引表

犯罪客体要件审查清单指引表

人身权利	身体健康	人体组织操作	重伤、轻伤
		器官功能受损、丧失	
	生命	残忍程度	认定情节严重
		亲属关系	
		知名人士	
	性自由	主观明知	醉酒等状态
		同意	监护、教养、领导等关系
		同意能力	幼女、智障等
	人身自由		
	名誉		
	荣誉		
	住宅安宁		
	婚姻自由		
	个人隐私		
财产权利	权属	公共财产	
		公司企业财产	
		个人财产	
		无主物	
	占有、管理状态	遗失物	
		占有、管理职权	
	特定属性	金融机构	
		救灾物资	
	财产价值	鉴定价值	
		估价	

续表

财产权利	保管状态	随身携带（扒窃）	
		室内保管（入户）	
		有无安全设施	
公共安全			
公职职务廉洁性			
社会管理秩序			
社会主义经济秩序			

M57. 犯罪主观方面要件审查清单指引表

犯罪主观方面要件审查清单指引表

故意	直接故意	明知必然发生	
		明知可能发生	
		希望并积极追求发生	
		放任必然或可能发生的结果	
		激情犯罪	
		动机卑劣	图财、奸淫、报复、毁证、嫁祸等
	间接故意	明知可能发生	
		放任结果发生	
过失	疏忽大意	应当预见	预见能力、职责、先前事故等
		因为疏忽大意没有预见	
	过于自信	已经预见	
		轻信能够避免	
共同故意	事前共谋	主意、附议	
		策划、组织、分工	
		踩点、工具、出资、准备	
	事中默契	认识因素	
		意志因素	
		默契行为	
主观无责	正当防卫	意识到伤害	
		意识到伤害的紧迫性	
		伤害程度可能性	
		防卫方式的选择	
		防卫程度的控制	

续表

主观无责	紧急避险	意识到危险	
		危险紧迫性	
		避险方案选择	
		利益大小判断	
	认识错误	对象错误	
		手段方法错误	
		因果关系错误	
	职务行为	法律、法规根据	符合职务权限和条件限制
	期待可能性	常人合理的选择	
		特殊职务或能力	

M58. 犯罪主体要件审查清单指引表

犯罪主体要件审查清单指引表

一般主体	年龄	12~14~16 周岁	涉及刑事责任能力
		16~18 周岁	主要涉及量刑
		>75 周岁	
	国籍		涉及强制措施适用、驱逐出境等特殊量刑,以及特定情况下是否认定为犯罪
	华侨/港澳台居民		
	精神状态		是否作案动机不明、是否明显违背常理
	工作单位	是否就业	涉及犯罪动机、强制措施适用等
		工作职责	涉及特殊注意义务或照顾义务等主观罪错的基础问题
		专业知识或技能	涉及主观明知、是否实行等犯罪要件
	前科劣迹		主要涉及量刑,个别涉及定罪(盗窃起点、偷税、非法行医等)
	之前被行政处罚		
	女性是否怀孕		主要涉及强制措施及量刑尤其死刑适用;有时涉及犯罪主观罪错
	女性是否哺乳		
	生理残疾情况	聋哑人	主要涉及量刑
		盲人	
		其他生理残疾:色盲、脸盲等	涉及特定情境下的主观判断能力
	经济条件/阶层		可能涉及主观罪错中的作案动机、期待可能性、道德可谴责性等问题
	其他如政策性移民等		量刑情节

续表

特殊主体	国家工作人员	工作单位性质	主要涉及犯罪定性问题
		案涉财物性质	
		任职法定代表人	涉及是否为适格犯罪主体、主从犯区分等
		任职主要责任人	
		任职财务人员等直接责任人员	
		身份变化	涉及不同阶段定性问题
		工作职责	是否从事公务（管理性和技术性）、是否负有法定义务、是否利用职务之便等犯罪要件问题
	受委托从事公务	委托机关	
		委托事项及权限	
		委托期限	
	受委托经营、管理国有财产		可以作为贪污罪的主体
单位主体	单位性质	机关事业单位/社会团体/国有企业/国家出资企业等	
		集体企业	
		营业范围	
		特殊优惠政策等	
	案涉财物性质		
	单位组织形式及内部分工	决策机构	
		决策程序	
		主管人员	
		直接责任人员	
	是否为进行犯罪活动而设立		
	是否被盗用名义而实施犯罪		

M59. 量刑情节审查清单指引表

量刑情节审查清单指引表

未成年犯	12~16周岁/16~18周岁 14~16周岁	减30%~60%/减10%~50% 不判无期
	对犯罪认识能力/犯罪动机和目的/是否初犯、偶犯/悔罪表现/成长经历/一贯表现	综合从宽
	偶尔盗窃、抢夺、诈骗，数额刚达到较大的标准，案发后能如实交代并积极退赃	情节显著轻微，不作为犯罪处理
	对于罪行较轻的	缓刑、管制、单处罚金、免处、矫治教育
	犯罪情节严重的未成年人	应当从轻或者减轻处罚
年老犯	满75周岁,故意犯罪/过失	减40%以下/20%~50%
	犯罪时已满75周岁	从轻或减轻
	审判时已满75周岁	一般不适用死刑/可缓刑
对象特定犯	未成年人/老年人/残疾人/孕妇等弱势人员	增加20%以下
犯罪中止	没有造成损害/造成损害	免除处罚/减轻处罚
未遂犯	实行程度/损害后果大小/未得逞的原因	减50%以下
从犯	地位/作用	减20%~50%
	犯罪较轻的	减50%以上或免除处罚
	胁从犯	减轻或免除处罚
自首	动机/时间/方式/如实供述程度/悔罪表现/是否恶意利用自首规避制裁/家属协助	可减40%;犯罪情节较轻时可减40%以上或免处
坦白	如实供述自己罪行的	可减20%以下
	尚未掌握的同种较重罪行的	可减10%~30%
	避免特别严重后果发生的	可减30%~50%
当庭自愿认罪	自首、坦白以外	减10%以下

续表

立功	一般立功/重大立功	减20%以下/减20%~50%
	犯罪较轻的	减50%以上或免除处罚
退赃、退赔	退赃、退赔弥补程度	减30%以下
赔偿谅解	赔偿谅解/赔偿/谅解	减40%/30%/20%以下
刑事和解	犯罪性质/赔偿数额/道歉及悔罪情况	减50%以下或以上或免处
犯罪起因	被害人过错/劳动管理适当/义愤/民间矛盾	酌情从宽
累犯	前后罪性质/轻重/间隔时间	加10%~40%/不少于3个月
前科	性质/时间间隔长短/次数/处罚轻重	加10%以下,过失/未/除外
精神病人	区分重度/中度/轻度	免除处罚/减50%以上或以下
生理残疾	盲人/又聋又哑	从轻、减轻或者免除处罚
防卫过当	不法侵害性质及程度/损害后果大小	减轻或者免除处罚
避险过当	过当程度/损害后果大小	减轻或者免除处罚
预备犯	犯罪性质/准备程度/危害程度	从轻、减轻或者免除处罚
初犯、偶犯	较轻犯罪的主观/动机/手段/情节/后果	酌情予以从宽处罚
在校学生	较轻犯罪	可免予刑事处罚
特殊时间	重大自然灾害/突发传染病疫情期间	增加20%以下
认罪认罚	综合	减30%以下
	有自首、重大坦白、退赃退赔、赔偿谅解、刑事和解等情节的	减60%以下
	犯罪较轻的	减60%以上或者免除处罚

注:本表根据《刑事诉讼法》、《最高人民法院关于常见犯罪的量刑指导意见(试行)》(法发〔2021〕21号)、《最高人民法院关于贯彻宽严相济刑事政策的若干意见》。各省有自定标准,请自行查阅。

M60. 阅卷笔录格式和结构模板

×××涉嫌×××罪一案
阅 卷 笔 录

【案件来源】×××分局××刑侦队,侦查员×××,联系方式×××××××××××

一、嫌疑人自然情况和强制措施

嫌疑人×××,性别×,年龄×,住址××××,工作单位××××,现羁押/取保候审于×××。

二、诉讼过程及发破案经过

××市公安局于××××年××月××日,以×××涉嫌犯×××罪,移送××市/区检察院审查起诉。××××年××月××日退回补充侦查,××××年××月××日再次移送审查起诉。

发破案及到案经过:

三、侦查机关(起诉意见书)认定事实

经侦查查明:

四、认定事实的证据

证据分组。

(如果有多罪名的按罪名分几个部分然后在各罪名下分组)

【示例】职务犯罪案件

第1组证据,主体要件和职务便利方面,主体任职,职务包含的职权,具有的职务便利。

第2组证据,客观上实施的行为,收受贿赂的过程,行贿人的供述,受贿人的供述等。

第3组证据,相关客观证据印证收到的款项,取款记录、存款记录等。

五、结论

根据争议焦点和指控逻辑,写出辩点的论证。论证控方的指控不能成立的理由,把从证据到行为再到法律适用的关系论证出来。(也可以简要写明事实是否清

楚、证据是否充分、法律适用是否适当,详细论证另写辩护意见)

六、附件

1. 诉讼过程表

包括立案时间、拘留逮捕时间、送看守所羁押时间、移送审查起诉、退查重报等每一个时间节点要素。把全案诉讼过程和诉讼节点固定下来,审查程序方面是否合法。审查程序文书,从拘留、逮捕或不捕又到逮捕过程中,罪名是否发生变更,有什么疑问,卷宗材料是否能解开疑问。

2. 嫌疑人供述表

以人为单位制作嫌疑人供述一览表。包括:供述次数,每一次供述时间地点、讯问人等;手写笔录还是打印笔录,是否有复制粘贴;复制粘贴的源头,源头的讯问笔录合不合法、客不客观、有无以讹传讹;有无同步录音录像,有无修改痕迹。

3. 财物扣押或者相关处理表

4. 物证保管链条化系列的时间表

M61. 与办案单位沟通提纲(检)

_____涉嫌_____罪一案
与办案单位沟通提纲

一、自我介绍及委托情况

二、了解案件相关情况

(一)扣押的物证、财产等相关情况;

(二)审查起诉程序进展情况;

(三)认定的主要犯罪事实。

三、沟通内容

(一)程序问题:

1.嫌疑人提出的程序问题;

2.律师对程序的意见;

3.是否适用认罪认罚从宽制度。

(二)实体问题:

是否有证据证明有犯罪事实、是嫌疑人所为,是否具备刑事责任能力。

(三)申请调取新证据,提交证据、辩护意见。

(四)羁押问题:

有无社会危险性,是否需要继续羁押,有无变更强制措施可能。

(五)量刑问题:

是否可能判处有期徒刑以上刑罚,可能的量刑区间,认罪认罚的程序问题。

(六)合法权益的维护:

控告、申诉,管辖权异议,回避问题。

四、其他事项

整理记录沟通情况并附卷,以及接收证据复印件(如有)。

M62. 与办案人沟通记录(检)

_____涉嫌_____罪一案
与办案人沟通记录

时间：_____年_____月_____日

地点：_____

办案人：_____联系电话：_____

邮寄地址：_____

律师：_____整理人：_____

律师：您好！我们是××××律师事务所的_____律师，依法接受_____案嫌疑人家属/本人委托，作为辩护律师。现依据《刑事诉讼法》第三十八条有关规定，向您了解其涉嫌犯罪的有关情况。

办案人：_____

律师：_____物证是被扣押了吗？数量多少？是否随案移送？

办案人：_____

律师：扣押_____财产了吗？数量多少？是否随案移送？

办案人：_____

律师：您审查得怎么样了？什么时间移送起诉/退侦？

办案人：_____

律师：_____的事实能认定吗？认定了_____事实？

办案人：_____

律师：嫌疑人羁押必要性的问题：_____

办案人：_____

律师：羁押这么久了，再加上_____是否可以考虑变更一下强制措施_____

办案人：_____

律师：嫌疑人涉嫌的_____罪，量刑区间_____

办案人：_____

律师:嫌疑人认罪认罚的问题:＿＿＿＿＿＿＿＿＿＿＿＿＿＿＿＿＿＿＿

办案人:＿＿＿＿＿＿＿＿＿＿＿＿＿＿＿＿＿＿＿＿＿＿＿＿＿＿

律师:(关于案情的其他问题)＿＿＿＿＿＿＿＿＿＿＿＿＿＿＿＿＿

办案人:＿＿＿＿＿＿＿＿＿＿＿＿＿＿＿＿＿＿＿＿＿＿＿＿＿＿

律师:对嫌疑人的自首,您觉得能认定吗?

办案人:＿＿＿＿＿＿＿＿＿＿＿＿＿＿＿＿＿＿＿＿＿＿＿＿＿＿

律师:被害人那边情况怎么样?什么态度?可能达成谅解吗?

办案人:＿＿＿＿＿＿＿＿＿＿＿＿＿＿＿＿＿＿＿＿＿＿＿＿＿＿

律师:嫌疑人反映,其在讯问过程中＿＿＿＿＿＿＿,有这种情况吗?(程序部分)

办案人:＿＿＿＿＿＿＿＿＿＿＿＿＿＿＿＿＿＿＿＿＿＿＿＿＿＿

律师:嫌疑人认罪吗?是否有要求适用认罪认罚从宽制度?您的意见是什么?

办案人:＿＿＿＿＿＿＿＿＿＿＿＿＿＿＿＿＿＿＿＿＿＿＿＿＿＿

律师:您的电话是多少?怎么能够方便找到您?

办案人:＿＿＿＿＿＿＿＿＿＿＿＿＿＿＿＿＿＿＿＿＿＿＿＿＿＿

律师:好的,谢谢您,＿＿＿＿＿＿＿检察官,您辛苦了!占用了您这么长的时间,有什么新情况及时联系,我也会再给您打电话或约见您!

(注:此记录不能当面使用,仅用于约见办案人员前的准备和事后整理记录)

M63. 调取无罪/罪轻证据材料申请书

_____涉嫌/被指控_____罪一案
调取无罪/罪轻证据材料申请书

_____【_____】第_____号

申请人：_____，××××律师事务所律师，系_____涉嫌_____罪一案_____的辩护人。

申请事项：申请调取_____证明嫌疑人无罪/罪轻的证据材料。

事实和理由：

_____涉嫌_____罪一案，辩护人发现侦查机关/检察机关_____在侦查/审查起诉期间收集的证明嫌疑人无罪/罪轻的证据材料_____未随案移送，对本案定罪量刑有重要作用。

为查明案件事实，根据《刑事诉讼法》第四十三条的规定，特向贵院提出申请。

此致

_____

申请人：_____
××××律师事务所（印章）
_____年____月____日

附：_____律师联系电话：_____

M64. 调查取证申请书(向被害方)

<u>　　　　</u>涉嫌/被指控<u>　　　　</u>罪一案
调查取证申请书

<u>　　　　</u>【<u>　　　　</u>】第<u>　　　　</u>号

申请人:<u>　　　　　　　　　　</u>,××××律师事务所律师,系<u>　　　　</u>涉嫌<u>　　　　</u>罪一案<u>　　　　</u>的辩护人。

申请事项:许可申请人向被害人/亲属/同意的证人就<u>　　　　</u>案件的<u>　　　　</u>情况进行询问。

事实和理由:

<u>　　　　</u>涉嫌<u>　　　　</u>罪一案,因案情需要辩护人拟向被害人/亲属/同意的证人<u>　　　　</u>收集与本案有关的材料。拟收集材料对本案定罪量刑有重要作用,根据《刑事诉讼法》第四十三条的规定,特向贵院提出申请。

此致

<u>　　　　　　　　　</u>

申请人:<u>　　　　</u>

××××律师事务所(印章)

<u>　　　</u>年<u>　　</u>月<u>　　</u>日

附:<u>　　　</u>律师联系电话:<u>　　　　　　　　</u>

M65. 非法证据排除申请书

＿＿＿＿涉嫌/被指控＿＿＿＿罪一案
非法证据排除申请书

＿＿＿＿【＿＿＿＿】第＿＿＿＿号

申请人：＿＿＿＿＿＿＿＿＿＿，××××律师事务所律师，系＿＿＿＿涉嫌＿＿＿＿罪一案＿＿＿＿的辩护人。

申请事项：申请对以非法方法收集的＿＿＿＿证据予以排除。

事实和理由：

＿＿＿＿涉嫌＿＿＿＿罪一案，辩护人认为本案中＿＿＿＿证据是以＿＿＿＿的非法方法收集的，相关线索、材料如下：＿＿＿＿＿＿＿＿＿＿＿＿＿＿。

根据《刑事诉讼法》第五十六、第五十八条，以及《关于推进以审判为中心的刑事诉讼制度改革的意见》《关于办理刑事案件排除非法证据若干问题的规定》《关于办理死刑案件审查判断证据若干问题的规定》《关于办理刑事案件严格排除非法证据若干问题的规定》等，申请对以上证据依法排除。

此致

＿＿＿＿检察院/法院

申请人：＿＿＿＿
××××律师事务所（印章）
＿＿＿＿年＿＿＿＿月＿＿＿＿日

附：＿＿＿＿律师联系电话：＿＿＿＿＿＿＿＿＿＿

M66. 非法证据排除指引表

非法证据排除指引表

序号	规定
1	《中华人民共和国刑事诉讼法》(2018年修正) 第五十六条第一款　采用刑讯逼供等非法方法收集的犯罪嫌疑人、被告人供述和采用暴力、威胁等非法方法收集的证人证言、被害人陈述，应当予以排除。收集物证、书证不符合法定程序，可能严重影响司法公正的，应当予以补正或者作出合理解释；不能补正或者作出合理解释的，对该证据应当予以排除。
2	《最高人民法院关于适用〈中华人民共和国刑事诉讼法〉的解释》(2021年) 第一百二十三条　采用下列非法方法收集的被告人供述，应当予以排除： (一)采用殴打、违法使用戒具等暴力方法或者变相肉刑的恶劣手段，使被告人遭受难以忍受的痛苦而违背意愿作出的供述； (二)采用以暴力或者严重损害本人及其近亲属合法权益等相威胁的方法，使被告人遭受难以忍受的痛苦而违背意愿作出的供述； (三)采用非法拘禁等非法限制人身自由的方法收集的被告人供述。 第一百二十四条　采用刑讯逼供方法使被告人作出供述，之后被告人受该刑讯逼供行为影响而作出的与该供述相同的重复性供述，应当一并排除，但下列情形除外： (一)调查、侦查期间，监察机关、侦查机关根据控告、举报或者自己发现等，确认或者不能排除以非法方法收集证据而更换调查、侦查人员，其他调查、侦查人员再次讯问时告知有关权利和认罪的法律后果，被告人自愿供述的； (二)审查逮捕、审查起诉和审判期间，检察人员、审判人员讯问时告知诉讼权利和认罪的法律后果，被告人自愿供述的。 第一百二十五条　采用暴力、威胁以及非法限制人身自由等非法方法收集的证人证言、被害人陈述，应当予以排除。 第一百二十六条　收集物证、书证不符合法定程序，可能严重影响司法公正的，应当予以补正或者作出合理解释；不能补正或者作出合理解释的，对该证据应当予以排除。 认定"可能严重影响司法公正"，应当综合考虑收集证据违反法定程序以及所造成后果的严重程度等情况。

续表

序号	规定
3	《人民法院办理刑事案件排除非法证据规程(试行)》(法发〔2017〕31号) 第一条　采用下列非法方法收集的被告人供述,应当予以排除: (一)采用殴打、违法使用戒具等暴力方法或者变相肉刑的恶劣手段,使被告人遭受难以忍受的痛苦而违背意愿作出的供述; (二)采用以暴力或者严重损害本人及其近亲属合法权益等进行威胁的方法,使被告人遭受难以忍受的痛苦而违背意愿作出的供述; (三)采用非法拘禁等非法限制人身自由的方法收集的被告人供述。 采用刑讯逼供方法使被告人作出供述,之后被告人受该刑讯逼供行为影响而作出的与该供述相同的重复性供述,应当一并排除,但下列情形除外: (一)侦查期间,根据控告、举报或者自己发现等,侦查机关确认或者不能排除以非法方法收集证据而更换侦查人员,其他侦查人员再次讯问时告知诉讼权利和认罪的法律后果,被告人自愿供述的; (二)审查逮捕、审查起诉和审判期间,检察人员、审判人员讯问时告知诉讼权利和认罪的法律后果,被告人自愿供述的。 第二条　采用暴力、威胁以及非法限制人身自由等非法方法收集的证人证言、被害人陈述,应当予以排除。 第三条　采用非法搜查、扣押等违反法定程序的方法收集物证、书证,可能严重影响司法公正的,应当予以补正或者作出合理解释;不能补正或者作出合理解释的,对有关证据应当予以排除。
4	《最高人民法院、最高人民检察院、公安部、国家安全部、司法部关于办理刑事案件严格排除非法证据若干问题的规定》(2017年) 第二条　采取殴打、违法使用戒具等暴力方法或者变相肉刑的恶劣手段,使犯罪嫌疑人、被告人遭受难以忍受的痛苦而违背意愿作出的供述,应当予以排除。 第三条　采用以暴力或者严重损害本人及其近亲属合法权益等进行威胁的方法,使犯罪嫌疑人、被告人遭受难以忍受的痛苦而违背意愿作出的供述,应当予以排除。 第四条　采用非法拘禁等非法限制人身自由的方法收集的犯罪嫌疑人、被告人供述,应当予以排除。 第五条　采用刑讯逼供方法使犯罪嫌疑人、被告人作出供述,之后犯罪嫌疑人、被告人受该刑讯逼供行为影响而作出的与该供述相同的重复性供述,应当一并排除,但下列情形除外: (一)侦查期间,根据控告、举报或者自己发现等,侦查机关确认或者不能排除以非法方法收集证据而更换侦查人员,其他侦查人员再次讯问时告知诉讼权利和认罪的法律后果,犯罪嫌疑人自愿供述的; (二)审查逮捕、审查起诉和审判期间,检察人员、审判人员讯问时告知诉讼权利和认罪的法律后果,犯罪嫌疑人、被告人自愿供述的。 第六条　采用暴力、威胁以及非法限制人身自由等非法方法收集的证人证言、被害人陈述,应当予以排除。 第七条　收集物证、书证不符合法定程序,可能严重影响司法公正的,应当予以补正或者作出合理解释;不能补正或者作出合理解释的,对有关证据应当予以排除。

续表

序号	规定
5	《中央政法委关于切实防止冤假错案的规定》(中政委〔2013〕27号) 三、在侦查、审查起诉、审判时发现有应当排除的证据的,应当依法予以排除,不得作为提请批准逮捕、批准或决定逮捕、移送审查起诉、作出起诉决定和判决的依据。对于采用刑讯逼供等非法方法收集的犯罪嫌疑人、被告人供述和采用暴力、威胁等非法方法收集的证人证言、被害人陈述,不得作为定案的根据。
6	《最高人民法院关于建立健全防范刑事冤假错案工作机制的意见》(法发〔2013〕11号) 8.采用刑讯逼供或者冻、饿、晒、烤、疲劳审讯等非法方法收集的被告人供述,应当排除。 除情况紧急必须现场讯问以外,在规定的办案场所外讯问取得的供述,未依法对讯问进行全程录音录像取得的供述,以及不能排除以非法方法取得的供述,应当排除。 9.现场遗留的可能与犯罪有关的指纹、血迹、精斑、毛发等证据,未通过指纹鉴定、DNA鉴定等方式与被告人、被害人的相应样本作同一认定的,不得作为定案的根据。涉案物品、作案工具等未通过辨认、鉴定等方式确定来源的,不得作为定案的根据。 对于命案,应当审查是否通过被害人近亲属辨认、指纹鉴定、DNA鉴定等方式确定被害人身份。
7	《最高人民法院、最高人民检察院、公安部、国家安全部、司法部关于办理刑事案件排除非法证据若干问题的规定》(法发〔2010〕20号) 第一条 采用刑讯逼供等非法手段取得的犯罪嫌疑人、被告人供述和采用暴力、威胁等非法手段取得的证人证言、被害人陈述,属于非法言词证据。 第二条 经依法确认的非法言词证据,应当予以排除,不能作为定案的根据。 第十四条 物证、书证的取得明显违反法律规定,可能影响公正审判的,应当予以补正或者作出合理解释,否则,该物证、书证不能作为定案的根据。
8	《最高人民法院、最高人民检察院、公安部、国家安全部、司法部关于办理死刑案件审查判断证据若干问题的规定》(法发〔2010〕20号) 第十九条 采用刑讯逼供等非法手段取得的被告人供述,不能作为定案的根据。

M67. 审查起诉阶段辩护意见

_____涉嫌_____罪一案
审查起诉阶段辩护意见

_____【_____】第_____号

_____：

×××× 律师事务所依法接受_____的家属_____的委托并经其本人同意，指派_____律师担任其涉嫌_____罪一案辩护人。

经会见及了解其他事实，现结合法律规定提供如下辩护意见供参考：

辩护人认为：本案不构成犯罪/没有证据证明发生了犯罪事实/没有证据证明是嫌疑人所为；应当退回补充侦查；不起诉。（或者已有/请调查核实_____量刑情节）

事实理由：

一、事实部分。

二、本案没有犯罪事实/不构成犯罪/没有证据证明发生了犯罪事实/没有证据证明是嫌疑人所为。

三、已有/请调查核实_____量刑情节。

四、社会危害性、当前刑事政策、个人及家庭情况。

五、嫌疑人认罪认罚依法可以从宽，量刑区间。

据此，辩护人认为：对犯罪嫌疑人_____涉嫌_____一案，应依法不起诉/从轻处罚，量刑区间是_____。

以上辩护意见，诚望予以采纳！

此致

_____检察院

辩护人：_____
×××× 律师事务所
_____年____月____日

附：_____律师联系电话：_____

M68. 认罪认罚会见指引

会 见 指 引
（认罪认罚）

一、充分讲解清楚涉案罪名和相关罪名的法律规定。

二、听取当事人对起诉书指控的事实有什么辩解意见,对定性有什么辩解意见,有没有依据。

三、预估不认罪或者不认重罪认轻罪的量刑档次、财产处理情况、罚金刑情况。

四、预估或经初步了解检察官意见,如认罪认罚可以争取量刑减少的幅度、财产处理情况、罚金刑情况。

五、充分讲解清楚认罪认罚是一种辩护方案的选择,这种选择考虑的因素有:

1. 犯罪事实是否清楚,是否明确;

2. 证据充分;

3. 主要证据充分,其他证据不足;

4. 主要证据不足;

5. 间接定案,证据体系待定;

6. 靠主观证据定案,客观证据缺失。

六、考虑认罪认罚的目的:获得轻判,轻判的幅度是否能接受;获得缓刑,以认罪换非羁押。

七、注意解释清楚,认罪认罚是获得非羁押的条件,但不能保证一定可以获得非羁押。量刑协商结果一般法院会采纳,但不能保证一定采纳。解释清楚其中的原因。

八、注意律师提供方案供选择,不能代替当事人选择。为当事人当好参谋,不缺位、不越位。切不可在当事人没有完全理解的情况下诱导、怂恿当事人适用认罪认罚从宽制度。

M69. 认罪认罚谈话笔录

_____涉嫌_____罪一案
认罪认罚谈话笔录

_____【_____】第_____号

时间：_____　　地点：_____

律师：_____律师事务所律师

当事人/被谈话人：_____　在场人：_____　记录人：_____

谈话目的：见证签署《认罪认罚具结书》前的调查核实。

谈话内容：_____

律师：我是×××律师事务所_____律师，接受_____的委托/指派，为_____提供辩护/法律帮助服务。您同意与我谈谈认罪认罚从宽的问题吗？

如果同意，请您介绍一下您的身份信息好吗？

当事人/被谈话人：同意/不同意。

当事人/被谈话人：我的身份信息是_____。

律师：今天谈话的主要内容是针对您即将签署《认罪认罚具结书》的行为进行签署前的调查核实，请您如实回答，您需要对您今天的谈话内容承担法律后果。您理解并愿意保证如实回答吗？

当事人/被谈话人：_____

律师：请您就以下问题作出明确的回答：

1. 您知道被指控的罪名及适用的法律条款吗？

2. 案件的基本情况及检察院指控的犯罪事实是真实的吗？

3. 是否与被害人达成和解，是否赔偿被害人损失，是否取得被害人谅解，是否存在从轻、减轻或免除刑事处罚的情节？

4. 检察院的量刑建议是_____，您同意吗？

5. 涉案财物的处理您知道吗？

6.案件审理适用的程序是_____,您同意吗?

7.其他需要询问的事项。

当事人/被谈话人:_____

律师:您阅读和签署过《认罪认罚从宽制度告知书》吗?您对告知书的内容是否理解?办案人员是否告知您适用认罪认罚从宽制度产生的法律后果和所要承担的法律责任?

当事人/被谈话人:_____

律师:您是否仔细阅读了《认罪认罚具结书》的内容?您对具结书的内容完全理解吗?您是出于完全自愿同意签署《认罪认罚具结书》吗?

当事人/被谈话人:_____

律师:量刑建议到法院一般会采纳,但如果法院认为量刑不当的可以作出调整,请您了解。

当事人/被谈话人:_____

律师:您还有需要咨询的问题吗?

当事人/被谈话人:_____

律师:请您仔细阅读本谈话笔录,有不同意见或不理解之处请您提出,最后请在确认无误后签名。

(当事人/被谈话人阅读本谈话笔录_____分钟)

(书写:本人已阅读、理解并确认本谈话笔录上述内容真实、准确、完整)

律师(签名):_____

_____年____月____日

被谈话人(签名):_____

_____年____月____日

在场人(签名):_____

_____年____月____日

注:本谈话笔录作为辩护人相对应的是当事人,作为值班律师相对应的是被谈话人。

M70. 审判阶段权利义务告知书

权利义务告知书
（审判阶段）

【权利】

一、有用本民族的语言文字进行诉讼的权利（《刑事诉讼法》第九条）。

二、有申请侦查人员、检察人员、审判人员、书记员、鉴定人和翻译人员回避的权利（《刑事诉讼法》第二十九条、第三十二条）。

三、有自行辩护和委托辩护人辩护的权利（《刑事诉讼法》第三十三条）。

四、有权控告司法工作人员侵犯自己诉讼权利和人身侮辱的行为（《刑事诉讼法》第十四条）。

五、有拒绝回答与本案无关讯问的权利（《刑事诉讼法》第一百二十条）。

六、有参加法庭审理，申请审判长对证人、鉴定人询问，或者经审判长许可直接发问的权利（《刑事诉讼法》第一百九十四条）。

七、有辨认物证、书证；了解未到庭证人的证言、鉴定人的鉴定意见、勘验笔录和其他作为证据的文书的内容并提出意见的权利（《刑事诉讼法》第一百九十五条）。

八、有阅读法庭审判笔录并请求补充、改正的权利（《刑事诉讼法》第二百零七条）。

九、有申请通知新的证人到庭，调取新的物证，申请重新鉴定或勘验的权利（《刑事诉讼法》第一百九十七条）。

十、有参加法庭辩论，并在辩论终结后作最后陈述的权利（《刑事诉讼法》第一百九十八条）。

十一、有对地方各级法院第一审判决、裁定提起上诉，对已发生法律效力的判决、裁定提出申诉的权利（《刑事诉讼法》第二百二十七条、第二百五十二条）。

十二、自诉案件的被告人有对自诉人提起反诉的权利（《刑事诉讼法》第二百一十三条）。

十三、有要求适用认罪认罚从宽制度和程序选择的权利。

【义务】

一、接受相关诉讼行为的义务：

人民法院审判案件，根据情况，对被告人可以决定拘传、取保候审、监视居住或者逮捕。(《最高人民法院关于适用〈中华人民共和国刑事诉讼法〉的解释》第一百四十七条)

二、不得干扰证人作证：

对证人及其近亲属进行威胁、侮辱、殴打或者打击报复，构成犯罪的，依法追究刑事责任；尚不够刑事处罚的，依法给予治安管理处罚。(《刑事诉讼法》第六十三条)

嫌疑人签名：_____　　　　　　　　_____年_____月_____日

M71. 审判阶段第一次会见提纲与指引

＿＿＿＿涉嫌＿＿＿＿罪一案
会 见 提 纲
（审判阶段第一次）

一、介绍委托人（与嫌疑人关系）的委托情况，辩护人自我介绍。

二、核实嫌疑人与委托人的关系，转达近亲属等人的问候。

三、告知审判阶段诉讼程序，并告知审判段诉讼权利、义务及其保障措施。

四、嫌疑人针对起诉书自我辩解的事实与理由。

五、有无从轻、减轻、免除处罚的情节。

六、沟通律师的辩护方向及内容。

七、家事传达事项。

八、阅读会见笔录，并签名、捺手印。

会 见 指 引
（审判阶段第一次）

一、告知委托事项。

可以让当事人看一下亲属签名的委托书，但是不急于让他在委托书上面签字确认，要在会见结束时签名确认委托。

二、复印卷宗后及时会见。

1. 复印卷宗后要尽快会见，一般 3 天内完成会见，因为此时到法院阶段了，当事人可能心理上比较着急。即使没有时间看完卷宗也要先会见。

2. 听取他对起诉书指控的事实有什么辩解意见，对定性有什么辩解意见，有没有依据。

3. 听取他对本人笔录的意见，本人笔录可以直接让他看。看笔录的内容与他想表达的内容是否一样，办案人员记录得是否准确。

4. 商讨下一步工作安排，律师梳理案卷证据，让当事人自己再仔细回忆案件细节,为下一步核实证据做准备。

【可能遇到问题的应对方案】

1. 我家里请您付了多少律师费?

参考回答:是按照正常标准付费,您家属特别交代为了不让您有心理负担不让告诉您。

2. 您觉得有多大把握或者百分比?

参考回答:在个案上说百分比没有意义。说有80%的把握,结果落到20%里,还是没有意义。现在需要做的是您能够准确地陈述案情,结合相应的法律规范做好您的笔录,然后律师结合在案的材料依法为您辩护,配合好才能得到公正的处理,这不是律师一方的责任,需要我们两个共同完成。

3. 您与办案单位、办案人员熟不熟?

参考回答:我们专业办理刑事案件,公、检、法单位内办理刑事案件的也是相对固定的人员,很多人都很熟,但都是工作上的关系。

4. 您能不能私下与办案人员"疏通关系"?

参考回答:目前全国都大力反腐,特别是中央要求刀口向内清理内部的害群之马,这样的想法不仅不会对您有任何的帮助,反而会让您的责任更重,刑事案件的办理还是要依据事实、证据和法律,您自己辩解理由合理、充分、有依据,其他的事情交给我们律师来处理就好。

M72. 审判阶段第一次会见笔录

＿＿＿＿＿＿被控＿＿＿＿＿＿罪一案

会 见 笔 录

（审判阶段第一次）

时间：＿＿＿＿年＿＿＿＿月＿＿＿＿日＿＿＿＿时＿＿＿＿分—＿＿＿＿时＿＿＿＿分

会见地点：＿＿＿＿＿＿＿＿＿＿看守所第＿＿＿＿＿＿＿＿＿＿律师会见室

会见律师：＿＿＿＿＿＿＿＿、＿＿＿＿＿＿＿＿，××××律师事务所律师

记录人：＿＿＿＿＿＿＿＿＿＿＿＿＿＿

被会见人：＿＿＿＿＿＿＿＿＿＿

律师：您好！您是＿＿＿＿＿＿先生/女士吗？您的家属系＿＿＿＿＿＿先生/女士对吗？您的国籍是哪里？

当事人：＿＿＿＿＿＿＿＿＿＿＿＿＿＿＿＿＿＿＿＿＿＿＿＿＿＿＿＿＿＿＿＿

律师：我们是××××律师事务所的律师＿＿＿＿＿＿，根据《中华人民共和国刑事诉讼法》和《中华人民共和国律师法》的规定，我们接受您亲属的委托，在您涉嫌犯罪被采取强制措施后依法会见您，为您提供法律咨询，代理申诉、控告，申请变更强制措施。您是否同意？

当事人：＿＿＿＿＿＿＿＿＿＿＿＿＿＿＿＿＿＿＿＿＿＿＿＿＿＿＿＿＿＿＿＿

律师：审判阶段的权利义务您清楚吗？（权利义务告知书交当事人阅读）

当事人：＿＿＿＿＿＿＿＿＿＿＿＿＿＿＿＿＿＿＿＿＿＿＿＿＿＿＿＿＿＿＿＿

律师：我们先梳理一下目前案件的情况：

＿＿＿＿＿＿＿＿＿＿＿＿＿＿＿＿＿＿＿＿＿＿＿＿＿＿＿＿＿＿＿＿＿＿＿＿

当事人：＿＿＿＿＿＿＿＿＿＿＿＿＿＿＿＿＿＿＿＿＿＿＿＿＿＿＿＿＿＿＿＿

律师：您对指控的事实有什么意见？辩解的理由、事实依据是什么？

当事人：＿＿＿＿＿＿＿＿＿＿＿＿＿＿＿＿＿＿＿＿＿＿＿＿＿＿＿＿＿＿＿＿

律师：您对案件定性有什么意见？辩解的理由、事实依据是什么？

当事人：_____

律师：您有从轻、减轻、免除处罚的情节吗？

当事人：_____

律师：我们下一步的工作安排是_____

当事人：_____

律师：您要再仔细回忆一下案件有关细节。

当事人：_____

律师：最后再次提醒您，不论对律师还是对办案人员都要如实供述，请记住讯问的次数及内容，最好记住办案人员的名字，包括后期检察官来讯问时也要如实回答。

当事人：_____

律师：今天的会见就到这里吧，我下次再来见您。

当事人：_____

律师：最后请您核对会见笔录，与您陈述的是否一致，不一致的地方请您更正，并在更正处捺手印确认，无误或更正完后无误的，请在最后一页签名并捺手印（骑缝），注明年、月、日。

当事人：_____

M73. 会见提纲（核实证据）

_____被控_____罪一案
会 见 提 纲
（核实证据）

一、关怀、转达家庭情况。

二、回顾上次会见情况，当事人是否有补充情况。

三、起诉书的相关情况并询问对起诉书的意见。

四、告知阅卷情况。

五、核实有关证据、事实。

对持有异议的证据，询问异议内容、理由、相关证据线索（包括证人、相关证据的保存情况）；对无异议的证据予以记录。

在核实证据的基础上核实相关案情细节。

六、审查证据的情况（合法性、真实性、关联性、证明力等）。

七、审判阶段的权利、义务。

八、告知嫌疑人法院阶段的程序及律师的主要工作内容。

九、沟通辩护人的辩护方向及内容。

十、转达其他合法权利事项。

十一、心理辅导。

十二、要求嫌疑人阅读会见笔录，并签名、捺手印。

M74. 审判阶段会见笔录(核实证据)

<u>　　　　</u>被控<u>　　　　</u>罪一案

会 见 笔 录

(核实证据)

时间:_____年____月____日____时____分至____时____分
会见地点:_____看守所第_____律师会见室
会见律师:_____、_____,××××律师事务所律师
记录人:_____
被会见人:_____

律师:您好,我们是××××律师事务所的律师_____,根据《中华人民共和国刑事诉讼法》和《中华人民共和国律师法》的规定,为您涉嫌_____犯罪提供辩护,今天是第_____次会见,请您如实陈述,不能隐瞒与案件有关的事实,否则我们有权拒绝为您辩护,听清楚了吗?

　当事人:_____
　律师:您家里的情况_____
家属转告您_____
　当事人:_____
　律师:通过阅卷的情况_____
_____
　当事人:_____
　律师:我们核实一些证据问题(全面核实证据)_____
_____
_____
　当事人:_____
　律师:关于案情的一些细节_____
_____

律师：我们审查证据的情况（合法性、关联性、客观性、证明力等）_____

当事人：_____
律师：法院阶段的工作主要是_____

律师：我们的辩护方向是_____

当事人：_____
律师：我们会继续与办案单位沟通、跟进调查取证、申请变更强制措施等以维护您的合法权益。

当事人：_____
律师：这个阶段的权利义务告知书（上次已给过）。
当事人：_____
律师：您还有什么其他需要交代给家属的合法事项（公司单位事项）吗？
当事人：_____
律师：最后再次提醒您，不论什么对办案机关都要如实供述，请记住。
当事人：_____
律师：今天的会见就到这里吧，我下次再来见您。您还有什么需要补充吗？
当事人：_____
律师：最后请您核对笔录，在最后一页签名并捺手印（骑缝），注明年、月、日。
当事人：_____

M75. 会见提纲(沟通辩护方案)

＿＿＿＿涉嫌＿＿＿＿罪一案
会 见 提 纲
(审判阶段沟通辩护方案)

一、关怀、转达家庭情况

二、回顾上次会见情况,当事人是否有补充情况

三、沟通上次会见后落实的辩护工作情况以及与家属、案件承办人、专业人士、其他人员的沟通情况

四、与犯罪嫌疑人协商确定辩护方案

(一)询问嫌疑人对辩护方向的意见;

(二)提出自己的辩护方案(包括对起诉意见书的审查)并作必要的解释;

(三)如意见产生分歧,帮助嫌疑人分析辩护方案的优劣;

(四)协商沟通筛选确定最佳辩护方案。

【注意】商定辩护方案的原则是律师从当事人利益最大化角度穷尽思维提出可能的全部辩护方案,起引导作用,最终由当事人自己决定选用,包括征得家属的同意。

五、与辩护方案相关工作的落实

(一)与承办人沟通;

(二)与具有专门知识的人沟通;

(三)需申请调查取证;

(四)自行调查取证。

六、与嫌疑人沟通案件将有的进展

七、转达其他合法权利事项

八、心理辅导

九、要求嫌疑人阅读会见笔录,并签名、捺手印

【特别提示】

1.如果案件疑难复杂,法律适用争议较大,尽量考虑进行专家论证,虽然专家论证意见不是法定证据,但权威和口碑好的专家论证意见的观点理由具有强大的论证能力。

2.如果案件比较复杂,可以考虑增加业界比较权威、公检法口碑好、专业能力强的资深律师共同辩护,如果涉及某一方面专业领域也可以增加专业领域的律师,来增加辩护力量。

M76. 会见笔录(沟通辩护方案)

_____被控_____罪一案

会 见 笔 录

(法院阶段沟通辩护方案)

时间：_____年____月____日____时____分—____时____分

会见地点：_____看守所第_____律师会见室

会见律师：_____、_____，××××律师事务所律师

记录人：_____

被会见人：_____

  律师:您好,我们是××××律师事务所的律师_____,根据《中华人民共和国刑事诉讼法》和《中华人民共和国律师法》的规定,为您涉嫌_____犯罪提供辩护,今天是第_____次会见,请您如实陈述,不能隐瞒与案件有关的事实,否则我们有权拒绝为您辩护,听清楚了吗?

  当事人：_____

  律师:您家里的情况_____家属转告您_____

  当事人：_____

  律师:这段时间您有什么新情况需要补充吗?

  当事人：_____

  律师:上次有些落实的问题_____
_____
_____

  当事人：_____

  律师:我们的辩护方案是_____
_____
_____

律师:下一步的工作是_____
_____
_____

当事人:_____
律师:您对辩护方案的意见是?
当事人:_____
律师:下一步的案件进展是_____
_____
_____

律师:鉴于这个案件疑难/重大/复杂,是否可以考虑增加辩护力量/聘请专家论证?
当事人:_____
律师:您还有什么其他需要交代给家属的合法事项(公司单位事项)吗?
当事人:_____
律师:最后再次提醒您,不论什么对办案机关都要如实供述,请记住。
当事人:_____
律师:今天的会见就到这里吧,我下次再来见您。您还有什么需要补充吗?
当事人:_____
律师:最后请您核对笔录,在最后一页签名并捺手印(骑缝),注明年、月、日。
当事人:_____

M77. 起诉书审查指引

起诉书审查指引

<table>
<tr><td colspan="4" align="center">拆分并分析、审查《起诉书》《量刑建议书》,确定辩护策略</td></tr>
<tr><td align="center"></td><td align="center">审查内容</td><td align="center">审查意见</td><td align="center">依据</td></tr>
<tr><td align="center">拆分《起诉书》</td><td>1. 被告人的姓名、性别、年龄(出生年、月、日)、籍贯、民族、文化程度、单位、职务、住址,是否曾受过刑事处罚、被拘留逮捕日期等基本信息;
2. 案由和案件来源;
3. 犯罪事实和证据;
4. 起诉理由及法律根据</td><td></td><td></td></tr>
<tr><td align="center">核对分析《起诉书》信息</td><td>1. 基本信息及强制措施情况是否正确;
2. 对犯罪事实的认定是否与辩方认定一致;
3. 控方的证据及示证策略;
4. 控方的诉讼逻辑</td><td></td><td></td></tr>
<tr><td align="center">审查《起诉书》《量刑建议书》</td><td>1. 与定罪、量刑有关的事实是否查清(包括被告人身份,被告人是否实施及犯罪是否发生,被告人有无刑事责任能力及犯罪动机、目的,犯罪实施过程是否完整、是否查清,共同犯罪的地位、作用,有无从轻、减轻、免除处罚情节,与定罪量刑有关的其他事实);
2. 证据审查(包括定罪量刑所涉及事实是否都有证据证明、定案证据是否经法定程序查证属实,对所认定事实是否排除合理怀疑);
3. 适用法律规定审核(包括刑事追责法律依据、量刑情节法律依据);
4. 法定量刑情节审查(包括被告人年龄、行为能力,正当防卫、紧急避险,犯罪预备、未遂、中止情形,共同犯罪中的地位及作用,自首、立功情况,社会危害程度);
5. 酌定量刑情节审查(包括退赃、赔偿、和解方案、谅解等情节,犯罪前后的社会表现及是否有利于从轻,犯罪过程是否存在酌定量刑情节);
6. 其他(包括主管、管辖问题审查,物质赔偿责任的承担与否等)</td><td></td><td></td></tr>
</table>

续表

拆分并分析、审查《起诉书》《量刑建议书》,确定辩护策略			
	审查内容	审查意见	依据
明确争议的焦点,确定辩护目标	1. 定性辩护/量刑辩护; 2. 证据是存疑,还是完全没有证据,还是证据链不完整; 3. 是疑罪从无还是确定无罪; 4. 法官对案件关注的重点是什么		

M78. 与办案单位沟通提纲(法)

<u>　　　　</u>被控<u>　　　　</u>罪一案
与办案单位沟通提纲

一、自我介绍及委托情况。

二、沟通内容。

1. 事实认定问题(定性、证据);

2. 罪名、罪数问题;

3. 庭前会议召开及相关程序;

4. 羁押必要性;

5. 法定、酌定量刑情节,认罪认罚的程序问题;

6. 提交证据;

7. 申诉、控告、回避、管辖权等;

8. 认罪认罚从宽制度。

三、其他事项。

整理记录沟通情况并附卷,以及接收证据复印件(如有)。

M79. 与办案人沟通记录(法)

＿＿＿＿＿涉嫌＿＿＿＿＿罪一案
与办案人沟通记录

时间:＿＿＿＿年＿＿＿＿月＿＿＿＿日

地点:＿＿＿＿＿＿＿＿＿＿＿＿＿＿＿＿＿＿＿＿＿＿＿＿＿＿＿

办案人:＿＿＿＿＿＿＿＿＿＿＿＿＿＿ 联系电话:＿＿＿＿＿＿＿＿＿＿＿＿＿＿

邮寄地址:＿＿＿＿＿＿＿＿＿＿＿＿＿＿＿＿＿＿＿＿＿＿＿＿＿

律师:＿＿＿＿＿＿＿＿＿＿＿＿＿＿ 整理人:＿＿＿＿＿＿＿＿＿＿＿＿＿＿

律师:您好! 我们是××××律师事务所的＿＿＿＿＿＿＿律师,依法接受＿＿＿＿＿＿案嫌疑人家属/本人委托,作为辩护律师。

办案人:＿＿＿＿＿＿＿＿＿＿＿＿＿＿＿＿＿＿＿＿＿＿＿＿＿＿＿＿＿＿＿

律师:关于本案的基本事实、定性＿＿＿＿＿＿＿＿＿＿＿＿＿＿＿＿＿＿＿＿＿

＿＿＿＿＿＿＿＿＿＿＿＿＿＿＿＿＿＿＿＿＿＿＿＿＿＿＿＿＿＿＿＿＿＿＿＿＿

办案人:＿＿＿＿＿＿＿＿＿＿＿＿＿＿＿＿＿＿＿＿＿＿＿＿＿＿＿＿＿＿＿

律师:关于本案目前的证据情况＿＿＿＿＿＿＿＿＿＿＿＿＿＿＿＿＿＿＿＿＿

＿＿＿＿＿＿＿＿＿＿＿＿＿＿＿＿＿＿＿＿＿＿＿＿＿＿＿＿＿＿＿＿＿＿＿＿＿

办案人:＿＿＿＿＿＿＿＿＿＿＿＿＿＿＿＿＿＿＿＿＿＿＿＿＿＿＿＿＿＿＿

律师:关于罪名、罪数＿＿＿＿＿＿＿＿＿＿＿＿＿＿＿＿＿＿＿＿＿＿＿＿＿

＿＿＿＿＿＿＿＿＿＿＿＿＿＿＿＿＿＿＿＿＿＿＿＿＿＿＿＿＿＿＿＿＿＿＿＿＿

办案人:＿＿＿＿＿＿＿＿＿＿＿＿＿＿＿＿＿＿＿＿＿＿＿＿＿＿＿＿＿＿＿

律师:庭前会议＿＿＿＿＿＿＿＿＿＿＿＿＿＿＿＿＿＿＿＿＿＿＿＿＿＿＿＿＿

＿＿＿＿＿＿＿＿＿＿＿＿＿＿＿＿＿＿＿＿＿＿＿＿＿＿＿＿＿＿＿＿＿＿＿＿＿

办案人:＿＿＿＿＿＿＿＿＿＿＿＿＿＿＿＿＿＿＿＿＿＿＿＿＿＿＿＿＿＿＿

律师:嫌疑人羁押必要性的问题＿＿＿＿＿＿＿＿＿＿＿＿＿＿＿＿＿＿＿＿＿

办案人:＿＿＿＿＿＿＿＿＿＿＿＿＿＿＿＿＿＿＿＿＿＿＿＿＿＿＿＿＿＿＿

律师:羁押这么久了,再加上＿＿＿＿＿＿＿是否可以考虑变更一下强制措施＿＿＿＿＿＿

办案人：＿＿＿＿＿＿＿＿＿＿＿＿＿＿＿＿＿＿＿＿＿＿＿＿＿＿＿＿

律师：嫌疑人涉嫌的＿＿＿＿＿＿罪，量刑区间＿＿＿＿＿＿＿＿＿＿＿＿＿

办案人：＿＿＿＿＿＿＿＿＿＿＿＿＿＿＿＿＿＿＿＿＿＿＿＿＿＿＿＿

律师：嫌疑人认罪认罚的问题＿＿＿＿＿＿＿＿＿＿＿＿＿＿＿＿＿＿＿＿

办案人：＿＿＿＿＿＿＿＿＿＿＿＿＿＿＿＿＿＿＿＿＿＿＿＿＿＿＿＿

律师：（关于案情的其他问题）＿＿＿＿＿＿＿＿＿＿＿＿＿＿＿＿＿＿＿

办案人：＿＿＿＿＿＿＿＿＿＿＿＿＿＿＿＿＿＿＿＿＿＿＿＿＿＿＿＿

律师：对嫌疑人的自首，您觉得能认定吗？其他量刑情节？

办案人：＿＿＿＿＿＿＿＿＿＿＿＿＿＿＿＿＿＿＿＿＿＿＿＿＿＿＿＿

律师：被害人那边情况怎么样？什么态度？可能达成谅解吗？

办案人：＿＿＿＿＿＿＿＿＿＿＿＿＿＿＿＿＿＿＿＿＿＿＿＿＿＿＿＿

律师：嫌疑人反映，其在讯问过程中［非法证据排除（程序部分）］＿＿＿＿＿

＿＿＿＿＿＿＿＿＿＿＿＿＿＿＿＿＿＿＿＿＿＿＿＿＿＿＿＿＿＿＿＿＿

办案人：＿＿＿＿＿＿＿＿＿＿＿＿＿＿＿＿＿＿＿＿＿＿＿＿＿＿＿＿

律师：关于认罪认罚从宽的问题＿＿＿＿＿＿＿＿＿＿＿＿＿＿＿＿＿＿＿

办案人：＿＿＿＿＿＿＿＿＿＿＿＿＿＿＿＿＿＿＿＿＿＿＿＿＿＿＿＿

律师：您的电话是多少？怎么能够方便找到您？

办案人：＿＿＿＿＿＿＿＿＿＿＿＿＿＿＿＿＿＿＿＿＿＿＿＿＿＿＿＿

律师：好的，谢谢您，＿＿＿＿＿＿＿，您辛苦了！占用了您这么长的时间，有什么新情况及时联系，我也会再给您打电话或约见您！

（注：此记录不能当面使用，仅用于约见办案人员前的准备和事后整理记录）

M80. 通知出庭申请书

_____被指控_____罪一案
通知被害人/侦查人员/见证人/证人/鉴定人/
勘验人/检查人/调查人/报告人出庭申请书

_____【_____】第_____号

申请人：_____，××××律师事务所律师，系_____涉嫌_____罪一案_____的辩护人。

申请事项：申请通知_____出庭作证。

事实和理由：

_____被指控_____罪一案，为了能查明事实，依法公正裁判，辩护人认为需要通知被害人/侦查人员/见证人/证人/鉴定人/勘验人/检查人/调查人/报告人_____出庭作证，根据《中华人民共和国刑事诉讼法》第_____条的规定，提出申请，望准许。

此致

_____

申请人：_____
××××律师事务所（印章）
_____年_____月_____日

附：_____律师联系电话：_____

M81. 出庭申请书(专家证人)

_____被控_____罪一案
通知有专门知识的人出庭申请书

_____【_____】第_____号

申请人：_____，××××律师事务所律师，系_____涉嫌_____罪一案_____的辩护人。

申请事项：申请通知_____作为有专门知识的人出庭就_____发表意见(解释说明)。

事实和理由：

_____被指控_____罪一案，关于_____的问题，申请人认为需要通知_____作为有专门知识的人出庭就_____发表意见(解释说明)，为了能查明事实，依法公正裁判，根据《中华人民共和国刑事诉讼法》第一百九十七条的规定，提出申请，望准许。

此致

_____

申请人：_____
××××律师事务所(印章)
_____年_____月_____日

附：_____律师联系电话：_____

M82. 会见提纲（庭前会议辅导）

_____被指控_____罪一案

会 见 提 纲

（庭前会议辅导）

一、关怀、转达家庭情况。

二、回顾上次会见情况，当事人是否有补充情况。

三、庭前会议辅导：

1. 告知庭前会议程序及被告人注意事项；

2. 是否提出管辖权异议及相应证据依据，法律文书确认、签字；

3. 是否申请回避及回避证据，法律文书确认、签字；

4. 是否申请不公开审理及相关证据，法律文书确认、签字；

5. 是否申请非法证据排除，以及非法证据目录（含名称、来源、证明内容、排除非法证据线索等）核实确认、签字；

6. 当庭出示的证据及目录（拟提交法庭的新证据目录，含名称、来源、证明内容等）核实确认、签字；

7. 是否申请重新鉴定或者勘验及相应证据依据，法律文书确认、签字；

8. 是否申请调取在侦查、审查起诉期间公安机关、人民检察院收集但未随案移送的证明被告人无罪或罪轻的证据材料及申请法律文书等确认、签字；

9. 是否申请向证人或有关单位、个人收集、调取证据材料及申请调查法律文书等确认、签字；

10. 是否申请证人、鉴定人、侦查人员、有专门知识的人出庭及证明内容等核实确认、签字；

11. 被告人赔偿意愿、刑事附带民事赔偿事实及赔偿收据、谅解书核实确认。

四、转达其他合法权利事项。

五、心理辅导。

六、要求被告人阅读会见笔录，并签名、捺手印。

M83. 会见笔录(庭前会议辅导)

_____被指控_____罪一案

会 见 笔 录

(庭前会议辅导)

时间:_____年_____月_____日_____时_____分至_____时_____分
会见地点:_____看守所第_____律师会见室
会见律师:_____、_____,××××律师事务所律师
记录人:_____
被会见人:_____

 律师:您好,我们是××××律师事务所的律师_____,根据《中华人民共和国刑事诉讼法》和《中华人民共和国律师法》的规定,为您涉嫌_____犯罪提供辩护,今天是第_____次会见,请您如实陈述,不能隐瞒与案件有关的事实,否则我们有权拒绝为您辩护,听清楚了吗?
 当事人:_____
 律师:您家里的情况_____
家属转告您_____
 当事人:_____
 律师:这段时间您有什么新情况需要补充吗?
 当事人:_____
 律师:上次有些落实的问题_____
_____
_____
 当事人:_____
 律师:庭前会议程序及被告人注意事项有_____
_____
_____

律师:管辖权异议及相应证据依据,法律文书确认、签字_____
_____

当事人:_____
律师:申请回避及回避证据,法律文书确认、签字_____
_____

当事人:_____
律师:申请不公开审理及相关证据,法律文书确认、签字_____
_____

当事人:_____
律师:申请非法证据排除,以及非法证据目录(含名称、来源、证明内容等),排除非法证据线索等核实确认、签字_____
_____

当事人:_____
律师:当庭出示的证据及目录(拟提交法庭的新证据目录,含名称、来源、证明内容等)核实确认、签字_____
_____

当事人:_____
律师:申请重新鉴定或者勘验及相应证据依据,法律文书确认、签字_____
_____

当事人:_____
律师:申请调取在侦查、审查起诉期间公安机关、人民检察院收集但未随案移送的证明被告人无罪或罪轻的证据材料及申请法律文书等确认、签字_____
_____

当事人：_____

律师：申请向证人或有关单位、个人收集、调取证据材料及申请调查法律文书等确认、签字_____

_____

当事人：_____

律师：申请证人、鉴定人、侦查人员、有专门知识的人出庭及证明内容等核实确认、签字_____

_____

当事人：_____

律师：您还有什么其他需要交代给家属的合法事项(公司单位事项)吗？

当事人：_____

律师：赔偿意愿、刑事附带民事赔偿事实及赔偿收据、谅解书核实确认_____

_____

当事人：_____

律师：最后再次提醒您，不论什么对办案机关都要如实供述，请记住。

当事人：_____

律师：今天的会见就到这里吧，我下次再来见您。您还有什么需要补充吗？

当事人：_____

律师：最后请您核对笔录，在最后一页签名并捺手印(骑缝)，注明年、月、日。

当事人：_____

M84. 召开庭前会议申请书

_____被指控_____罪一案
召开庭前会议申请书

_____【_____】第_____号

申请人：_____，××××律师事务所律师，系_____涉嫌_____罪一案_____的辩护人。

申请事项：_____

事实和理由：

_____被指控_____罪一案，鉴于具有以下情形：_____，为提高本案庭审效率，根据《中华人民共和国刑事诉讼法》第一百八十七条之规定，申请贵院召开庭前会议，对与本案相关的问题了解情况，听取意见。望予以准许。

此致

_____

申请人：_____

××××律师事务所(印章)

_____年_____月_____日

附：_____律师联系电话：_____

M85. 庭前会议准备事项清单

_____被控_____罪一案
庭前会议准备工作清单
_____【_____】第_____号

工作范围	工作内容		备注
证据	非法证据目录	准备非法证据目录（含名称、来源、证明内容、排除非法证据线索等）	
	当庭出示的证据及目录（包括辩方取得的证据）	准备证据目录（拟提交法庭的新证据目录，含名称、来源、证明内容等）	
申请	申请出庭证人、鉴定人等名单	准备出庭证人名单，含姓名、工作单位、联系方式、证明内容等	
	管辖权异议	回避证据，准备法律文书列明理由和依据	
	申请调查取证	就关键证据问题提交调查法律文书，指明法律、证据等依据和理由等	
异议	对出庭证人的异议	提供异议证据，提交法律文书，指明法律、证据等依据和理由	
其他	刑事附带民事赔偿	提供赔偿收据、谅解书，或被告人有赔偿意愿的会见笔录	

M86. 被告人参加庭前会议申请书

_____被指控_____罪一案

参加庭前会议申请书

申请人：_____，男/女，_____出生，住址：_____

申请事项：申请参加庭前会议

事实与理由：

申请人因涉嫌_____罪，于_____年_____月_____日被_____公安局刑事拘留，_____年_____月_____日被_____批准逮捕，现羁押于_____看守所。本案贵院正审理中。

申请人认为本案有_____

_____

情况，对本人定罪量刑影响重大，根据《人民法院办理刑事案件庭前会议规程（试行）》第三条的规定，申请参加庭前会议，请予准许。

此致

_____

申请人：_____
_____年_____月_____日

M87. 对出庭人员名单异议书

<u>　　　　</u>被指控<u>　　　　</u>罪一案
对出庭的证人/鉴定人/有专门知识的人员名单异议书

<u>　　　　</u>【<u>　　　　</u>】第<u>　　　　</u>号

申请人：<u>　　　　　　　　　</u>，××××律师事务所律师，系<u>　　　　</u>涉嫌<u>　　　　</u>罪一案<u>　　　　</u>的辩护人。

申请事项：对出庭的证人/鉴定人/有专门知识的人员名单提出异议。

事实和理由：

<u>　　　　</u>被指控<u>　　　　</u>罪一案，对出庭的证人/鉴定人/有专门知识的人员名单有<u>　　　　</u>异议，根据《最高人民法院关于适用〈中华人民共和国刑事诉讼法〉的解释》第二百二十八条的规定，申请贵院<u>　　　　</u>。

此致

<u>　　　　</u>人民法院

　　　　　　　　　　　　　　　　申请人：<u>　　　　</u>
　　　　　　　　　　　　　　　　××××律师事务所（印章）
　　　　　　　　　　　　　　　　<u>　　　</u>年<u>　　</u>月<u>　　</u>日

附：<u>　　　　</u>律师联系电话：<u>　　　　　　　　　</u>

M88. 不公开/延期/中止审理申请书

_____被指控_____罪一案
不公开审理申请书

_____【_____】第_____号

申请人:_____,××××律师事务所律师,系_____涉嫌_____罪一案_____的辩护人。

申请事项:对_____涉嫌_____罪一案不公开/延期/中止审理。

事实和理由:

_____被指控_____罪一案,因涉及_____,辩护人根据《中华人民共和国刑事诉讼法》第一百八十八条的规定,申请贵院对该案不公开延期/中止审理。

此致

_____人民法院

申请人:_____
××××律师事务所(印章)
_____年_____月_____日

附:_____律师联系电话:_____

M89. 侦查人员出庭申请书

<u>　　　　</u>被指控<u>　　　　</u>罪一案
侦查人员出庭申请书

<u>　　　　</u>【<u>　　　　</u>】第<u>　　　　</u>号

申请人：<u>　　　　　　　　　</u>，××××律师事务所律师，系<u>　　　</u>被指控<u>　　　　</u>罪一案<u>　　　　</u>的辩护人。

申请事项：依法通知侦查人员<u>　　　　　　　　　　</u>出庭说明情况。

事实和理由：

<u>　　　　</u>被指控<u>　　　　</u>罪一案，被告人反映在侦查过程中<u>　　　</u>，辩护人认为本案的侦查人员<u>　　　　</u>应当出庭说明情况。根据《中华人民共和国刑事诉讼法》第五十九条的规定，提出申请，望予以准许。

此致
<u>　　　　</u>人民法院

申请人：<u>　　　　</u>
××××律师事务所（印章）
<u>　　　</u>年<u>　　</u>月<u>　　</u>日

附：<u>　　　　</u>律师联系电话：<u>　　　　　　　　</u>

M90. 庭前会议记录

_____被指控_____罪一案
庭前会议记录

_____【_____】第_____号

召开时间：_____

召开地点：_____法院_____审判庭

被指控罪名：_____

审判长(员)：_____ 书记员：_____

公诉人：_____

被告人：_____ 辩护人：_____

一、核对基本信息：

1. 参加人员：_____

2. 其他：_____

二、庭前会议需解决的基本问题：

1. 对案件管辖异议。

处理结果：_____

2. 申请有关人员回避。

处理结果：_____

3. 申请不公开审理。

处理结果：_____

4. 申请排除非法证据。

处理结果：_____

5. 提供新的证据材料。

处理结果：_____

6. 申请重新鉴定或勘验。

处理结果：_____

7. 申请调取在侦查、审查起诉期间公安机关、人民检察院收集但未随案移送的证明被告人无罪或者罪轻的证据材料。

处理结果：_____

8. 申请向证人或有关单位、个人收集、调取证据材料。

处理结果：_____

9. 申请证人、鉴定人、侦查人员、有专门知识的人出庭。

处理结果：_____

10. 主持调解和解、赔偿。

处理结果：_____

11. 审判相关的其他问题。

处理结果：_____

三、确定案件争议焦点。

四、被告人、公诉人及辩护人核对笔录。

_____年_____月_____日

M91. 会见提纲(庭前辅导)

_____被指控_____罪一案
会 见 提 纲
(庭前辅导)

一、关怀、转达家庭情况。

二、回顾前一阶段案件情况和辩护工作情况,当事人是否有补充的事实、证据及立功情况。

三、告知案件进展及该阶段的权利义务。

四、了解被告人是否收到开庭传票,告知开庭时间和地点、合议庭组成人员、庭审程序及注意事项。

五、询问被告人是否收到《起诉书》《量刑建议书》及收到时间。

六、了解被告人对《起诉书》《量刑建议书》的意见及理由:

1. 询问对被指控罪名、所指控的主要犯罪事实的意见及理由;

2. 询问对被指控的从重、加重处罚情节的意见及理由;

3. 询问法定或酌定的从轻、减轻、免于刑事处罚的事实、情节和线索。

七、核实证据:

1. 对被告人持有异议的证据,询问异议内容、理由、相关证据线索(包括证人、相关证据的保存情况等),进而明确申请调查取证或自行取证的策略;

2. 对被告人不持异议的证据予以记录;

3. 向被告人告知辩护人审查证据的情况(包括证据的合法性、真实性、关联性、证明力等)。

八、沟通确认案件整体辩护方案及内容:

1. 询问被告人对辩护方向的意见;

2. 辩护人提出自己的辩护方案;

3. 与被告人的意见产生分歧时,帮助被告人分析辩护方案的优劣;

4. 经与被告人沟通,筛选确定最佳辩护方案。

九、询问是否申请非法证据排除等(参考庭前会议内容)。

十、沟通确认辩护人庭审中使用材料内容：

1. 沟通确认发问提纲；

2. 沟通确认质证意见；

3. 确认举证提纲；

4. 确认辩论意见。

十一、其他合法权利事项。

十二、心理辅导。

十三、要求被告人阅读会见笔录，并签名、捺手印。

【特别提示】

1. 全程辅导被告人。从走入法庭到庭审结束被带出法庭都要辅导，比如进入法庭的态度、姿势，体现出忏悔、诚恳；穿戴要干净整洁；庭审过程中如何应对各方发问；如有被害人说句对不起等。

2. 被告人自己发表辩护意见尽量脱稿表达，同时书面的材料提交入卷。

3. 面对发问提醒他一定要听清问题再回答，避免问话陷阱，辩护人没有演练过的问题不问，不能确定答案的问题不问，没有提前演练过的内容不说。

M92. 会见笔录（庭前辅导）

＿＿＿＿＿＿被指控＿＿＿＿＿＿罪一案

会 见 笔 录

（庭前辅导）

时间：＿＿＿＿年＿＿＿月＿＿＿日＿＿＿时＿＿＿分—＿＿＿时＿＿＿分

会见地点：＿＿＿＿＿＿＿＿＿＿看守所第＿＿＿＿＿＿＿＿律师会见室

会见律师：＿＿＿＿＿＿＿＿＿、＿＿＿＿＿＿＿＿＿，××××律师事务所律师

记录人：＿＿＿＿＿＿＿＿＿＿＿

被会见人：＿＿＿＿＿＿＿＿＿＿＿

律师：您好，我们是××××律师事务所的律师＿＿＿＿＿＿，根据《中华人民共和国刑事诉讼法》和《中华人民共和国律师法》的规定，为您涉嫌＿＿＿＿＿＿犯罪提供辩护，今天是第＿＿＿＿＿＿次会见，请您如实陈述，不能隐瞒与案件有关的事实，否则我们有权拒绝为您辩护，听清楚了吗？

当事人：＿＿＿＿＿＿＿＿＿＿＿＿＿＿＿＿＿＿

律师：您家里的情况＿＿＿＿＿＿＿＿＿＿＿＿＿＿＿＿＿＿＿＿＿＿家属转告您＿＿＿＿＿＿＿＿＿＿＿＿＿＿＿＿＿＿＿＿＿＿＿＿＿＿

当事人：＿＿＿＿＿＿＿＿＿＿＿＿＿＿＿＿＿＿

律师：您有需要补充的事实、证据及立功情况吗？

当事人：＿＿＿＿＿＿＿＿＿＿＿＿＿＿＿＿＿＿

律师：该阶段的权利义务＿＿

当事人：＿＿＿＿＿＿＿＿＿＿＿＿＿＿＿＿＿＿

律师：是否收到《起诉书》《量刑建议书》？什么时间收到的？

当事人：＿＿＿＿＿＿＿＿＿＿＿＿＿＿＿＿＿＿

律师：您对《起诉书》《量刑建议书》的意见及理由是什么？

当事人：_____

律师：需要再核实一下证据_____

_____

_____

律师：我们的整体辩护方向与内容是_____

_____

当事人：_____

律师：您对发问问题的意见是？

当事人：_____

律师：您对质证意见是？

当事人：_____

律师：您对辩论意见是？

当事人：_____

律师：您还有什么其他需要交代给家属的合法事项(公司单位事项)吗？

当事人：_____

律师：最后再次提醒您，不论什么对办案机关都要如实供述，请记住。

当事人：_____

律师：今天的会见就到这里吧，我下次再来见您。您还有什么需要补充吗？

当事人：_____

律师：最后请您核对笔录，在最后一页签名并捺手印(骑缝)，注明年、月、日。

当事人：_____

M93. 庭审流程及注意事项

庭审流程及注意事项

阶段	内容	注意事项
庭审开始	1. 审判人员宣布开庭,核对被告人身份及前科等情况、是否公开审理及收到起诉书时间	
	2. 审判人员宣布合议庭组成人员、书记员、公诉人、辩护人人员名单	
	3. 审判人员告知在庭审过程中的权利	
	4. 审判人员询问是否申请回避,申请何人回避及申请回避的理由	
法庭调查	1. 公诉人宣读起诉书,审判人员询问对指控事实和罪名有无意见	
	2. 被告人陈述案件事实	
	3. 公诉人发问,围绕起诉书,先问构成犯罪再问量刑事实	
	4. 被害人或其代理人发问	
	5. 辩护人及同案的其他辩护人发问	
	6. 审判人员对不明确或未问到的问题发问	
	7. 辩护人、被告人、公诉人、审判人员向证人、鉴定人、被害人、有专门知识的人发问	
	8. 非法证据的排除	
	9. 被告人之间的对质	
举证质证	1. 公诉人举证,出示宣读证据	
	2. 被告人及辩护人质证、对质、辩论	
	3. 被告人及辩护人举证	
	4. 公诉人质证	
	5. 辩护人、有专门知识的人对鉴定人等的质询	
	6. 法庭调查核实证据	
	7. 扣押查封财产物品调查及处理意见	

续表

阶段	内容	注意事项
法庭辩论	1. 公诉人发表公诉意见	
	2. 被告人自行辩护及辩护人发表辩护意见	
	3. 第二轮辩护重点:就第一轮双方争议的焦点问题或法庭总结的焦点问题进行辩论(法庭总结的焦点不适当或不全面时,可以要求更改或增加;顺序:公诉人、被告人、辩护人)	
被告人最后陈述		
合议庭评议与宣判		

M94. 辩护思路确定表

辩护思路确定表

选项		内容	选择理由
方法	程序之辩	简要概括主要辩点	
	实体之辩	简要概括主要辩点	
	证据之辩	简要概括主要辩点	
无罪	手段	如做无罪辩护只是手段,评估达不到无罪效果,则通过无罪辩护手段达到从轻处罚的目的	
	目的	如做无罪辩护是目的,需要概括无罪辩护法律依据、事实依据、证据依据等	
有罪	罪名变轻	阐述法律依据、证据依据、程序依据等;准备法律文书	
	罪数变少	阐述法律依据、证据依据、程序依据等;准备法律文书	
	数量数额减少	阐述法律依据、证据依据、程序依据等;准备法律文书	
	法定酌定情节	阐述法律依据、证据依据、程序依据等;准备法律文书	

M95. 发问清单

_____被指控_____罪一案

庭审发问清单

序号	发问的问题	预判答案	意外答案	反驳理由和相关证据
1				
2				
3				
4				
5				
…				
…				
…				
…				
…				
…				
…				

M96. 庭审情况记录

_____被指控_____罪一案
庭审情况记录

开庭时间:_____年_____月_____日_____时_____分至_____时_____分,第_____次开庭

开庭地点:_____人民法院_____审判庭

简易程序(_____)　普通程序(_____)

是否公开审理:_____

审判长(员):_____,人民陪审员:_____,书记员:_____

公诉人:_____,_____人民检察院

被告人:_____,(委托/法律援助)辩护人:_____

一、开庭

1. 核对基本信息

(1)核对被告人基本信息(姓名、出生年月、民族、籍贯、文化程度、职业、国籍、住址等)。

概要:_____

_____

_____

(2)被告人是否受法律处分(何时、何事、何种法律处分)。

记录:_____

_____

_____

(3)核对被告人被羁押情况。

概要:_____

_____

_____

2. 诉讼权利

概要：_____

_____

_____

二、法庭调查

1. 对起诉书指控的罪名及事实意见（是否确认及认罪情况）

概要：_____

_____

_____

2. 发问阶段

（1）公诉人对被告人发问要点：_____

被告人答辩概要：_____

_____

_____

（2）辩护人对被告人发问要点：_____

被告人答辩概要：_____

_____

_____

（3）同案辩护人对被告人发问要点：_____

被告人答辩概要：_____

_____

_____

（4）同案其他被告人对被告人发问要点：_____

被告人答辩概要：_____

_____

_____

（5）审判员发问要点：_____

被告人答辩概要：_____

_____

3. 举证、质证阶段

(1) 公诉人就第一组证据举证(物证、书证、证人证言、被害人陈述、被告人供述和辩解、检查笔录、勘验笔录、鉴定意见等)。

被告人质证意见概要：_____

_____

辩护人质证意见概要：_____

_____

(2) 公诉人就第二组证据举证(物证、书证、证人证言、被害人陈述、被告人的供述和辩解、检查笔录、勘验笔录、鉴定意见等)。

被告人质证意见概要：_____

_____

辩护人质证意见概要：_____

_____

4. 证人出庭作证

审判长(员)：传证人到庭。核实证人的身份，告知其应当如实作证和作伪证的法律责任，指令其在保证书上签字。请公诉人向证人发问(哪方申请的证人就由哪方先发问)。

(1) 控方证人 。

公诉人发问要点：_____

_____

证人回答要点：_____

_____

被告人发问(对质)要点：_____
_____
_____

证人回答要点：_____
_____
_____

辩护人发问要点：_____
_____
_____

证人回答要点：_____
_____
_____

其他辩护人发问要点：_____
_____
_____

证人回答要点：_____
_____
_____

其他被告人发问(对质)要点：_____
_____
_____

证人回答要点：_____
_____
_____

(2)辩方证人。

被告人发问要点：_____
_____
_____

证人回答要点：_____

_____

　　辩护人发问要点：_____

_____

　　证人回答要点：_____

_____

_____

　　公诉人发问要点：_____

_____

_____

　　证人回答要点：_____

_____

_____

　　其他辩护人发问要点：_____

_____

_____

　　证人回答要点：_____

_____

_____

　　其他被告人发问要点：_____

_____

_____

　　证人回答要点：_____

_____

_____

　　5. 被告人举证情况

　　概要：_____

_____

辩护人/被告人申请通知新的证人到庭,调取新的证据,申请重新鉴定或勘验、检查。

概要:_____

_____

_____

三、法庭辩论

1. 第一轮辩论

公诉人公诉意见概要:_____

_____

被告人辩护观点概要:_____

_____

辩护人辩护观点概要:_____

_____

庭审总结争议焦点:_____

_____

2. 第二轮辩论

公诉人公诉意见概要:_____

_____

被告人辩护观点概要:_____

_____

辩护人辩护观点概要:_____

_____

四、最后陈述

被告人最后陈述观点概要：_____

M97.会见提纲(庭后)

_____被指控_____罪一案

会 见 提 纲

(庭后)

一、关怀、转达家庭情况。

二、征求当事人对庭审的看法、意见,庭审时有无遗漏意见,有无需要补充的意见,可以自书材料的形式提交法庭。

三、预测判决时间,预测可能判决的几种结果或方向,判决结果形成的过程。

四、复盘庭审质证意见、辩论意见,确认律师提交的辩护词。

五、如预测的判决结果不理想,提前告知上诉相关法律规定,二审辩护思路及上诉意见;告知二审程序,继续委托及签署二审委托手续等。

六、转达其他合法权利事项。

七、要求被告人阅读会见笔录,并签名、捺手印。

M98. 会见笔录(庭后)

_____被指控_____罪一案
会 见 笔 录
(庭后)

时间:_____年____月____日____时____分—____时____分

会见地点:_____看守所第_____律师会见室

会见律师:_____、_____,××××律师事务所律师

记录人:_____

被会见人:_____

律师:您好,我们是××××律师事务所的律师_____,根据《中华人民共和国刑事诉讼法》和《中华人民共和国律师法》的规定,为您涉嫌_____犯罪提供辩护,今天是第_____次会见。

当事人:_____

律师:您家里的情况_____

家属转告您_____

当事人:_____

律师:您觉得庭审怎么样?有什么看法意见?

当事人:_____

律师:有没有遗漏或需要补充的意见?

当事人:_____

律师:您可以写成自书材料补充提交法庭。

当事人:_____

律师:复盘一下我们庭审时对证据的质证意见_____

_____

当事人:_____

律师:复盘一下我们发表的辩论意见_____

当事人：_____

律师：您看一下辩护词，有什么意见？

当事人：_____

律师：预计判决书下达时间_____

当事人：_____

律师：关于上诉的法律规定、二审的程序以及二审思路、委托情况提前想一下，有思想准备。

当事人：_____

律师：您还有什么其他需要交代给家属的合法事项（公司单位事项）吗？

当事人：_____

律师：今天的会见就到这里吧，我下次再来见您。您还有什么需要补充吗？

当事人：_____

律师：最后请您核对笔录，在最后一页签名并捺手印（骑缝），注明年、月、日。

当事人：_____

M99. 会见提纲（宣判后）

<u>　　　　　</u>被指控<u>　　　　</u>罪一案
会见提纲
（宣判后）

一、关怀、转达家庭情况；

二、核对一审判决书的送达时间，告知上诉截止日期；

三、被告人对一审判决的罪名、定案证据、认定的犯罪事实、量刑、适用法律问题、庭审程序等是否存在异议及理由；

四、全面分析一审判决；

五、告知上诉相关法律规定，沟通确定是否上诉，二审辩护思路及上诉意见；

六、被告人不上诉的，告知判决生效后与服刑相关的信息；

七、告知检察机关有权就定罪量刑提起抗诉及相关法律后果；

八、告知二审程序，确认是否继续委托及签署二审委托手续；

九、转达其他合法权利事项；

十、要求被告人阅读会见笔录，并签名、捺手印。

M100. 会见笔录(宣判后)

_____被指控_____罪一案
会 见 笔 录
(宣判后)

时间:_____年____月____日____时____分—____时____分

会见地点:_____看守所第_____律师会见室

会见律师:_____、_____,××××律师事务所律师

记录人:_____

被会见人:_____

律师:您好,我们是××××律师事务所的律师_____,根据《中华人民共和国刑事诉讼法》《中华人民共和国律师法》的规定,为您涉嫌_____犯罪提供辩护,今天是第_____次会见。

当事人:_____

律师:您家里的情况_____
家属转告您_____

当事人:_____

律师:判决书收到了吗?什么时间收到的?

当事人:_____

律师:上诉的最后期限是_____

当事人:_____

律师:您对判决有什么意见(罪名、定案证据、认定的犯罪事实、法律适用、量刑等)?

_____

当事人:_____

律师:(综合分析)_____

当事人:_____

律师:如果上诉的理由_____

检察院也有可能提出抗诉：_____

若不上诉或没抗诉服刑的时间地点大约是_____

律师：二审的程序是_____

当事人：_____

律师：您还有什么其他需要交代给家属的合法事项（公司单位事项）吗？

当事人：_____

律师：今天的会见就到这里吧，我下次再来见您。您还有什么需要补充吗？

当事人：_____

律师：最后请您核对笔录，在最后一页签名并捺手印（骑缝），注明年、月、日。

当事人：_____

附录二 工作流程和任务清单

刑事辩护工作流程和任务清单——侦查阶段

侦查阶段　关键词:会见　沟通　取保候审　不逮捕　辩护意见

任务	内容	目的 要求	任务组	任务项	任务序号	形成文书
捕前阶段	检索	穷尽所有法律、法规、司法解释、技术规范、指导文件、立法背景、案例、观点、专家学者意见、评论、媒体报道等	法律法规	法律	(1)	1. 法律法规检索报告(M1)(结案前持续补充完善)
				法规		
				司法解释		
				技术规范		
				指导文件		
				立法背景		
			案例	指导案例		
				公报案例		
				一般案例(本地、外地案例)		
			观点	专家意见		
				学术观点		
				专家评论		
				媒体报道		
				其他		

续表

任务		内容、目的、要求	任务组	任务项	任务序号	形成文书
捕前阶段	会见第一次	告知委托事宜,反馈家属同候及其他事项,告知下一步工作计划,听取意见并了解涉案信息	会见	预约会见,准备手续,打印检举报告	(2)	2. 会见申请书(M2);
				准备会见提纲,笔录,权利义务告知书	(3)	3. 会见提纲指引(侦第一次)(M3);
				会见嫌疑人	(4)	4. 会见笔录(侦第一次)(M4);
				制作会见笔录	(5)	5. 权利义务告知书(侦)(M5)
	沟通	涉嫌罪名、强制措施、已查明主要事实、程序及实体的问题、羁押、量刑等案情、进展等基本案件信息	与办案单位沟通	确定主办人、预约时间	(6)	6. 与办案单位沟通提纲(M6);
				准备手续,沟通提纲	(7)	7. 与办案单位沟通记录(M7)
				提交手续,与主办人沟通	(8)	
				整理与办案沟通工作记录	(9)	
		了解案发背景、家庭关系、办案单位等案件信息;沟通会见情况;律师工作情况解读、当事人生活及其他需求、代付赔偿罚金及保证人等	与委托人沟通	约见 未羁押的本人 亲属 单位	(10)	8. 与委托人沟通提纲(M8);
				沟通	(11)	9. 与委托人沟通记录(M9)
				记录	(12)	
	辩护工作	可能无罪的,无逮捕必要的,故意伤害达成和解的,交通肇事已经赔偿的,未成年犯罪等	不提请逮捕的辩护意见	撰写不提请逮捕辩护意见(第一次会见)沟通意见	(13)	10. 不提请逮捕辩护意见(M10);
				确定、约见承办人	(14)	11. 报捕前会见指引(M11);
				提交办案单位承办人并沟通意见	(15)	12. 报捕前会见笔录(M12)
				跟踪办案单位处理意见	(16)	
				可能与法制部门领导沟通处理意见	(17)	
					(18)	

续表

任务	内容 目的 要求	任务组	任务项		任务序号	形成文书
会见第三次	辅导批捕的提审注意事项,所享有的权利,分析逮捕法律规定,提审内容,逮捕证据充分与否,逮捕可能性,逮捕后的程序推进	捕前辅导	准备会见提纲		(19)	
			会见	面对提审	(20)	
				提审内容		
				心理预判		
捕中辩护			会见笔录		(21)	13. 捕中会见提纲与指引(M13);
辩护意见	对不符合逮捕条件的,无逮捕必要的提出不批准逮捕的辩护意见	不批准逮捕辩护意见	撰写不批准逮捕辩护意见		(22)	14. 捕中会见笔录(M14);
			确定、约见批捕检察官		(23)	15. 不批准逮捕辩护意见(M15)
			提交检察院批准逮捕意见		(24)	
			跟踪检察院处理意见		(25)	
			可能与检察官、部门领导沟通处理意见		(26)	
捕后阶段辩护	梳理批捕并进行复盘,分析原因,救济方式;全面梳理涉嫌犯罪,无罪和罪轻证据,分析是否构成犯罪,是否符合移送起诉条件,以及可能被遗漏的无罪和罪轻的证据和事实	会见	准备会见提纲		(27)	16. 捕后会见提纲(M16);
			沟通内容	了解提审内容、宣捕内容	(28)	17. 捕后会见笔录(M17);
				分析案件走向		18. 侦查阶段辩护意见/撤销案件辩护意见(M18);
				梳理法律法规与案件事实		19. 与委托人沟通记录(参照M9)
				沟通辩护意见		
				心理辅导		
				转达其他合法权益事项		
			制作会见笔录		(29)	

续表

任务	内容 目的 要求	任务组	任务项	任务序号	形成文书
捕后阶段辩护	向办案机关提交无罪、撤销案件辩护意见、罪轻辩护意见	辩护意见/撤销案件辩护意见	撰写辩护意见	(30)	
			约见承办人	(31)	
一延一个月	告知委托人，沟通交换意见，安抚	与委托人沟通	提交、当面解释辩护意见	(32)	
			约见、告知、沟通交换意见	(33)	
	核实（上一级检）与案单位沟通核实手续情况；延长手续情况	沟通核实	沟通核实批准手续情况；延长原因	(34)	
	会见 第五次 辅导提审内容、延长法律规定、程序推进、证据审查等情况，健康情况	会见	落实提审内容概要	(35)	20. 延长羁押会见提纲（一延）(M19); 21. 延长羁押会见笔录（一延）(M20);
			对延长的法律规定等进行辅导		
			搜集有关健康情况的证据资料		
	沟通 告知委托人，沟通交换意见，安抚	与委托人沟通	约见、沟通交换意见、转达需求	(36)	22. 与委托人沟通记录（参照 M9）

续表

	任务	内容 目的 要求	任务组	任务项		任务序号	形成文书
二延两个月	核实（省级）	与办案单位沟通核实手续情况；延长原因	沟通核实	沟通核实批准手续情况；延长原因		(37)	
	会见第六次	辅导提审内容、延长法律规定、程序推进、证据审查等，健康情况	会见	内容	落实提审内容概要	(38)	23.延长羁押会见提纲（二延）(M19)；24.延长羁押会见笔录（二延）(M20)；25.与委托人沟通记录（参照 M9）
					对延长的法律规定等进行辅导		
					搜集有关健康情况的证据资料		
	沟通	告知委托人，沟通交换意见，安抚	与委托人沟通	约见、沟通交换意见、转达需求		(39)	
三延三个月	核实（省级）	与办案单位沟通核实手续情况；延长原因	沟通核实	沟通核实批准手续情况；延长原因		(40)	
	会见第七次	辅导提审内容、延长法律规定、程序推进、证据审查等，健康情况	会见	内容	落实提审内容概要	(41)	26.延长羁押会见提纲（三延）(M19)；27.延长羁押会见笔录（三延）(M20)；28.与委托人沟通记录（参照 M9）
					对延长的法律规定等进行辅导		
					搜集有关健康情况的证据资料		
	沟通	告知委托人，沟通交换意见，安抚	与委托人沟通	约见、沟通交换意见、转达需求		(42)	

续表

任务	内容 目的 要求	任务组	任务项	任务序号	形成文书
现场	案发现场勘查探访	走访	走访现场	(43)	29. 现场走访记录
	现场重建、现场试验、现场复原等	模拟现场	模拟现场	(44)	
	无罪、罪轻、量刑情节等有利证据	收集证据	收集证据材料	(45)	
调查取证	申请办案单位收集、调取证据	申请调证	提交收集、调取证据申请书	(46)	30. 收集、调取证据申请书(M21);
	对证人调查询问，获取证人证言	调查证人	询问证人，告知权利义务	(47)	31. 证人调查笔录(M22);
			制作调查笔录		32. 证人权利义务告知书(M23);
	向单位或个人调取非言词证据	调取证据	调取证据并制作笔录	(48)	33. 调取证据笔录(M24);
			制作证据材料接收清单		34. 证据材料接收清单(M25);
	针对某一事实，辩护人可以申请鉴定/勘验检查/提取/侦查实验	申请查证	判断是否需要，撰写申请书	(49)	35. 鉴定/勘验/检查/提取/侦查实验申请书(M26);
			提交并沟通落实	(50)	36. 补充/重新鉴定申请书(M27);
	针对原鉴定申请补充重新鉴定	重新或补充鉴定	判断是否需要，撰写申请书	(51)	37. 证据材料提交清单(M28)
			提交并沟通落实	(52)	
	辩护人或嫌疑人、亲朋提供的证据	提交证据	提交办案单位并作说明	(53)	

续表

任务	内容 目的 要求	任务组	任务项	任务序号	形成文书
和解调解	申请办案单位主持和解、调解，协助当事人家属和解调解	申请和解调解	申请办案单位主持和解、调解	(54)	38. 主持刑事和解/调解申请书（M29）；
		协助家属	协助家属进行和解、调解	(55)	39. 刑事和解/调解协议（M30）；
			达成和解、调解协议，出具谅解书		40. 刑事谅解书（M31）
变更羁押措施	对符合条件的申请变更强制措施	取保候审	撰写取保候审申请书	(56)	41. 取保候审申请书（M32）；
			提交并跟踪	(57)	
		羁押必要性审查	撰写羁押必要性审查申请书	(58)	42. 羁押必要性审查申请书（M33）
			提交并跟踪	(59)	
维权	维护权利	对于办案机关违法办案、侵犯当事人合法权益的	申诉	撰写并提交申诉书	(60)	43. 申诉书（M34）
		控告	撰写并提交控告书	(61)	44. 控告书（M35）
		立案监督	撰写并提交立案监督申请书	(62)	45. 立案监督申请书（M36）
		管辖权异议	撰写并提交管辖权异议申请书	(63)	46. 管辖权异议申请书（M37）
		要求回避	撰写并提交回避申请书	(64)	47. 回避申请书（M38）
分析	分析	听取同行、公检法等专业人员的意见，团队集体讨论，请专家解决法律关系、法律事实或专门问题	咨询	向专业人士咨询	(65)	48. 集体讨论记录（M39）专家论证意见书
		讨论	团队集体讨论	(66)	
		论证	专家论证	(67)	
认罪	认罪认罚	辅导、讲解认罪认罚从宽制度	认罪认罚辅导	辅导、讲解，制作笔录	(67)	49. 认罪认罚谈话笔录（M40）
总结	总结	总结经验，形成书面文件，指导、提出下一步工作注意事项等	总结	主办律师与协办律师	(68)	50. 办案日志（M41）；
			可以与嫌疑人及家属		51. 办案小结/结案报告（M42）

续表

侦查阶段 重点时间节点盯防

阶段	时间节点	任务	内容	任务序号	作用	特别提示
捕前	确定拘留时间	跟进	了解进展	(69)		
	拘后3天	跟进	是否呈捕	(70)		
	拘后6天	跟进	是否呈捕	(71)		
	拘后14天	跟进	是否呈捕	(72)		
	拘后20天	跟进	是否呈捕	(73)		走访现场,调查取证,和解调解,维护权利,变更强制措施的取保候审和羁押必要性审查申请过程。尤其贯穿整个诉讼过程,每个阶段羁押或出取保候审必要性审查申请
	拘后28天	跟进	是否呈捕	(74)		
	拘后29天	跟进	是否呈捕	(75)		
	拘后30天	跟进	了解进展	(76)		
	确定呈捕时间	跟进	是否批捕	(77)		
捕中	呈捕3天	跟进	是否批捕	(78)	调整辩护时间、措施、方案	
	呈捕5天	跟进	是否批捕	(79)		
	呈捕6天	跟进	是否批捕	(80)		
	呈捕7天上午	跟进	是否批捕	(81)		
	确定批捕/不批捕时间	跟进	了解进展	(82)		
捕后	捕后一个月	跟进	羁押必要性审查	(83)		
	捕后30天	跟进	是否移送检察院	(84)		
	捕后45天	跟进	是否移送检察院	(85)		
	捕后60天	跟进	是否移送检察院	(86)		
	确定一延(一个月)	跟进	是否移送检察院	(87)		
	确定二延(两个月)	跟进	是否移送检察院	(88)		
	确定三延(两个月)	跟进	是否移送检察院	(89)		
	三延期满	跟进	确定移送检察院时间	(90)		

任务项共计 90 个 51 份文书(42 个文书模板)

刑事辩护工作流程和任务清单——审查起诉阶段

审查起诉阶段 关键词:会见 沟通 变更强制措施 阅卷 证据审查 认罪认罚

任务	内容	目的	要求	任务组	任务项	任务序号	形成文书
会见	告知委托事宜,转达家属问候及其他事项,告知下一步工作计划,听取意见并了解涉案信息			会见(第一次)	准备会见提纲、权利义务告知书	(1)	1. 第一次会见提纲与指引(M43); 2. 第一次会见笔录(M44); 3. 权利义务告知书(M45)
					会见嫌疑人并作会见笔录	(2)	
	核实证据,核实案情细节等,证据审查意见,辩解,心理建设,合法私人问题,沟通辩护方向方案,调查取证线索,权利维护等			会见(核实证据)	准备会见提纲	(3)	4. 会见提纲(核实证据)(M46);
					会见并作笔录	(4)	5. 会见笔录(核实证据)(M47)
				会见(沟通辩护方案)	准备会见提纲	(5)	6. 会见提纲(沟通辩护方案)(M48);
					会见并作笔录	(6)	7. 会见笔录(沟通辩护方案)(M49)
				会见(一退后)	准备会见提纲	(7)	8. 会见提纲(退补重报后)(M50);
					会见并作笔录	(8)	9. 会见笔录(退补重报后)(M51)
				会见(二退后)	准备会见提纲	(9)	10. 会见提纲(参照M50);
					会见并作笔录	(10)	11. 会见笔录(参照M51)

续表

任务	内容 目的 要求	任务组	任务项	任务序号	形成文书
阅卷	获取案卷、研究案卷	复制	预约、复制卷宗	(11)	12. 证据材料完整性检验表（M52）； 13. 证据材料归类对照表（M53）； 14. 证据审查/质证意见表（M54）； 15. 客观要件清单指引表（M55）； 16. 客体要件清单指引表（M56）； 17. 主体要件清单指引表（M57）； 18. 主观方面清单指引表（M58）； 19. 量刑情节清单指引表（M59）； 20. 阅卷笔录格式和结构模板（M60）
			审查卷宗完整性	(12)	
		审查起诉意见书	侦查机关管辖分工	(13)	
			地域、职权管辖权		
			侦查机关回避		
			检察机关回避		
			指控罪名及法律法规		
			指控的案件事实与程序事实		
		证据分类整理	证据归类整理	(14)	
		审查证据	撰写证据审查意见	(15)	
检索	穷尽所有有关法律、法规、司法解释、技术规范、案例、立法背景、专家学者意见、评论、观点、媒体报道等	法律法规	法律	(16)	21. 法律法规检索报告（M1） （结案前持续补充完善）
			法规		
			司法解释		
			技术规范		
			指导文件		
			立法背景		
		案例	指导案例		
			公报案例		
			一般案例（本地、外地案例）		

续表

任务	内容 目的 要求	任务组	任务项		任务序号	形成文书
检索	穷尽所有有关法律、法规、司法解释、技术规范、指导文件、立法背景、案例、专家学者意见、评论、观点、媒体报道等	观点	专家意见		(16)	
			学术观点			
			专家评论			
			媒体报道			
			其他			
沟通	案件基本案情、扣押的相关物证、财产，认定的相关事实；强制措施、羁押必要性、量刑等程序进展信息、认罪认罚从宽	与办案单位沟通	确定主办人、预约时间		(17)	
			准备手续、沟通提纲		(18)	22. 与办案单位沟通提纲(检)(M61);
			提交手续、与主办人沟通		(19)	23. 与办案人沟通记录(检)(M62)
			整理与办案人沟通工作记录		(20)	
	了解案发背景；沟通会见情况；律师工作解读、当事人生活及其他需求，代付赔偿罚金及保证人认罪认罚等	与委托人沟通	约见记录	未羁押的本人	(21)	24. 与委托人沟通提纲(参照 M8);
				沟通 亲属	(22)	25. 与委托人沟通记录(参照 M9)
				单位		

续表

任务	内容 目的 要求	任务组	任务项	任务序号	形成文书
调查取证	申请办案单位收集、调取证据	申请调证	提交收集、调取证据申请书	(23)	26. 收集、调取证据申请书(M21);
	侦、检收集（但未随案移送）的证据		提交调取无罪/罪轻证据材料申请书	(24)	27. 调取无罪/罪轻证据材料申请书(M63);
	调查证人，获取证人证言	调查证人	询问证人，告知权利义务	(25)	28. 证人调查笔录(M22);
			制作调查笔录	(26)	29. 证人权利义务告知书(M23);
		调查被害人	申请调查被害人	(27)	30. 调查取证申请书（向被害方）(M64);
			询问被害人、权利义务、调查笔录	(28)	31. 被害方权利义务告知书（参照M23）;
	调取非言词证据	调取证据	调取证据并制作笔录	(29)	32. 被害人调查笔录（参照M22）;
			制作证据材料接收清单	(30)	33. 调取证据笔录(M24);
	针对某一事实，辩护人可以申请鉴定/勘验/检查/提取/侦查实验	申请鉴定	判断是否需要、撰写申请书	(31)	34. 证据材料接收清单(M25);
			提交并沟通落实	(32)	35. 鉴定/勘验/检查/提取/侦查实验申请书(M26);
		重做鉴定	判断是否需要、撰写申请书	(33)	36. 重新鉴定申请书（参照M27）;
			提交并沟通落实	(34)	37. 补充鉴定申请书（参照M27）;
	针对原鉴定申请补充鉴定	申请补充鉴定	判断是否需要、撰写申请书	(35)	38. 证据材料提交清单(M28)
	辩方、嫌疑人、亲朋提供的证据	提交证据	提交并沟通落实	(36)	
和解调解	申请办案单位主持和解调解。协助当事人家属和解调解	申请和解调解	申请办案单位主持和解调解	(37)	39. 主持和解/调解申请书(M29);
		协助家属	协助家属进行和解调解		40. 刑事和解/调解协议(M30);
			达成和解调解协议，出具谅解书	(38)	41. 刑事谅解书(M31)

续表

任务	内容 目的 要求	任务组	任务项	任务序号	形成文书
辩护措施	申请变更强制措施 排除非法证据 辩护意见	取保候审	撰写取保候审申请书 提交并跟踪	(39)	42. 取保候审申请书(M32);
		羁押必要性审查	撰写羁押必要申请书 提交并跟踪	(40)	43. 羁押必要性审查申请书(M33);
		非法证据排除	撰写并提交非法证据排除申请书	(41)	44. 非法证据排除申请书(M65);
		辩护意见	撰写并提交辩护意见	(42)	45. 非法证据指引表(M66); 46. 辩护意见(审查起诉阶段)(M67)
维护权利	对于办案机关违法办案、侵犯当事人合法权益的	申诉	撰写并提交申诉书	(43)	47. 申诉书(M34)
		控告	撰写并提交控告书	(44)	48. 控告书(M35)
		管辖权异议	撰写并提交管辖权异议申请书	(45)	49. 管辖权异议申请书(M37)
		要求回避	撰写并提交回避申请书	(46)	50. 回避申请书(M38)
分析	听取同行与公、检、法等专业人员意见,集体讨论,请专家解决法律关系、法律事实或专门性问题	咨询	向专业人士咨询	(47)	
		讨论	团队集体讨论	(48)	51. 集体讨论记录(M39)
		论证	专家论证	(49)	专家论证意见书
认罪认罚	与公诉人协商量刑	辅导、协商量刑	辅导、协商 谈话笔录,签署具结书	(50)	52. 认罪认罚会见指引(M68); 53. 认罪认罚谈话笔录(M69)
总结	总结经验,形成书面文件,指导,提出下一步工作注意事项等	总结	主办律师与协办律师	(51)	54. 办案日志(M41)
			可以与嫌疑人及家属	(52)	55. 办案小结/结案报告(M42);

续表

审查起诉阶段 重点时间节点盯防

	时间节点	任务	内容	任务序号	作用	特别提示
重点时间节点盯防	确定案件移送检察院时间	跟进	盯紧审查起诉时间点	(53)		
	移送后第 25 天	跟进	了解审查准备退查/起诉/不起诉	(54)		
	第 30 天	跟进	了解是否延长	(55)	调整辩护时间	检察官提讯前,决定起诉前和认罪认罚相应的会见次数,协商前增加相应的法律辅导进行相应的法律辅导
	第 40 天	跟进	了解是否准备退查/起诉/不起诉	(56)		
	确定第一次退查时间	跟进	退查时间起算点	(57)		
	确定第一次退查重报时间	跟进	审查起诉时间点	(58)		
	确定第二次退查时间	跟进	退查时间起算点	(59)		
	确定第二次退查重报时间	跟进	审查起诉时间点	(60)		

一退和二退重报期间重复以上时间节点

任务项共计 60 个 55 份文书(27 个文书模板)

刑事辩护工作流程和任务清单——审判阶段

任务	内容 目的 要求	任务组	关键词：庭前会议 发问 质证 辩论 辩护词	任务项	任务序号	形成文书
会见	告知委托事宜、转达家属问候及其他事项，告知下一步工作计划、听取意见并了解涉案信息	会见（第一次）	审判阶段	准备会见提纲、权利义务告知书	(1)	1. 权利义务告知书（M70）； 2. 审判阶段第一次会见提纲与指引（M71）； 3. 审判阶段第一次会见笔录（M72）
	证据核实、案情细节核实等、证据审查意见、心理辩解、辩护方向、方案沟通、调查取证线索、权利维护等	会见（核实证据）		会见嫌疑人并作会见笔录	(2)	
				准备会见提纲	(3)	4. 会见提纲（核实证据）（M73）；
				会见并作笔录	(4)	5. 会见笔录（核实证据）（M74）
		会见（沟通辩护方案）		准备会见提纲	(5)	6. 会见提纲（沟通辩护方案）（M75）；
				会见并作笔录	(6)	7. 会见笔录（沟通辩护方案）（M76）
阅卷	复印、拍照（像素清晰）、拷贝（有些电子数据、视频资料、排列顺序一致）、归档完整性、清晰度	复制卷宗		预约、复制卷宗	(7)	8. 证据材料完整性检验表（M52）；
				审查卷宗完整性	(8)	9. 证据材料归类对照表（M53）；
		审查起诉书、量刑建议书		被告人身份信息、案由和案件来源、指控犯罪事实与证据、起诉理由、法律依据、控方的诉讼逻辑	(9)	10. 证据审查/质证意见（M54）； 11. 起诉书审查指引（M77）； 12. 客观要件清单指引表（M55）； 13. 客体要件清单指引表（M56）； 14. 主观方面清单指引表（M57）； 15. 主体要件清单指引表（M58）；
		证据分类整理		证据归类整理	(10)	16. 量刑情节清单指引表（M59）；
		审查证据		撰写证据审查意见	(11)	17. 阅卷笔录格式和结构模板（M60）

续表

任务	内容	目的	要求	任务组	任务项	任务序号	形成文书
检索			穷尽所有有关法律、法规、司法解释、技术规范、指导文件、立法背景、案例、观点、评论、专家学者意见、媒体报道等	法律法规	法律	(12)	18. 法律法规检索报告（M1）
					法规		
					司法解释		
					技术规范		
					指导文件		
					立法背景		
				案例	指导案例		
					公报案例		
					一般案例		
				观点	专家意见		
					学术观点		
					专家评论		
					媒体报道		
					其他		
沟通			罪名、罪数、庭前会议、程序、羁押必要性、量刑、认罪认罚	与办案单位沟通	确定主办人、预约时间	(13)	19. 与办案单位沟通提纲（法）（M78）；
20. 与案人沟通记录（法）（M79）；
注：仍可能与检察院沟通
					准备手续、沟通提纲	(14)	
					提交手续、与主办人沟通	(15)	
					整理与办案人沟通工作记录	(16)	

续表

任务	内容 目的 要求	任务组	任务项	任务序号	形成文书
沟通	了解案发背景、家庭关系、工作单位情况；律师工作情况解读、沟通会见情况；律师工作情况及其他需求，代付赔偿金及保证金、认罪认罚等	与委托人沟通	约见	(17)	21. 与委托人沟通提纲（参照M8）； 22. 与委托人沟通记录（参照M9）
			未羁押的本人		
			沟通 亲属	(18)	
			单位		
			记录	(19)	
调查取证	申请办案单位收集、调取证据	申请调证	提交收集、调取证据申请	(20)	23. 收集、调取证据申请书（M21）； 24. 调取无罪/罪轻证据申请书（M63）； 25. 证人调查笔录（M22）； 26. 证人权利义务告知书（M23）； 27. 调查取证申请书（向被害方）（M64）； 28. 被害方权利义务告知书（参照M23）； 29. 被害人调查笔录（参照M22）； 30. 被告人调查笔录（M24）； 31. 证据材料接收清单（M25）； 32. 鉴定/勘验检查/提取/侦查实验申请书（M26）； 33. 补充/重新鉴定申请书（M27）； 34. 证据材料提交清单（M28）
	侦、检收集但未随案移送的证据		提交调取无罪/罪轻证据材料申请	(21)	
	调查证人，获取证人证言	调查证人	询问证人，告知权利义务	(22)	
			制作调查笔录	(23)	
	调查非言词证据	调查被告人	申请调查被害人	(24)	
			询问被害人、权利义务、调查笔录	(25)	
		调取证据	调取证据并制作笔录	(26)	
			制作证据材料接收清单	(27)	
	针对某一事实，辩护人可以申请某鉴定/勘验/检查/提取/侦查实验等	申请鉴定	判断是否需要，撰写申请书	(28)	
			提交并沟通落实	(29)	
		重做鉴定	判断是否需要，撰写申请书	(30)	
			提交并沟通落实	(31)	

续表

任务	内容 目的 要求	任务组	任务项	任务序号	形成文书
调查取证	针对原鉴定申请补充鉴定	申请补充鉴定	判断是否需要，撰写申请书	(32)	
			提交并沟通落实	(33)	
	辩方、嫌疑人、亲朋提供的证据	提交证据	提交办案单位并作说明	(34)	
	被害人/侦查人员/见证人证人/鉴定人/勘验人/检查人出庭申请	通知出庭申请	判断是否需要，撰写申请书	(35)	35.通知出庭申请书(M80)
			提交并沟通落实	(36)	
	申请有专门知识的人出庭	申请专家证人	判断是否需要，撰写申请书	(37)	36.出庭申请书(专家证人)(M81)
			提交并沟通落实	(38)	
和解调解	申请办案单位主持和解调解，协助当事人家属和解调解	申请主持和解	申请办案单位主持和解调解	(39)	37.主持和解/调解申请书(M29); 38.刑事和解/调解申请书(M30);
		协助家属和解	协助家属进行和解调解，达成和解调解协议，出具谅解书	(40)	39.刑事谅解书(M31)
维护权利措施	申请变更强制措施	取保候审	撰写取保候审申请书	(41)	40.取保候审申请书(M32);
			提交并跟踪	(42)	
		羁押必要性审查	撰写羁押必要性审查申请书	(43)	41.羁押必要性审查申请书(M33)
			提交并跟踪	(44)	
	对于办案机关违法办案，侵犯当事人合法权益的	申诉	撰写并提交申诉书	(45)	42.申诉书(M34);
		控告	撰写并提交控告书	(46)	43.控告书(M35);
		管辖权异议	撰写并提交管辖权异议申请书	(47)	44.管辖权异议申请书(M37);
		要求回避	撰写并提交回避申请书	(48)	45.回避申请书(M38)

续表

任务	内容目的要求	任务组	任务项	任务序号	形成文书
分析	听取同行与公、检、法等专业人员意见,团队集体讨论。请专家解决法律关系、法律事实或专门性问题	咨询	向专业人士咨询	(49)	46. 集体讨论记录(M39);专家论证意见书
		讨论	团队集体讨论	(50)	
		论证	专家论证	(51)	
认罪认罚	与公诉人协商量刑,法院采纳	辅导、协商量刑	辅导、协商笔录、具结书	(51)	47. 认罪认罚意见指引(M68);48. 认罪认罚谈话笔录(M69)
庭前会议	庭前会议辅导注意事项及各项权利的行使	会见(庭前会议辅导)	准备会见提纲	(52)	49. 会见提纲(庭前会议辅导)(M82);50. 会见笔录(庭前会议辅导)(M83)
			会见并作笔录	(53)	
	庭前会议的程序、注意事项、各项证据权利申请等,准备非法证据排除、当庭宣读证据目录、出庭证人名单异议、新证据	申请各项诉讼权利	申请召开庭前会议	(54)	51. 召开庭前会议申请书(M84);52. 庭前会议准备事项清单(M85)
			被告人申请参加庭前会议	(55)	53. 被告人参加庭前会议申请书(参照M37)
			申请管辖权异议	(56)	54. 管辖权异议申请书(参照M38)
			申请相关人员回避	(57)	55. 回避申请(参照M37)
			申请调取未移送的有利证据	(58)	56. 调取无罪、罪轻证据材料申请(M63)
			申请排除非法证据	(59)	57. 非法证据排除申请书(M65)
			对出庭的证人/鉴定人/专门知识人名单提出异议	(60)	58. 对出庭人员名单异议(M87)
			申请不公开审理	(61)	59. 不公开审理申请书(M88)(延期/中止申请书/程序建议)
			申请侦查人员到庭说明情况	(62)	60. 侦查人员出庭申请书(M89)
			申请主持和解调解程序	(63)	61. 主持和解调解申请书(M29)
	记录庭前会议各种事项处理情况	记录	记录庭前会议的召开情况	(64)	62. 庭前会议记录(M90)

续表

任务	内容 目的 要求	任务组	任务项	任务序号	形成文书
庭前准备	庭前辅导；开庭程序注意事项	会见（庭前辅导）	准备会见提纲	(65)	63. 会见提纲（庭前辅导）(M91)；
			会见并作笔录	(66)	64. 会见笔录（庭前辅导）(M92)；
	为庭审全面辩护做准备	准备书面材料	撰写发问提纲/发问清单	(67)	65. 庭审流程及注意事项（M93）、辩护思路确定表（M94）；
			撰写质证意见	(68)	66. 发问提纲/发问清单（M95）；
			撰写辩论意见	(69)	67. 质证意见；
			准备举证材料	(70)	68. 辩论意见；
					69. 举证清单
庭审辩护	全面论证无罪、罪轻、量刑意见，法庭调查、交叉询问，法庭质证辩论	出庭辩护	庭审发问	(71)	70. 庭审情况记录（M96）；
			庭审质证	(72)	71. 程序违法审查
			庭审举证	(73)	72. 质证意见；
			法庭辩论	(74)	73. 辩护词；
		庭后	完善书面辩护材料	完善提交质证意见	(75)	74. 会见提纲（庭后）(M97)；
				完善提交辩护词	(76)	75. 会见笔录（庭后）(M98)
			庭后会见	复盘确认辩护词	(77)	
庭后关怀	表达关怀，回应有关庭审疑问；简述庭审成败，解释律师工作等	会见（宣判后）	对判决书意见，是否上诉	(78)	76. 会见提纲（宣判后）(M99)；
			判决后相关注意事项	(79)	77. 会见笔录（宣判后）(M100)
总结	总结经验，形成书面文件，指导、提出工作注意事项	总结	主办律师与协办律师	(80)	78. 办案日志（M41）；
			可以与嫌疑人及家属		79. 结案报告（M42）
审判阶段			任务项共计	80个	79份文书(31个文书模板)
审查起诉阶段			任务项共计	60个	55份文书(27个文书模板)
侦查阶段			任务项共计	90个	51份文书(42个文书模板)
合计				230个	185份文书(100个文书模板)